立人天地

全新的但丁：

诗人•思想家•男人

DANTE:

The Poet · The Thinker · The Man

【英】芭芭拉•雷诺兹 著
Barbara Reynolds / 吴建 张韵菲 译

黑龙江教育出版社

图书在版编目（CIP）数据

全新的但丁：诗人·思想家·男人／（英）雷诺兹（Reynolds，B.）著；吴建，张韵菲译．-- 哈尔滨：黑龙江教育出版社，2014.11

ISBN 978-7-5316-7896-0

Ⅰ.①全… Ⅱ.①雷… ②吴… ③张… Ⅲ.①但丁，A.（1265~1321）—传记 Ⅳ.①K835.465.6

中国版本图书馆 CIP 数据核字 (2014) 第 269184 号

全新的但丁：诗人·思想家·男人

QUANXIN DE DANDING: SHIREN · SIXIANGJIA · NANREN

作　　者　〔英〕芭芭拉·雷诺兹（Barbara Reynolds）著

译　　者　吴　建　张韵菲　译

选题策划　杨　静

责任编辑　宋舒白　杨　静

装帧设计　苏静宇

责任校对　徐领娣

出版发行　黑龙江教育出版社（哈尔滨市南岗区花园街158号）

印　　刷　北京鹏润伟业印刷有限公司

新浪微博　http://weibo.com/longjiaoshe

公众微信　heilongjiangjiaoyu

E-mail　heilongjiangjiaoyu@126.com

开　　本　700×1000　1/16

印　　张　34.75

字　　数　390千

版　　次　2015年2月第1版　2015年2月第1次印刷

书　　号　ISBN 978-7-5316-7896-0

定　　价　69.00元

版权登记　08-2014-007

西摩·柯卡普（Seymour Kirkup）对乔托（Giotto）笔下一幅但丁肖像画的素描

目录

Contents

献给我的学生们。为你们，我本应更加勇敢。

序

Introduction

此书提供了审视但丁的新视角。我毕生致力于讲授但丁，传授当时学界认可的观点。但我决定重读但丁的所有作品，尝试作出独立的判断。这项任务十分艰难。当我们踏上这样一个征程时，背负着太多的包袱，因为诸多旧识我仍无法抛却。然而，我相信我在这里呈现的是一幅但丁的肖像，一名诗人、一位政治思想家、一个男人，呈现出众人未见过的一面。几乎每个章节都含有新观念、新见解，很多都惹起争议，有些甚至相当激进。

在我的这些发现中，有两个对传统认知构成了根本挑战。二者皆涉及著名的谜团：Veltro和DVX。第一个谜团是维吉尔（Virgil）所说的预言，第二个是贝特丽采（Beatrice）所作的预言，讲一位领袖即将为世界带来和平与秩序。学者们做过很多博学、聪明的猜测，企图确定此人究竟是谁，但迄今也没有定论。我带着开放的思路，几乎是出于偶然，想到了我自认为是两处谜题的答案。因为过于简单，因此近7个世纪以来，一直受到忽略。我的说法肯定会有人反对，或会有人当下便予以反驳。我希望我的说法至少能引起学术界讨论，以引出更深入的见解，起到抛砖引玉之功用。

几乎关于但丁的每一个事实性说法都被争议过，很多迄今仍未盖棺定论。关于贝特丽采这位但丁深爱的、也是他作品灵感主要来源的佛罗伦萨女孩，学界普遍认可的说法是，她是福科·波尔蒂纳里（Folco Portinari）之女，嫁给了西蒙·巴蒂（Simone Bardi），死于1290年，时年24岁。但也有人说此人根本不存在，是象征神学的寓言式人物。在此书中，我提出贝特丽采在《神曲》（*Commedia*）中扮演的不是一个，而是多个角色，有些是先前未被界定过的。

据说但丁早年的诗歌被他的朋友——作曲家卡塞拉（Casella）谱曲并演唱：但却没有任何证据支持这一说法。但丁有五、六个或七个孩子：但根据近年的说法，他仅有两个儿子和一个女儿。但丁在巴黎学习过一段时间〔格莱斯顿（Gladstone）甚至相信他在牛津学习过〕：而根据其他说法，他从未出过意大利。有很多据传出自但丁笔下的作品与信件被认为系伪造，而有些仍有争议。但丁和朋友弗莱赛·多纳蒂（Forese Donati）互写的一系列色情十四行诗，刚被发现时，被认定为赝品，但后来又被接纳为真迹，可如今再一次成为争议对象。所有这些众多争议，都赋予传记作者一支自由之笔，但下笔却需要勇气，而非简单地将众观点互相对比衡量，最后却无法定夺。

我重新审视了但丁的一部非主要作品，即他讨论方言俗语写作技巧的《论俗语》（*De Vulgari Eloquentia*），我第一次意识到，这部书是当作讲义来写的。带着这个眼光去看，便能生动地衬托出但丁作为演讲者的形象。我们突然意识到他能够取悦观众、有模仿的天赋，对口音极具敏感，想象他在博洛尼亚四处游走，注意分辨各区方言的差异。还看出他易怒的性格，观点极端，且对不同意见十分不耐烦。

另一部非主要作品一直被认为是伪造、但现在被大多数但丁学者接受为可信的，是他针对维罗纳的领主、也是他的庇护者坎·格兰德·德拉·斯卡拉（Can Grande della Scala）的演说。我在本书中提出一个崭新的观点。我认为学术界将其定性为书信是错误的：相反，它是一个演说，但丁亲自于维罗纳（Verona）发表，目的是为他诗作的第三部分《天堂篇》（*Paradiso*）做宣传并赢得经济赞助。

但丁的哲学著作《飨宴》（*Il Convivio*）长期以来也颇具神秘色彩。但丁当时想将这部作品立为自己的代表作。但他为何没有完成便开始着手写《神曲》呢？我在书中也提出了全新的看法。答案仍旧十分简单。但丁这位流放者因为和其他流放者产生了龃龉，被切断了经济资助，急需钱物。他希望就自己的合组歌相关主题，如哲学、寓言、天文以及伦理授课演说，并一边授课一边售卖作品，通过这种方式来挣些家用。不幸的是，他对市场判断失误。观众量萎缩，销量也下滑，他不得不转向另一种更成功的娱乐大众的方式：讲一个游历死人世界的故事。这其实是十分古老的大众艺术形式，而但丁赋予了其维吉尔笔下阿涅埃斯（Aeneas）地府游记的庄重元素，并借机发表自己深刻的观点。他因而创造了一种新的文学形式，这次他抓住了读者，于是便一直坚持下来了。

我之所以用“观众”一词，其实不无讲究。在但丁的时代，手抄本十分昂贵，人们常在公众场合大声朗诵作品，很少私下研读。这解释了但丁作品中为何运用诸多声响效果。他在写作过程中，也有可能根据读者的反应做了及时的调整。当代读者因为局限于书—眼—脑的阅读体验，通常忽视了作者与靠听来阅读的读者群之间的关系有多么重要。为了抓住读者的注意力，但丁需要不断变换风格。为此，他各个诗章均风格不一。最吸引人的是他用第一人称来叙述主线故事：“我当时在那里……看见……我听见。”故事，尤其是《地狱篇》，经但丁之口大声朗读出来后，一定是引人入胜的。他在故事中夹杂着故事，还安排自己许多过世不久的人物之间发生种种惊人的邂逅。他减少传统拟人化寓言中的人物，而替之以真实人物，这些人物同时也代表着抽象的概念。虽然他们作古已久，但时至今日仍让我们为之倾倒，这得益于娴熟的人物刻画以及那些让人物跃然纸上的风格、语气各异的对话。戏剧元素贯穿着作品始终。另外，但丁在书中也借机了结了不少私人恩怨。

但丁并非简单地歌颂惩罚罪孽、奖赏美德。他内心深刻地关怀着世界局势，他相信自己找到了解决方案：整个欧洲由一位权威至上的世俗君主来统领。他写《神曲》的主要目的（《飨宴》亦同）即尽可能广泛地宣传这一信念。他认为人类为幸福而生，最高的喜悦是运用理性、追求真理。对神秘主义者作品的阅读，加之冥思之天赋，让他能够用圣三一之象来作为作品的结尾。他自己或许真的体验过这一幻象也未可知。

关于但丁究竟有无体验过上述幻象，观点不一，我不作定论。但我在书中提出了以前未曾有人提及的可能。从但丁早期著作，尤其是《新生》中所写对贝特丽采幻想式的想象中可以看出，但丁在和同行诗人们相聚时，或许沉迷过草药刺激物，从而引发了增强意识的体验。《天堂篇》第一章中还有一个迄今被忽视的有趣线索，也支持上述看法。

我在描述《神曲》及但丁的非主要诗歌时，均展示了他的性格特征以及他的叙事特质与文学技巧。在不少章节中，我也提出了新看法，其中最重要的一点是发现了他笔下尤利西斯最后一次游历这个故事的来源。除非特意说明，翻译均为我自己所作，其中一些乃第一次面世。

本书为独立观察思考之结晶，因此我未列参考文献。引用来源均可见于注释，其他相关信息及观点也适当列于注释之中。为了方便读者理解，我将教皇派与皇帝党基本信息、但丁同代的教皇、他提过的皇帝以及目前知道的但丁作品与生平大事均列于附录中。

很多专家朋友全文或部分审阅过拙著，提出过宝贵的意见。尤其是吉尔·帕顿（Jill Paton）和A.N.威尔逊（A.N.Wilson）。我尤其要感谢安德鲁·刘易斯（Andrew Lewis）教授在中世纪法领域给予了相关指导。我也得益于与同事们的意见交流，感谢他们的帮助与鼓励以及警醒与忧虑。他们是（有些已故）：凯瑟琳·埃尔德（Catherine Aird）、贾诺思·巴克教授（Janos Bak）、尊敬的罗伯特.S.贝雷斯福德（Robert S.Beresford）、帕特里克·博伊德教授（Patrick Boyde）、乔治·布尔（George Bull）、克里斯托弗·迪恩（Christopher Dean）、约翰·吉斯特·巴特勒博士（John Keast-Butler）、E.M.皮特斯教授（E.M Peters）、罗杰·普尔博士（Roger Poole）、乔纳森·塞勒教授（Jonathan Saylor）、约翰·司各特教授（John Scott）、普鲁·肖博士（Prue Shaw）、鲁格罗·史蒂芬尼尼教授（Ruggero Stefanini）、坎农·约翰. A. 瑟墨（Canon John A.Thurmer）以及理查德·韦伯斯特博士（Richard Webster）。还要感谢露易斯·巴伦博士（Louise Baron）允许我引用她的智慧警句作为铭文。也要感谢我的文学执行人克斯汀·刘易斯（Kerstin Lewis）和阿德里安·索普（Adrian Thorpe）一直谨慎地审视我的写作。

感谢I.B.Tauris出版社积极出版此书。尤其感谢阿历克斯莱特及他的同事们，还有艾莉森·沃辛顿（Alison Worthington）和戴维·沃辛顿（David Worthington）对本书的细致排版。

芭芭拉·雷诺兹

2006年于剑桥

第一章
早年

但丁·阿利吉耶里（Dante Alighieri）自认为是古罗马人的直系后裔。按家族传统，他高祖的血统可追溯至埃利塞（Elisei）家族，据说该家族是当年佛罗伦萨创建者之一。这位杰出的祖先卡却亚奎达（Cacciaguida）生于11世纪末期，是佛罗伦萨人。和其他托斯坎人（Tuscan）一样，他在第二次十字军东征中，受封骑士，战死沙场。他的妻子，阿利吉耶拉·阿利吉耶里（Alighiera Alighieri）来自波河流域，可能是费拉拉城（Ferrara），一些后裔随了她的姓。该姓源自拉丁文“aliger”，意为“有翼的”。但丁的教名也源自其母亲的家族，是“杜兰丁（Durante）”的简写，表“隐忍”之意。古老的血统——无论是否源自古罗马以及意味厚重的姓名，必然在但丁心中激发起强烈的宿命感。

但丁生于1265年，具体日期不详。不过既然他自称是双子星座①，其出生日期必定介于5月到6月之间。但丁出生第二年于圣乔瓦尼（San Giovanni）洗礼池接受洗礼。那是佛罗伦萨最早的建筑之一，他认定自己的高祖卡却亚奎达也是在这里接受洗礼的②。当时还没有我们今天所熟悉的大教堂，那时候的洗礼池也比今日雄伟③。但丁称该建筑为他的“美丽的圣乔瓦尼”，在他流放的日子里，满怀渴望地回想此

---

① 《天堂篇》，第二十二章，第112—115行。

② 出处同上，第十五章，第133—135行。

③ 见图1。

地，希望有一天能在这里接受桂冠诗人的荣耀。[①]

当年的洗礼盘已不复存在，不过据说其碎片如今保存在大教堂博物馆。洗礼盘是一个低矮的八角形结构，和比萨城洗礼池的那块洗礼盘相似[②]。洗礼盘内部是圆形石缸，也和比萨的一样。这里每年举行两次集体洗礼，一次在复活节前夕，一次在圣灵降临节前夕。每逢此时，洗礼池都挤满了各家老小及教父教母们。据说，施洗礼的牧师们会立于石缸内，俯身倾向洗礼盘中的圣水。现在看来，牧师们当时更可能是站在干燥的洗礼盘上，面向众人，取盛于石缸内的圣水来做洗礼。一天，有人（据说是一个孩子）掉进了石缸里，无法脱身，但丁用斧头砸碎石缸，助其脱险。但丁此举在当时被视为对神明的亵渎。他在《地狱篇》中特意为自己辩护。《地狱篇》中那些因犯买卖圣职罪而被打入石洞里的教皇让他想

图1　佛罗伦萨洗礼堂

① 参照本书第四十九章。
② 见图2。

起这些石缸。他提及自己曾打破石缸解救行将溺亡的人：

不要让这封闭蒙骗了众人。[①]

但丁出生时，他的父亲，阿利吉埃罗·阿利吉耶里（Alighiero Alighieri）时年45岁。但丁的父亲广拥产业，不仅在佛罗伦萨，城外也安置了产业。此外，他还四处放贷。但丁后来将父亲这一敛财之举斥为放高利贷。然而，正是如此，父亲才得以让全家老小舒适度日，子女也各得其所。但丁的母亲名叫贝拉（Bella），是杜兰丁·斯科拉罗（Durante Scolaro）之女。此人据传和显赫的阿巴蒂（Abati）家族沾亲。母亲于但丁幼年时离世，大约于1270年至1275年之间。随后，父亲再娶，第二任妻子叫拉帕（Lapa），是恰里西莫·恰鲁菲（Chiarissimo Cialuffi）之女。拉帕为但丁的父亲生下两个孩子，一子一女，儿子叫弗朗西斯科（Francesco），女儿叫加埃塔纳（Gaetana）。另有一女（可能是第一任妻子所生），名字不详，嫁给了利昂·波吉（Leone Poggi），生有一子，名叫安德鲁（Andrea）。据但丁第一位传记作者乔瓦尼·薄伽丘（Giovanni Boccaccio）所称，安德鲁长相酷似这位伟大诗人。

但丁逝于1321年，薄伽丘当年仅8岁，与但丁素未谋面。然而，为给但丁写传记，他探访了许多与但丁有过交往的人，包括其外甥安德鲁。他如此描绘但丁的外表：

诗人中等身材，成年后，略有驼背，步履沉缓。永远都装束得体，与其成熟的年貌相符。长脸，鹰鼻，大眼，宽下巴，下嘴唇较上

① 《地狱篇》，第十九章，第21行。

嘴唇突出。肤色黝黑，发须卷曲，厚密乌黑。表情永远沉郁多思。[①]

从1921年对但丁骨骼的测量数据来看[②]，他的身高在1.644到1.654米之间，约合5英尺5英寸。头盖骨上半部的测量数据证实其确为长脸，鼻腔形状表明其鼻子稍向右偏，大致呈鹰钩状。眼眶显示主人为大眼，右眼较左眼大，且较之稍低。颧骨凸显，但下巴缺失，因而尺寸无法确证。对头骨数据的计算表示其颅容量为1 700立方厘米。脑重量据估计为1 470克。这些尺寸表明，但丁的大脑无论是尺寸还是重量均超越常人。[③]

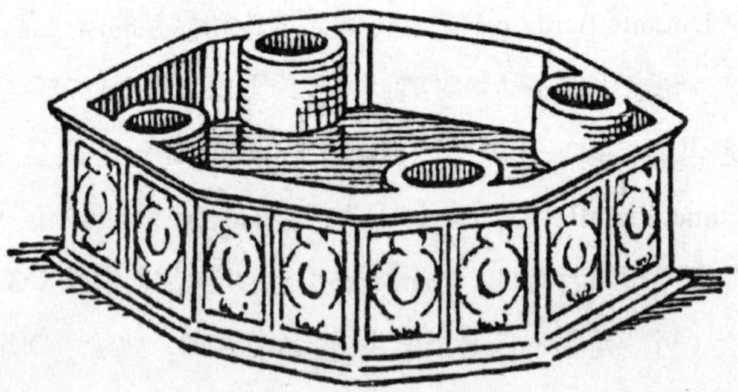

图2　比萨的洗礼池

但丁少年时期未留胡须，据传友人乔托为其所作的肖像画可证实这点。这幅画现在挂在佛罗伦萨巴杰罗美术馆（Bargello）的墙壁上，曾一度受损，于1841年经历了一次十分拙劣的修复。但画家西摩·柯卡普乘其受损过重前临摹下一幅素描，从中可看出诗人的大概面貌。[④]

---

① 乔万尼·薄伽丘，《但丁颂》，菲利普·H. 威克斯蒂德（PhilipH.Wicksteed）译（改编本）。同时参考2002年赫斯珀勒斯出版社（Hesperus Press）出版的J.G.尼克尔斯（J.G.Nichols）译本。

② 《但丁骨头侦察》（*Ricognizione delle Ossa di Dante*），意大利国家林琴科学院，第5系列，第17卷，文件1，罗马，1923年版。

③ 出处同上，第24—25页，经计算彼特拉克的颅盖骨约1 481立方厘米，大脑约重1 288克。

④ 西摩·柯卡普（1788—1880年），业余画家，在佛罗伦萨居住过一段时间，是英国殖民统治者中一员。他对乔托所作雕像的素描被阿伦德尔协会彩印再版。见卷首插图。

素描中人物脸型椭圆，表情敏锐，未留胡须，鼻子笔直，下巴坚实。薄伽丘提及的凸显的下嘴唇已然隐约成型，或许随着诗人年岁的增长，越加凸显。

没有证据表明，但丁在其父亲建立的第二个家庭中受到排挤。诗人在一首诗中提及，其卧病在床时，有一位妹妹守立在床边，这表明，诗人和后母家人的关系似乎并无龃龉，而且十分和睦：

年轻善良的姑娘，
慈爱又温柔，
守护我濒死之床，
看我眼中无尽的哀愁，
听我口中荒唐的含糊，
芳心惊惧，放声恸哭。

这几句是但丁早期诗选《新生》里收录的一首诗的开篇。[①]在一篇评论散文中，但丁解释说，这位“善良又慈爱的年轻女子”是一位至亲之人。迄今一贯的解释是，此女子正是他同父异母的妹妹：加埃塔纳。1290年，即但丁染疾那年，加埃塔纳约15岁。除了此处简约但温情的赞扬，但丁很少提及他的兄弟姊妹。据说他同父异母的弟弟弗朗西斯科在他流放期间前往探望，并为他谋得一笔借款。但丁在其流放早期作的《飨宴》中曾提及父母一次。在解释他为何用方言而非拉丁语写作时，但丁给出的原因之一是他对母语的热爱，并宣称母语是他生命的一部分。这话并不虚假，他说，因为这是他父母的语言，他们凭此走到一起，之后才有了他的存在。

① 参照本书第二章。

我口中之方言便是我父母口中之语言，他们凭此得以走到一起……因此，促使了我的孕育诞生，也自然便是我存在之根源了。[①]

从这些话里，我们能感受到但丁对能够再次聆听佛罗伦萨语的渴望。这甚至或是他对母亲声音的回想：他似乎在回想父母互相说话的情景。若是如此，这必定是他早期童年记忆之一。[②]

但丁的父亲在1281年到1283年间去世。按照法律规定，当时还处于少年时期的但丁被托付给一个监护人，直到他25岁为止[③]。从《神曲》中多次出现的父母意象来看，过早先后失去双亲的经历似乎在但丁心中留下了情感的缺口。他多次将自己描绘成孩子：被维吉尔抱于保护的双臂间，被圣露西（St. Lucy）在其熟睡时抱上炼狱山中的一段，受惊时如孩童般向贝特丽采寻求安抚，如同将其视为母亲。有一次，他甚至将自己比作一个婴儿，热切地呢喃着对乳房的渴望。

母亲去世之后，但丁最重要的童年经历是他9岁时和一位8岁女孩的邂逅。当但丁后来在《新生》中描写这段交往时，女孩已经长大嫁人，却又英年早逝了。而但丁这时已是一位有名望的诗人了。诗人在诗中将与女孩的这份美好初遇之情大加美化，视其为自己一辈子臣服于爱情魔力之发端。从现实意义上讲，这可能是他青春期的情窦初开。

后来，在写给他诗人朋友奇诺·达·皮斯托亚（Cino da Pistoia）

① 《飨宴》，第一部，第十三章。本书所引翻译均源自牛津克拉伦登出版社1909年版W.W.杰克逊（W.W.Jackson）译本，偶有改译。

② 《地狱篇》第八章第45行提及他的孕育，此处维吉尔说“怀胎生养你的人有福了”。此处暗指他母亲，但并非对她的回忆。

③ 见《飨宴》，第四部，第二十四章。至今仍不清楚那位守护者的姓名。同时参照本书第八章第32条注释。

的十四行诗中，但丁坦承自己对女孩的情感肇始于性欲。[①]另一首诗中，但丁甚至宣称女孩自一出生就对自己造成影响。他说当时自己幼小的躯体感到一阵奇异的颤抖，随后摔倒于地。[②]他当时只有9个月大，自然不可能记得这一切。如果说这话有什么真实成份的话，可能是他幼儿时遭受过什么惊厥，后来保姆或者母亲告诉过他。但丁笔下的自己常因情绪激动而晕厥。比如，《新生》中，他在一场婚礼中与贝特丽采不期而遇时，又或在《地狱篇》中，当弗兰切斯卡·达·里米尼（Francesca da Rimini）走到她悲哀故事的尽头时，但丁如此描绘自己：

我晕厥倒地，如同死去。[③]

但丁在《新生》中说，他第一次见到贝特丽采时，她"身着非常高贵的颜色——一种高雅柔和的粉色，身束腰带，装扮得体，正合妙龄。"有人确认这名女子是佛罗伦萨名流、银行家福科·波尔蒂纳里之女。据薄伽丘称，这次相遇发生在波尔蒂纳里府上举办的五朔节聚会上。贝特丽采是家中11个子女——五子六女——中的一个。[④]其中一个儿子，马内托（Manetto）或是李科维艾罗（Ricovero），是但丁的密友，[⑤]两人年龄均与但丁相当。福科·波尔蒂纳里于政府任职，于1282年8月当选为行政官。1288年，他创建了新圣母玛利亚大

---

① "Io sono stato con Amore insieme"（"我已与爱同在"），出自《但丁的抒情诗》，K.福斯特（K.Foster）与P.博尔德（P.Boyde）译，牛津克拉伦登出版社，第198—201页，1967年版。

② "E' m'incresce di me sì duramentè"（"我为自己感到无比伤悲"），出自《但丁的抒情诗》第五节，K.福斯特和P.博尔德译，第56—58行。

③ 《地狱篇》，第五章，第142行。

④ 两个姐姐，贝特丽采和拉维娜娜（Ravignana），均于其父生前出嫁。几个小妹妹分别名为范娜（Vanna），皮亚（Pia），玛格丽塔（Margarita）及卡斯托里亚（Castoria）。儿子们的名字分别为马内托（Manetto），李科维罗（Ricovero），皮杰罗（Pigello），盖拉尔多（Gherardo）和伊雅科波（Iacopo）。他们的母亲是西莉亚·德·卡彭萨奇（Cilia de'Caponsacchi）。

⑤ 《新生》，第三十二章和三十三章。

医院（Santa Maria Nuova）。[①]据说福科施此善举是因贝特丽采的保姆莫娜·特莎（Mona Tessa）的规劝。莫娜在献主会众修女的协助下照看了第一批病人。直到今日，修女们每年都会在圣玛格丽特大教堂庆祝莫娜·特莎的生日（7月3日）。这座教堂坐落在波尔蒂纳里故居和阿利吉耶里故居之间，[②]但丁和贝特丽采均在此做过礼拜。在医院原始建筑上刻有莫娜·特莎的纪念碑和肖像。福科于1289年12月31日去世。在其注明1288年1月15日的遗言中显示，他给贝特丽采留下一笔50佛罗伦萨磅的遗产，而贝特丽采当时已嫁给了出自银行世家的西摩·巴蒂（Simone Bardi）。但丁从未提及贝特丽采的婚姻。

不过，但丁在《新生》中确实提及过贝特丽采父亲的去世。他在诗中描写一群哀悼的女性从吊唁处返回贝特丽采身边，诗人表达了自己深切的同情。但丁在自己的父亲去世多年后，深感怅惘。他说："慈父和孝子之间的情谊是任何友谊也无法比拟的。"福科死后没几日，但丁也病倒了。病中的但丁神情迷乱，在病床上胡言乱语，吓坏了妹妹。他或因于寒冬中观望悼念感染了风寒，可能患了胸膜炎或肺炎。即便今日，佛罗伦萨狭窄的街头呼啸而过的刺骨寒风仍相当危险。

但丁口中那个"天使般的孩子"的形象，伴随着他整个童年，以至于他童年的另一个重要事件显得无足轻重，而他也从未提起，即他12岁和多纳蒂家族之女盖玛（Gemma）在双方父亲的安排下订下婚约。据薄伽丘称，在1290年贝特丽采去世后，或更早些，但丁与盖玛如期完婚。盖玛带来了丰厚的嫁妆，并与但丁育有多个子女，具体多少子女无法查证。不过，但丁至少有两个儿子：一个叫雅各波（Jacopo），成了一名牧师，触犯过私生之禁；另一个叫彼

---

① 这家欧洲最古老的医院现今依旧存在，只是已经搬迁至新圣玛利亚广场。原本位于威亚·福柯·波尔蒂尼（Via Folco Portinari）的遗址现在是一个图书馆。

② 位于佛罗伦萨的但丁故居是现代重建的。

得罗（Pietro），是一名成功的法官，在维罗纳附近的加尔加各纳高（Gargagnago）建有一座别墅。彼得罗的后裔，赛莱高·阿利吉耶里（Serego-Alighieri）家族迄今仍居住于此。也有人提及但丁另有两子，一个叫乔瓦尼（Giovanni），一个叫加布里埃洛（Gabriello），但有人认为这二人是一个与但丁同名人士的后人。若当真如此，他们可能是堂兄弟。又传但丁育有两女，安东尼娅（Antonia）和贝特丽采，贝特丽采后于拉文那当了修女。近期学界认为但丁只有一个女儿，即安东尼娅，后以其父世人皆知的爱人之名入院修行。薄伽丘说但丁的婚姻并不幸福，因此，后来儿女皆随父流放，而妻子盖玛却并未随夫而行。[①]不过薄伽丘也承认此言并无多少证据。不管真相如何，当年的婚姻安排多为经济、政治行为，而少顾及儿女之情。

父母对家族高贵的血缘传统引以为豪，但丁自然也接受了正统教育，修学传统七科，先修文法（拉丁文）、逻辑、修辞，再修算术、几何、天文与音乐。但丁最早学习的拉丁文法课本可能是四世纪文法学家多纳托编写的那本广为使用的《文法艺术》。但丁从众多博学之人中选择将多纳托（Donatus）的灵魂安置于天堂，这对于一个拉丁文法入门书的作者而言实乃莫大的致敬。[②]相比而言，但丁对普里西安（Priscian）的敬意大打折扣，虽然他可能研读过后者更深奥的作品，但却将其与鸡奸犯们一道置于地狱中烈焰沙漠上。[③]但丁研读过的文本中可能有《伊索寓言》的拉丁译本，狄俄尼索斯·卡托（Dionysius Cato）的道德准则集[④]，一本将古典神话和《圣经》加以类比的田园诗集，还有一本专门传授礼仪的名为《法瑟图斯》（*Facetus*）的书。

① 他的妻子可能前往同他会合。没有证据显示她未曾前往。

② 《天堂篇》，第十二章，第137行。

③ 《地狱篇》，第十五章，第109行。普利西安（Priscian）是一位六世纪的语法学家。

④ 公元3世纪。

但丁孩提时代在拉丁文方面似乎并未取得什么造诣，因为他自称成年后阅读西塞罗（Cicero）和波伊提乌（Boethius）时觉得困难。后经研习，他可娴熟阅读经典著作，尤其是维吉尔、奥维德（Ovid）、卢坎（Lucan）、西塞罗以及斯塔提乌斯（Statius）。他也学会了娴熟地用拉丁文创作散文和诗歌。但丁不懂希腊文，仅了解只言片语，不过这在他那个年代不足为奇。当时的佛罗伦萨没有大学，不过他通过在圣十字区的方济会学校以及新圣母玛利亚教堂道明会学校听习讲座来延续自己的教育。新圣母玛利亚的教士之一是雷米焦·德·吉罗拉米（Remigio de'Girolami）牧师，他曾修学于巴黎，并可能听过圣托马斯·阿奎那（St Thomas Aquinas）讲亚里斯多德。回到佛罗伦萨后，任道明会学校讲师，教授神学。若但丁听过雷米焦讲课，那么圣托马斯与但丁这位学习神学与哲学的学生之间便存有一层有趣的联系。但丁十分敬仰布伦内托·拉蒂尼（Brunetto Latini）这位身兼公证人、地方法官及文学家身份的著名学者。但丁结识拉蒂尼时，后者已经年过六旬，和但丁的父亲——若他仍在世——年岁相当。拉蒂尼鼓励但丁勤于学业，并通过占星术，看到这个男孩前途不可限量。但丁在《地狱篇》（*Inferno*）中，对身陷鸡奸犯之流的拉蒂尼给予深情而痛苦的描写[①]，对其遭遇表示哀伤与惊讶以及深深的敬意和感恩，俨然将拉蒂尼视为已父，心中仍然铭记他“亲切和蔼的父亲形象”，回想他不厌其烦地传授自己“凡人修成不朽”的技艺。[②]

但丁对音乐感怀深切，尤其是歌唱，每每将但丁引入恍惚之乐土。并无记载表明但丁会演奏何种乐器，不过不无可能，他的一位朋友便是琵琶制造商。[③]但丁的许多诗作都被谱成乐曲，至少有一首被其

① 《地狱篇》，第十五章。同时参照本书第十七章。

② 出处同上，第81—85行。

③ 他的名字是贝拉奎亚（Belacqua）。见《炼狱篇》第四章，第106—135行以及本书第三十一章。

友歌唱家兼作曲家卡塞拉谱成了曲。[1]《新生》中收录了一首舞歌“巴拉塔”，[2]其背景音乐在诗中以及评论散文中均有提及。舞歌，诗如其名，不仅可唱，而且有伴舞表演。[3]

15世纪的但丁传记作者莱昂纳多·布鲁尼（Leonardo Bruni）说但丁极擅长作画。但丁在《新生》中也提及过这一技能，说到自己在木板上画天使。[4]他称其为“我的作品”，听起来可不止涂鸦这么简单，这也可能是受教堂委托所作。后来，他在《炼狱篇》中如是描述天使，尤其是其中两位，身着绿袍，“绿如魔杖新发之嫩叶”，长袍逶迤身后，随翅翩翩舞动，面庞熠熠生辉，使观者目眩。[5]如果但丁画作中的天使也是如此，那必然色彩缤纷。但丁对同时代画家使用的绘画颜料甚为了解。在《炼狱篇》中，他笔下帝王谷中的花朵艳压诸色：“新开的花朵有金银、胭脂虫红、铅白、靛蓝、清爽之祖母绿等色。”[6]他有两个画家朋友，一位是微图画家，古比奥的欧德里希（Orderisi of Gubbio），一位是乔托。据说但丁亲见乔托在帕多瓦的斯科洛文尼教堂作壁画。但丁手稿现已无从查找，但莱昂纳多·布鲁尼称自己看过但丁一些亲笔书信，并说他“下笔精巧、字迹修长、形态完美”。

但丁身材不高，但想必健壮，因练过作战马术，舞过长矛、宝剑以及狼牙棒。要掌握这些技艺需修习之人孔武有力、身形灵活并加以长年练习。1289年，但丁时年24岁，服役于佛罗伦萨骑兵第一梯队，于坎帕尔迪诺之战中抗击阿雷佐（Arrezo）皇帝党人。在布鲁尼见到的一封信中，但丁描述了这场战斗，称自己虽然并非新兵，但

① 《炼狱篇》，第二章，第76—133行。同时参照本书第三十二章。
② 《新生》，第十二章。
③ 同时参照本书第五章。
④ 《新生》，第三十四章。
⑤ 《炼狱篇》，第八章，第28—36行。
⑥ 出处同上，第73—75行。

战斗开始时，感到莫大的恐惧。但当本方重组后发起进攻、并最终击溃敌军时，初始的恐惧化为狂喜。但丁就这样尽了自己冲锋杀敌之责。甚至有人说，是但丁手刃了皇帝党战士柏翁孔蒂·达·蒙特费特罗（Buonconte da Montefeltro），但丁在《炼狱篇》中对此人之死做了深刻辛辣的描写。[①]在《地狱篇》中，他提到自己参加了攻夺卡普罗纳（Caprona）城堡之战。同年，在卢卡（Lucca）和佛罗伦萨的引领作用下，托斯坎教皇派人攻入比萨境内，夺下若干要塞。[②]薄伽丘在但丁传记中对但丁在战场上的英勇表现并未过多倾注笔墨，莱昂纳多·布鲁尼对此深表遗憾。

但丁精力充沛，不甘闲适，还投身诸多体育运动，常携猎狗和猎鹰四处打猎。在其中一首十四行诗中，他责备自己在这些粗蛮的男人娱乐活动中耗费过多精力，而忽略了女人。

猎人高呼，猎狗狂吠，
野兔从窝中一跃而出，
脱缰之猎狗狂喜直追，
敏捷，热切，吼声欢喜，
于明媚山坡奔跑，擒拿猎物。
我敢说，未经战场洗炼之心灵，
必会忘情于此种骁勇，
但我心中的情思与我作对，
将沉湎嬉戏的我大加嘲笑，
那讥讽的语气我心中明了：

① 《炼狱篇》，第五章，第85—129行。又参照本书第三十二章。
② 《地狱篇》，第二十一章，第94—96行。

“哦，这位恋人多么忠贞可靠，
置性爱之欢愉而不顾，
于野外追逐粗蛮之趣。”
我不愿此想传到爱人耳中，
羞愧又加心情沉重。

但丁偏好粗人相伴，热爱彰显男性力量的运动。他和朋友弗莱赛·多纳蒂，也是妻子的一位表兄，互写了一系列商籁体诗，用语粗俗不堪，在性方面互相侮辱。这是在当时被称为“戏谑诗（tenzone）”的一种文人游戏，诗人之间一较高下，但不一定总语带侮辱，有时也是文雅的争论。但当但丁这些戏谑的诗句在19世纪曝光于世时，但丁的研究者们表现出极大愤慨，拒不相信此事为真。过了很多年后，但丁研究者们才无奈接受这一事实，而如今这一话题又引发了不小的争议。①

但丁青年时期的一件大事是他加盟了一个诗人社团，该社团对当时新萌发的诸种文学概念加以实验。典雅情爱成了文学新宠，被普罗旺斯贵族中心的行吟诗人们大力传颂，后传播到意大利北部和西西里。传统文学作品中，无名已婚女性常常是表白爱慕的对象，而在13世纪意大利诗人，尤其在博洛尼亚圭多·魁尼柴理（Guido Guinizelli）的笔下，②这一传统文学意象得到了发扬光大。圭多的诗中全新刻画了对女性之美貌与美德的尊敬。爱情被视为一种令人高贵的体验，而也只有高贵之心灵才能把握。此纯洁之情感，不同于性欲，会让人产生一种强烈的幻觉和梦境般想象，常神秘玄虚，近乎宗教信仰。或许在

① 见《但丁与弗莱赛·多纳蒂的戏谑诗》（*La Falsa Tenzone di Dante con Forese Donati*），毛罗·柯西埃蒂（Mauro Cursietti）著，安齐奥出版社（Anzio），1995年版。又参照本书第三十八章。
② 出生于公元1230年，于1300年之前去世。

媚药的催发下，[①]诗人们对这种爱情大施笔墨，被称为“爱神的忠实拥趸”。他们公开俯首于爱神，将其拟人化为封建地主或其他权威人士。在佛罗伦萨，探索这一文学概念的诗人们组成了一个自觉精英的团体，但常遭到他人讥讽，尤其是但丁这样更加朴实的诗人。

17岁的但丁为了能够成为一些高雅团体的成员，开始传播自己创作的一些诗歌，刚开始时并未署名。在收到反馈后，他胆量渐大，开始将诗歌在更大的圈子传播。其中一首诗讲述了一个梦，他让读者解释这个梦。但丁后来将这首诗收入《新生》，列为第一首。他说此诗与贝特丽采有关，虽然最初可能只是以传统的方式讲述了一个幻觉。

这首诗献给每个热情的灵魂，
和每一颗温柔无比的心灵，
愿他们把阅读后的心得写明，
我以他们之主的爱情名义致敬。
长夜已过了三分之一的时辰，
每一颗星星在夜空闪烁不停，
这时在我面前忽然出现爱情，
我回想起他的面貌胆战心惊。
爱神在我面前显得十分欣喜，
他捧着我的心；在他怀抱里面，
一个披着薄布的女郎睡在那里，
然后他把女郎弄醒；她顺从地
吃了这颗燃烧的心，浑身打战，
不一会，我见她泪汪汪悄然别离。

① 见本书第四十三章。

给但丁反馈的诗人中有迈亚诺的但丁。这位同名的老大哥以粗俗、诙谐的语调，如同医生开药方一样，叫但丁好好洗洗自己的睾丸，看能不能让脑子醒醒，要是不行，他建议但丁去看医生，并提供一份尿液供检查。[①]言下之意乃讽刺但丁病态之性状态。

圭多·卡瓦尔坎蒂（Guido Cavalcanti）给但丁的回答还算严肃，[②]开头如下：

在我看来，你已见证世间

所有的善良、欢愉和美德，

因万民臣服之伟大的主，

已将你接纳...[③]

对于这个答复但丁深感欣慰，原因有二：他所讲述的梦之意义受到他向往加入的诗歌团体中最知名的人物所认真看待；这也是二人友谊的开端。

圭多·卡瓦尔坎蒂来自隶属教皇派一个富足的贵族家庭，较但丁年长10岁。男人间同志之情对但丁的成长颇为重要，而早期的这段友谊对他影响也十分深远。但丁称呼卡瓦尔坎蒂为“我第一个朋友”，并非指时间意义上的第一个朋友，而是指对自己影响最深远的朋友。他们谈论诗歌、爱情和宗教。卡瓦尔坎蒂的父亲属伊壁鸠鲁学派，相

① 尿检很早就成为一种诊断疾病的方法。尿检可以检查尿液中糖的含量，用于判断是否患有糖尿病，以及是否患有性病。内科医生重视观察尿液的成分、颜色和沉淀物。同时草药和毒品残留可能也会被察觉。来自麦阿诺家族的但丁的建议可能是在巧妙地暗示这种情形。

② 出生于1250—1255年间，于1300年去世。

③ 《圭多·卡瓦尔坎蒂诗集》（*Guido Cavalcanti:Rime*），第277页，圭多·法瓦蒂编（Guido Favati），米兰，里恰迪出版社（Ricciardi），1957年版。但丁·加布里尔·罗赛蒂（Dante Gabriel Rossetti）译（《但丁和他的社交圈》（*Dante and His Circle*），第116页，伦敦，埃利斯和埃里出版社，1892年版）。

信灵魂与身体同生同灭，人们也怀疑圭多是个无信仰者。[①]他的爱情诗表达了现实与欲望之间的矛盾，与其说爱情使人愉悦，不如说给人造成更多折磨。但丁成为圭多的门徒，在其引领下写诗。两人之间类似于《神曲》中维吉尔与但丁的师徒关系。[②]

从卡瓦尔坎蒂那里，但丁或许听闻过关于高大威武的皇帝党战士法利纳塔·德利·乌贝蒂（Farinata degli Uberti）在家人心中的记忆。在《地狱篇》中，法利纳塔从烈焰熊熊的异教徒之墓中升起，“藐视整个地狱”。[③]圭多自小被安排与法利纳塔的女儿订亲，希望借此在两个分属敌对政治派别的家庭之间缔造和谐。圭多或许对但丁讲述过行吟诗人索尔德罗（Sordello）的故事。索尔德罗的情妇翠尼莎·达·罗曼诺（Cunizza da Romano）在卡瓦尔坎蒂家中度过晚年。索尔德罗是曼图亚人（Mantuan），用普罗旺斯语（Provençal）创作诗歌，但丁亦精通此语。但丁无比敬仰索尔德罗，甚至安排他在炼狱山上和同是曼图亚人的维吉尔拥抱，让二人尽情抒发激昂的爱国之情。有这样几句著名的诗描写索尔德罗在面对来者时所表现出来的庄严藐视。这一细节或源自卡瓦尔坎蒂记忆中翠尼莎对索尔德罗的评说。

> 哦，伦巴蒂之魂，
> 你如此骄傲，藐视一切。
> 我们靠近时，他一语不发，
> 只将双眸对我们凝视，

① 《地狱篇》，第十章，又参照本书第二章。

② 这并不是说维吉尔等同于圭多·卡瓦尔坎蒂，但《炼狱篇》中维吉尔突然离去造成的感伤可能唤起了他因失去卡瓦尔坎蒂而生的深切的失落感。

③ 《地狱篇》，第十章。又参照本书第三章和第十六章。

目光如同匍匐之雄狮。①

翠尼莎本人的一生也丰富多彩，先后嫁过四个男人，还有过两个情人，其中一个便是索尔德罗。她就是为了索尔德罗离开了第一任丈夫。但丁可能受卡瓦尔坎蒂美好记忆的影响，对翠尼莎抱有同情，在《天堂篇》中将她安置于金星天，以证人间之爱与神之信念可和谐共生。翠尼莎性情真诚，曾语出轻松，表示对自己的谅解，因为她犯下的爱孽，如今成了自己的福音。②

诗人们的爱情生活超越对个别完美女性的想象。在一首迷人、情色暗示微妙的十四行诗中，但丁表达了一个愿望，即自己、圭多和另一位诗人朋友拉普·吉亚尼（Lapo Gianni）一道同舟远航，身旁陪伴着三位心爱的女人：乔瓦纳（Giovanna）（陪伴圭多），拉吉娅（Lagia）（陪伴拉普），而陪伴他自己的女人是“名单上排名第30位的女人”。我们无从知晓这位女性的姓名，但知道不是贝特丽采。

我希望有种神奇的魔力
将圭多，拉普和我自己
安于船上，向海远航。
无论风向何处，我们身处何方，
无论风暴急狂，洪水激荡，
我们的旅途都安稳无恙。
我们和睦相处，直至永恒，
并每日都寻得新奇的愉悦。

① 《炼狱篇》，第六章，第61—66行。
② 出处同上，第九章，第25—36行。

那位好心的魔法师，
再将乔瓦纳、拉吉娅置身船上，
还有我诗中排第30位之女人。
我们终日谈情说爱，
3个女人芳心荡漾，
男人一样心花怒放。

“第30位”指涉的是一首诗，在《新生》中被提起过，但如今已经无处找寻。但丁在诗中列举了佛罗伦萨60位最美丽的女人。除了贝特丽采之外，我们不知道名单上都有谁，也不知道数字60意味着什么。这个想法可能源自一场盛会或是某种戏剧性表演。贝特丽采的名字对应着数字九，是三位一体中3的倍数，代表她身上某种神秘的品质，而非她在选美比赛中的排名。实际上，但丁在同一作品的另一处说，贝特丽采的魅力犹如神迹，无可比拟。

但丁少年时的佛罗伦萨还是一个富足、强大的城邦，有美丽的一面，也有可怖之处。根据编年史学家乔瓦尼·维拉尼（Giovanni Villani）[①]的记录，在他那个时代，佛罗伦萨人口达90 000，这个数字并不包括男女修道院的修士与修女。他还估计另有1 500名外国人士、旅人和士兵居于或暂时逗留于佛罗伦萨。学龄男女儿童在8 000到10 000之间。正在学习算术的儿童人数在1 000到2 000之间；在四大学校学习拉丁文和修辞的儿童人数在550到600之间。城里及城市周边有110座教堂，包括修道院。有羊毛生产厂200多家，雇佣超过30 000人。另一位编年史作家迪诺·孔帕尼（Dino Compagni）如此描述这座城市：

① 公元1280—1348年。

城中生气弥漫，人们懂礼识节，女人面貌美丽、穿戴得体，房屋巍峨，装饰精美，与意大利别的城市截然不同。四面八方的人们不远千里前来观摩，不为生计，而是为了观赏城中随处可见艺术和装饰华美的建筑。①

这段文字描绘了一幅完美的画面，如同摘自旅游宣传手册。即便在当时，佛罗伦萨已经成为一座观光之城，这并不令人惊讶。暗绿色和玫瑰大理石在白色背景上形成的几何图案，教堂内部的描画装饰，熠熠生辉的壁画和镶嵌画，这一切元素使得佛罗伦萨的建筑不管在当时还是当今都是一道瑰丽的风景。城中还欢庆各种节日，如“真爱”诗社举办的游行，其中“爱神”头戴花环、身着白衣，追随者簇拥其后。在复活节庆祝活动中，地位显赫的公民以及社团成员们举行盛会，载歌载舞。6月24日，为纪念守护神施洗者圣约翰（St. John the Baptist），人们举行赛马，如锡耶纳（Siena）草原的赛马，途经科尔索，至城市中心为终点。在亚诺河上也有精彩的盛事。男人和女人们身着长袍，头戴面具，扮演勇气、忠诚、美德和完美，重绎骑士时代的传统。佛罗伦萨人过着公开的生活，葬礼、婚礼、节日、游行等让人们精神高涨；人们如同戏中的人物，夸张地演绎着他们的喜悦、胜利、悲伤、愤怒。

佛罗伦萨也有危险、阴暗的一面，被称为石头森林。那些高贵、强权的家族修建带着高塔的房屋，圣吉米尼亚诺（San Gimignano）如今可能还有这样的高塔。此举的目的是为了防御敌对家族，高塔可用作伏击点，弩箭或弩炮越过伏在上悬阳台阴影下的狭窄街道。喊叫、骚乱、马蹄声连绵不绝。据说，富有的阿蒂玛日（Adimari）家族的菲

① 《佛罗伦萨史》（*Cronica*），第一卷，第19、15—27页。

利波·阿尔真蒂（Filippo Argenti）傲慢无礼，将马蹄钉上银掌，常猖狂地在拥挤的小巷中呼啸而过，行人们惊惧万分，将身子紧贴墙壁，免成蹄下冤魂。[①]

当众进行的残酷行刑也是常事，这在其他城市也一样。但丁说自己亲见人被活埋。他也见过杀手如何被残忍地处死。这些杀手被头朝下植入地下，只有腿露在地面。如今，维罗纳圣泽诺教堂（San Zeno）的门上镶有一些青铜面板，其中一块板上便刻有这样的场景：在《地狱篇》中，但丁说看见罪人的腿被伸出石洞之外，这让他想起前面所提到的惩罚。他俯身与其中一人说话，如同牧师俯身倾听罪人临刑前的留言，此人有意拖延忏悔的时间，为了延缓那一恐怖时刻的到来：泥土被铲入洞中让其窒息而死。[②]各种折磨、饿死、谋杀、叛国、通奸、鸡奸、人兽性交等，对但丁而言，均不陌生。[③]四处遍及对邪恶的描绘。比如，洗礼池的圆顶屋上装饰着矩形镶嵌画，对称安置，描绘了地狱、炼狱和天堂，最后的审判以及在《神曲》中扮演重要角色的撒旦的怪异形象——三张嘴，其中两张从头部侧面如蛇一样突伸出来，每张嘴都咬着一个罪人，这是一幅但丁自小便熟悉的意象。[④]他在《地狱篇》中对路西法的刻画与上述形象十分相像，路西法也用三张嘴咬噬罪孽的灵魂。[⑤]

《地狱篇》中的魔鬼和折磨不是但丁空想出来的。这些骇人的警示意象不仅在壁画和镶嵌画上早有描摹，还在街头艺人口中传扬，是

① 参照本书第十五章。

② 《地狱篇》，第十九章，第49—51行。

③ 出处同上，第十六章，第45行，雅各波·路斯蒂慈奇（Jacopo Rusticucci）的话，*la fiera moglie piu che altro mi nuoce*（我野蛮的未婚妻给我带来最大的痛苦）可能是在暗示某种野蛮行为。参照本书第十八章。

④ 见图6。

⑤ 《地狱篇》，第三十四章，第28—69行。

牧师布道的主题，而且还常常被表演出来。[①]编年史学家乔瓦尼·维拉尼描绘了1304年举行的一场节庆，其中再现如下场景：

> 地狱中诸多场景和形象，有烈焰及其他惩罚和折磨，有人扮演形容恐怖的魔鬼，扮演赤裸的灵魂，忍受各种折磨，发出厉声惨叫，作出痛苦的挣扎，让人不敢视听。[②]

不过佛罗伦萨也有让人愉悦、灿烂的一面。到处有富贾、久经江湖之士、才华横溢之客，乐享金银珠宝等奢侈物；大量从英格兰和西班牙进口的上等羊毛；还不乏从远东进口的丝绸、香水、香料。佛罗伦萨的财富来自工匠们之手。他们组成各种行会，其中最有影响力的一个是羊毛商行会。还有织布商、丝绸商、毛皮商、皮革商以及内科医生、外科医生及药剂师行会。只有大型行会的会员才有资格参与政府事务。但丁当初便加入了上面提及的医药行会，成为名誉会员，借此走入公共视野。当时的银行业在别处还未形成规模，但佛罗伦萨的银行业却相当发达，分支网络遍布欧洲。女人们身穿昂贵的绣袍，开领很低，以衬显乳房，穿戴首饰，涂脂抹粉，将头发染成金黄或褐色。年轻男性穿紧身裤和极短的上衣，以至于薄伽丘不以为然地说，尽管男人们都留着长发，但女人们还是一眼就能看出其性别。[③]薄加丘在但丁传记里强调说但丁的衣着总是很得体。他指的可能是但丁中晚年时期，那时的但丁总是身着一种名为“卢寇”（lucco）的庄重长袍，一副行政官形象。在乔托所作的一幅肖像中，但丁身着正式长袍，头

① 参照本书第十章。

② 《佛罗伦萨史》，第八卷，第76页。

③ 薄伽丘著《详论但丁的<神曲>》（*Esposizioni soprala Comedia di Dante*）中一则关于《地狱篇》第五章的评论。

戴典型的佛罗伦萨头巾。事实上，如果但丁年轻时和同龄人在穿着上不合拍，反倒更让人惊讶。从他和弗莱赛·多纳蒂在炼狱山上的交谈可看出，[①]但丁对虚华与粗鲁是排斥的。在《天堂篇》中，从他对高祖卡却亚奎达所说的话中，[②]可看出，但丁向往人们往昔的穿着风格，那时男人们身穿朴素的软皮外套，腰系皮带，骨质皮带头，他们的妻子穿着家纺的衣服，也不涂脂抹粉。不过我们无从得知他在年轻时对穿着的态度，只知道他喜欢美女的陪伴。

诗人福戈尔·达·圣吉米尼亚诺（Folgore da San Gimignano）[③]在一系列十四行诗中为托斯坎地区的社会生活描绘了一幅绚丽的图画。该系列诗被称为《12个月之花环》，[④]是写给锡耶纳的一群贵族的，但诗歌中的细节同样适用于佛罗伦萨。1月屋内生火取暖、火把照明，床上铺着丝绸床单和毛皮的盖被。2月追猎兔子、鹿、野猪后，猎人们脚蹬半筒高靴、身穿紧扣的短上衣凯旋而归，开怀畅饮，仆人们背着猎物。3月下河捕鱼，有七鳃鳗、鲑鱼、鳗鱼、鲑鳟鱼、鲟鱼。4月在泉边草地上，在女人们的相伴下，开展各种运动娱乐。有西班牙驯马，这是法国最新的时尚娱乐，有普罗旺斯风格的歌唱和舞蹈，有德国进口的最新乐器伴乐。5月是举办各种赛事的月份，女人们四周围观，并兴高采烈地拥抱胜利者。6月，水果成熟了，有柠檬、橘子、枣子。男男女女们在树荫下伸开四肢闲适地躺着。7月，人们从地窖中取出白托斯坎葡萄酒，加上冰，一边畅饮，一边大快朵颐：享用肉汁烹调的鲜美的松鸡和公鸡肉，大蒜风味的小牛肉。8月份，为了避暑，人们进入山间，整天骑马享乐。9月带上猎鹰、灰背隼、食雀鹰

① 《炼狱篇》，第二十三章，又参照本书第三十八章。

② 《天堂篇》，第十五章，第97—124行，又参照本书第四十六章。

③ 14世纪初期，但丁同代人。

④ 但丁·加百列·罗塞蒂译，《但丁和他的社交圈》，第333—341页。

或猎狗去打猎。10月、11月和12月，人们待在温暖的屋中饮酒、烤火，吃烤全猪。

但丁年轻时，只要条件允许，亦是尽情享乐。他不太可能成天写那些理想的爱情诗。从一件事上我们大概能看出些端倪。圭多·卡瓦尔坎蒂曾在一首诗中批评他白白浪费才华。

我常常白日至你处探访，
而你脑中已存太多卑劣。
我为你丢失的文雅哀伤，
诸多美德也已抛你远去。
你竟拒良品伴身旁，
情愿赶赴乌合之约。[1]

这就是但丁出生、成长的环境。快乐与恐怖两极并存的状态也反映于但丁性格里的矛盾：一方面现实、粗朴、追求感官享受，另一方面又有正直、理想化、好幻想。他的背景可以部分解释他的人格，但无法解释但丁如何得以远超同样背景下成长的同代人，成为西方世界最伟大的诗人之一。我们无法解释天才为何得以成为天才，但但丁生平经历的一些政治事件及他的写作在某种程度上能让我们一窥但丁成长的轨迹。但丁的爱情诗，尤其是他《新生》诗集中所选的诗歌和解释，为我们提供了了解但丁的最早线索。我们将在下一章探讨这一话题。

① 但丁·加百列·罗塞蒂译。

第二章
但丁与圭多·卡瓦尔坎蒂

但丁第一本书《新生》写于1292年与1294年之间，是他和圭多·卡瓦尔坎蒂之间友谊的直接产物。这是一本诗人写给诗人同行看的诗评，收录了但丁早期诗歌，附散文评论。散文评论内容有二，先是讲述促使他写诗的事件和感受，然后再从结构和内容对每首诗加以分析。

标题直译为“新生”，但我们不确定但丁的本意是否是用此作为整本书的标题。标题来自拉丁语“Incipit vita nova”，但丁在这本回忆之作开始时说这可以作为标题。因此，可能只是前几章的介绍，即描写童年的几章。书中至少有其他两处提及作者在考虑别的标题。拉丁语“novus”意为“新”，也指“初始”“无经验”“未尝试过”之意，也可以指“美好”“奇妙”“未从听闻”之意。意大利语“vita nuova”实际上在书中并未出现过，不过但丁在《飨宴》（*Il Convivio*）中提及该书时用了这一名字。《飨宴》是一本哲思之作，但丁于流放期间所著。[①]

《炼狱篇》中又一次提及该语，虽然所指含糊。贝特丽采向天使们谈及但丁时说道：

① 《飨宴》，第二部分，第二章。

此新生之人潜力无穷，
定将上苍的一切恩泽
都化为非凡的成功。[①]

在这个语境下，新生一词似乎指“青年”之意，或许是指涉作品本身。不管作何解释，《新生》这一标题都蕴含着“新奇”及“未曾尝试”之意。

到但丁及同时代诗人开始写作诗歌时，意大利语作为文学语言只有短短半个世纪的历史。和古法语和普罗旺斯语相比，意大利语在范围和质量上都较为有限。布伦内托·拉蒂尼可能传授了但丁诸多技艺，但如何写诗一项肯定不在其列。他用意大利语创作的诗歌《小宝库》（*Il Tesoretto*），由古老的节奏缓慢的七音节对句组成，诗人们如何能通过一代人就能改良这样的语言，似乎难以想象。

但丁刚开始传播诗歌时和迈亚诺的但丁相互交流爱情主题的十四行通信诗。后者对但丁的梦回以十分粗俗的评论。[②]这些早期创作并未展露出诗人的才华或创造力。但当但丁跟随卡瓦尔坎蒂后，他的知识得到了拓展，诗歌创作也得到了提高。佛罗伦萨城内外的社交圈拥有诸多在各自行业颇有成就之人：迪诺·弗雷斯科巴尔迪（Dino Frescobaldi）来自一个银行家族，拉普·吉亚尼是一名公证人，奇诺·达·皮斯托亚是知名法学学者。他们都深受前代诗人的影响，如阿雷佐的圭通（Guittone of Arezzo），尤其是博洛尼亚（Bologna）的圭多·魁尼柴理——也是位律师。卡瓦尔坎蒂本人机智过人，思想深刻，学习过哲学，读过大阿尔伯图斯（Albertus）和阿威罗伊

① 《炼狱篇》，第三十章，第115—117行。

② 这首十四行诗或表明但丁与弗莱赛·多纳蒂之间的戏谑诗已然转变为二人之间常见的辱骂风格。（见本书第一章）。

（Averroës）的著作。他在自己的诗中展示了如何将生理学和心理学术语作为一种新的语汇来描写爱情的感觉。但丁亦加以效仿。

在卡瓦尔坎蒂的影响下，但丁开始尝试创作合组歌（*canzone*），源自普罗旺斯语*canso*，如其名所示，这是一种可以唱的诗。结构精致，严格按照曲式创作。和其他受过教育的同代人一样，但丁受过音乐训练。和四学中其他三学（算术、几何和天文）一样，音乐训练也关乎比例和关系。数字，这个被视为万物之本质的元素，是我们理解宇宙的钥匙，也是理解美的钥匙。圣托马斯·阿奎那曾经说过，“感官钟爱比例恰当之物。”将一种新的、未被使用过的语言，与蕴含无限和宇宙的概念加以创造性的融合，这必让人无比愉悦。

卡瓦尔坎蒂和但丁正处于诸多未知领域的边缘，二人之间的交流注定要引领但丁去进行前所未有的探索。在《新生》中，如果我们注意聆听，便不时能听见二人的交谈。在谈论拟人时，但丁说，既然古代拉丁诗人使用过拟人手法（并给出例子），那么没理由不可在方言诗歌中使用，虽然绝非仅作为一种修饰：其必须尽力揭示表象背后的真实意义。

我得申明，拉丁诗人之所以这样写，绝非没有理由，写韵文者在作品里采用这种写法，[①]也不无某种道理。如果有人作诗时使用比喻或修辞点缀，而当别人提出问题时却又无法把他的真实意图解释清楚，那真是莫大的耻辱。我的这位朋友和我都清楚，哪些人的诗确实写得这样蠢。[②]

① 即在方言中。

② 《新生》，第二十四章。

最后一句用词十分通俗，像是摘自磁带录音机或视频似的。因为我们不仅能听到他们在交谈，能看见他们交谈的样子，而且还能感觉到但丁因为和这位高贵友人意见一致而欣喜的样子。

《新生》不仅源自类似的交谈，而且有不止一处的暗示表明这部作品是按照卡瓦尔坎蒂的建议而写。例如，但丁说，当贝特丽采死去时，他用拉丁文写了一首挽歌，但并未收录于《新生》，因为一开始就笃定要用意大利语来写这部分作品。

> 我也很清楚，我最重要的友人也希望我能完全用方言来写这部作品。这部作品是献给他的（a cui io ci ò scrivo）。[①]

a cui io ciò scrivo这句话可理解为但丁将这部作品“献给”卡瓦尔坎蒂。这一说法可能并非那么正式，但很明显，但丁在写这部作品时，他的这位“最重要友人”可能就近在咫尺。即便如此，但丁并非完全没有借助拉丁语这一尊贵语言的“赞助”。书的开头和结尾都引用了拉丁语，书里也引用了拉丁文《圣经》和若干古典作者。他的身体机能所化身的“精灵”（这一别出心裁的说法借自卡瓦尔坎蒂）以及“爱神”都用拉丁语与但丁交谈，似乎这样崇高、重要的交谈不适合用日常熟悉的话语进行。

贝特丽采死于1290年，死时24岁。当时但丁已经成为佛罗伦萨诗人领袖之一。无论男女，都在传唱、诵读、熟记他的诗歌。有些还专门委托但丁为自己写诗。也就是说，他已经拥有了自己的公众。但丁自己和他的拥趸们都知道他正在开拓新的疆域。

初始时和佛罗伦萨的诗人朋友一样，其创作仍遵循着行吟诗人及

---

① 《新生》，第二十五章。

西西里和意大利的模仿者们留下的传统。这套固定的模式是：饱受单相思之苦，为爱慕对象的芳名保密，设计一个“幌子爱人”来蒙混好事者，将死神比拟为青春的残忍摧毁者与爱慕之人之间有误解，在爱慕之人身边时无比欢喜，被她嘲笑时痛苦不堪。不过圭多·魁尼柴理加入了新元素，提出了“cor gentile”（“温柔或高尚的心”）的概念，单凭这种品质便能感受爱情鼓舞人心之魔力。

围绕在卡瓦尔坎蒂身边的先锋诗人们自认对这一概念有特别的理解，并自成一统。他们或许常在卡瓦尔坎蒂家中聚会，带来自己最新的作品，大声朗读，更可能是大声吟唱。卡塞拉便是唱者之一。但丁与他在“稍显温顺的炼狱山上相遇”，恳求他像在佛罗伦萨时一般歌唱，用爱的歌声抚慰自己心中的热望。[①]女人们也被欢迎来做观众，但丁的一些诗还专为她们而作。这些诗歌不仅被吟唱，有时还像叙事曲那样，配有伴舞。可能还有解释和讨论。如果情况确实如此，那么《新生》中的散文评论部分或许是这些音乐会或朗诵会性质聚会的延伸。当某诗人将作品直接献给他的爱人，那么场景就像晨歌或小夜曲。当时有些大家庭还专门长期聘请拿固定工资的歌手，工资单上还提供姓名，并详列使用的乐器。卡瓦尔坎蒂是否也聘请了歌手，我们不得而知。

我们很容易忘记这些诗人们也要过日常生活、从事职业、参与政治、参加社会活动、追求漂亮女性、结婚、出轨。以圭多·卡瓦尔坎蒂和拉普·吉亚尼为例，两人均已婚，且共享同一个情妇。和其他人一样，他们把想象的生活从现实中剥离开来，让爱的体验在想象中经受新理念的识解、得以净化与升华。

但丁身处其中的社会很小，且联结紧密。人们对彼此的生活兴趣

① 《炼狱篇》第二章，第106—117行。

盎然，尤其是婚外情，四处充斥流言蜚语。18岁时，但丁意识到自己爱上了成年的贝特丽采。他努力掩饰自己的情感，但对诗人朋友们却敞开了心扉。他仅有一次在作品中透露过她的芳名〔用贝采（Bice）的缩写形式[①]〕，当时她还活着。这种做法符合文学游戏的规则，但可能正是他当时的实际做法。《新生》的一大特点是作品中提供了诸多社会生活的生动细节。

但丁描写了某天在教堂中的情景。贝特丽采也在，他坐在可以盯着她看的位置。另一个女人恰巧坐在他的视线里，以为但丁在看她，这让他萌生把这个女人当做“幌子爱人”的想法，这样可以瞒住那些对他私生活兴趣浓厚的人。这个场景应该不难想见：女人受虚荣心驱使觉得但丁爱慕自己，而朋友们也作此想，胳膊肘互相轻推暗示，吊起眉毛以示惊讶，边走出教堂边饶舌、大笑。那种情形下，还有谁在认真听布道呢。

但丁肯定在诗作中为这个“幌子爱人”的迷局作了证实。这说不定不是一个迷局，他或许确实向她作了表白。为何不呢？但丁称她外表可人，而他正值血气方刚，且据薄伽丘称，热衷调情。这个幌子，如果确是幌子的话，据但丁自己说，持续了“若干年若干月”。当她离开佛罗伦萨时，他承认自己比自己所想象的更伤心。为了装门面，他还写了首哀诗。

但丁最终用另一位“幌子爱人”取而代之。他用比喻的方式叙述了此事。他说他正在一簇人的陪伴下骑马旅行，因要离开爱人所在之城市而心感哀愁。途中，他遇见爱神，身着朴素的行装。爱神建议他寻找一位新的“幌子爱人”，并钦点其人，正是一位但丁熟识的女子。

① 《新生》，第二十四章，第一句为*Io mi sentii svegliar dentro a locore*（“我突然感受到爱的精灵”）的一首十四行诗。

回到佛罗伦萨后，他立马对这名女子展开追求，但丁的追求热烈异常，以至于恶意的流言蜚语很快传到了贝特丽采的耳边。不久，贝特丽采在街上与但丁相遇，但漠然而过。

贝特丽采的拒不相认让但丁深感苦痛。他逃回屋中，卧倒于床，在哭泣中睡去，如同“受了欺辱的孩子”。在梦中，他见到爱神站立床边，扮成一名年轻男子，一袭白衣。爱神沉思地凝视着但丁，叹了口气，然后用拉丁语对但丁开口说道：“孩子，到了该抛开假象的时候了。”说完爱神开始哭泣。但丁问他何出此言，他仍旧用拉丁语说道：“我如同身处圆圈的中心，周边各部均以相似的方式与其相联；但你并非如此。”当但丁问他此话何意时，爱神用方言回答：“不要多问对你无益的问题。”爱神随后解释贝特丽采未和但丁打招呼的原因：他对“幌子爱人”的过火举动已经招惹了非议，她担心自己的声名也会同样受累。

既然但丁长隐于心的秘密贝特丽采已然有所察觉，爱神建议但丁作一首诗，委婉地献给她，告诉她自己自打孩提时代就爱上了她，即便目光注视着别的女人，爱神都会让自己看到贝特丽采的面庞。“如此这般，她就会明了你真情实意，知道那些说你坏话的人其实是误解了你。”他必须得特别当心，作诗时必须配以和谐的音乐。而既然是叙事曲，则须歌舞俱全。

但丁和爱神这通虚构的对话实乃反映了但丁内心的愧疚与尴尬。他和“幌子爱人”之间的情事有些轻率不羁，他知道他一直在自我欺骗，假装自己的爱永远纯洁、高贵，虽然他相信内心与灵魂有一种完美状态，其中所有的爱都是至善至美。

他将这首叙事曲赋以人格，请求它去寻求爱的陪伴。他们一起去拜访贝特丽采，请求她的原谅。当贝特丽采听完这首歌后，爱神便出面解释但丁为何假装爱恋别的女人。诗中修辞繁复，但从中可辨出贝特丽采接纳了舞者与歌者进入她的家中或是花园，观看他们的表演。但从随后不久发生的一件事情看来，她并未太受感化。

一位朋友邀请但丁陪他去参加一个婚宴。贝特丽采也在来贺的宾客当中。但丁在看见她之前就感觉到了她的存在，因而有些眩晕，不得不“靠在一幅环绕房屋的带状壁画上”。其他女人见了，对但丁大加嘲笑，贝特丽采同样也看见了，加入了嘲笑的女人们之中。但丁难过之极，简直觉得自己要死了。朋友不得不拉着他的手，将他带走。回到家中，但丁再次落泪，觉得太过羞辱。他想到，如果向贝特丽采解释为何一见她自己就过于激动，说不定她会报以同情。虽然爱神告诫过他不要直接向她表白（这样做有违传统），他还是为她写了三首十四行诗。第一首诗是责备贝特丽采不该嘲笑自己。诗的开头是这样的：

你和同伴无情将我嘲笑，
可曾想我为何这般慌张。
在你眼中，我形同陌路，
在我眼里，只有你可爱的形容。
你若知晓我的苦衷，
怜悯之女神必将卸下伪装，温柔以对；
因为，我每当向你靠近，
爱神便对我大耍神威。[①]
……

① 《新生》，第十四章。

但丁不懂为何自己每每一见到贝特丽采便如此惊慌。他问自己，“既然我每次一靠近她，就会有如此荒唐的表现，那我为何还要见她？如果她这样问你，你该如何作答？”他在另两首诗中表达了这一困惑。

过后，一群女人，可能正是那些婚礼现场嘲笑但丁的女人，问他既然他在爱人身边就会晕厥，那他的爱有何意义呢？他回答说他的快乐来自她对自己的问候，但既然现在她不再理会自己，他只能在写给她的赞美之辞中寻求福祉了。其中一个女人反驳道：“若是那样的话，你的诗歌不应该这样写。”带着女性温和的直截了当，她直击要害：他迄今写的诗都是自怜自爱之辞。这番对话让人想到，但丁在诗歌朗诵会中可能也碰到过类似的反驳。

经过一番仔细思量，但丁意识到这些女人所言不错：他应该忘却自己的苦痛，开始创作诗歌以颂扬贝特丽采的美貌与美德。但他越细加思量，越不敢贸然动笔，简直如同冒险干一件自己可能无法掌控的大事。有一天，他步行路过一条十分清澈的河水，他的舌头犹如顺着自己的意志一般，说出下面的句子：

懂得爱情的女人们。

在他看来，用这句作为一首诗的开头很不错，这也是他心中所想的新思路。这句话一直存放在他心间，直到数日后，他鼓起勇气接着这句话写下去。这首诗后来成为《新生》的第一首合组歌，也是颂扬诗的开端。

颂扬诗本身不是什么新鲜事物。当时的诗歌常以此为主题。不同的是，但丁对爱之体验在想象世界中的演变已经进入了新篇章。贝特丽采已经不是传统的、诗化之爱的焦点了。在思考颂扬贝特丽采的诗句时，他意识到她代表的已然不仅是她自己：理想的美德、无与伦比的美貌、天使与圣人均为之存于天堂而欢呼的极乐之灵。由此但丁已经向一种新式寓言迈开了第一步：不是拟人，不是象征，而是将具体之人物视为超越其自身的某种品格，不仅在化装舞会或游行盛会上，也在现实生活中。这极大地拓展了但丁的思路，最终引领他创作了《神曲》中诸多逼真、经典的人物，代表罪恶亦或美德。

多年后，当但丁已然完成其生平2/3的主要作品时，再来回顾这首诗时，将其看作一个转折点。在《炼狱篇》中，在贪食者魂灵身处的檐口，但丁遇见卢卡诗人博纳钟塔（Bonagiunta）的灵魂。二人有如下的对话。博纳钟塔问：

我眼前之人是否是那个
开启新体诗歌传统
并写下第一句“懂得爱情的女人们”
之人？

但丁回答：

我正是那个
爱神于我体内呼吸时
便记录并说出他的神谕之人。[①]

博纳钟塔回答：“噢，现在我知道他们口中的*dolce stil nuovo*是何意了。”

① 《炼狱篇》，第二十四章，第49—54行。

意大利语*dolce stil nuovo*译成英语为“sweet new style（温柔的新风格）”，但实际并非该意。在意大利语和法语中，当有两个或更多形容词并行修饰时，最后那个形容词起强调作用。而在英语中，扮演这一功能的是第一个形容词。问题是，已经有了“温柔体”（dolce stile）和“严厉体”（aspro stile）相对应。但丁实际上是创造了新的温柔体。

但丁·达·迈亚诺（Dante da Maiano）并不是唯一取笑过但丁的人。切科·安杰奥列里（Cecco Angiolieri）擅长俏皮诗，曾就但丁一首十四行诗中的一处明显矛盾对他大加调侃，引用其中诗句，作温雅的嘲讽。但丁并未指望（甚至并不希望）读者们能理解自己本意，他也不止一次地如是说过。有时他说一首诗只是为诗人心中特有的一群读者而作，如懂得爱情的女人们。同时，但丁的态度也并不像一些评论家所言的那样严肃。他对一个叫布伦艾托·布伦艾莱奇（Brunetto Brunelleschi）的人写过一些调侃的话，附在一首他知道此人看不懂的诗后。在另一首诗中，他自嘲自己在凝视博洛尼亚卡里森达（Carisenda）斜塔时心不在焉，对周围浑然不觉。他可能在失神地盯着头顶的一朵云彩正在向与塔倾斜方向相反的方向飘过，让他产生了塔正在倾倒的错觉。他在《地狱篇》中描写一个巨人俯身时便用了这一手法。[①]但丁研究者们迄今未注意到18世纪的一件趣事，洛伦佐·达·彭特（Lorenzo da Ponte）（精通意大利文学）对Donne ch’avete intelletto d’amore’（懂得爱情的女人们）写了一个戏仿，其中的语言来自洛伦佐的《费加罗的婚礼》（意大利语版，是洛伦佐根据法国戏剧家博马舍（Pierre Beaumarchais）的同名喜剧改编而成）中身陷爱河的凯鲁比诺（Cherubino）唱给“他”女人们的话：

① 《地狱篇》，第三十一章，第136—138行。

你们谁知道什么是爱?

当很多人听过这首合组歌后，一个朋友请但丁给爱情下个定义。但丁借用了他和朋友们都尊为前辈的圭多·魁尼柴理给出的定义。他没有说出圭多的姓名，而是称其为*il saggio*（贤明之人），引用了他“高贵的心”的概念。

爱与高贵之心实乃一体，
一如那贤明之人诗中所指，
两者决然不可分离，
正如理智之人少不了理智。
人性渴爱，便有了爱神，
他常驻于人心，
在其间安静地歇息，
时而短暂，时而绵长。
当贞洁佳人的美丽面庞，
愉悦观者的眼睛，搅动其心扉，
对欢愉之渴求便油然而生，
爱神之精灵也从睡梦中苏醒，
佳人也为才子动情。①

最后一句话给人一种即时而作的感觉，像是但丁在诗到末尾时临时决定加上一个想象中的女人的答复。但丁和他的诗人朋友们均是从男性的视角来写爱情。他们颂扬女人的美丽、贞洁、优雅、谦逊；她

① 《新生》，第二十章。

们激发的爱是引人向上、驱人从善的。而女人们自己的体验却似乎没有进入诗歌的主题。在但丁上一代有一位女诗人，人称才女（*la compiuta donzella*），但她只有三首诗歌流传下来，而这些诗的创作均未受魁尼柴理的影响。

贝特丽采到底对但丁心存何种感受，对但丁将自己理想化的作法作何感想，我们只能加以猜测。不管是她自己还是她的丈夫，或许都怀揣某种自豪感。因为她竟然被这样一位受人尊敬的诗人奉为万众瞩目的爱慕对象。我们可以想象，当成年的贝特丽采一袭白衣，在两名年长女子的陪伴下，高雅地走在佛罗伦萨的街上，与但丁相遇，优雅地向他问候。而随后，她便因但丁对一个“幌子女人”过度热情感到冒犯，路遇但丁而不加理会，扭脸以示轻蔑。面对但丁因自己的出现而难以自持、身陷尴尬时，她又和其他女人们一道毫无怜悯地大加嘲笑。在一首未收入《新生》的诗中，描绘了贝特丽采跻身于一群女人中间，庆祝万圣节，艳压群芳。而但丁直视其面容，看见了天使的模样。不管她现身何处，都能激发人们对美德的向往。她愿意时，施予问候，这对但丁无异于救赎，让他心中充满对全世界的热爱。在一首诗中，但丁描写自己看见贝特丽采走在卡瓦尔坎蒂曾深爱的乔瓦娜身后，心中欣喜不已，在诗后的评论中，他将此阐释为施洗者圣约翰最先见证过的主基督之启示。在他为该诗撰写评论时，他将自然之物视为超自然意象的理念已经达到更高的境界。为了更好地将贝特丽采和这一意象以及其他想象联系在一起，他决意专门对此进行研究并思考，以便——正如其在作品末尾所言——为贝特丽采写出从未在写给女人的诗篇中表达过的诗句。[①]

至于贝特丽采的长相，但丁说她肤色如珍珠，但并不过分苍白。

① 但丁在该语境中使用dire与dettare两词，意指“用诗体写作”。

在《炼狱篇》中，他说她的眼睛丽如翡翠。若但丁意指贝特丽采的眼睛是绿色的（有人不同意此论；关于贝特丽采的诸多言论都有争论），那么她的头发应该是褐色的。这就解释了为何她的肤色有些苍白，这是红发者的特点。她是个虔诚的信徒，对圣母玛丽亚崇敬有加。我们不知道她在何处受的教育，很可能于女修道院学校师从修女学习。当她父亲过世时，她悲痛欲绝，虽然当时她已为人妇，离开了娘家。[①]她在第二年便过世。我们不知道她是否有子嗣，她也有可能正是死于分娩。但丁在第三首合组歌中说，她既未打冷颤又未得热病，突然就去世了。

在诗后的散文中，但丁说并不打算讨论“她的离去”，指的是她的去世，不过更可能是指她的葬礼。他给出避谈此话题的3个理由：一、这不属于该书话题范围；二、他找不到合适的语汇来描写这一话题；三、会让他有自夸之嫌。对此说法，有一个不太令人信服的阐释，认为对但丁而言，谈论贝特丽采之死会对于她自己以及对于但丁本人都是一种光辉。他只透露了她死去的时间是1290年6月9日9时，这是根据阿拉伯、叙利亚和罗马日历计算的，在时辰、日、月和年上都和数字9对应，而贝特丽采也似乎总和数字9有着千丝万缕的联系。

葬礼在佛罗伦萨是非常公共的事务，而哀悼一位年轻貌美的女子之死，其父亲声名显赫，其夫亦为杰出公民，必定全城皆知。但丁乃知名诗人，他为逝者所作的诗歌会传诵四方，但丁也是她兄弟的密友，因此极有可能被邀为上宾，甚至为主要送葬人之一。当时场景理应如此。甚至可能，他一首献给逝者生前的诗会在葬礼上被朗诵或歌唱，或更有可能的是，但丁称在贝特丽采死后用拉丁语所作的那首挽

① 巴尔迪的家位于亚诺河对岸，鲁巴孔蒂（Rubaconte）桥旁边。

歌会在葬礼上被大声诵读。[1]因此，如果但丁谈论这个话题，确实有自我美化之嫌，这可能也正是他口中隐晦提及的避谈“她的离去”的第三个原因。这应该不可能仅指她的死去。关于这一点，他还花了相当的篇幅谈及。

在之前写到贝特丽采父亲的过世时，但丁确实谈及其公共方面，解释说按照佛罗伦萨的风俗，男女要分开悼念死者。[2]他正是那时看见贝特丽采和一群女眷们一道从葬礼现场回来，听见她们唏嘘她的哀痛，说“她哭得多伤心啊！”但丁听后也为之哭泣，她们发现但丁如此伤心时十分惊讶，交头议论道：“看这个人，这么伤心，你还会以为他和我们一样看见她哭泣了呢。”但丁想和她们说话，但似乎不太合宜。因为这样的场合，男女之间不应交际。

不过，不管在公共场合还是在私下，人们都可以尽情表达悲伤之情。痛哭流涕、大声悲叹也是亲友们应尽的职责，或用爱尔兰话说，“keen”（哭丧）。这项仪式过后是葬礼，人们抬着棺椁走过街道，后面跟着长长的送葬队伍，公众也会加入。这一景象在今天的意大利还可以见到。贝特丽采的葬礼应是佛罗伦萨极有影响的一件大事。但丁也说过，贝特丽采的死去，如同整个城市丧偶。

在占据该书中心位置的第二首合组歌中，但丁描写了自已病中经历的一场噩梦，梦中他看见贝特丽采躺在床上，已经死去。他在评论中详述了细节，暗示他可能去了她家，见到了她遗体安置的仪式。

我似乎上门去看了那个最高贵、最幸福的灵魂一度寄居之躯体。幻觉如此强烈，我似乎亲见我的爱人躺在那里、已然死去。女人们似

① 《新生》，第三十章。

② 威尔士也有此风俗。

乎在用白纱盖在她的头上。当我看见所有为逝者必备之物均已准备妥当后，我想我回到了家中。[①]

他坚称这一切都是他噩梦中的一个幻觉，但不少评论者相信，这首诗作于贝特丽采死后，后被放于《新生》中，是一个虚假的预言式幻象。如果确实如此，他诗中所写的可能是真实经历。从这部作品前面所叙述的一个片段来看，因这位“整个城市因其美丽而增采”的年轻女人的死去，他似乎至少上门拜访过一次。

我看见她生命已逝的躯体静静地躺着，众多女人于一旁悲伤地哀悼。当我回想起，她曾陪伴过我最亲切的人时，我也忍不住流下几滴伤心的泪水。[②]

但丁一边哭泣，一边决定创作诗句纪念他逝去的心爱之人。

贝特丽采之死给但丁带来了莫大的伤痛。他丝毫不加掩饰自己的悲伤，相反，他还故意公之于众，当人们对自己表示关切时，他似乎还从中获得安慰。此时的但丁心底凄凉，即便旁人同情地看他一眼都能使他伤心落泪。他当时看见一位美丽的女郎从窗内向他投以无比怜悯的目光。

他未明示这位女郎的姓名，可能因为她还在世，他仅称之为“温柔女郎”（la donna gentile）。他发现自己越来越为她吸引。他为她写诗，内心暗暗自问这层情愫到底为何物。他想，这必是高尚的爱，但他又宣称自己的心乃理智的敌人，[③]责备自己没有忠于对贝特丽采的思

① 《新生》，第二十三章。

② 出处同上，第八章。当时他似乎已融入了女性哀悼者或照料尸身的女人之中。

③ 并非说那名女子是理性的敌人，此乃常见的错误阐释。

念。最后，在他某个幻想中，她变成了一个孩子，正如他初次见她时的样子，这才让他下定决心了断这份情感。

在《飨宴》中，但丁将“温柔女郎”阐释为哲理。但他不否认她是一个真实存在的女子。这是又一个将具体人物视为超越人物本身某种品质的例子。他说这位女郎取代了贝特丽采，这一说法可在《新生》结尾处得到证实。这是但丁作品中最受争议一段。在《飨宴》结尾处，但丁说他对贝特丽采的爱战胜了他对温柔女郎的情，才由此终结，而不是反过来。有人曾试图调和两个文本之间的矛盾之处。有人甚至表示《新生》有更早的版本，后经但丁改写过。如果我们作如下理解，即在《飨宴》中，他实际是说自己暂时不写贝特丽采，直到他完成一段潜心研究之后，再作此想，则这个明显的矛盾不难解决。换句话说，这并不是一个女人取代另一个女人，而是一种行为（为贝特丽采写情诗）被另一种行为（研究哲学）暂时取代。[①]

那么但丁究竟为何要将“温柔女郎”写入《新生》呢？很可能会因为但丁给这位女郎写的情诗已经被很多人听说，众人依然知悉他的这段情愫。这些诗需要加以解释，正如这段情也需要解释。这段韵事可能确有其事，而正如所有的韵事，最后也曲终人散。然而，但丁从这段交往中获取的慰藉，被他后来看作如同他同期从哲学研究中获取的慰藉。这一概念是但丁十分明确地在《飨宴》中加以传达的。

他和温柔女郎的这段韵事让他从悲伤中走出来。如果——现在看来较为可能——他当时已与盖玛·多纳蒂结了婚，那么自己的丈夫整日以泪洗面，无疑十分考验盖玛的耐心。或许，圭多·卡瓦尔坎蒂建议他写《新生》来助其疗伤。很多熟人，如现代诗人泰德·休斯，都用过类似的方法。就但丁而言，他既需要作一定的遮掩和虚饰，也需

① 又参照本书第六章。

要加以澄清。他的诗歌和解释都有些含糊其词。

当时，公众对但丁的诗仅仅是耳闻，却少有亲见。因为当时的羊皮纸十分昂贵，即便是普通的纸张也非常稀有，因此很少有纸质作品流传。另一方面，《新生》是作者作为长存作品来创作的，为希望了解这些诗歌创作背景、应如何阐释的人们提供参考。同时，这部作品在当时可能是被大声朗读出来的，可能由但丁朗读。作品中的分析部分叫“分段文”（divisio textus），即根据内容将文本划分为若干部分之意。当时的读者已经习惯了这种解释文本的方式，无疑会觉得很受裨益。而现代读者却会觉得这种做法冗长乏味。据说，但丁·加布里埃尔·罗塞蒂（Dante Gabriel Rossetti）在翻译时，觉得这些部分十分无趣，竟然将其交给自己的弟弟威廉（William）来译。

有趣的是，这些分段并非与诗歌的形式架构形成对应，其重点放在论点及其扩展上。但丁明显认为有必要说明段与段之间的连接，似乎诗歌的韵律形式和音乐背景会模糊诗歌的意义。这些分析也可能旨在给那些希望大声朗诵诗歌的人、或者给那些受邀给诗歌谱曲的作曲家提供向导。不管功能如何，其在诗歌结构或者设计中都起着重要的作用。

《新生》的结构安排十分巧妙，数字9（三位一体中数字3的平方）是关键。31首诗安排顺序如下：十首短诗，一首合组歌，四首短诗，一首合组歌，四首短诗，一首合组歌，十首短诗。这一系列诗歌的中间点是第二首合组歌，前后各有四首短诗支撑，属于九首诗歌组成的中心诗组之中心。中心诗组前后各有一个一，而前后又各有一个十。

如此，结构如下：

10+1+9+1+10

也可做如下安排：

1+9+1+9+1+9+1

若如此，数字九便出现3次之多。

第二首合组歌是三幅一联结构的中心，第一首合组歌与第二首合组歌分别于左右形成支撑。这可理解为但丁的人生一分为二段，即贝特丽采去世之前和之后。这一模式在一个两边对称的结构中得到强化，其中，在初始阶段对贝特丽采的尘世之爱在结尾处她的仙女形象中得到映射。这种映射通过诗歌分析部分的位置也得到进一步安排：在贝特丽采死之前，分析部分位于诗歌后，而在贝特丽采死之后，置于诗歌之前。据但丁说，此举的目的是让后半部的诗歌看起来更有丧偶之感。

对数字结构痴迷的不仅但丁一人，其同代诗人也多如此。理解数字的功用，其之间的关系，他们的平方与立方以及所谓的神秘加法，①就可能看见掌管所有生命的数学法则。在艺术创作时，有必要采取命理学象征主义来控制构成整体的各部分之间的关系。这种思维方式继承自毕达哥拉斯，中世纪时期又蒙圣奥古斯丁（St Augustine）和马提诺斯·卡佩拉（Martianus Capella）等人传承延续。三位一体的理念使得信仰基督的作家们在创作过程中从3的角度进行观察，并以3的倍数模式来进行创作。但丁的突出之处在于是他在后来创作《神曲》时，无比高超地使用这一技巧来控制作品的结构。②

我们不知道圭多·卡瓦尔坎蒂如何看待《新生》。他肯定十分欣慰，因为这部作品是根据他的建议而作。但他不知道，这是一次旷世之旅的第一步，因为他于1300年便去世。他的去世是个悲剧，而但丁也身陷其中。这一切源自佛罗伦萨的政治，也是下一章的主题。

① 在“神秘”加法中，19=1+9=10。
② 参照本书第十六章。

第三章
灾难

1295年，但丁30岁。12年间，但丁从一个名不见经传的年轻诗人，成长为一个知名诗歌群体中众人敬仰的成员。他的诗歌被众人歌唱、朗诵、铭记，被印制，甚至流传于佛罗伦萨之外。他精选一些诗歌，作雅致的印制，以永远纪念他至爱之人。他娶妻，建立家庭。已经不再给贝特丽采写诗的但丁如今致力于哲学研究，并开始创作有哲学与社会意蕴的颂歌。已达成熟年纪的但丁获取了佛罗伦萨共和国的完全公民身份，有了参加公共事务的资格。他或许是从此时开始穿那件被称作卢寇的庄重长袍的。

1294年春天发生了一件盛事。法兰西国王路易斯八世的曾孙查尔斯·马特尔（Charles Martel）来访佛罗伦萨。查尔斯19岁加冕匈牙利国王，同时也是那普勒斯王国和普罗旺斯王国的王位继承人。他在佛罗伦萨逗留三周，等待他父亲昂儒的查尔斯二世（Charles II of Anjou）从法国前来。佛罗伦萨人欢喜异常地欢迎年轻王子的到来。随他到来的有200个法国和那普勒斯骑士，身着深红或暗绿色戎装，队列整齐，马鞍上的布匹绣着金色百合，金银镶边。[①]佛罗伦萨人组织了盛大的招待活动。著名诗人但丁应邀参加，他的一首合组歌也得以上演。[②]但丁

① 乔万尼·维拉尼著,《佛罗伦萨史》,第8、13页。

② 首句为*Voi cb'ntendendo il terzo ciel movete*（“通过智慧推动第三界的你”）的抒情诗，是但丁仍在犹豫不决该爱贝特丽采还是爱温柔女郎之时所创作。

和查尔斯成了朋友，但丁希望他能在公共生活中为自己提供庇护，他的希望在第二年破灭了，因为查尔斯于那普勒斯死于瘟疫。但丁在《天堂篇》中辛酸地表达了遗憾。被但丁安置于金星天的查尔斯·马特尔的灵魂用合组歌的第一句向但丁表达问候，[①]回想二人昔日的友谊，叹惋他过早离世，若非如此，但丁的生活可能会大相径庭。

一度对权力如此接近，加之声名显赫，可能让但丁头脑发热，决定进入公共生活。为达此目的，但丁必须要加入某个行会，他选择了医药行会。据说他作此选择的原因是药店售卖手稿；另一个原因可能是画家也是该行会会员。更大的可能是因为但丁新近投入的研究哲学让他结识了科学圈，或当时所谓“自然哲学”圈的人士。本已是知名诗人，如今又获取哲学学生这一庄重的身份，但丁的专业和知识范围更是得到了拓展。

但丁及其妻子的家庭都属于教皇派。教皇派在佛罗伦萨已经掌权1/4个世纪了，但皇帝党流放者们的报复行动一直持续未绝。1289年皇帝党人有过一次反抗，但在坎帕尔迪诺战斗中被击退，但丁加入骑兵投身此役。但同时但丁等也面临着一个微妙的问题，即如何捍卫佛罗伦萨的独立不受教皇野心所累，而同时又仰仗教皇的影响来挫败皇帝支持者们侵犯托斯坎。

佛罗伦萨城内的权力之仗也在贵族与平民之间摇摆。贵族对人民的压迫于近期引发了反叛，率领叛军的是贾诺·德拉·贝拉（Giano della Bella），本也出身贵族家族。他推动政府改革，实施一系列新法，称为《正义法规》（Ordinamenti della Giustizia）。这些法律条令于1293年生效，即但丁投身公共生活两年之后。一方面，所有贵族家庭成员均被解除政府职务，如有反抗一律严加惩罚；另一

① 《天堂篇》，第八章，第37行。

方面，更多社会阶层被允许进入政府任职。这些变革的一个结果即将圭多·卡瓦尔坎蒂和但丁·阿利吉耶里隔为两派。圭多因出身贵族被驱离公职，而但丁声名显赫但出身稍低，却得以加入行会并由此获取政府职务。新佛罗伦萨政府的结构包括一个正义旗手（*Gonfaloniere di giustizia*），通过选举产生，并配备1 000名军人用以执行法规。另有六名执政官，由各大行会推选产生，任期两个月。有3个委员会：一个100人委员会负责财务；一个有300人委员会负责给行政长官总监（Podestà）（从佛罗伦萨外部聘请的独立仲裁者）当顾问；还有一个150人委员会负责给人民首领（Capitano del Popolo）当顾问。各个委员会每隔6个月重新选举，任何议员不可再次入选其刚结束上一期任职的机构。权力因此得到有效分解、平衡和制约，政府成员也都十分谨慎地维护新宪。

根据官方文件记录，但丁参与了多次论辩。身为白党支持者的但丁入选了一个叫做百人委员会的行政机构，并日渐成为辩才了得的演讲者。1300年5月，但丁作为代表被遣往圣吉米尼亚诺（San Gimignino）。在那里，他对当地城镇委员会就托斯坎教皇派联盟相关事宜发表演讲。活跃政坛的五年后，但丁当选六位最高执政官之一，任期自1300年6月15号至8月15号。

当时的佛罗伦萨政局已经变得艰难，危机四伏。教皇派已经分化为两派，即白党与黑党。①黑党被认为较白党更加尚武、好斗，但就这方面而言，两者相差无多。佛罗伦萨黑党领袖是科尔索·多纳蒂(Corso Donati)，长相英俊、广受欢迎、生性好斗、野心勃勃。他是但丁朋友弗莱赛的兄长，也是但丁妻子的表兄。和但丁一样，他也在坎

① 得名于皮斯托亚的一场冲突。两个阵营的领袖是同一位丈夫两任妻子的后裔，其中一个名为比安卡。

帕迪诺之战中英勇作战过。[①]白党领袖是维埃里·德·谢尔什(Vieri de' Cerchi)。其奢侈招摇的生活惹人怨恨、嫉妒。圭多·卡瓦尔坎蒂虽然被禁止参与政府事务，但仍然积极支持白党。科尔索·多纳蒂是卡瓦尔坎蒂不共戴天的仇人，侮辱性称他为“钉子”(*cavicchia*)，并据传试图找人暗杀他。卡瓦尔坎蒂报复性地用矛掷向卡尔索，但没有射中。贵族大公们因被从政府驱出而心生怨恨，因此不停组织暴动和抗议。

行政官代表佛罗伦萨共和国最高职位，威望极高，但因任期只有两个月，因此任过此职的人不在少数。因此，只要声誉良好，同僚信任，那么当选并非难事。但在任职期内却是相当高贵。任职的两个月期间，行政官们须隐居于卡斯塔尼亚塔楼，不得接受私人邀请或与外人接触，以保护其不受胁迫、贿赂或任何形式的腐败影响，类似于英国法系统中的陪审团。当他们走出塔楼时，身着深红色外套，配貂皮内衬、领口与袖口。1290年开建的西纽利亚广场是专为执政官而建的更高档的官邸。该广场在但丁时代被称为执政官广场。

即便在任期结束后，但丁还时常应召唤以公众方式为共和国服务。在1301年4月，他被委任监督佛罗伦萨一条公路的拓宽与修直工程，以便于调动援军，防御贵族发起的进攻，或防止被流放的皇帝党人回城。同年6月19日，他参与了两次论辩。两次论辩中，但丁均反对教皇波尼法爵八世要求佛罗伦萨出兵援助其攻打私敌。虽然后来通过运送资金与军队的决议，但记录表明但丁是坚定的反对者。在李奥纳多·布鲁尼见到的一封信中，他谈及自己过于轻率，上述事件或算作一例。在信中他将自己的不幸归咎于自己当选执政官一事。

执政期间，但丁遭遇了一件让他极为痛苦的执政经历。1300年5月1日，在他当选执政官前六周，佛罗伦萨发生了剧烈的暴乱。教皇

① 参照本书第一章。

派黑白两党之间的斗争到了紧要关头。教皇派遣阿夸斯帕尔塔的马特奥主教（Cardinal Matteo of Acquasparta）前往劝和，但没有成功。6月23号，也就是施洗者圣约翰节前夕，各大协会的头领遭遇了贵族的袭击。这些贵族高喊："我们打赢了坎帕尔迪诺之战，你们现在却把我们赶出政府。"执政官们为了恢复秩序，决定将两边的首领都加以驱逐。黑党一些最重要的首领被拘禁于翁布利亚的蒙特堡。白党首领，包括圭多·卡瓦尔坎蒂，被放逐到卢尼贾纳（Lunigiana）的萨尔扎纳（Sarzana）。[①]这是一个疟疾灾区，圭多染疾病倒，被准许回到佛罗伦萨，但于1300年8月去世。

这悲剧事件终结了一段对早年但丁十分重要的友谊。但丁在《地狱篇》中隐晦地提及此事，笔触微妙、感人至深。但丁游历地狱、炼狱和天堂的虚构日期是1300年的复活节周。他开始写《神曲》时，已经流放多年了。虚构时间与实际时间的间隔让他能够虚构一些假预言，假装他创造的人物——即作品中的但丁这个人物——不知未来会发生何事。其中一件事让人印象深刻，发生在地狱中异教徒之环。在这一环中，异教徒们的灵魂被埋在烈焰燃烧的墓中。墓中是高大的皇帝党战士法利纳塔·德里·乌贝尔蒂。此人曾在1260年的蒙塔贝蒂战役（Battle of Montaperti）中完败教皇派。[②]

这个骄傲的异教徒对地狱似乎不屑一顾，他听出来者是托斯坎口音，便加以质问："你的祖先是谁？"但丁如实相告。法利纳塔轻挑眉梢，不屑地说："他们曾与我恶战，但我两次将其击溃。"身为教皇派的但丁克制住自己的怒气，但语气也十分生硬："但我们两次都杀回来了，而贵党似乎并未学会这一本领。"这句话击中了对方的要害：

① 托斯坎区西北角的一个街区，位于亚平宁山脉和利古里亚边境之间。

② 《地狱篇》，第十章，第22—120行。

法利纳塔的党派已流放了40年。两个敌对党人四目对峙，沉默不言。

对于那个年代的读者、尤其是佛罗伦萨人而言，这一场景必定充满了戏剧性。蒙塔贝蒂之役没有被忘记，战胜者欲将佛罗伦萨夷为平地的企图更没有被忘记。乌贝尔蒂家族成员被永久流放，他们的家产被摧毁。法利纳塔死后被宣布为异教徒，被人从墓中掘出，惨遭分尸。

在法利纳塔出言还击之前，另一个灵魂从同一个墓中升起。此人身形稍逊，仅及法利纳塔下巴。“我想，”但丁说，“他当时是跪着的。”这个灵魂迷惑地四处张望，似乎在找什么人，然后颤抖着声音问道：“如果阁下凭超凡之本领得以游历此黑暗之狱……”

那么我的儿子呢？为何他未与你一同前来？[1]

（mio figlio ov'è ? Perchè non è ei teco？）

意大利原文中重复的元音e单薄、哀怨的语调巧妙地暗示了一个爱抱怨的老者形象。

但丁意识到此人正是圭多·卡瓦尔坎蒂的父亲，是一位著名的异教徒。他模糊地回答说：“我不是凭自己的智慧来到这里的，等在我身旁的人要引领我去见一位女子，而你的圭多当年对她心有鄙夷。”他话中的过去时（*forse cui guido vostro ebbe a disdegno*[2]）让这位父亲陷入迷茫和绝望。他的儿子死了么？但丁一时犹豫未答，灵魂见此，痛苦地跌回坟墓中。

法利纳塔一直纹丝未动，丝毫未受此景影响，重又开始和但丁对

① 《地狱篇》，第十章，第60行。

② 出处同上，第63行。解释有争议。可能但丁本就希望其神秘费解。

峙。他说：“我党长年放逐，让我饱受折磨，胜过困在此墓中；但再过55个月后，你就会尝到从放逐中返回是多么艰辛。”

这是对但丁将来遭到流放的预言。他还未及作答，法利纳塔又问他为何佛罗伦萨人对他的后人如此敌视。但丁回答道：“因为他们还未忘记那场血染阿尔比亚河的大屠杀。”法利纳塔叹气摇头道：“那并非我一人之过错，”他说，“议会做出摧毁佛罗伦萨的决定时，只有我一人反对议会，公然与之抗衡。”

但丁表达了困惑，而在解惑中表达了对圭多感人的告别，但十分隐蔽，让人难以注意：“你们这些地狱中的灵魂，似乎能预见未来，但却迷惑于当今。”法利纳塔确认他们确实如同远视之人，能看见远处的事物，但当事物靠近时，却变得模糊。但丁明白了刚才那个灵魂的迷惑，于是请求法利纳塔转告他，他的儿子仍活在世间。

在故事的时间框架内确实如此。然而书中人物但丁却并不知道圭多也将很快遭到流放，该宣判是但丁作为执政官亲笔签署的，最终导致圭多的死亡。这也是一个隐蔽的预言，而圭多的父亲却不可能预见，因为这是即将发生的事情。但那个傲慢的皇帝党人，虽然身为圭多的岳父，却毫不关心，但丁又过于痛苦，无法直白表达。

值得注意的是，在与法利纳塔和老卡瓦尔坎蒂交谈时，但丁都用了敬语“*voi*”，而那两位称呼但丁时用非敬语“*tu*”。但丁在和布伦内托·拉蒂尼、[①]圭多·魁尼柴里、[②]他的十字军战士高祖卡却亚奎达，[③]以及贝特丽采（除了在告别祷告里）都用了敬语。这反映了但丁时代的社交礼仪。但他对维吉尔虽然崇敬有加，却一直使用更为亲昵的“*tu*”，表达了两人之间的亲密关系。

---

① 《地狱篇》，第十五章。

② 《炼狱篇》，第二十六章。

③ 《天堂篇》，第十五至十八章。又参照本书第八章。

1300年对于基督教世界意义非凡。教皇波尼法爵八世宣布了大赦年，所有前往圣彼得和圣保罗神殿朝圣并充分忏悔罪恶的人都能得以宽恕。如此大规模的宽赦史无前例，这一政策影响巨大、且效果立现。罗马全年都挤满了来自欧洲各地的朝圣者。佛罗伦萨人也大批出动，或骑马、或乘车、或步行，一路上，夜宿客栈或者直接露营。这些人中便有乔万尼·维拉尼。他如此有感于罗马之见闻，以至于决定写一部编年史，正如500年后爱德华·吉本（Edward Gibbon）端坐于古代废墟中时，决定提笔写一部罗马帝国的衰退与灭亡史一样。回想其见闻，维拉尼这样写道：

> 我前往圣城罗马朝圣，目睹了城中伟岸、久远的建筑，阅读了维吉尔、塞勒斯特、卢坎、提图斯、瓦列利乌斯和奥罗修斯等大师们笔下描绘的罗马人的丰功伟绩。我暗下决心要为后人保存这些纪念。[①]

维拉尼估计大赦年里每天都有20万人涌上街头。他自己也冒着被踩踏的危险。另一位编年史作者，阿斯蒂的古列尔莫·凡土拉（Gudlielmo Ventura of Asti）估计全年朝圣者达约两百万人。

这批来自佛罗伦萨的朝圣者中，但丁也赫然在列。北方前来的朝圣者们到蒙塔马里奥（Montemario）时便能见到罗马。但丁在《天堂篇》中让笔下的高祖卡却亚奎达暗示这一点。[②]穿过圣天使堡桥时，但丁深感其人流控制方法之有效：将过往交通分为两栏，面对相反方向。在《地狱篇》中，他对皮条客和玩弄女性者的安排就颇具讽刺意

① 《佛罗伦萨史》，第八卷，第36页。
② 《天堂篇》，第十五章，第109行。

味地照搬了这一方法。[①]但他对罗马非但毫无讥讽之意，却恰恰相反。在《飨宴》中，他敬畏地谈及这座“高贵的城市……在这座高贵的城市中，即便城墙上的石头都令人尊敬，城下的土壤都无比神圣”。[②]

朝圣者大军浩浩荡荡，主要是市民和农民们，喧闹地操着外地口音，外表衣着均不同本地。这让但丁第一次直观地领略了欧洲世界的多样性。在这个世界中，罗马无疑是精神和历史的中心，是一种激发人心的愿景，超越某一国之政治和野心。但丁回到佛罗伦萨时，他的世界观也大大拓宽，不同于以前，为他日后创作《神曲》提供了充满力量的主题。加入成千上万个忏悔的朝圣者的队伍中，诚心忏悔自己的罪恶，蒙受赦免，为但丁带来了充满想象力的精神冲击。所以，当他后来创作自己“终身朝圣之旅”的寓言、描写世界动乱时，他选择用1300年复活节周作叙事时间背景。

同时，佛罗伦萨政治也充斥着风险。在即将发生的灾难中，有三个人物举足轻重，分别是教皇波尼法爵八世，瓦卢瓦的查尔斯（Charles of Valois）（法国国王的兄弟）以及科尔索·多纳蒂。但丁是一位受人尊敬的诗人，但除此之外，他在当时只是一个小人物。他将要被卷入在他掌控之外、并会改变他一生的国际政治风云中。

本尼迪克特·卡塔尼亚（Benedict Caetani）于1294年当选教皇，成为波尼法爵八世。他是一位主教的侄子，在教堂的秘书和外交工作方面工作出色，部分归因于他以前对教会法有过钻研。他刚开始担任较不起眼的职务，逐渐被委任各种牵涉外交技能的职责。1265年，他与奥托博诺·菲埃斯基（Ottobono Fieschi）主教〔后来成为教皇克莱门特四世（Pope Clement IV）〕一起被遣往英格兰。后者此行的目的

① 《地狱篇》，第十八章，第28—33行，有一条名为“靠右行”的规则。我们并不清楚1300年的罗马有没有类似的规则，但是为了方便挎着剑、骑在马背上的旅行者，倒可能会有靠左行的规定。
② 《飨宴》，第四部分，第五章。

图3　波尼法爵八世

是宣布教皇对亨利三世的支持，助其在与西蒙·德·蒙特福特（Simon de Montfort）争斗中取胜。主教和卡塔尼亚在英格兰滞留了三年，被囚禁于伦敦塔，直到被爱德华王子〔后来的爱德华国王一世（King Edward I）〕救出。1276年，奥托博诺当选教皇，并委任卡塔尼亚于法国收取什一税。他也因此早早在欧洲扮演教皇权力行使者的角色。1281年，他早年结交的一位朋友西蒙·德·布里（Simon de Brie）成为教皇马丁四世。他的当选受到质疑，但卡塔尼亚对其表示支持。作为报答，教皇任命其为枢机执事，被昂儒的查尔斯二世（法国国王的孙子）委以诸多机密事务。他因此作为关键角色参与了法国、西西里和亚拉贡之间的争斗，并观察到瓦卢瓦查尔斯的重要角色。查尔斯后来接手了亚拉贡王国。他在法国、意大利、甚至斯特某教区、还有英格兰林肯教区收取多地圣俸，因此积攒了大量个人财富。

他的敌人们控诉他买卖圣职（以晋升神职来换取金钱或权力）、扩充家族势力。他当选教皇充满争议。尼古拉斯四世于1292年去世后，主教团耗时两年也未能选举出合适的继承人，最后的选择让人称奇。彼得罗·莫罗内（Pietro Morrone），一位隐居于阿布鲁奇山某个狭小的房屋中、年已八旬、德高望重的隐士，被推选为教皇塞莱斯丁五世（Celestine V）。这个职位远非这位隐士所能胜任，5个月后，他便退位了。据说，是卡塔尼亚施加压力、逼其退位，而数日后他自己便当选教皇。但丁一定相信了这一说法，也从未原谅此人在佛罗伦萨的命运中所扮演的角色。在《神曲》中的众多罪人之中，他无疑是遭受斥责和诅咒最多的一个。

佛罗伦萨的动乱让波尼法爵八世深感忧虑。他怀疑白党人要推翻自己，因此决意支持他们的对手——黑党。黑党领袖科尔索·多纳蒂于1299年被驱逐出佛罗伦萨，秘密前往罗马与教皇密谋。波尼法爵八世决定任命瓦卢瓦的查尔斯为调解人。白党迫切维护佛罗伦萨的独立和他们的新宪法，并怀疑教皇对此不以为然。他们也因此不信任查尔斯。他们的怀疑得到了证实。

查尔斯面相粗犷、人高马大、强壮厚实，和他兄长国王（公正王菲利普四世）同享英俊的外表，只是线条粗犷一些。查尔斯作战勇猛，野心勃勃，手握重权，波尼法爵八世早看中此人，觉得是个有用的工具。1301年10月，科尔索·多纳蒂和教皇协商后前往拜访锡耶纳的查尔斯，向其传达教皇的允诺，并出资7万弗罗林，换取他在佛罗伦萨对黑党的支持。

同月，心情急切但势力较弱的白党，派遣3名大使前往拜访波尼法爵八世，请他保证，如果查尔斯以调解者身份前来佛罗伦萨，他将以教皇的名义要求他支持佛罗伦萨宪法。据说但丁便在3位使者之列。若是如此，这必然是一次面对面的激烈交锋。教皇威武凛然，身高5英尺10英寸，面色红润。[①]而身高矮上五英寸的但丁，肤色黝黑，当时已蓄了胡须，面庞瘦削，下巴突出，一双深邃的黑眼睛注视着对方。根据传统，教皇冷淡地接待了来访使者。他已经做了安排，并且无意做出任何变化。据说，他放走了另两位使者，但扣留了但丁，可能认为他如果回到佛罗伦萨的话，或对己不利，且态度顽强，也可能是想让他帮助达成某种协议或让步，或者用阿谀奉承或外交手段让其就范。

而与此同时，在佛罗伦萨，11月1日万圣节那天，瓦卢瓦的查尔斯作为调解者来到城门口。他承诺将公正行事，白党人只得让其进城。除了查尔斯自己的军队外，陪其前来的还有来自佩鲁贾（Perugia）的200骑士和来自卢卡和锡耶纳的一些骑士，说是来向法国国王的兄弟致敬的。他在阿诺河对面的弗雷斯科巴尔迪（Frescobaldi）家族府上下榻。执政官中有一名是年代史编者迪诺·孔帕尼，见到如此阵容的军队随从，便有些惊慌。查尔斯邀请他们前往赴宴，但执政官们的就职宣誓规定他们不得接受邀请。他们同意于新圣母玛利亚教堂会晤，并当众将城邦管辖权交给查尔斯。查尔斯宣誓要维护和平，但立马就下令手下待命行动。3天后，科尔索·多纳蒂不顾法律禁止回到佛罗伦萨，一起到来的还有其他被流放的黑党人士，均身携武器。这是一次武装夺权行动。他们打开监狱，释放了更多的支持者，并四处劫掠，谋杀白党人士，劫掠烧毁其房产。查尔斯丝毫未加阻拦。11月8日，新执政官上台（所有黑党成员），立马下令放逐白党人士。

但丁自然难逃此劫。

---

① 见图3。

第四章
流放之初

波尼法爵八世当初可能并非在罗马、而是在阿纳尼（Anagni）接待来使的[①]。若是在阿纳尼，按照波尼法爵八世的习惯，可能会在其本人居住的宫殿里接待来访者。阿纳尼位于罗马东南方向约30英里，在弗罗西诺内省（Frosinone）的一座小山上，俯瞰萨科（Sacco）河谷以及拉兹阿里（Laziali）山和乐皮诺（Lepino）山壮丽的全景。在闲暇时刻，但丁可能在四面围墙的城内沿着狭窄的街道步行，前往大教堂祷告，观看其有狭长通道的中殿，交替排列的广场和柱状墩子，东面的3个拱点，有多彩镶嵌画过道的壮丽地下室，墙上的壁画描绘着《圣经》中的场景、科学寓言、传道者和圣人肖像。卡塔尼亚的宫殿如今已不复存在，[②]但丁和两个同伴使者可能就在那里受到接见，当时这座宫殿还金碧辉煌。但这座城市很快就会横遭暴虐。

但丁最后被释放，在冬日寒冷中一路向北，身边跟随一个武装人员护送，[③]马鞍袋里只装着出使前购买的寥寥几件衣物和用品，因为当初以为只是短暂的停留。到达锡耶纳时，他获悉降临在佛罗伦萨白党头上的这场灾难。城中四处杀人、劫掠、房屋遭到摧毁，他自己的房子也未幸免于难。此情此景，但丁已然无法回乡了，他无法和妻子取

① 但丁时期拼作Alagna。

② 或是已被并入17世纪的特拉叶托宫（PalazzoTraietto）的一座建筑。

③ 因需要使然。又参照注释22。

得联系。盖玛是多纳蒂家族成员，也是科尔索的堂妹，因而但丁暗抱希望——妻子和孩子们受到了庇护。事实看来也确实如此。对他而言，迫在眉睫的事情是要前往锡耶纳附近的格尔贡萨（Gargonza）加入同被流放的人群。他知道瓦卢瓦的查尔斯受命维护佛罗伦萨的宪法，并扮演调解者的角色。如今看来，他显然无意于此，这是公然的背叛。但丁后来轻蔑地说他“手握犹大的长矛”。[①]但他很清楚地知道，真正的幕后凶手是波尼法爵八世。他一直都在密谋控制佛罗伦萨，甚至不愿意让但丁这位最精明能干的代表回城警告其他白党成员。但丁心中燃起了强烈的、至死未熄的怒火，而这也最终促使他完成那部伟大的作品。

但丁的到来一定在格尔贡萨引起了人们不小的兴趣与激动。但丁·阿尔吉耶里乃能言善辩的知名诗人，加上前执政官的崇高身份，近期还有幸与教皇会谈。流放在当时是常见的惩罚。收容但丁的只是当时众多政治难民群落之一，在提供住所、食物、衣着、分发资助等方面已然有了一套行之有效的固定程序。他们立刻吸纳但丁一起讨论如何回到佛罗伦萨事宜，不管是通过协商还是武力。他们人数太少，无法独立成事。唯一的选择是和先前被流放的皇帝党人合谋，虽然这样做让他们显得有些不够光彩。这些被流放的皇帝党人有些已经是第二或者第三代了，他们的放逐可回溯到1266年，在贝内文托之役（Battle of Benevento）被教皇派击败。[②]他们第一次联合会议可能于1302年2月举行。这些新被流放的人还处于震惊与痛苦中，而那些被流放多年的人已然接受了自己的命运，谋得了生计职业，虽然内心深处还存有报复的欲望和最终能胜利返乡的希望。会谈双方的诉求自然有所分歧。

第二次会议于1302年6月举行，地点在佛罗伦萨东南20英里处的圣戈

① 《炼狱篇》，第二十章，第73—74行。

② 参照本书第三十一章，第255—256页。

登佐，他们制订了军事行动的计划。但丁这位现已经37岁的前骑士，又一次投身于作战和军事谋略之中。这时，但丁身上已经背负着两项流放之刑。1302年1月27日，他和另外四人被缺席指控腐败罪，被判终身不得再于佛罗伦萨任公职，罚款五千弗罗林，被驱逐出佛罗伦萨，为期两年。他们还被要求于三日内出现于新执政官面前缴纳罚款，如过期不至，他们的房产就会被没收。3月10日，他和其他14人的流放期限被延长至终身，此外还判决，如果他们胆敢回到佛罗伦萨，将被活活烧死。

但丁只能和其他流放者合作。越来越多的流放者到来，不断带来了暴动、谋杀、房产被烧毁的消息。他们开始组织反抗，发动过一些小规模斗争，但基本上，黑党势力占据了上风。1302年夏天，蒙伽罗（Mugello）又燃战火，一时胜负难分，[①]一直持续到9月。据说，但丁参加了这些早期的战役，不过他似乎早已过了打仗的年龄。更可能的情况是，他只是扮演了代表和发言人角色。1302年秋天，他前往罗马涅（Romagna）的福尔利（Forli），该地位于圣戈登佐（San Godenzo）东北约20英里。他的任务是寻求皇帝党家族首领斯卡尔佩塔·奥戴拉菲（Scarpetta Ordelaffi）的支持，白党愿意接受他作为总司令。他们制订了于1303年3月攻打佛罗伦萨的计划。这场战役名为第二次蒙伽罗战役，但流放者部队遭到了耻辱的失利。

1303年5月或6月，但丁来到维罗纳皇帝党人巴尔托洛梅奥·德拉·斯卡拉（Bartolommeo della Scala）的宫廷。他希望将维罗纳作为自己第一处流放之所。巴尔托洛梅奥似乎十分大度地对这位佛罗伦萨知名诗人表示了欢迎。[②]但丁最初的目的可能是想说服巴尔托洛梅奥帮

① 托斯坎区的一个峡谷，由赛乌河（Sieve）灌溉。

② 见《天堂篇》，第十七章，第70—73行，巴尔托洛梅奥被称为“伟大的伦巴第族人”，一个礼貌周到、主动赠予他人礼物的人。

助反抗黑党。他在维罗纳也遇见了其他佛罗伦萨人，[①]包括阿利吉耶里家族成员，他的堂兄弟们。同在维罗纳的还有拉普·德利·乌尔贝蒂（Lapo degli Uberti），即著名勇士法利纳塔的儿子（或侄子）。法利纳塔正是那位在1260年蒙塔贝蒂之役中击败佛罗伦萨教皇派的胜利者，但丁在《地狱篇》中与其针锋相对过。[②]与拉普及其他乌尔贝蒂家族成员的交谈，无疑让但丁对法利纳塔其人有了更加生动直观的了解。此人当年凭一己之人格扭转了胜利方将佛罗伦萨夷为平地的决定。他的后人们问他，为何佛罗伦萨人对他们抱有如此深刻之仇恨？在《地狱篇》第十章中，但丁将这个问题抛给法利纳塔的灵魂，实质上是让他有机会呼吁众人给予宽容。[③]

但丁以爱情诗闻名，应该对于女性更有吸引力。有些女人可能尝试过安慰他，让他忘却失去贝特丽采的痛苦。据说画家阿蒂基耶罗（Altichiero）家族[④]是但丁在这段流放生涯所生的一个私生子的后裔。这期间他肯定有过一些性爱之事，他的诸多诗歌中也描写了一些情事。[⑤]

当但丁在巴尔托洛梅奥家做客时，发生了一件事，震惊了整个基督教世界。这件事被称为阿纳尼丑闻，即教皇波尼法爵八世遭到了袭击，并最终导致其去世。法国的菲利普四世是波尼法爵八世的众多敌人之一。他在未征得教皇同意的情况下坚持向神职人员征税。波尼法爵八世发布诏书予以禁止，违者将逐出教会。作为回应，菲利普四世禁止货币与贵重物品出口，凭此削减教皇的收入。和仇敌科隆纳

① 见《但丁在维罗纳》（*Dante e Verona*），古堡博物馆（Museo di Castelvecchio），第13页，安东尼奥·斯科拉里所作的简介，1965年。

② 参照本书第三章。

③ 出处同上。

④ 阿蒂吉耶罗·迪·多梅尼格·达·泽维奥（Altichiero di Domenico da Zevio）（*fl.*1369年;*d.*1393年前），维罗纳画家，斯卡拉家族成员。

⑤ 例见但丁与帕多瓦的阿尔多布朗迪诺（Aldobrandino）交换十四行诗，本书第五章有讨论。又参照第十章对情色题材合组诗的讨论。

（Colonna）家族的战争迫使波尼法爵八世不得不做出一些让步。波尼法爵八世打了一场胜仗，1298年，对方投降。科隆纳家族被赦免，但财产被没收。其中一些人逃亡法国，与菲利普四世合谋，对抗波尼法爵。

为了谋求更多利益，菲利普召集议会，调查波尼法爵八世的异端邪说和放荡行为，波尼法爵八世随即宣布将菲利普逐出教会。在诏书颁布的前天晚上，波尼法爵八世在阿纳尼的住所遭到袭击，日期是1303年9月6日。政变是夏拉·迪·科隆纳（Sciarra di Colonna）和法国密使纪尧姆·德·诺加雷（Guillaume de Nogaret）领导的。他们的行动也得到不少仇恨波尼法爵八世的意大利人的支持。他们在阿纳尼内部也有盟友。

早上六点，300名骑兵和1 000名步兵由叛徒打开的城门进入阿纳尼，塞满了狭窄的街道。在林肯主教的代理人英国人威廉·赫德拜（William Hundleby）发回的报告中，语气焦虑不安：

> 人们跳下床，打开门，询问为何如此喧闹，发现原来夏拉·科隆纳……带领法国国王支援的大军去抓捕教皇，并将其处死。①

四处响起钟声，人们冲入市场。一些居民，包括教皇护卫队成员，都欢迎入侵者。主教们的住宅遭到劫掠，有三位主教仓皇而逃。进攻者来到教皇宫殿，找到波尼法爵八世，他身边只有两位主教陪伴。

波尼法爵八世当时已年逾80岁，②且患有膀胱结石，十分痛苦。他带着尊严，勇敢地面对敌人，问他们意欲如何。他们要求教皇返还科隆纳家族的财产，让出教堂的财产，辞去教皇职位，并自首入狱。教皇拒绝所有的

① 译自拉丁语，T.S.R.博斯（T.S.R.Boase）引过，见康斯特布尔（Constable）著《波尼法爵八世》（*Boniface the Eighth*），第346—347页。袭击者的本意并非杀死教皇，而是逼迫他让位。遣送亨德拜（Hundleby）的指令可追溯至9月27日，即教皇死前两个星期。

② 确切出生日期不详。

要求，入侵者又发动一轮进攻。只有一小撮忠心家臣留下来保卫他。

到了傍晚六点，夏拉·科隆纳和纪尧姆·德·诺加雷带领军队冲入教皇的寝室。他已经穿戴上教皇长袍，端坐于皇位，头顶康斯坦丁皇冠，手拿着钥匙和十字架。他说："既然我要像（真）主耶稣一样被叛徒出卖（而）处死，我也要带着教皇的尊严死去。"[①]如今我们不知道他是否遭到身体上的攻击，但他被投入牢狱，财产被劫掠一空。这时，阿纳尼人开始聚集，决定营救教皇。诺加雷负了伤，但他和夏拉都成功逃离。教皇被护送到市场，他赦免了人们，法国国旗也被拖于泥土中，女人们带来食物和酒水。波尼法爵八世要求人们返还他们偷取的财产，很多人照做。9月16日，波尼法爵八世在罗马派来的一名护卫保护下，离开阿纳尼。18日，他抵达他位于拉特兰的宫殿，并于21日，进入梵蒂冈。那次袭击后不久，即10月12日，教皇便与世长辞。

此次丑闻引发广泛的忧虑，人们忘却了对波尼法爵八世的怨恨。即便在法国，也有批评这次暴行的声音。主耶稣的代理人遭到了袭击。主教尼古拉斯·波卡西尼（Nicholas Boccasini）当选新教皇，称本笃十一世（Benedict XI）。他曾是这一事件的目击者，在他的布道里常提及此事。奇怪的是，但丁也引用他的说法。

《炼狱篇》中，在贪婪者的檐口，但丁遇到了于卡佩（Hugh Capet）的灵魂，于卡佩是法国卡佩王朝的祖先。他预言并哀叹他的后世将犯下的罪行。其中，他预见了"新彼拉多"菲利普四世（Philip IV）犯下的暴行。

基督化身之牧师沦为囚徒；

我看到他再次遭到嘲笑与责骂，

我看到他又尝到了醋和胆汁，

① 参考编年史家乔瓦尼·维拉尼著《佛罗伦萨史》，第八卷，第63页。

我看到他被钉死在两个盗贼之间……[①]

但丁的这些话其实是在附和波尼法爵八世自己写的一首赞美诗。波尼法爵八世在赞美诗中描写圣母玛利亚站在十字架脚下，又一次看见她儿子承受痛苦：她看见醋和胆汁混在一起。于卡佩的责骂直指菲利普四世和他的代理人，即“两个盗贼”，夏拉·科隆纳和纪尧姆·德·诺加雷。维罗纳人肯定也在热烈讨论这场暴行。对此，但丁的情感必然是复杂的。虽然他十分鄙视和痛恨波尼法爵八世，但他对其承担的神圣职位却无比敬畏。当他在《炼狱篇》中写到此段时，他对亵渎神明之举表达了恐惧之情，同时也对教皇本人加以嘲讽，让他的话回响到他自己身上。虽然但丁在《地狱篇》中已经对教皇大加斥责，但他对教皇的声讨还远未结束。

1304年1月31日，新教皇任命尼科洛·达·普拉托（Niccolo da Prato）为托斯坎和平使者，特别肩负调和佛罗伦萨敌对势力的使命。如今黑党内部也开始出现纷争，起因是科尔索·多纳蒂野心越来越大。主教于3月10日抵达佛罗伦萨。这让白党人士有了希望，他们不仅希望主教能够调解黑党内部的纷争，也希望他能带来其与托斯坎教皇派之间的和解，好让他们早日回到佛罗伦萨。

巴尔托洛梅奥·德拉·斯卡拉于同年3月7日去世，但丁很快便离开维罗纳。几乎可以肯定的是，但丁前往之地为阿雷佐，白党的总部。他成为12位理事之一，并代表理事会致信主教[②]表示愿意遵从他的仲裁，并承诺停战。从信的内容来看，主教派遣了一位被称为“L兄弟”的特使（迄今未查证其姓名），向流放中的白党传达了意见。主教敦促

① 《炼狱篇》，第十章，第87—90行，塞耶斯（Sayers）译。

② 现存最早的但丁书信是用拉丁文写的。参照佩吉特·托因比（PagetToynbee）的编著，由牛津克拉伦登出版社1920年出版，第1—10页。译文由托因比所作。

其停止任何军事行动，而这封信是对此的回应，开头称谓如下：

> 致吾等最尊敬的神父、最祝福的主、我主尼古拉斯（Nicholas），您最忠诚的子民，首领亚历山大（Alexdaner the Captain），17议会以及佛罗伦萨白党全体成员，凭借奥斯蒂亚（Ostia）和韦莱特里（Velletri）主教的圣恩以及奉圣教之命前来平定托斯坎、罗马涅、特雷维索（Treviso）以及周边领土的圣座使者，全心全意向您表达忠诚。[①]

信正文如下：

> 为遵照训诫[②]并敬答神圣的使徒，吾等经过商榷，对圣座下达之旨意作如下回复……

因为担心回复看起来不够及时，写信人（但丁）还请求宽恕，并作出说明：

> 为妥善处理兄弟情谊、遵守同盟信约，不得不多次、谨慎地进行协商和沟通。

这些话暗示了讨论的压力与复杂性，信使们四处奔波。但流放者们最终达成一致，委托但丁表达他们因主教的信函心中充满喜悦：

---

① 据莱昂纳多·布鲁尼（Leonardo Bruni）称，亚历山大·达·罗梅纳（Alessandro da Romena）被佛罗伦萨的流亡者选为领袖。他的名字，就像“L.兄弟”一样，用首字母A代表。在正式信件中，这是一种约定俗成的做法。又参照注释20。

② 这条短语是拉丁文*Preceptis salutaribus moniti*的翻译，在弥撒中于主祷文之前说的话。

您在信中多次允诺施救、治愈我们的国家，我们为此喜悦，因为这是我们夜以继日的渴望。

他们承诺停止一切袭击与战争行为，热爱和平与正义，并接受主教的裁判与命令：

我们满心忠诚…… 请求仁慈的圣座赐予饱受创伤的佛罗伦萨和平与安宁；仁爱的神父施与我们保护。我们始终捍卫佛罗伦萨人民，捍卫我们管辖下之子民。

他们的请求十分诚恳、感人，白党人重燃了希望。但主教的使命失败了，黑党人不同意接受白党回归。一些白党代表提前赶往佛罗伦萨，但主教在6月8日时建议他们离开。两天后，黑党人再次焚烧他们的房屋。主教随即离去，下令停止佛罗伦萨教权。

亚历山大·达·洛梅纳（Alessandro da Romena）随后很快离世。但丁写信给他的侄儿圭多和乌贝托表示吊唁。[①]但丁在信中颂扬他的美德，表示将永远记住他，叹惋一名伟大的托斯坎人就此离世，而此前自己，一名无德无能的流放者，[②]一直在他身上寄托着助自己返乡的希望。但丁解释了自己为何未能参加亚历山大的葬礼。并非因为不尊重或忘恩负义，而是流放期间的穷苦使得他既无马匹又无兵器。[③]他终其余生想尽办法都未能摆脱这一穷苦状态。

7月7日，本笃教皇去世。他缔结和约的努力也未能成功，流放者

---

① 托因比译文，第11—13页这封信也是用拉丁文写的。

② 但丁在他其中四封信的抬头中如是描述自己。

③ 拉丁文是*equis armisque*建议旅行者结伴上路并携带武器。

们不知道本笃教皇的后继者会采取什么政策。[①]7月20日，他们发起最后一次重返佛罗伦萨的行动，但丁却建议延迟。白党以及流放的皇帝党人与从博洛尼亚、阿雷佐、比萨、皮斯托亚以及别处前来助阵的军队于费埃索（Fiesole）附近的拉斯特拉（Lastra）集结，此处距离佛罗伦萨北部数英里。虽然计划周详，但进攻还是失败了，约400名皇帝党人和白党人士惨遭屠杀。

就在这个时候，但丁和流放的同仁之间发生了激烈的争吵，并从中脱离，组成了他口中所说的“一个人的党派”。[②]无数次失利，白党流放者与皇帝党人之间的妥协，尼古拉·达·普拉托一度让人抱有希望的和解之旅失败，最近一次失利被归咎于但丁延迟行动的建议，这一切元素都不可避免地引发了指责、怀疑和诽谤。但丁后来提及他的前伙伴们时满心鄙视与怨恨，指责他们是恶毒、暴力的傻子，并对他们最终的失败表示欢喜。[③]他们之间的争吵肯定无比激烈，他们可能指责但丁为了自己能够回到佛罗伦萨而出卖了他们的军事行动计划。先是被无端指责与黑党人士勾结，现在可能又沦为同伴失利的替罪羊，但丁忍无可忍。这一决裂的结果之一是，但丁不再享有流放者为同道合作者牟取的资助。而在这次决裂之前不久，但丁同父异母的兄弟弗朗西斯科5月份在阿罗佐为他谋得了一笔借款，这对但丁的帮助很大。

但丁如今只身一人，不管是政治或军事方面，他都毫无未来可言，他必须得依靠自己的能力。他曾有机会偶尔承担一些秘书或者外交（可能是机密的）任务，来增加些收入。在福尔林他曾为斯卡尔佩塔·奥德拉菲在这方面效过力。维罗纳的巴尔托洛梅奥也可能雇佣但丁做过此类事务。但丁在此处第一次逗留期间享受了相对安详的时

① 克莱门特五世（1305—1314年），加斯科尼人。其任期里，圣座被转移至阿维尼翁（Avignon）。
② 《天堂篇》，第十七章，第69行。
③ 出处同上，第55—69行。

光，众人也尊他为诗人和哲学家，这让但丁对自己的未来重新加以思索。他可能就在此时或稍后不久重获了他留在佛罗伦萨的手稿。

据说盖玛·多纳蒂匆忙中将一些文件藏在某柜子中，并委托但丁的侄子安德鲁照看。在众多材料中，他看到了一些有但丁手迹的纸张。薄伽丘当初误以为这些手稿是《地狱篇》的前七章。不过，这些可能只是但丁于贝特丽采去世后写的一些十四行诗和合组歌，或许是弗朗西斯科于1304年到阿雷佐探访但丁时带给他的，估计他不可能是空手去的。事实上，兄弟俩见面肯定唏嘘不已。弗朗西斯科会告诉但丁他妻儿的最新消息，但丁会打听自己有多大机会重回佛罗伦萨。他重回佛罗伦萨的机会可谓十分渺茫，最近一次的流放宣判规定彼得罗和雅各波14岁时即会遭到流放。

但丁重获手稿，重读他的诗歌、尤其那些富含哲理的歌赋后，感受到身上再次迸发了文学的力量。而与奇诺·达·皮斯托亚之间重叙友谊后，感觉更加强烈。

奇诺·达·皮斯托亚[①]来自一个富裕的教皇派家族，属黑党。他积极参与政治，1303年到1306年之间，被逐出皮斯托亚流放三年。皮斯托亚是知名法学家，他的《法学讲稿》(*Lectura in codicem*)[②]是对东罗马帝国法典前九部的评论，即便今天，对法制史学家们还有重要的参考价值。他也是抒情诗人，但丁以及后来的彼特拉克都对他尊敬有加。他和但丁是多年的友人，互相交流诗歌，即便在但丁流放期间，也未中断。曾经有人说奇诺是最早给但丁诗回复的诗人之一。[③]当贝特

① 1270？—1336年。他的全名是圭通奇诺·迪·弗朗西斯科·德·西基斯布尔迪（Guittoncino di Francesco dei Sigisbuldi）。

② 1314年。《法典选读》(*Readings in the Coder*)。

③ 参照本书第二章。这首十四行诗被认为是特里诺·迪·卡斯特尔菲奥伦蒂诺（Terino Di Castelfiorentino）所作。

丽采死后，他写了一首悼念诗送给但丁，但丁后来在《论俗语》中还引用了其中一句。[①]

二人在博洛尼亚再次相遇，时值1304年到1306年之间，奇诺正流放于此地。换了环境之后，但丁头脑和感官都得到了恢复。这座城市有着罗马式的街道布局，有170座塔，加上黄褐色及粉红色的，由当地沙岩堆砌而成的建筑和拱廊，显得既庄严又繁华。这还是一座拥有大学的城市，乃欧洲最古老的大学之一，[②]以法学闻名。奇诺就在这里教授罗马法。但丁可以和其他学者、律师、医生以及文学家相互交流，他可以阅读手稿，还可以聆听讲座，包括奇诺举办的讲座。大学与法学的各类文本，先是分成多个部分，让抄写员同时共抄一本，这样就可以高效快速地加以复制。《圣经》、唱诗本、行会条例以及文件等则制作得慢一些，很多都有精美的手工彩饰，有的装饰出自古比奥的欧德里希——但丁刚刚结识此人，后来还有的出自弗朗科·博洛涅（Franco Bolognese）。[③]在这里，他见证了罗马文明的诸多信念在饱受战乱的当代得以传承。可以想象和奇诺的对话让但丁对未来抱有了更大的希望。

奇诺·达·皮斯托亚黑党家族成员的身份对两人之间的友谊没有丝毫影响，他们的友谊超越了党派之争。对于古罗马帝国与当代欧洲皇帝被赋予的权力之间有何传承关系，两人都抱有共同的兴趣。奇诺作为诗人，与但丁过去的文学创作联系十分密切。从某种意义上来讲，他可谓替代了圭多·卡瓦尔坎蒂，但却比后者对但丁影响更大。但丁在博洛尼亚开始创作的两部作品，可谓都是这份友谊的结晶。其中一部即《论俗语》，是本书下一章的主题。

---

① 《论俗语》，第二卷，第六章。又参照本书第五章。

② 创建于1088年。

③ 《炼狱篇》，第十一章，第73—84行。又见本书第三十四章。

第五章
语言与诗歌

在博洛尼亚的大学里，身边围绕着众多学者，但丁又开始向往投身学术了。和朋友兼同道诗人奇诺·达·皮斯托亚的重聚让他又回想起他和其他“真爱”诗社成员发起的诗歌创作风格。他发现，还没有人就他们使用方言进行文学创作发表过著述，甚至还没有人给文学方言下过定义。他便决心着手于此，于是便有了《论俗语》。

书中有很多迹象表明，其中的论述以讲座的形式口头呈现过，后来才出版为阅读版。[①]这一观点有些不同寻常，但当人们认可这种可能后，作品中很多之前没有受到注意的特征以及但丁诸多个性表现，就都跃然纸上了。但丁在这所大学有些类似今天的住校诗人。但丁就是一名刚刚来到博洛尼亚的诗人兼学者。而他的朋友奇诺，作为诗人和法学教授，有能力为但丁做引荐并给他一些赞助。[②]

这部作品开篇有一则声明，颇有新意。

在我之前似尚未有人谈论过方言问题。常有人如盲人般行走于街

---

① 据悉这部未完成的作品只有三份手稿在世。直到1529年,吉安·乔治·特里西诺（Gian Giorgio Trissino）意大利译文出版时，这部作品才开始引起关注，刚开始还被认作伪造品。其拉丁文译文直到1577年才出版。

② 他的诗作在博洛尼亚已经小有名气。1292年时，他以*Donne ch'avete intelletto d'amore*（“懂得爱情的女人们”）开头的那首合组歌已部分被制作成博洛尼亚官方文件。

上，不辨身前身后之事物，[①]我的愿望即启迪其洞察。因此，我愿意，借上苍之力，努力为俗语作些贡献。[②]

但丁将方言定义为“我们模仿保姆而未经规则习得”的语言。方言中再衍生出“第二语言”，罗马人称之为“语法”。他认为语法乃人为的，而他要定义并加以描写的是天然语言。

但丁用《创世纪》中通天塔的故事来解释世界上语言的种类。他对这则故事的理解过于字面化。不过这并不稀奇，因为他还相信亚当的存在，说“他没有母亲，从未吮吸过乳汁，没有童年，也没有青年时期”，而上帝直接赋予他语言的天赋。但丁称，亚当口中的语言是希伯来语。不过，当他于《神曲》中写到与亚当灵魂相遇时这个信仰发生了变化，亚当看出但丁想知道自己在伊甸园中所说的语言。从亚当的语言中，明显可以看出，但丁后来认为语言是人类理性之结果，因而会发生变化和衰退。[③]

我们惊奇而又高兴地发现，但丁在《论俗语》中生动地想象工人们建造通天塔的场景。

有人发号施令，有人担任建筑师，有人在砌墙，有人用尺子调整石墙，有人用泥刀抹灰泥，有人挖石头，有人从海中运来石头，有人从陆地运来石头……[④]

但丁对欧洲的语言族群加以调查研究后，便着手讨论其变化与发

① 但丁显然不了解盲人。盲人有“面部视觉”，可防止他们误以为身前的物品在身后。
② 《论俗语》，第一卷，第一章。
③ 《天堂篇》，第二十六章，第124—138行。
④ 《论俗语》，第一卷，第七章。可将这部分叙述和但丁关于威尼斯水手修补船只的描述做对比，见《地狱篇》第二十一章，第7—15行。

展。但丁游历于意大利各地时注意到和礼仪、着装一样，语言也随时间和地点不同而不同。他举了一个怪异的例子，足以激发听者的想象。

我大胆地宣称，如果古代帕维亚人复活和今天的帕维亚人对话，说的一定是完全不同的语言。①

因为语言会发生缓慢、不易察觉的变化，因此有必要来设计规则（语法），以固定语言的样态。和拉丁语一样，法语、普罗旺斯语、意大利语都发展出了文学形式。法语有肯定语“*oïl*”（表“是”“然也”之意），②是一种让人有轻松愉悦的语言，适合用来翻译特洛伊和罗马人的言行故事、历史、学术著作以及“亚瑟王的美丽传奇”等，也可见但丁对亚瑟王的浪漫故事之钟爱。普罗旺斯语中有肯定语“*oc*”，③甜美、优雅，一直为行吟诗人所青睐。意大利语的肯定语为“*si*”，④是三种语言中最甜美的，一直都是笔触最微妙的诗人们所偏爱的语言，“如奇诺·达·皮斯托亚和他的朋友”，即指但丁自己。作品中多次对奇诺大加称赞，并多次提及他们之间的友谊。奇诺可能也是听众之一，若真如此，这种指涉便更是意义深长。但丁在《新生》常提及他的“第一友人”圭多·卡瓦尔坎蒂，在这里似乎又得到了呼应。

但丁随后开始考虑意大利方言的诸多形式，旨在发现何种形式最适合做所有意大利作家笔下的文学语言。他把对最优方言的寻找比作打猎（后来又比作捕猎豹子），他说：

---

① 《论俗语》，第一卷，第九章。

② 衍生自拉丁词*illeest*。

③ 衍生自拉丁词*bocest*。

④ 衍生自拉丁词*sic*。据说拉丁文中没有表示“是”的单词，但有几种不同的方式表达肯定的意思。另一种形式是*ita*，意为“这样”。

为了给捕猎找到一条可行的路，我们先得清除掉林子里的灌木丛和荆棘。[①]

“灌木丛和荆棘”指他最不喜欢的方言，他还加以例举，列出多地方言：罗马、斯波莱托（Spoleto）、安科纳（Ancona）、米兰、贝加莫（Bergamo）、阿奎莱亚（Aquileia）、伊斯特里亚（Istria）、卡森蒂诺（Casentino）、普拉托（Prato）。他尤其轻视罗马方言。

罗马的方言，或他们难听的行话，是所有意大利方言中最丑陋的。[②]

但丁尤其蔑视萨丁岛人（“不是意大利人”），虽然他可能并没有涉足过这个岛屿。他听说当地的语言已经灭绝，并轻蔑地称，他们如今学习拉丁语，简直像“猿猴模仿人类”。[③]

四处游历的但丁了解了诸多不同的口音与俚语。为何意大利的方言，如比萨、帕多瓦（Padua）、米兰、维罗纳、罗马和佛罗伦萨等地方言之间有如此大的差异？但丁问道。更奇怪的是，同一个城邦内的语言也不尽相同。比如，博洛尼亚的不同区域如博尔戈·圣费利切（Borgo San Felice）和斯特拉达·马焦雷（Strada Maggiore）就使用不同的方言。还有一个当地的例子，专讲给博洛尼亚听众的，说但丁在城邦中四处行走，如同中世纪版的希金斯教授，听路人说话，并记录他们语言的差异。作品中这部分的口吻较为轻松、亲切，让人感觉但丁带着读者一起倾听路人说话。这可能是因为但丁在引用当地非规范语言现象时模仿了各种口音。

他知道如何取悦听众。他谈到热那亚（Genoa）方言时如此说道：

①②③ 《论俗语》，第一卷，第十一章。

如果热那亚人不小心丢了字母z,那么要不就大家一起当哑巴，要么就得发明一种新方言。因为z是他们方言最重要的一部分，其发音也十分刺耳响亮。[①]

地处意大利边缘的城镇，如特伦特（Trent）、图灵（Turin）、亚历山德里亚（Alessandria），因为离边境太近，所以他们的语言无法保持纯净。

就算他们实则难听的方言悦耳动人，我还是会说，它们并非真正的意大利语，因为其中包含太多的外来元素。[②]

他傲慢地做出定论：

如果有人怀疑这番言论，那么他根本就不值得我予以答复。

至于威尼斯人，虽然并没有多少人会为自己的方言说话，但

如果任何威尼斯人不相信，在这点上抱有幻想，那请他扪心自问，有没有说过下面这样的话：

Per le piaghe di Dio tu non veras

（以主之名不许你前来）[③]

现在很难了解，但丁对这个例子——至少对其书面形式为何如此

① 《论俗语》，第一卷，第十三章。

② 出处同上，第十五章。

③ 出处同上，第十四章。

气恼，这和他自己既说又写的托斯坎语并无很大差异：*Per le piaghe di Dio tu non verrai*。他肯定是对威尼斯口音有所反感，并加以模仿嘲弄。

人们都热爱自己的母语，热爱自己自小习得的方言，但不能因此便觉得自己的方言高出其他方言一筹。在谈到自己的母语时，但丁表达了对故乡佛罗伦萨的动人之情，不过，他并未因此心生偏颇。

> 虽然我自懵懂幼年便饮用阿诺河（Arno）的水，虽然我热爱佛罗伦萨，也因为这份热爱我蒙受了流放之苦，但我还是要理性看待问题，而非感情用事。若论我个人身心舒适，这世界上没有任何地方堪比佛罗伦萨，但当我翻阅别的诗人、作家对别处的描写时，①我相信，这世界上有很多国家与城市要比托斯坎与佛罗伦萨更高贵、更宜人，也有许多国家与民族的语言比意大利语更加好听、实用。②

但丁在此处回想从前，想象他在襁褓时期听到他保姆、母亲、父亲和家里其他成员口中的佛罗伦萨方言，虽然当时还不能理解。他在与此作品同时创作的《飨宴》中，也说道，他父母因口说同一言而走到一起，才有了自己的存在。他一直讲佛罗伦萨方言。有趣的是，他在对博洛尼亚听众用拉丁语作讲座时，竟还带有佛罗伦萨口音。

虽然他热爱佛罗伦萨，后来也不断回忆以前在故乡时的种种愉悦与舒适，回想家乡的面包没有咸味，回想家里熟悉的楼梯，但他极力鞭笞托斯坎人认为自己方言优于所有别的方言的说法。

---

① 这条短语的拉丁词语，*revolventes volumina*，让人联想起一幅古老的画卷，也解释了《地狱篇》第一章第84行中但丁说与维吉尔的话：che m'ha fatto cercar il tuo volume.通常被译为“促我去寻觅你的声音。”但是cercare一词在中世纪意大利语中（就像circare在通俗拉丁语中一样）是一个源于打猎的词语，指猎犬们围困住它们的猎物。

② 《论俗语》，第一卷，第六章。

他们竟然不知天高地厚地给自家方言贸然安上卓越的头衔。不仅诸多普通人十分不理智，很多知名人士也抱有这一幻想。[①]

他列举了阿雷佐的圭通、[②]卢卡的博纳钟塔、[③]比萨的伽罗（Gallo）、[④]锡耶纳的米诺·墨卡托（Mino Mocato），[⑤]甚至还有他尊敬的佛罗伦萨的布伦内托，[⑥]认为上述几人的风格均过于本土化。他语带轻蔑、一口气列举了佛罗伦萨、比萨、卢卡、锡耶纳和阿雷佐方言中诸多不和谐的例子。他好像读演员的台词一样，模仿五种不同的口音。但是他承认，虽然几乎所有的托斯坎人都未察觉自己方言的低劣之处，但也有不少明智的作家去粗取精地挑选其好的方面，并加以利用。他提到了圭多·卡瓦尔坎蒂、拉普·吉亚尼，还有另一位（他自己），这三位都是佛罗伦萨人。此外还有一位不是佛罗伦萨人，即奇诺，皮斯托亚人。

离开托斯坎区，他来到了意大利半岛的东部区域。

穿过亚平宁岛郁郁葱葱的肩部，[⑦]我们继续捕猎之旅，来到意大利左侧，从东边开始。

在罗马涅，他找到了两种特征截然不同的方言。一种方言语音柔软细腻，十分女性化，让男人都显得女人气十足。另一种以福尔利

---

① 《论俗语》，第一卷，第十三章。

② 阿雷佐的圭通（Guittone）（1230？—1294年），抒情及说理诗人。为蒙塔贝蒂之战中佛罗伦萨教皇派的战败创作了挽歌。但丁早期模仿了他的风格，但后来又贬低他。

③ 参照本书第二章。

④ 比萨的伽罗（Gallo）与卢卡的波拿君达（Bonagiunta）是同时期人。目前他有两首合组歌流传下来。

⑤ 锡耶纳的米诺·魔卡托（MinoMocato）被认为即巴尔托洛梅奥·摩卡迪（BartolommeoMocati），后者是梵蒂冈发现的一部手稿中一篇合组歌的作者。

⑥ 《地狱篇》，第十五章。又参照本书第十七章。

⑦ 拉丁原文是：*TranseuntesnuncbumerosApenninifrondiferos*.有趣的是，但丁在这里提及了山肩，他在《地狱篇》第一章第16—17行中也将提及。

语为代表（这可能是在嘲笑斯卡尔佩塔·奥戴拉菲在1303年3月份对佛罗伦萨发起的进攻中败北）。他十分厌恶布雷西亚、维罗纳、维琴察（Vicenza）和帕多瓦方言。这些方言里，难听的 *-to*和 *–tà*中的尾部缩写，使其听起来怒气冲冲、粗糙不堪，而其粗粝感让女性说起话来十分别扭。他也对特雷维索人的方言大加批判。和布雷西亚人（Brescians）以及其他毗邻地区的方言一样，特雷维索人将v音发成f，如将nove发成nof, vivo发成vif，他将其斥为粗野的不规范语言现象。他特别提及威尼托的一个作家，称赞他努力摆脱母语，使用一种更加平衡得当的方言，此人即帕多瓦的阿尔多布兰迪诺。

此事饶有趣味。此人姓名可能对博洛尼亚来说较为陌生，但对但丁而言应该意义不同寻常。帕多瓦的阿尔多布兰迪诺·德·梅扎巴蒂（Aldobrandino dei Mezzabati）于1291年到1292年之间任佛罗伦萨的人民首领。但丁当时与其相识，后在第一次前往维罗纳时，两人可能再叙旧谊。阿尔多布兰迪诺读过但丁的一首诗，并作了回复。此诗可能正创作于此时（或1290年代，于佛罗伦萨时期创作）。诗中讲到一个名叫李塞他的女人，有意获得但丁的青睐，但却发现但丁的心另有所属，于是“转身走开，满脸羞耻之情”。[①]阿尔多布兰迪诺在回信中鼓励李塞他再接再厉。这可能是个私下的玩笑话。但不管事实如何，是真是假，一个本不知名的诗人的名字，却永留于但丁的拉丁语文章中。

接下来，但丁又大加赞赏博洛尼亚人的语言，听众必然十分受用。但丁说，博洛尼亚语比其他语言都更优美，里边有从伊莫拉（Imola）、费拉拉、摩德纳（Modena）诸地方言借来的元素，让这门方言变得十分悦耳：“我毫不犹豫地如是认为。”但丁此话可能既有真

① 这首十四行诗的开头为*Per quella via che labellezza corre*（“因为她有无比的美丽”）。

诚，又有故意客套之嫌。今天的博洛尼亚方言也十分悦耳，语调低沉、丰富，相比而言，佛罗伦萨方言显得粗粝、刺耳些。

然而但丁继续说，博洛尼亚方言只是相对其他方言稍显优越。并不意味着它就是意大利理想的文学语言。如果是的话，博洛尼亚诗人就不会弃之不用，比如圭多·魁尼柴里和他的表弟圭多·基斯列里（Guido Ghisilieri），①还有法布罗佐（Fabruzzo）②和奥内斯托（Onesto）。奥内斯托是法学博士，于1301年居于博洛尼亚。如果他1304年仍然在博洛尼亚的话，但丁就可能与他相遇了。上面提到的后三位诗人中，他的诗歌是唯一得以流传下来的。奇诺和彼特拉克（Petrarch）都赞扬过他。③

但丁又回到他"猎豹"的比喻。猎豹应该"到处给人愉悦、但却不留印痕"。④但丁建议我们继续拿起长矛，用系统的方式来围剿猎物。正如意大利的语言有些共同特征，即为所有意大利方言共享、而非某地区方言特有的特征，理想的方言也不应隶属某特定区域，而应该是在所有方言中都有所体现。他为这样一门语言设定了4个属性：卓越、基要、优雅、均衡。

这些并非修辞范畴或定义，而是描述，接近隐喻。"卓越"的方言是指透着力量、照亮他物、施与使用者以光辉的语言。在这方面较为突出的作家仍然是奇诺·达·皮斯托亚和他的朋友（但丁自己），从他们的合组歌中即见分晓。"基要"的方言是指所有他物均以之为

---

① 他的生卒年份为1244—1278年。

② 据说他是《炼狱篇》第十四章第100行提到的法布罗（Fabbro）的侄子，系兰博塔兹（Lambertazzi）家族成员，是一名高尚、卓越的士兵、一位出言谨慎的智者。

③ 奥内斯托·德利·奥内斯蒂（Onesto Degli Onesti），又名博洛尼亚人奥内斯托（Onesto Bolognese），1240年左右出生于博洛尼亚。后与奇诺·德·皮斯托亚互作戏谑诗（tenzone，一种十四行诗的变体）。

④《论俗语》第一卷，第十六章。据说美洲豹通过芬芳的气味吸引猎物靠近自己，以此来捕捉它们。

轴心，犹如门之铰链。[①]“优雅”是指适合用于宫廷殿堂之所：“因此是那些皇家宫殿的常客口中言说的卓越语言。”“均衡”指尺度平衡协调，一如最优秀的法院所判决之结果。

在下面这一段，[②]但丁谈及针对这样一种理想的语言，谁有资格使用，适合什么主题，如何、何处、何时以及对谁使用等问题。他先考虑其在诗歌中的使用，并认为诗歌乃散文之模范。但丁为之朗诵过诗歌的人含同行诗人、某个女人、某特定群体的男女、某种象征以及超自然之生灵。并非所有写诗的人都可随意使用这一理想方言。该方言也并非适合所有主题，比如，山中居民写乡村粗野之事：

语言是思想的必要工具，正如马匹之于骑士。最好的马应配最好的骑士，最好的语言也应该配最好的思想。[③]

但丁曾服役于佛罗伦萨骑兵的第一梯队，骑过最好的战马。而如今深陷贫穷，自然没钱购得这样的马，但他的思想却高过那些富有之人。因为只有知识和天赋完美结合（又一次巧妙地暗指自己）的作家才有最崇高的思想。卓越的语言给予最好的装饰，但不应用于低贱的主题。比如：

我们不会将牛身上的枷锁和猪身上的腰带称为装饰，而嘲笑其丑陋，因为装饰指添加合适的物品。[④]

① 铰链的拉丁词是*cardo*。
② 《论俗语》第二卷。
③ 出处同上，第一章。
④ 出处同上。

但丁举的第二个不恰当装饰的例子有些让人不安，他不写关于女人的诗时，对她们的态度似乎有些不敬。

关于高级事物和低贱事物的结合会让后者得以提升的说法，如果结合得当则自然不错，比如金银的混合；但如果结合不当，低贱事物则会变得更加低贱，比如，当我们将美丽的女人和丑陋的女人混于一起时，或者，当丑陋的女人戴金银着丝绸时。[①]

但丁接下来开始讨论什么样的主题适合于这卓越的语言。他明确了三个类别主题，分别为武力、爱情和美德（作战勇猛、浪漫激情和正义）。他认为普罗旺斯诗人波特兰·德·伯恩（Bertran de Born）便属于第一类主题的代表人物，没有意大利诗人写作这一主题。他还提及另外两位普罗旺斯诗人：阿诺特·丹尼尔（Arnaut Daniel），写过爱情的主题，吉拉·德·波奈尔（Giraut de Borneil）写过公平正义这一主题。意大利诗人中，他只提到了奇诺·达·皮斯托亚，他写过爱情，还有他自己（“他的朋友”），写过正义。他这里指的是他在贝特丽采死后创作的哲理诗，于是赋予自己一个崭新的角色：不再主要是爱情诗人，而是正义诗人。

诗人写作采用的诸多形式——合组歌、舞歌以及十四行诗中，但丁认为合组歌是最优秀的。原因之一是，这种形式十分有趣，因为它使得诗歌呈现为一种表演艺术。如果我们正确看待诗歌，但丁说，其只是一个和着音乐的修辞创作。只有合组歌有自己的旋律（常在手稿中得以保存流传）。

舞歌是由舞者表演。歌词由舞者唱出来，但其旋律要么本就十分

① 《论俗语》第二卷，第一章。

有名，为很多不同的舞歌所共享，要么就是临时演绎的。[①]现代读者只能看到但丁诗歌的纸张形式，而无法享受原初的艺术效果。当时一定十分美妙，因为既有歌唱、也有跳舞，还有乐器伴奏。有可能的情形是，但丁在创作合组歌时，脑子里边装着某旋律，或者一边写一边唱。当他描写诗歌结构时，他首先考虑的肯定是音乐。

但丁在介绍这一话题时，让大家想象一个美妙的意象："现在，让我们，"他说，"打开这一工艺的作坊。"如前途光明的学徒，我们进入作坊，首先接受庄严的训诫。写诗，尤其是写合组歌，是一门须庄重对待的学问。为了至善至美，我们必须模仿过去的伟大诗人。必须在修辞方面尊其为师。诗人必须谨慎选择自己力所能及的主题（贺拉斯在《谈艺》如此告诫），"否则会掉入泥淖。"

但丁如此这般引导听众对诗歌之技艺给予尊敬。接着，他定义了修辞的三种风格或层次。他使用的三个拉丁词汇一般翻译为"悲剧（悲伤）"、"喜剧（诙谐）"和"挽歌（哀惋）"，这似乎有些误导。即便是在古典拉丁语中，形容词*tragicus*除了"悲剧的"之外，还指"宏伟、崇高、庄严"。形容词*comicus*不仅意指喜剧，还可用于指涉有趣之事物，即涵盖普通或日常之意。*elegia*一词在中世纪拉丁语中不仅指挽歌，还可以指嬉戏或情欲之意，即低俗或粗俗。对于第一类主题，卓越的语言即可胜任。第二类主题，日常方言和低俗语言结合即可。第三类主题，只有低俗的方言可用。

但丁本意要举例说明三种风格，但可惜此书只到第二卷的十四章，只讨论了合组歌和卓越方言。这一损失让人痛心，因为但丁在写《神曲》时将采用所有三种风格的方言，所以若能看到他此前对三种风格方言的论述，应是十分有趣的。他在一些合组歌中已经开始采用

① 据说这就是巴拉塔（*ballate*，又译叙事歌或舞歌）抄本中没有留下音乐伴奏的原因。

了一种猛烈、低俗的风格。比如，他一首诗的开头一句是“悲伤让我心变得大胆（*Doglia mi reca nel core ardire*）”。但丁引用此句，将其视为正义主题的例子。[①]

他继续神圣地讨论诗歌创作，仅有天赋本身还不够，作家必须谨慎、细心。他应该努力发展其天生之才能；必须勤加练习技艺；必须训练思维以长学识：“任务在此，开始辛劳（hoc opus, hic labor est）。”[②]但丁此句引自维吉尔的《埃涅阿斯纪》（*Aeneid*）。诗中，西比尔（Sibyl）对埃涅阿斯提及少数几人，他们凭借仁慈的宙斯神或自己的美德升入诸天成为诸神之子。但丁将这少数几位幸运者阐释为能够用最高尚的风格，歌唱最高尚主题的诗人。很明显，他自己也位列几位诗人的行列。西比尔说此番话之前，还预言有一项任务等待埃涅阿斯去完成。

坠入地狱乃非难事
冥府之门日夜洞开；
若想回首重返光明；
任务于此，开始辛劳。[③]

这段诗与《神曲》之间有着极为重要的关联，我们有趣地发现，但丁脑子里已萌生了创作《神曲》的念头。但此时，但丁只是在嘲讽那些能力有限却眼光甚高的人，分明只是地上的鹅，却想学老鹰翱翔天空。

只有合组歌才适合表达最崇高的主题，必须用卓越的语言来歌

① 《论俗语》，第二卷，第二章。又参照本文第九章。

② 但丁的原文印着*boc opus et labor est.*可能是记录员的错误，却被现代编辑保留了下来。

③ 《埃涅阿斯纪》，第五卷，第126—129行。

唱，而且只有最优秀的诗人才可胜任。学识粗浅的人所写的合组歌只会一团糟，惹人嘲笑，"正如我们嘲笑企图辨别颜色的盲人"。[①]这又是一个但丁语出不敬、不顾他人感受的例子。而当我们回想起他在《炼狱篇》中对盲人的态度是如何关怀备至时，这不免让人更觉奇怪。

我从他们面前走过，
我看得见他们，他们却看不见我，
对我来说，这有些失礼。[②]

他接着向他的听众传授这门手艺的使用工具。首先，诗行的长度：十一音节的诗行是最庄严的，五、七或三音节的诗行也可接受。接下来，句中单词的安排：有单调、适度华丽、学究式和优雅等几类。但丁举的第一批例子是拉丁散文，一个和他自己的流放相关，一个讲的是瓦卢瓦的查尔斯和埃斯特（Este）侯爵之间的谈判，后者还借给他一万金弗罗林，最后一个讲查尔斯如何狡诈地颠覆佛罗伦萨以及他随后在西西里战役中的失利。但丁用上述事件来解释拉丁语的风格，说明了他近年遭受的灾难在他心灵中种下多么深刻的怨恨。

他还引用了6个普罗旺斯诗人和4个意大利诗人的诗句来解释什么样的句子结构才是优秀的。4个意大利诗人包括圭多·魁尼柴理、圭多·卡瓦尔坎蒂、皮斯托亚的奇诺，最后一位还是他自己。他推荐有抱负的作家读拉丁诗人如维吉尔、奥维德、斯塔提乌斯和卢坎等人，崇高体散文作者如李维（Livy）、蒲林尼（Pliny）、弗龙蒂努斯

① 《论俗语》，第二卷，第六章。
② 《炼狱篇》，第十三章，第73—74行。

（Frontinus）、[1]奥罗修斯（Orosius）以及"众多因我的渴望友谊的孤独而觅得的作家"的作品。"渴望友谊的孤独"（*amica solitudo*）这句话有些触人心弦，似乎让人看到了孤独的但丁为了寻求安慰，到大学或者卖手稿的药店去搜寻诗稿。该章结尾讽刺了那些因为无知而赞赏阿雷佐的圭通以及与他同类的诗人，这类诗人从未能避免粗俗的词语和诗歌构架。

接下来我们来学习单词的分类，辨识哪些词语适合用于合组歌。他区分了3个类别：幼稚体、女性体和男性体。幼稚体词语的例子有*mamma*、*babbo*, 这些均要排除在外，女性体包括*dolciada*和*placevole*过于阴柔，乡村词语如*greggia*和*cetra*太过于粗野。他认为只有城市词语才适合使用，并且借用布匹行业相关术语将其分类。作为佛罗伦萨人，他对这个行业绝不陌生，有精细光滑或粗蓬凌乱之分，这些描述显示但丁对词语的感受颇具审美意蕴，有灵敏的触觉。就好像，当他写作时，他在触摸他手下编织品的细毛。精细、粗蓬的词语是最高贵的，只有这两类才属于卓越的语言。"精细"的词语最好含有3个音节，没有送气音，[2]并且字母z和x、双流音或单流音不紧跟着某不发音字母出现。这样的单词会产生甜美的效果，如*amore, donna, disio, vertute, letitia, salute, securitate, defesa*等。粗蓬的词语既非必要的单音节，也不是指那些真正含有一定粗糙度的单词，然而，当和精细的单词结合使用时，会营造一种宜人的和谐感。比如，*terra,honore,speranza, gravitate, alleviato, impossibilità*，即便是多音节单词，如有11个音节的*sovramagnificentissimamente*，也是如此。

① 弗龙蒂努斯（Frontinus），生活于公元1世纪，著有一部兵法书，该书竟出现在但丁这个时期的阅读书单上，甚是奇怪。

② 在现代意大利语中，首字母b不发音。在佛罗伦萨方言里，首字母c，如单词casa，按字母b发音。但丁时期肯定不是如此，否则他一定将其排除在外。

在引用最后一个例子时，但丁就如同一个收藏者，骄傲地从柜橱中取出最珍贵的标本，举给客人观赏。他又说，甚至还有一个单词，在意大利语中有12个音节，在拉丁语中有13个音节，但这不属于讨论范围，因为无法放在共11个音节的句子中。他说的单词是*honorificabilitudinitate*。这是一个开玩笑的词，我们几乎可以想象但丁面带微笑地在说出这个词。莎士比亚也觉得这个词有趣，他用了这个词的13个音节的拉丁语夺格语态复数形式：*honorificabilitudinitatibus*。[①]

接下来要讨论合组歌的构造和音乐形式的紧密联系。音乐本身并不能构成合组歌：吹鼓手、风琴演奏者或者琵琶弹奏者们都会同意这一说法（这几类音乐演奏者即唱诗者的伴奏者）。然而，合组歌的整个艺术取决于三件事情：第一、旋律的分割；第二、各分部之间的关系；第三、行数和音节数。[②]既然合组歌是多个诗节的组合，那么就先说明什么是诗节。

意大利语名词*stanza*，取自动词*stare*,“站立”之意，主要是指“持续（站立）”“停顿”。后来逐渐意指停顿，或站立的地方。再后来，又意指一个房间或房屋的分隔。这便是但丁所说的“诗节”之意。有趣的是，他用如此具体的方式看待诗节，表明了他艺术创作的建筑性，这也是《神曲》中较为明显的特征。因此，合组歌有房屋一样的结构，人在里边从一间房屋挪向另一间，所有房间的设计都采用统一的风格。

诗节的类别取决于相应的音乐背景。音乐形式可包含一段连续的、不重复的旋律，也可以分为旋律不同的两段，但丁称之为*odi*，通常指“颂歌”之意，但这里指“乐节”。按重复发生的地方，诗节可

---

① 莎士比亚《空爱一场》（*Love's Labor's Lost*）,V,i。

② 《论俗语》，第二本，第九章。

分为以下段落，但丁分别称为 *pes, volta, frons, sirma, coda*.[①]结构上的变化十分微妙，一般观众如果不通过音乐伴奏的帮助根本无法理解。但丁已经提及了三种乐器，喇叭、琵琶、风琴，其中任何一个都可达到上述目的。风琴是一个可便携的键盘乐器。

再说韵律。但丁说诗人如要达到作品的和谐，便需依赖韵律。但丁十分热衷韵律，因为其统领全篇，将诗节与诗节美妙地相连，而每个诗节末尾的对句“在韵律中沉寂下来”，因而他这章的论述十分亲切，富于启示意义。这也预示着韵律在统领由交织混杂的三行体诗节构成的《神曲》各篇中起着十分重要的作用。三行体是但丁后来发明的。

正当但丁要讨论每个诗节应有的行数和音节数时，作品戛然而止了。我们只能认为这取决于主题：如果主题是诘难，讽刺或谩骂，则应该简短；如果是让人愉悦的主题，表达快乐、赞扬的，那么诗节应该节奏舒缓、质地丰富。

我们无法得知这部作品为何没有完成。他原先肯定是计划将其完成的。作品的手稿如今只有三份存世，但都不是但丁的手迹。而奇怪的是，但丁迄今也没有任何手迹流传下来。有可能本来就没有一个完整版本。

关于1304年的但丁还有很多未加说明。当时的但丁性格粗粝，因饱受不幸而心怀怨恨，傲慢、轻视一切，深信自己的才能，一心想获得认可，但同时又倾心于诗歌，认为有义务为之服务。

① 见本书附录5。

第六章
宴会邀请

但丁的第一本书《新生》是为同行诗人而作。他的第二本书《论俗语》是为受过教育乃至学识渊博的读者而作。他开始动笔写第二本书之前，先写了另一本书的第一部分，然后两本书的创作齐头并进。另一本书的书名叫《飨宴》，是用意大利语写的。书是写给那些没时间学习拉丁语的人，给“王子、男爵及其他男女王公贵族们，因为他们说的是方言，且不是学者”。[①]但丁扮演了一个道德家和教育者，面向读者之广是他从未想过要触及的。

他的计划是总共写15个部分，开篇为介绍部分，接下来是对他14首合组歌的阐释。阐释分两部分，一是字面的阐释，提供的是科学的信息，一为寓言阐释，起道德教化之功用。这本书抱着高尚的、宽怀大度的教育目的：但丁的思想闪烁着快乐，因为他在传播他所信仰之真理，并且凭借他的天分教导人们如何才能步入人间正道。这部书如果完成的话，必然是一本鸿篇巨制。事实上，他只解释了三首合组歌，书一共只有四个部分。如果完成的话，这本书可能会超过30万字，会成为他的代表作。

这里有一个问题，按他当时的想法，如何让这么广泛的读者读到他的作品？他一开始也是以额外的讲座形式讲授的么？书中有几处地

---

① 《飨宴》，第一部分，第九章。

方表明当时可能以讲座的形式呈现过。有一处，他使用了单词*voluptade*（愉悦），并说“我说的并不是*voluntade*（意志）”，我说的单词里有一个“*p*”。[①]另一处，他用了*adorana*（装饰），并说：“这个单词是动词，不是名词，我是说，是动词，陈述语气的现在时，第三人称单数。”[②]这些补充语显示他在作讲座，而后来被如实记录了下来。另外，下面我们会看到，在第一部分，他还对自己潦倒的衣着表示尴尬。

然而，如果光靠口头演讲自然不能达到他的既定目标。为了达到持久的效果，须将作品流传开来，让读者阅读、讨论。在博洛尼亚有很多抄写员。但他哪有能力支付报酬呢？或许因他那本讨论意大利方言的作品从大学获得的酬劳在这里派上了用场。若是如此，便能解释他为何要同时开工写两本书。可能的情况是，两本书的一些章节复制抄写后，便立即发售，然后就会进得若干收入。但需求或许陷入了停滞，导致两本书均未完成。迄今并未出现其他让人信服的解释。

他在写《飨宴》时，既有个人的日程表，也有个公共日程表。但丁于贝特丽采去世后为“温柔女郎”所作的诗歌手稿广为传阅。但丁听到传闻称有人批评他对初恋不忠诚。他开始证明这是个误解，他还希望能赋予其创作的合组歌重要的文化意义。

但丁对公众对自己作品的看法十分敏感，也十分在乎自己在别人眼中的形象。他开篇的用语博取同情，语气直接而亲密，几乎让我们能看见、听见他正受到接见。

如果宇宙之主当时另作他想，人们可能就不会这么恶毒对我，我也不会饱受不公正的惩罚，我是说，流放和贫穷。佛罗伦萨乃罗马最

---

① 《飨宴》，第四部分，第六章。

② 出处同上，第二十五章。adorna（装饰）是形容词adorno（装饰）的阴性表达。它容易被错认成一个名词，一个被装饰的（adorned）阴性名词。

美丽、著名的女儿，而她的子民断然将我从她甜蜜的胸怀驱离。我曾生于此、长于此，如果她接受，我全身心地愿意将我疲倦的灵魂栖息于她的胸怀，结束贫穷的日子，结束四处的流浪，意大利语所及之处，我尽游遍。我不要再做一个旅人，不要再做一个乞讨者，不要再承受命运的折磨，不要再受委屈伤痛却还担负着罪人的名号。我实乃一艘船，没有帆、没有桨，任由灼人的贫苦之风，将我吹向四处的港口、水湾与海岸。很多人凭我的声誉本以为我应是更好的模样，见我之后不再待见我的人和作品，不管是我已写的还是将来要写的。[①]

他认为别人是这么看待他的，所以希望写一部作品来挽回声誉，甚至赢得佛罗伦萨对他的召唤。但丁对自己流放中的游历稍有夸张。1304年以来，他先后只在托斯坎、威尼西亚和罗马涅避过难。他先是依靠过流放中的同仁，后又投奔巴尔托洛梅奥·德拉·斯卡拉，能借到一点是一点，挣到一点是一点。他曾经贵为佛罗伦萨执政官，身着深红色貂皮外套，住在高贵的执政官广场。而如今，他衣衫褴褛，无家可归。

但他可以设宴，思想之宴，奉上所有人类都渴望享用的天使之菜肴，即知识。但丁不认为自己是哲学家，只说自己热爱智慧，说自己曾拜倒在那些以天使的面包为食的哲人脚下，捡到过掉落的面包屑。

但丁宴会上的主菜是他的合组歌，面包便是解释和评论。在他实际赴过的宴会上，如佛罗伦萨为查尔斯·马特尔设的宴会、或维罗纳的斯卡拉家中设的宴会上，面包做成食盘形状，摆上餐桌时，还带着烤炉中留下的灰渍，上菜的人必须先将脏的部分切除后，才能将主菜放在面包食盘上，就像是刮掉土司上烤焦了的部分一样。但丁现在

① 《飨宴》，第一部分，第三章。

要做的，就是对这道“除污”的程序进行评论，之后宴会才能正式开始。

第一个缺陷，或他口中带有修辞意味的“污渍”，即他不得不谈及自己，这有违于修辞的原则。为了给自己辩护，他提及了两位著名前辈：圣奥古斯丁和波伊提乌。虽然他在《新生》中便不停谈及自己，他并未觉得有何不妥之处。但这是一部更严肃、更成熟的作品，因而有所不同。第二个“污渍”是评论的风格较为崇高、庄严、晦涩。他说如此评论方能更具权威，而不显虚情假意。他也担心他的贫穷会让那些听过他名头的人失望，从而会轻看他的作品。因此，他更需要一展庄重之文风。

做面包用的面粉也需要加以辩解说明。因为面粉是大麦制成，而非小麦，即评论的语言是意大利语，而非评论文体常用的拉丁语。但丁在《新生》中已经偏离这一传统，当时是借了好友圭多·卡瓦尔坎蒂的权威，听从了他的建议。他如今要更进一步，让方言成为哲学、科学和伦理学的语言，而就这点而言，很少有前人实践过。[①]这是大胆的尝试，但他对母语方言无比热爱，并且相信自己已经掌握了这门语言的最高形式，因此下定了决心。

但丁认为有必要为方言再辩护几句，以正众人因无知和无能对方言所抱有的偏见。有些人不会用语言很好地创作却怪语言本身，“就好像差劲的铁匠却怪铁不好，蹩脚的琵琶手怪自己的乐器”。有些人，为了炫耀知识，称外国语言（如普罗旺斯语或法语）优于意大利语；还有些人纯粹出于嫉妒或卑鄙。所有这些贬损方言的人，都被但丁斥

① 阿雷佐的圭通曾经使用阿雷佐方言给公众人士写演说和书信。他的同乡里斯托罗（Ristoro）同用家乡方言写了一篇天文学论文。佛罗伦萨法官赞博尼（Giamboni）把拉丁语和法语作品译为佛罗伦萨方言。

为“可恨可怜之人，通奸者，邪恶地将盲人引入歧途”。[①]

但丁认为，拉丁语不适合用于他合组歌的评论，因为合组歌是用意大利语写的。方言会有所变迁，而拉丁语则更持久稳定、地位优越，不适合为较之低劣的语言提供服务。

如果我们仔细回望50年，我们就会看到很多词语已经或消失、或新生、或变迁。因此我说，如果那些千年前离世的人现在回到他们的城市，会误以为故乡如今处于外人的统治之下，因为如今的语言较当年的语言发生了巨大的变化。如果上帝允许的话，这一点我将在要写的另一本关于俗语的书中讨论。[②]

这是但丁第一次提及《论俗语》，很明显能看出，他开始写《飨宴》时，已经在酝酿这本书了。他同样使用了死人复生发现语言发生巨大变化的例子，虽然在那部拉丁语写的作品中，他说的是活着的人受到震惊，而且以帕维亚为例。[③]

若用拉丁语来做评论，则只有那些受过良好教育的读者才能理解，而希望了解他的合组歌的人有很多。另外，如果用拉丁语，那么操其他民族语言的人也能读懂，如德语或英语，但合组歌就需要经过翻译了。[④]在这里，但丁用文字郑重宣告诗歌之翻译绝无可能，让译者们心生畏惧，但还是没有恫吓住他们。

在此敬告诸位，诗歌是无法从原语译为他语、而又无损其中的美

① 《飨宴》，第一部分，第十一章。
② 出处同上，第五章。
③ 参照本书第五章。
④ 他没想过那些外来人有可能懂意大利语。

妙与和谐的。这就是为什么荷马的作品没有像其他众多希腊著作一样，从希腊语翻译成拉丁语。这也是为何《诗集》（*The Psalter*）既不美妙又无音乐之和谐，因为其是从希伯来文译成了希腊语，又从希腊语译成了拉丁语的，其美妙之处在第一次翻译中便丧失殆尽。①

当然，他可以用拉丁语来写评论，让别人来将其翻译给那些学识粗浅的读者。但是，

我为小心起见，亲自用意大利语写。宁愿自己做，也不要将这项任务交给他人。

但丁相信，他如今对意大利语已有了充分把握，不管就散文还是诗歌而言，他已经将这门语言的修辞与美提升到了一个新的高度。

但丁的主要目的是“将人们引向知识与美德”，只有性格高贵的人才能受益于此。他说，他所说的“高贵”将于第四部分给予解释。这说明这本书的整体计划已然在他脑中完成。书中有多处证据表明这一点。懂得拉丁语本身并不是优人一等的保障。事实上，有很多人纯粹受名利驱使才学习拉丁语。这样的人自然不能被称为文人。

就好像，一个人家中有一把琵琶，却只作出租挣钱用，自然不能称其为琵琶演奏者。②

若是要问他是否热爱自己的母语，简直是愚蠢之举，就好像明明

① 《飨宴》，第一部分，第七章。但丁相信荷马的诗是为歌唱而创的。

② 出处同上，第九章。

看见房子的门窗往外喷着火，却要多问一句房子是否着了火。他热爱母语，因为这门语言与他自己，他亲近的人，即他的父母、他的同胞市民、他的民族，都那么息息相关。他热爱这门语言内在的品质。

这里我们必须得明白，任何事物独有的美好品质都是构成其美丽的一部分，如同男人英俊的胡须，如同女人洁净毛发全无的面容，如同猎犬的敏锐嗅觉，如同猎狼犬快速奔跑的本领。[①]

但丁不仅热爱自己的语言，而且热爱“忠诚”（或责任），并说将在第14部分对此加以讨论。

最后，完成了面包的“除污”工作、解释了制作面包的原料后，他准备正式开始宴会，招待数以千计的宾客，而剩给自己的是一篮一篮的面包碎片。在这个奇迹中，一轮新日将会冉冉升起，阳光普照那些黑暗中的人们。第一部分结尾处《圣经》的回声，昭示了他开始这份事业时的庄严和喜悦，也昭示了他凭借此书重拾名誉与喝彩的信心。

构成这场宴会前三道主菜（总共只有这么多）的合组歌均是但丁于贝特丽采去世后写于佛罗伦萨的。第一首开篇一句为“你们用思想推动第三重天运转”（*voi che'ntendendo il terzo ciel movete*）。这首诗可能在查尔斯·马特尔1294年来访佛罗伦萨时被演唱过，以示敬意。[②]但丁在写《天堂篇》时，查尔斯的灵魂便用这句话作为问候，欢迎但丁进入金星天。[③]

三首合组歌均于佛罗伦萨诗人、朋友们的聚会上表演过、讨论过。这些诗曾引人议论但丁并非忠贞的爱人，如今还将继续生出这样的传

① 《飨宴》，第一部分，第十二章。
② 参照本书第三章。
③ 《天堂篇》，第八章，37。

言。距作品的创作已经过去10年了，近年连遭不幸的但丁已然不是佛罗伦萨那位著名诗人和显赫的市民了。当他在物是人非的今日重读此诗时，自然读出了不同的意义，他看到这些诗如今可以服务于一个新的目的。既然主题是爱与正义之关系，他认为可用这几首诗以及其他若干诗（还在继续写），来打造一个雄心勃勃的道德和教化之事业。

贝特丽采于1290年去世后，但丁觅得她的后继者，在对她的爱中寻得慰藉，这名女子并未具名，[①]只被称作“温柔女郎”（或“善良”、“亲切”的女郎）。他因失忠于对贝特丽采的回忆，而饱受情感折磨，写了若干首诗歌，表白了这一矛盾心情。有些诗歌收入了《新生》，并加以讨论。[②]开头为“你们用思想……”的这首诗虽未加收录，但属于同一时期，是情感矛盾主题的延续。但这首诗有些去个人化，因为他对“温柔女郎”的爱这时已经演化为另一种精神。

在《新生》的结尾处，但丁讲述了孩童时期的贝特丽采形象出现于自己眼前，战胜了他对“温柔女郎”的迷恋。在另一个意象中，贝特丽采出现于天堂，这让他决心在自己能写出更好的诗篇之前不再写诗纪念她。

> 为达成此愿，我要尽我的全力。这一点，她心有所知。因此，如果滋养万物的主愿意让我的生命延续一些年头，我希望能为她写出迄今世上还没有人为任何女子写过的诗句来。[③]

当他写下这些话的时候，他已经开始了哲学研究。他的心智如此痴迷，犹如再度陷入了爱情。他将这种体验归为对“温柔女郎”的爱，

---

① 可能是因为她仍活着。

② 参照本书第二章。

③《新生》，第四十二章。

两者看起来也似乎在时间上重合。关于这一所谓的“双重想象”，但丁将在文风较《新生》更加成熟的《飨宴》中加以阐释。他并非是在贬低《新生》，只是要借新作品来作阐释。他在《飨宴》中谈及对贝特丽采的爱和对“温柔女郎”的爱之间的矛盾，且宣布前者取胜。这似乎和他在《新生》末尾处的说法不一致。但如果我们认为他的意思是指当他在研究哲学时，有一种新的爱启发着他的诗歌创作，那么问题就迎刃而解了。①

他先是解释了创作可以并应该用四种方式加以阐释，他分别称之为字面的、语言的、道德的和类推的方式。②字面上，作品是一种“美丽的虚构”，是一件伪装的外衣，在其表面下，有一层寓言之意。他引用了奥维德的俄耳甫斯神话为例。俄耳甫斯靠七弦竖琴可以驯服野兽，让树木、山石朝自己移动。这个故事的真实意思是说，一个智慧的人可用自己的声音让残酷的心灵变得温柔、谦逊，并可随意支配那些没有知识或技能的人。至于诗人们为何要用这种方式隐匿真实的意图，他将在第14部分加以讨论。

为了说明这些道德和精神层面的意义，他从《圣经》中引用了两个文本。他建议说，传道者应该仔细寻觅道德观念，为了自己，也为了闻道者。他以《福音书》中耶稣上山显容的故事为例。耶稣上山时只带了3个门徒。这个故事的道德意义即，在做最隐秘的事情时，应该只能有少数同伴相随。

若故事的字面意义关乎更高层面的事物，则可从中看出寓言或精神层面之意义。他引用赞美诗第104首为例：“以色列出了埃及，雅各家离开口说异言之民。那时，犹大为主的圣所，以色列为他所治理

① 参照本书第二章。
② 神秘主义或者精神上的。

的国度。”很明显，该赞美诗的字面意义是真实的，但其精神意义也不假。

即当灵魂脱离罪恶，便变得神圣、自由，成为自身之主人。

从这些例子来看，但丁在写《飨宴》的同时，似乎并未考虑到同一个文本会产生所有四种阐释。而当他在写给坎·格兰德·德拉·斯卡拉的书信中解释《神曲》意义的时候，他展示了同一个文本可以阐释为四种意义。①

他接着解释第一首合组歌的字面意义。一开始，他提醒读者注意《新生》最后几章，其中他写到“温柔女郎”，写到在贝特丽采死后她如何同情自己。为了解释对贝特丽采的记忆与新爱之间的冲突，他提到推动金星运转的天使之灵，因为他们是爱的力量之源泉。因此便有了作品第一段关于天文学的科普信息。

和所有受过教育的同辈一样，但丁从小就被教导地球是一个圆球，静止于宇宙的中心。围绕地球的有8个同轴轨道，携带七颗卫星，月亮、水星、金星、太阳、火星、木星、土星，以及处于第八轨道的众星座。人们相信，在这之外还有一个第九圈，即水晶天或宗动天，是其他星球原动力的提供者。所有的轨道圈每24小时由东往西环绕地球一周。除每日环绕之外，各星球还会由西往东顺着自己的轨道向后转动，速度不一。金星的运动更加复杂，还会做一个本轮运动，即沿着附属于其主要轨道圈一个更小的轨道圈做运动。这就是哥白尼之前的天文学家们通过肉眼观察，并一代一代传下来对天体运动的基本解释。但丁年少时研修过四学，其中便有天文，应该也受了同样的教

① 参照本书第四十三章。

育。等他动笔写《飨宴》时，他通过阅读以及自己的观察，已然对这方面掌握了更多的知识。

但丁秉烛夜读，研究手稿，还用肉眼观察星星，直到眼睛觉得疲倦。他说：

> 星星时常变得模糊，因为肉眼由于自身的弱点或疲倦发生变化、生出颜色、并且匮乏力度。比如，有些时候，瞳孔的外壳因衰弱而充血时，几乎视线中的一切都变成红色，而肉眼观察下的星星也会因此而带有颜色。因为视力弱化，发生视觉分散，因此，视线中的事物会不再集中，也发生相应的散化，就像湿润纸张上的笔迹一样。这就是为什么许多人阅读时，会将纸张放在离眼睛远一些的地方，这样图像会更顺畅地进入视线，成像也更完善。连我自己也有体会。我因为勤奋读书而用眼过度，视力因此弱化，导致看星星时，似乎隔有一层白色薄雾。如果眼睛在黑暗凉爽的房间里得到长时间休息，用纯水让眼球清凉一下，我又会重获健康的视力。[①]

天文学对但丁的创造性想象有着深刻的影响。对哲学与神学深刻的理解对他也颇有助益。中世纪观念中的宇宙与现代的仪器与太空探索相比有些狭隘，但在但丁和他的同代人看来，宇宙超越物质，直达无限与永恒。但丁参考的权威人士是阿尔法甘尼（Alfraganus），[②]他是位阿拉伯人，就天文学基础写过一本30章节的论著。该著作基于托勒密法则，于1142年从阿拉伯语译为拉丁语，译者据说是约翰内斯·希

---

① 《飨宴》，第三部分，第九章。但丁可能受到老花眼的困扰（瞳孔聚焦能力下降）。感谢约翰·吉斯特·巴特勒（JohnKeast-Butler）先生的诊断，这名皇家外科医师学会会员写道：“大多数视力正常的人会因为近距离工作而在45岁左右成为老花眼。就我看来，但丁有典型的老花眼症状。”

② 他出生于费尔干纳（Fergana）（在撒马尔罕），这一点从他的名字中可以推断出来。

斯帕伦西斯（Johannes Hispalensis），译名为《阿尔法甘尼天文学基础》（*Alfragani Elementa Astronomica*）。该版本通行于中世纪，也是但丁研习的版本。[①]他在《飨宴》中数次提及此书。他在此书以及《新生》中提及的关于天堂的信息几乎是一字不差地从这本书的拉丁语版本译过来的。我们几乎能想象到但丁在书房中翻阅群书的样子，正如卢卡·西尼奥雷利（Luca Signorelli）在奥维多大教堂的壁画中画的但丁一样。[②]

阿尔法甘尼引用了亚里士多德第10层天的概念，叫做至高天（Empyrean），意指火焰层。人们认为该层是上帝的居所，此处既不存在于时间也不存在于空间之中。永恒不变、无穷无垠的上帝创造宇宙时，时间与改变才得以开端。同时，上帝在创造原始物质和物质天堂的同时，也创造了天使，作为自己在自然界的代理。天使的任务之一是对天体施加影响，进而影响地球上的生命。这样，天文学便成了占星术。但丁相信这一理论，但也相信自由意志。

但丁觉得在合组歌中和天使对话并无不恰当之处。因为是天使，也称智慧，推动着金星——这颗以爱情女神命名的星球——轨道的运转，也在他心中同时种下了对贝特丽采与“温柔女郎”的爱。这种观念对但丁的同时代人而言并不陌生。各大行星的名字取自罗马之神，虽然维吉尔在《地狱篇》中称他们为“虚假撒谎的神”，[③]但对基督徒但丁而言，天使是真实存在的，正如他相信天体存在一样。人类的感官是可以感知其存在的，因为

① 该书在牛津大学（牛津大学图书馆及诸学院图书馆）藏有20份复制手稿，剑桥大学图书馆有三份，大英图书馆有一份。

② 参照封面插画。

③《地狱篇》，第一章，第72行。

天使的生命精华射出光芒，照耀于我们的智力…… 就如人们闭上眼睛也能意识到空气的明亮，因为有一束光芒照射到了他…… 就好像一束光芒穿过蝙蝠的瞳孔……

但丁解释自己对贝特丽采的爱为何转移到了“温柔女郎”身上。他说这是因为后者还活在世间，身处金星推动者们的影响之下，而贝特丽采此时已身在天堂，游离于其影响之外。他又由此离题谈及他深信不疑的灵魂不朽之说。对所有不信此说的人，但丁都斥其“粗野、卑劣、愚蠢、危害社会”。为了支持自己的信念，他引证了亚里士多德的《论灵魂》（*De Anima*）、斯多葛学派的信仰、西塞罗的《谈老人》（*De Senectute*）以及犹太人、撒拉森人和鞑靼人的信仰，

或任何依照法则存活的人们的信仰。如果这些全都是假的，则后果是难以想象的，恐怖万分。

自然让人类心中抱有不朽的愿望，正是这一愿望将人类与动物区分开来。人类会做梦，也印证了这一点。

如果我们内心里没有不朽之部分，那么便不可能有梦。因为，如果我们仔细考虑，不管是肉体的还是灵魂的启示，皆需不朽的媒介。

我们尤其在“基督最诚实的信条”中获得了确信。

当我们的不朽精神与凡俗肉身相混，便无法看清这一信条。但凭借信念我们可以看见它；凭借理性，我们可以看见因不朽与凡俗相混

而生的黑暗阴影投射其上：这应该是两者皆存于我们体内的最强有力证明。因此我相信，我断言，我确定，我于此生结束后会开始更好的生命，在那里有我让我为之魂牵梦萦的荣耀女子。[①]

不仅诗人的作品应以寓言的方式来解释。现实本身、历史、当代的事件和人物皆有多重意义。这不同于传统的拟人寓言，即将抽象的概念具化于人物形象，如波伊提乌将哲学视为女人之形象。但丁所谈论的形式可以称为启示——寓言，即指字面与现实之外的意义。他在《飨宴》的评论中，系统地运用了这种寓言。他将其所相信的九重天阐释为抽象的概念，即指构成理性可认知的知识总和的科学。七颗行星与7个学科，即四学和三学，其对应为：月亮对应语法、水星对应逻辑、金星对应修辞、太阳对应数学、火星对应音乐、木星对应几何、土星对应天文学、星座对应物理学与玄学、宗动天对应伦理；最终，在太空之外的至高天，对应神学。但丁在合组歌中与之对话的金星推动者，按这种寓言的方式可以被阐释为修辞艺术的大师们，尤其是西塞罗和波乌提斯，正是他们的著作将但丁引向哲学研究。但丁在现实生活中爱恋的“温柔女郎”可等同于哲学。

但丁在贝特丽采死后创作合组歌期间便开始有意识地使用这种寓言形式。他最显著、最富有创造力的寓言运用于后来创作的《神曲》中。他对“温柔女郎”寓言式阐释的发现，最终引导他理解了贝特丽采的意义。

那么为什么但丁在《神曲》中对“温柔女郎”只字未提？答案是，事实并非如此。

但丁在《神曲》中引用了他写给“温柔女郎”合组歌中的两首，

① 即指贝特丽采。他说不会在《飨宴》再继续讨论贝特丽采。

也是他在《飨宴》中解释的前两首。卡塞拉在炼狱山边唱了“爱于我心中诉说”（“*L'amor che nella mente mi ragiona*”）。在金星天上，查尔斯·马特尔便引用了“你们用思想推动第三重天运转”（“*Voi che'ntendendo il terzo ciel movete*”）的第一句。但丁不可能忘记，也不可能指望自己的读者忘记，他在《飨宴》中曾把“温柔女郎”比作哲学，“宇宙之王最美丽、最尊贵的女儿”。如此崇高的人物不可能不出现在但丁旨在自我救赎的诗中。但既然在故事的虚构年份里，女主人公还在世，按照那个时代的诗歌传统，自然不能以真人示人。

在《神曲》开篇处，维吉尔告诉但丁，圣母玛利亚指示露西亚（Lucia）——所有残忍者之敌，但丁也是其信徒——敦促贝特丽采去解救那个因爱她而从羊群走散的人（*usci della volgare schiera*）。[①]按照传统理解，露西亚即锡拉丘兹（Syracuse）的圣露西，是3世纪的一位烈士，是视力虚弱者的保护者。如此阐释，她便象征着启蒙心智的恩惠。这种解释适用于哲学，因为哲学启蒙心智。但丁在合组歌“爱在心中”（*Amor che nella mente*）里，用了一系列让人眼花缭乱的意象来对此加以说明。正是哲学研究让但丁有足够的才能写出与贝特丽采更相配的诗句来，这是他在《新生》末尾表达的愿望。但丁如今可以将贝特丽采视为天启神学的象征，而将“温柔女郎”视为哲学之象征了。

露西亚在《神曲》中的角色并不仅限于派遣贝特丽采去拯救但丁。正是她将熟睡中的但丁背上炼狱山，让他在通往7个檐口的门口醒来。通过哲学这一“智慧的福音”，她“温柔地将那些走了歪路的人们领回正道”（但丁在《飨宴》中如是说），通过哲学，但丁逐渐理

① 《地狱篇》，第二章，第94—105行。露西亚即指著名的圣露西亚，她的尸身最近从威尼斯运送到了那不勒斯，那不勒斯专有一首著名的歌曲纪念她。

解罪恶与正义，最终到达忏悔与救赎。在《神曲》里，但丁在熟睡中抵达此精神旅途的各个阶段，正如现实生活中的心灵进化一般，灵魂在不知不觉中抵达各阶段。

露西亚也可能是“圣洁、警示的女郎”（la donna santa e presta），她在但丁于炼狱山上所做的梦中向他显灵。[①]在《天堂篇》中，她端坐于天堂玫瑰中，是最后一个圣伯纳德指给但丁看的。[②]在她右侧是先驱施洗者圣约翰，再往右是圣安妮（St Anne），圣母的母亲，也是一位先驱。露西亚“面对亚当”也十分重要，因为，如但丁在《飨宴》中所言，“上帝创造万物时心中便有了哲学”。

我们不知道这位“温柔女郎”的姓名。但也并非没有可能她就叫露西亚。

① 《炼狱篇》，第十九章，第25—30行。

② 《天堂篇》，第三十二章，第136—138行。又参照本书第五十三章。

第七章
主菜与面包托盘

宴会之比喻如同一个挂毯，为但丁的思想盛宴提供了一个视觉背景。在那个年代，宴会是一种艺术形式，庄严而精致。主菜有时放于马背上呈上辉煌的大厅。用老话说，这叫“上主菜”，仆人、乐师陪伴，甚至还有杂技演员。在那些最喜庆的宴会上，上菜的间隙还会有娱乐节目，如歌舞或微型古装游行。

在但丁的宴会上，备有14道主菜，即他的14首合组歌，盛于面包托盘，即评论。按待客之道，每首合组歌都是一道美味，精心调制，配得上宾客的身份。我们可以想象每首合组歌都在读者（但丁自己）进入评论部分之前被伴奏演唱过。甚至有可能真有其事。若是如此，那么宴会则更是有趣了。食谱源自《论俗语》，但需要大师级厨师才能做出一桌高档、多样的菜肴。然而，可惜的是，宾客们似乎尝完3道菜后就没了胃口。

第一道菜是“你们用思想推动第三重天运转”。这首诗是他寓言诗体的早期创作。[①]他有意以双重意义写作：旧爱与新欢之间的冲突，而其中，“温柔女郎”缄口不语的形象影射了他哲学研究过程中遭遇的困难。第二道菜的第一句为“爱于我心中诉说”（Amor che nella mente mi ragiona）。和第一首一样，这首诗把听者的思绪引入天堂，

① 参照本书第六章。

让其想象围绕地球旋转的太阳。这是卡塞拉的灵魂在炼狱山下的海滨唱的歌曲。[①]但丁若来到南半球，应该演唱这首诗，因为不论是诗还是随后的评论，都将南半球加以十分辉煌的视觉呈现。[②]实际上，在伽利略之前，太阳的南北运动被称为自然散文最绚烂的段落。为了说明南北半球之间光线分布的变化，但丁让听者想象两座城市，一个位于北极，一个位于南极，中间隔着赤道。奇怪的是，但丁并没有将这两个位置命名为"A"和"B"或"X"和"Y"，而是将其拟人化为"玛利亚"和"露西亚"。他的真实意图可能是想表明他其实并非仅仅在解释天文知识。太阳光交替平均地照耀在玛利亚和露西亚身上。太阳光代表着上帝的力量，分别播散于神圣之恩惠，即圣母玛利亚和智慧之恩惠——露西亚。若是如此，那么，在《神曲》中，露西亚前来南半球的炼狱山搭救但丁则更是顺理成章了。但丁对太阳全年在赤道南北之间位置的理解与解释十分清晰透彻。但丁对维吉尔的解释一点就透，也说明这一点。两人之间的对话被他懒惰的朋友贝诺夸不小心听到，还被友善地挖苦了一番。[③]

在当前的境遇下，阐释自己的合组歌难免让但丁心生怀旧，但能一展诗歌的美妙，对于他的尊严无疑是一种安慰。言辞顺序安排极富乐感，诗行联接十分精致，虽然只在纸上，但曲意十足，只是歌声与乐音早已不在。第二首合组歌是对哲学的颂歌：

她使造她的主愉悦，
主予她无边的力量，
远超自然所达之界。

① 《炼狱篇》，第二章，第105—133行。
② 参照本书第六章结尾处。
③ 《炼狱篇》，第四章，第58—84行。

她有如此品质，

如天堂之欢乐，

非人智之能及，

如烈日之于微光，

我无法直视其光芒，

只片语表心中所想。[①]

诗中所提及的弱光又一次有趣地将“温柔女郎”与圣露西——微弱视力的保护者——相连。但丁正是在解释这些诗句时提及自己的视力如何因常年阅读与观星而弱化。[②]

哲学的女郎让所有卑劣的人相形见绌，她存于推动宇宙之造物主的脑海中：

Questa è colei ch’umilia ogni perverso:Costei pensò chi mosse l’universo.[③]

在《地狱篇》中，[④]露西亚——但丁据说是其信徒——被指定为“所有残酷者之敌”。这个称号类似“让所有邪恶者显得卑微的女子”，此称号在合组歌中指涉哲学。

为客人们奉上两盘天堂佳肴之后，但丁端上了一盘人间美味：一首关于高尚主题的合组歌。开篇诗句，“*那些甜蜜的爱情诗歌，我曾为之绞尽脑汁，如今我必须放弃*”，让人看到了风格和主题的变化：他将用或刺耳或微妙的诗句谈论使人高尚的品质。这首诗唯一的寓意在于用“温柔”一词指“哲学”之意，“最强之光——哲学，其光芒使得人类真正的高贵重新开花、结果”。解释清楚这一点之后，但丁继

① 《合组歌》（Canzone），第27—29、55—56、59—62行。

② 参照本书第六章。

③ 《合组歌》，第71—72行。

④ 《地狱篇》，第二章，第97—100行。

续就字面意义进行阐释和拓展。字面意义显得说教、好辩。

"*gentilezza*"（"高尚"是该词含义之一）的概念是圭多·魁尼柴理在一首诗中提出的。该诗叫做"真爱总在温柔的心灵中寻求庇护"，[①]该诗曾被"真爱"诗社的诗人们视为灵感来源。他断然否认"*gentilezza*"乃通过血统代代相传。可以想见，但丁会追随他的理念。不过，但丁热衷"高尚"之概念另有原因。他是1295年后不久写下这首诗歌的，而当时出身高贵的人们刚被驱逐出佛罗伦萨政府，起因是1293年贾诺·德拉·贝拉通过正义法规。[②]

因此，但丁在写第三首合组歌时，便有了应景之意。他当时已投身公共服务，开始关心社会正义、政治生活等话题。大部分普罗旺斯诗歌均含道德或政治内涵，这一传统因阿雷佐的圭通及众人效仿，已然在意大利逐渐形成。但丁这首诗的新意在于他决心从此超越"真爱"诗社钟爱的话题——"真爱"，并在言辞上做相应的拓展。

当他在《飨宴》中评论这首诗时，10年的时光已然逝去，他的命运也经历了巨大的变迁。这首诗歌的政治与伦理内涵也染上悲剧的调子，不仅他本人的命运如此，意大利的社会、政治状况亦复如此。如今更是到了揭穿谎言、建立让人们能借之管理自我和他人真正道义的时候了。他将自己的合组歌视为一剂良药，希望能够尽快开方，还世间健康。在宴会这一比喻中，两道佳肴之后，还应再奉上一道家常菜，才能保障营养。

评论的设计十分精致，有多个分段，时而离题而论，常如演说般高亢激荡。提到创作这首诗时的自己，但丁谈及自己对哲学的热爱，认为其乃理性和正直之源，也因此爱上了追求真理者，憎恨坚持谬论

① 参照本书第二章。

② 参照本书第三章。

的人。虽然他提醒自己，不应憎恨犯错之人，而应憎恨谬误本身（诚然，他写《神曲》时，却在多处都未能遵守这一训诫）。

一个尤值一提的谬误即对高尚来源的错误信仰。由此会致使人们藐视善良，颂扬邪恶。世间是非混淆莫大于此，只要想想后果，任何人均能明白这一点。

这一错误的信念被归咎于腓特烈二世（Frederick II）。[①]当被问及高尚为何物时，他如此回答："祖上富贵，礼仪优良。"这一说法被广为接受，虽然其第二部分常遭到忽视。但丁反驳这位皇帝的观点，但为了免受不敬的指控，他先是分析皇族权威的基础，继而表明这和眼下讨论的事情无关。他在论证的第一段提出了自己在流亡生涯里形成的重要新观念。

在他于《论俗语》中所称"因孤独渴望友谊"的那段时间里，[②]他花费了大量时间思考道德义务、内乱、政府的道义以及历史刻意的设计。在他于流亡之前刚开始学习哲学时，即在西塞罗和波伊提乌的著作中受到启蒙。他也开始仔细研读维吉尔的《埃涅阿斯纪》以及罗马历史学家如李维的作品。他尊为哲学权威的是亚里士多德，在《飨宴》中引用达40次之多，称他为"哲学家首领""所有哲学家的领袖""让道德哲学达到完美的人""世界的向导与指挥""最值得信任与遵从、口中之言即为最高权威的人""人类理性的大师与领袖"。他的意见凌驾于所有他人之上：

在任何事情上，亚里士多德若开了尊口，其他人的意见则应抛开

---

① 腓特烈一世之孙，国王亨利六世之子，西西里的康斯坦茨。他于1212年登上王位，于1250年去世。他因为致力发展教育、科学和艺术而广受敬仰，享有"世界奇迹"（stuprmundi）的美称。因此，他的观点值得尊重。

② 参照本书第五章。

不理。[①]

在《地狱篇》里，但丁在灵泊遇到他的灵魂时，称他为“通晓世事者的大师”。[②]

但丁就政府首要道义之事向亚里士多德寻求指引。但丁引用了亚氏对人乃“社会动物”的定义，列举了诸多需要：个人需要家庭陪伴（但丁如今已然失去家庭），家庭需要社区，社区需要城市，城市需要发展手工业、加强防卫、和邻邦睦邻友好。这样的网络最终形成王国，而王国又因贪图扩张领土互相发动战争。如此，个人的幸福就受到了阻碍，虽然王国是为个人幸福而建。唯一的药方就是由唯一君主统领整个世界。

若只有一个国君，则其别无所求，会让国王各安一方，互不侵犯，缔结和平，人们才互相友爱，才会有幸福。[③]

这样普天统领的国家治理方式即为帝国，由皇帝统领所有下属君主，统一发布、执行法律。

但丁接下来便开始证明古罗马的皇帝们便很好地掌握着此种权威，且由基督世界帝国选举产生的君主代代继承。他曾相信罗马帝国的强大是由武力构造的，但他通过阅读维吉尔、李维等人的作品后，改变了看法。但丁相信，罗马人，这些特洛伊高贵血统的后裔们，之所以能够君临天下，乃受上帝之命，前来使地球上人类的生命变得更

① 《飨宴》，第四部分，第十七章。奇怪的是，但丁似乎不知道（或是忘记了）国王腓特烈二世对高贵的定义源自至高权威亚里士多德。亚氏曾提及“古老的财富和美德（《政治学》）”。

② 《地狱篇》，第四章，第131—133行。

③ 《飨宴》，第四部分，第四章。

加完美。正如铁匠的头脑是有效锻造刀具的动力因，而锻造用的铁锤只是工具，因此，理性或神圣的理性，而非武力，是缔造罗马帝国的动力因。

这一话题需要他稍微偏题加以阐述，但丁说会给读者以“获益与乐趣”。这句引自贺拉斯，[①]也开启了这本书最重要的章节之一。开篇便讨论“天意”，常常是凡人不理解的。人类的理性如何能理解永恒的告诫？但丁又引用谚语，“洗耳聆听，因为我要言说伟大的事物”，[②]将这个古代异教徒世界的智慧与旧约及基督教信仰基础相联。

但丁心中想象着延续，便认定罗马在皇帝统领下建立权威时，正是上帝选择化身显灵的时候。那时地球上诸多元素皆达到最佳之和谐，宇宙也处于前所未有的和平时期，将来也不会再有如此和平，因为“人类社会之船正在快速驶向命定之港口”。他还认为，罗马的诞生，即埃涅阿斯来到意大利时，与圣母玛利亚之祖戴维（David）的诞生属同一时期。他赞叹上帝让两个事件同期发生的智慧，并诅咒那些不相信的人：

> 哦，上帝智慧不可言喻、凡人无法理解。他早就注定让你们在遥远的叙利亚和意大利同时降临。噢，那些伪装成人类愚蠢、邪恶的兽类，擅自反对我们的信仰，宣称知道万能的上帝的安排。诅咒你们、你们的愚蠢之见、还有那些偏信你们的人！[③]

接下来，但丁大肆歌颂罗马历史，从罗穆卢斯（Romulus）一路

---

① 《诗艺》：寓教于乐者教导读者的同时又给予其愉悦之情，因而广受读者欢迎。（*Ars Poetica:Omne tulit punctum qui mis cuit utile dulci,lectorem delectando pariterque monendo*）。

② 《箴言》（*Proverbs*），第八章，第6行。

③ 《飨宴》，第四段，第五章。

歌颂到第一位罗马皇帝。但丁说，很明显，罗马人不是普通人，而是神一样的人，他们热爱罗马，心中满载着神圣的爱。他一口气列出一长串英雄人物和他们英勇的行为。

这些英勇行为必是得到了神灵的指引，而非仅出于自身之善。这些杰出的人们乃“天意”借以治理罗马帝国之工具，而上帝常常假以一臂之力。[①]

但丁发出一连串反问，声音渐行高亢，十分雄辩。

谁会说法布里修斯（Fabricius）未受神助？……谁会说穆修斯（Mucius）火烧自己的手时未有神启？……托夸图斯（Torquatus）若没有圣意相助，怎能忍心判亲生儿子死刑？……法兰克思（Franks）占领罗马后，企图秘密进入首都，却被一只鹅的叫声暴露了，这难道不是上帝在插手？汉尼拔（Hannibal）和罗马人的战争中，上帝难道没有插手么？当一位名叫西塞罗（Cicero）的地位卑微的新国民对抗大人物喀提林（Catiline），捍卫了罗马的自由时，难道不是上帝在相助么？毫无疑问。我的确相信罗马的城墙值得敬重，罗马的土地也比别的国土高贵。[②]

但丁相信李维所著罗马史中的传奇是事实，并将其作为尊贵的例子，引用于自己新创的方言散文中。效果十分适合大声朗读。但丁在他用拉丁语写的关于世界政府的《帝制论》（*Monarchia*）中还将引用

① 《飨宴》，第四段，第五章。
② 出处同上。

这些传奇[①]，《天堂篇》也会以史诗体形式再现这些传奇。[②]在书中，但丁让皇帝兼立法者查士丁尼（Justinian）将罗马历史从头至今叙述一遍，如此，查理曼大帝（Charlemagne）时代与但丁时代便有了联系，他并因此宣称罗马的司法制度为神旨在地球上的象征。

但丁并非仅仅在阐释一个政治理论。他在写《飨宴》时，已经开始相信自己理解了上帝对世界的谋划，并相信自己这位罗马“神一样臣民”的后裔注定要揭示圣意。这个神圣的真理正是他的宴会要为之庆祝的。

论证了帝王权威的法律依据之后，但丁开始考虑哲学的地位。他回顾了古代哲学流派的发展，并表示地位最高、最值得信赖的大师乃亚里士多德。哲学权威并非与帝制相背；相反，两者还互有巩固，若相互结合，则会变得最强。因此，在《智慧之书》中，所罗门说，“爱正义吧，你们这些地球的君王们。”[③]

此则对正义司法之根基的声明将在《天堂篇》中得到绚烂的展示，木星天的灵魂们用灯光拼出了“Diligite iustitiam qui iudicatis terram”（爱正义吧，你们这些地球的君王们），意即智慧与王权的结合能够获取最佳的正义。[④]与此形成鲜明对比的是但丁对地球上的昏君大加诅咒。在《飨宴》中，但丁按照所罗门的教诲，谴责了两位当今君王，即昂儒的查理斯二世和亚拉贡的腓特烈（Frederick of Aragon）以及其他未具名的暴君。这些君王对权力的行使均缺乏哲学的权威。

再回到诗歌。但丁指出，这首诗反驳了他称之为“老百姓”的人们对高尚来源的看法。他说，让虚假观念盛行是十分危险的事物，因

① 参照本书第四十二章。
② 《天堂篇》，第六章，第34—111行。又参照本书第四十五章。
③ 《地狱篇》，第一章，第1行。
④ 《天堂篇》，第十八章，第88—93行。又参照本书第四十七章。

为它们会像田地里的野草疯长，使真理的庄稼窒息。而要在长久疏于耕种、长满公众意见的田地里除草是一项十分艰难的任务。但丁并非想要清理整个田地，而只是解放那些还未被完全窒息的理性的叶子。其他的则随其如兽类一般生灭，因为要和脑中理性已经绝迹的人们交流，简直如同要把已经入土四天的人唤醒一样毫无可能。

全无理性或者拒绝运用理性等于放弃作为人的生命，因为正是理性才把人和兽类分开。事实上，拒绝理性，犯邪作恶，即等于死亡，即便肉体还行走于世上。这一骇人的比喻在《地狱篇》中应用得淋漓尽致。在地狱中，布兰卡·德·奥里亚（Branca d'Oria）的灵魂被指为叛徒，他假借邀请岳父赴宴之机将其谋杀。①

但丁描述了理性的产物，其中包括卑微者对高尚者的洞察与尊敬。但丁随即开始反驳又一虚假观念：即高尚乃财富的赠与。在开始反驳之前，他如同积攒了全身的力气，使用了一则惊人的战斗比喻，比喻取自于自己的作战经历。

> 我们如今要全力向前冲，攻打腐朽的观念，将其打倒在地。唯有取得胜利，正确的观念才会在人们的脑海之田中扎根。②

这场持久战的作战策略将于下一章揭晓。

---

① 《地狱篇》，第三十三章，第136—147行。又参照本书第二十七章。

② 《飨宴》，第四段，第九章。

第八章
真正的高尚

但丁接着开始着手反驳高尚源自财富的观点，低劣的富有实乃高尚的反面。首先，财富分配毫无公正可言。人们可以通过偶然的机会致富，或者通过继承、甚至通过非法手段致富。合法的收入确实需要技能、买卖、服务，但最大的财富均非通过公正的手段获得。他自己曾在法尔特罗纳（Falterona）见过一个地方，[①]那里一位贫贱的农民在土里挖出一蒲式耳银元。这样的偶然事件毫无公平可言。遗赠或继承也常落于坏人而非好人手中。诸位请记住一位普罗旺斯行吟诗人的话："若非继承优良品质，则亦不应继承财富。"非法收获不会落到善良之人的手上，因为他们心系更重要的事情。

但丁开始写评论时，他已经在博洛尼亚生活了两年，有机会深入研究这一主题。他自己当时也身陷贫穷，他虽因贫困遭受痛苦与尴尬，但仍然谴责对金钱和物质的贪婪。此乃贪欲之罪，危及、甚至毁灭城邦、地区和个人，让人们渴求越来越多的财富，而这是无法通过无害于他人的方式得到满足的。这一点十分重要。但丁很可能与友人奇诺以及其他法律学者讨论过此事。在讨论中，他发现了阻止这个最

---

① 托斯坎亚平宁山脉的主峰，位于佛罗伦萨东北方。在哈德良（Hadiran）皇帝统治期间，罗马法规定，那些因巧合获得藏宝的人，若宣布其发现，则可拿到财富的一半，另一半则归土地的所有者。相反，那些刻意在别人的领地上挖掘宝藏的人没有获得财富的权利；所有的财富将归于土地的所有者。历史上，这样的规章可能是为了鼓励发现宝藏的人上报而建立的（为了让土地的拥有者能分一杯羹）。在但丁的词条中，指只有巧合的、而非刻意的劳动才会产生这样的结果。

危险的、魔鬼的办法。教会法和民法法典中其实说得很明白。

这些法规的制定正是为了纠正随着财富积聚而增长的贪婪。很明显，如果我们加以细读的话，便会发现两大法律的书面记录原本就说得很清楚。①

教会法和民法在博洛尼亚随处可见。学生们一直不断地进行抄写复制，供自己使用，也售卖。但丁读完之后，发现一个能为社会谋福祉的社会组织架构。如果一位正直的皇帝登基，仅凭自身权威便能宣布并执行民法，那么，民法即可以遏制贪婪。若教会与国家关系和睦，那么将教会法和民法结合，便可消除世上的邪恶。但丁在《地狱篇》的第一章中，通过维吉尔之口，以预言的形式道出了自己的希望，却让读者迷惑了千百年。②

尽管敌人的恶行导致自己遭遇了不幸，但丁还是坚定地相信至善之理。每个灵魂的最终渴望，便是回到创造了自己的上帝身边，然而，在旅途中却可能会选择错路。但丁将灵魂比作旅行者，这个比喻让人愉悦。

旅人选择一条从未走过的路，以为远处的每间房屋都是一家客栈，发现不是之后，又满心信任地将眼光投向另一间房屋，就这样，他一路找寻，最终来到他心中的客栈。

---

① 《飨宴》，第四段，第十二章。但丁可能是用cominciamenti一词来指十戒（《出埃及记》10、15和17：不可偷盗，不可觊觎别人的财产）以及十二铜表法（公元前451年）。教会法与民法理念皆源自于此。

② 《地狱篇》，第一章，第100—105行。其含义的解释说明请参照本书第十二章。

小孩子也会犯同样的错误。他们刚开始想要一个苹果，然后想要一只鸟，等他们长大一些，又想要一匹马，然后想要一个情人，继而是财富，更多的财富。我们的欲望就好像金字塔，价值最少的放于最顶端，一直通向上帝——一切的根基。在人生过程中，我们追求的东西也越来越重大，然而却可能会受到错误的欲望引导，因为“旅途会迷失于错误，正如道路迷失于泥土”（*questo cammino si perde per errore come le strade della terra*）。

人生的道路上有很多岔路，其中一条是正路，另有一条是邪路，其他路则均有所偏离。[①]

迷失正确道路是一个出自《圣经》的意象，波伊提乌曾多次提及。但丁在《地狱篇》第一章中的开篇隐喻中便用到这个意象。那三句话在西方文学中极为著名。

在人生的中途，
我发现我已经迷失了正路，
走进了一座幽暗的森林。[②]

这个比喻也出现在《飨宴》中，用于描述一个灵魂走上一条崭新的、迄今未有人行的人生道路（*nel nuovo e mai non fatto cammino di questa vita*），也出现了“幽暗森林”的意象，描述了一个年轻人“走进此生一座错误的森林（*l'adolescente che entra ne la selva erronea di*

① 《飨宴》，第四段，第十二章。
② 《地狱篇》，第一章，第1—3行。

questa vita），若没有老人的指点，无法找回正路。”[①]

但丁从波伊提乌的著作中得知，有三条错误的道路：求快感的欲望，求名利的欲望，求物质的欲望。在《地狱篇》的第一章中，但丁用3个动物来代表3种欲望，阻挡自己上山的路：豹子、狮子和母狼。相较而言，母狼更让他恐惧，将他一步一步逼回山谷。[②]波伊提乌也将邪恶比作动物，说觊觎别人财物的人就如同一匹狼。[③]（《神曲》中的诸多故事早已有了预兆）

财富之邪恶广为人知。那些拥有财富的人遭到仇恨，害怕有朝一日失去财富。身上带着钱周游世界的商人们整日草木皆兵，若没有钱财之束缚，便可将歌唱与攀谈作为消遣。拥有高尚灵魂的人，若失去财富，并不会内心不宁，因为财富的损失不会剥夺其高尚。这一信念如今给予但丁诸多道德之勇气。

相信高尚源自祖上财富的想法很容易被证伪，因为这个说法的一个逻辑结论即没有人能成为高尚之人，也就是说，根本无法为高尚找到开端。对于那些有此愚蠢想法的人：

> 我们无需用语言来回答，可直接用匕首刺向如此粗野的愚昧。[④]

时隔久远，我们如今无法判定这到底是但丁的讽刺式幽默，还是真实表达了他对那些缺乏理性思维能力以及与他意见不合之人的鄙视之情。

但丁说，让我们来想一想盖拉尔多·达·卡米诺（Gherardo da

---

① 《飨宴》，第四段，第二十四章。

② 《地狱篇》，第四章，第31—60行。

③ 《论哲学的安慰》（De Consolation Philospohiae），第四卷，第3篇。

④ 《飨宴》，第四段，第十二章。

Camino）的例子。没有人能否定他是一位高尚的人。即使他出身低贱，人们也不会说他不高尚。盖拉尔多被树立为高尚的楷模。他于1306年3月去世，而但丁提到他时用的是过去时。由此可以推断，但丁写《飨宴》这一段和剩余章节的时间可能晚于这一日期，[①]或是紧随其后。但丁对他的歌颂属于悼念性质，但丁同时代的读者对此会有直接感知，但对于我们而言，还需要史料档案的帮助，才能对他有所认识。盖拉尔多生于1240年，自1283年至死，一直担任特雷维索总司令。他在托斯坎区以及他家乡所在地区受人尊敬，以捍卫白党闻名。他也是诗人和其他作家们的庇护人，因此但丁可能曾与其结识并受过其恩惠。但丁对此人十分高看，在《炼狱篇》中再次提及他，其中，马可·隆巴尔多（Marco Lombardo）称他为“贤良的盖拉尔多”。[②]1300年——《神曲》虚构时间，他还活着，不过在但丁的描述中，俩人尚未见面，甚至还未听说过此人。但丁通过诸多类似的例子指涉自己的流亡，提及那些在自己不幸中对他友善的人。

在这首合组歌中，但丁印证了他所质疑的观点后，接着说，“对于心智健全的人而言，此种说法毫无是处”。

...Per che a'ntelletii sani
è manifesto i loro diri esser vani.[③]

在评论中，他解释何为心智健全，何为心智不健全。这一说法在《地狱篇》中还会提及，因此较为重要。在《地狱篇》中，他提请那些“心智健全”的人注意神秘面纱之后隐藏的寓意。

噢，心智健全的人啊，

① 参照本书第九章。

② 《炼狱篇》，第十六章，第121—126、133—138行。

③ 《合组歌》，第74—75行。

自己揣摩

神秘面纱后暗藏的寓意吧。

O voi ch'avete li' ntelletti sani,

mirate la dottrina che s'asconde

Sotto'l velame de li versi strani.[①]

但丁在《飨宴》中解释“心智”的意思。

“心智”指的是我们灵魂中高尚的部分，俗称头脑。心智若未受到头脑或者身体内邪恶性情的阻挠，则为健全，即能发现事物本真，如亚里士多德在《论灵魂》的第三卷中所言。[②]

他发现灵魂的邪恶性情常伴3种头脑疾病。第一种疾病为自负，这会引导人们错信自己什么都懂，误信虚假的事物。西塞罗在《论职责》（*De Officiis*）、托马斯·阿奎那在《异教徒驳议辑要》（*Contra Gentiles*）中均对此种人加以谴责。

很多人天生冒昧，竟然相信可以凭借一己之智理解万物，看事物时，表面为真便信以为真，表面为假则断之为假。[③]

这样的人永远不会获得真知，总以为自己已经满腹知识；不好问，不聆听，也不愿接受质疑。若有人提问，未听完问题便妄加回

① 《地狱篇》，第九章，第61—63行。

② 《飨宴》，第四段，第十五章。

③ 圣托马斯的原话是：*Totam Naturam divinams er eputant suo intellectu posse metiri*（“他们相信依靠自己的智慧可以探求出自然界的所有规律”）。

答，答案也往往是谬论。

第二种疾病源自头脑的沮丧悲观，不相信事物可以被自己或他人感知。他们从不询问，也不推理，也不听闻他人说什么。亚里士多德说，这样的人不配学习道德哲学，因为他们如同野兽一样无知，对所有的学习都心怀绝望。

第三种疾病是头脑的轻率肤浅，引导人们在推理中越过所有的束缚，不经过一步一步推理，便匆忙做出结论。其论点没有任何原则可言，却认为自己论证精细。对于否认基本原则的人，亚里士多德说，跟他们无需多费口舌辩论。这些人中有许多未受过良好教育，连基本知识都不具备，却要就几何、天文和物理大发议论。[①]

另外，还有身体上的病患，如先天缺陷，如笨蛋，还有精神错乱，如疯子。法律在《学说汇纂》之《摘要》中对上述情况均有所规定。[②]但丁从中引用道："立遗嘱时，须心智健全，而非身体健康。"[③]这句话取自《学说汇纂》第二部分，证明了但丁在博洛尼亚时阅读过法律文本。

但丁接下来开始对高尚做正面的定义，他说"有美德之处，即有高尚"，此乃个人的灵魂从上帝那里直接获得的恩惠。美德来源于高尚，但高尚并非来源于美德。他在合组歌中对通过天空中闪烁着无数星星的意象加以说明。在《飨宴》的评论中，他任由想象力天马行空，文笔飞扬，我们几乎能听到他高亢的声音：

---

① 关于这个人，E.M.福斯特（E.M.Forster）的小故事"另一个王国"中有一个可爱的片段："'当然'，博蒙特小姐说。她的拉丁语才学了两周不到，却不惮纠正（大学）钦定讲座教授了。"

② 中世纪的律师将《法律汇编》（*Digest*）文本分成3个部分，第二个部分名为《基本法》（*Infortiatum*）

③ 但丁引用的法律条款是D.28.1.2：*In eo qui testatur,ejus temporis quo testamentum facit,integratis mentis,non sanitas corporis exigenda est*。

这个说明多么精妙恰当！因为高尚即苍穹，其中有无数星星闪烁。闪烁的有智力与道德之美德；闪烁的有自然赋予之美好品性，即虔诚与宗教、值得赞扬之情感、羞耻与怜悯，还有很多很多；闪烁的有身体上的优美卓越，即美丽、力量与几乎终生之健康。星星如此之多，遍布天空，我们不怀疑他们会在人类的高尚之树上结下许多果实；他们属性各异、效能不同，却又统于纯一；高尚在这些形形色色的枝杈上结下形状各异的果实。我敢说，人类的高尚，若用其衍生之果实多少来衡量，则超越天使的高尚，虽然天使的高尚更统一、更神圣。赞美诗作者正是认识到这一点，才写下“噢，主啊，世人无比敬仰你的名…… 你叫他比天使微小一点，赐他荣耀尊贵为冠冕，并将你手所造的都派他管理”。[①]因此，将人类的高尚与天堂相比，实乃无比美妙、恰当。[②]

兴高采烈的但丁无比欣赏自己的这个诗歌比喻。而在《神曲》中，他将创作出更为超凡冥思之文字。他的散文此时亦达到此前方言中未曾达及的高度。

因此，高尚是上帝赐予个人灵魂的，是美德的源泉。那些高尚之人便接近了神。在作此思考时，但丁再次兴高采烈地雄辩不绝，比往常更甚。灵魂的创造在他体内激起他无法表达的神奇之感。

如果我口中所言令人无法理解，诸位不要惊讶。让我感觉神奇的是，智力竟可推导、认知这样的事物（如灵魂的创造）。这不是语言能够解释清楚的，我是说，人类的语言。因此，我同意门徒圣保罗所

① 《赞美诗》第八首，第一节，第4—6句。

② 《飨宴》，第四部分，第十九章。

言："哦，主的智慧多么高深，主的决断世人难以明了，主的行事世人无从知晓。"[①]

上帝直接赠予灵魂以高尚之天赋，这一想法让但丁惊奇于人类生育的奇迹，这一话题但丁将在《炼狱篇》中予以详解。[②]但丁的生物知识并不完善，他对肉体与精神关系的观念来自古代哲学家，尤其是亚里士多德，但这一点并不重要。对于7个世纪后的读者而言，看到杰出的思想，看到他喜于认知、相信并乐于传授的观念，就足够了。正是这个"恋爱中的头脑"[③]将谱下伟大的诗篇来赞美智力与精神之理解力，这个伟大的诗篇就是《天堂篇》。

当上帝看见他创造的生物已准备好接受他的馈赠时，便按照灵魂能接纳的程度予以施舍。以赛亚将圣灵的这些馈赠分为智慧、领悟力、忠告、力量、知识、虔诚、敬畏上帝之心。[④]哦，多么卓越的收获！哦，多么卓越、美妙的种子！哦，受人敬仰的、高尚的播种者！你待人性之土壤准备好后，便开始播种！精心耕作种子的人们多么有福！[⑤]

这个种子发出的最高尚的苗乃头脑的食欲，希腊语称为*hormen*。[⑥]如果不加仔细照料，种子便价值寥寥，但若有良好之习惯，则会结出果实，生出幸福。

---

① 《飨宴》，第二十一章。引用的部分源于圣保罗的《使徒书》，第11、33行。
② 《炼狱篇》，第二十四章，第37—60行。又参照本书第三十九章。
③ 《天堂篇》，第二十七章，第88行。
④ 《旧约》，第11卷，第2行。
⑤ 《飨宴》，第四部分，第二十一章。
⑥ 即指冲动。但丁两次使用这个词，好像非常满意他对这个词的理解。

但丁就像一位急于照顾好客人的主人。他说：

谈论付出的道德哲学家的箴言之一便是人们应该费心费力，让礼物对接受馈赠之人产生最大的益处。我愿意遵照这一指令。因此，我要尽力让我宴会的每个部分皆达到其最大的益处。既然我在谈论这一话题，我正好能对美妙的人类幸福发表些看法，但若听者对这一话题不熟悉，那么无论我说什么都毫无益处。

“美妙的幸福”只有在使用头脑的过程中才会出现。头脑的使用可以为了实用的目的，也可以为了冥思。两者都让人愉悦，不过冥思会给人更大的愉悦，因为冥思比世界上任何事物都焕发着更多的精神之光。头脑的实际使用包含按照自己意志合乎道德地行事，要谨慎、克制、勇敢、公正。冥思则指对上帝与自然所创造之物进行思考。

冥思无法在此生中完全实现，因为冥思存在于对上帝的观察，而上帝却在我们认知能力之外。我们的头脑能做的只是冥想上帝，通过他的神迹观察他。这是我们所渴求的最高福祉。[①]

在该合组歌的最后一整段，但丁描述了生命结束后灵魂的展现方式。诗人写下这些诗句时30岁出头，对职业信心满满，备受其他诗人敬重，对自己的风格得心应手，语言清晰、瑰丽。然后，读他10年后的评论，虽然他的命运之轮已然翻转，他对人类潜在之善的信仰仍未动摇，感人至深。

① 最后两个引用见《飨宴》第四部分，第二十二章。

灵魂由高尚装饰，
并不做任何遮掩；
自她与肉体合二为一，
便至死坚守这一品质。
年幼时，她温顺、温柔、克制，
将身体打扮得
可爱美丽；
青年时，她变得强壮、温和，
焕发着爱心，礼貌又得体，
热衷于遵纪守法的生活；
老年伊始，她谨慎而公正，
对人慷慨馈赠，
每每听闻与传颂他人之善，
内心便充满喜悦；
抵达人生的第四阶段，
她再次成了上帝的新娘，
冥思自己久候的尽头，
赞美逝去的岁月年华。

但丁在评论里明确定义了人生的四个阶段，称之为少年、青年、老年与晚年，并以拱形相比，到达最高点后再走下坡路。少年，或者成长期，指从婴儿期到25岁。期间，灵魂的理性部分并不能很好地明白是非。正因如此，法律要求，公民在青年时期履行某些职责时，必须听从父亲或监护人的意见。[①]尽管哲学家与医生说法不同，但丁凭着自己的理性，认为第二个人生阶段为25岁到45岁。而35岁是青年期，也是整个人生的中间点。第3个阶段，即老年阶段，为45岁到70岁。最后是晚年，即指70岁至去世。

但丁列出人生每个阶段的良好品质，并构建了一个人人行善的理想世界，一个跟他看到的现实迥然不同的世界。他不时地发出感叹，酸楚地将现实与理想对比。但丁对一个可能世界的渴望揭示了他内心深处的思虑以及他赋予最高价值的东西，也表明他宣告治世之方的勇气和决心。

高尚赋予少年灵魂的诸多美好品质，有礼貌、谦逊、勇敢表达、尊重老人、克制情绪、悔思过错以及他认为最重要的“惊奇心”（*stupore*），即：

在见闻或感受伟大、奇妙的事物时，头脑中产生的惊奇感，这种感觉将引领他们去敬畏并渴望了解、学习这些事物。[②]

为了描绘人如何在少年时期为人生打下良好基础，但丁以自己的两个儿子为例。我们无从得知彼得罗和雅各波生于何年，但当时肯定已经超过14岁了，也因此被流放出佛罗伦萨。他们可能来到博洛尼亚或维罗纳和父亲生活在一起，并处于同样生活于此的阿利吉耶里兄弟的保护下。但丁在作品中从未提过他们，也从未提及妻子。

但丁写《飨宴》时，40刚出头。他说这个年龄的人，理性就如同

---

① 在但丁的父亲去世之后，必然有一个监护人。只是我们不知道此人是谁。布伦内托·拉蒂尼是一个可能的人选。25岁以下的青少年需要管束，但14岁便被认定到了可接受惩罚的年龄，这明显是个非正常现象。其原因在于不同的法律制约。人从婴儿时期起（罗马法规定0—7岁为婴儿期）到青春期（男孩14岁，女孩12岁）被认定为无能力。从14岁到25岁，有能力承担刑法与公民法规定责任。但在25岁之前，在无监护人监护的情况下，可退出已达成的不利交易。

② 《飨宴》，第四部分，第二十五章。

马术师，用缰绳与马刺引导欲念。缰绳即节制，马刺为勇气，勇气可以指导我们应在何处抗争。他从维吉尔埃涅阿斯的故事中引用了一个例子：

埃涅阿斯与迪多（Dido）在一起时十分销魂、快乐无疆——第七部分将会说到，却为了追求荣耀、让人称颂、有益的事业——如《埃涅阿斯纪》第四卷所述，强迫自己离她而去，那是多大的克制啊。而埃涅阿斯与西比尔进入地狱找寻自己的父亲安喀塞斯（Anchises），遭遇千难万险——如第六卷所述，他又是展现了多大的勇气啊！

这是一个由爱作主的年龄，年轻人应该爱老年人，

年轻人从老人那里获得了生命，滋养和教化，均不可忘恩负义。他应该爱护幼小，教他们向善，这样当他自己不再辉煌时，有人支持、敬重。[①]

至于礼貌与守法这两大品质，但丁又从维吉尔埃涅阿斯的故事中引用例子来说明。

但丁对老年期的评论主要受西塞罗《论老年》的启发。在这个时期，人们应该力图对他人、国家以及整个世界有所益处，以尤蒂卡的卡托为榜样。但丁在卢坎的《内战记》（*Pharsalia*）中读过此人的故事。[②]但丁在此两次使用了一个让人愉悦的比喻。人到老年便应为他人谋划建议。他应该：

① 最后两处引用《飨宴》，第四部分，第二十六章。

② 卢坎评论加托时说："这是死板的加托一直坚信不疑的东西……相信他不是为自己，而是为了整个世界而生的。"（《内战记》，第二卷，第383页）又见下面关于加托和炼狱山的相关内容。

像绽放的玫瑰，由内而外地散发着香味。不仅向靠近的人、也向路过的人散发香味。[①]

谨慎是明智之源，可引导老年人及他人在处理人事与做事方法中走向兴旺：

到了这个年龄，人们的判断力与权威应为他人之导引与例律。古代哲人早就发现该美德到了这个年龄才会臻于至善，一国之政府也应由该年龄段的人掌握，执政者之集体也因此被称为元老院。

在这里，但丁又开始酸楚地大发感叹。

（哦，我可怜的祖国，我每每阅读、撰写公民政府之话题，我心都为你悲痛！）

但丁接着说，他打算在倒数第二部分谈论正义，因而他暂时不再多论。[②]

谈及晚年，但丁再次引用西塞罗的话。西塞罗说，在人生的长途跋涉后，自然死亡乃安息之所，无异于休息：[③]

正如一个优秀的水手，在驶近港湾时，放下风帆，[④]将船轻缓地靠

① 《飨宴》，第四部分，第二十七章。

② 《飨宴》，第四部分，第二十七章。他说过同在倒数第二段中，他会解释为什么诗人选择将真实含义隐藏在寓言里（第二部分，第一章）。

③ 《论老年》（*DeSenectute*），第十九章。

④ 但丁脑海中的地中海船只有大的三角帆，在不需要使用的时候可以降下来。横跨大西洋的大型船只通常有横帆，这种帆在不需要的时候能够被收拢起来。

近，我们也应该放下我们世俗的追求，面向上帝，全心去理解，全心向往，如此从容、平静地抵达安息之所。①

在这个年龄，没有痛苦、不带怨恨地死去，就像是苹果，无需强加的外力，便从枝头轻轻地落下。就像一个人，在漫长的旅行后，回到故乡城市的门口，遇见同胞，或如离开旅馆，回到自己的宅邸：

哦，那卑鄙、可怜的人，扬着风帆，闯进港湾，长途跋涉，终于抵达目的地，却在这个本是休息之所的港湾被大风摧毁。

说到那些依靠智慧行事之人，他提到两个例子，一位是兰斯洛特（Lancelot），晚年归隐，另一位是圭多·达·蒙泰费尔特罗（Guido da Montefeltro），“最高尚的拉丁人之一”：

这两位高尚的人在晚年时都收起风帆，退出尘世事务，投靠宗教，放下一切世俗享乐与追求。②

圭多·达·蒙泰费尔特罗是著名皇帝党领袖，于1298年，即他去世那年，加入方济会。但丁在《地狱篇》中，将他描写成受波尼法爵八世欺骗的受害者。波尼法爵说服他教授自己如何欺骗对手。圭多的灵魂在对但丁讲述的一个故事中，也用了人们临死前降下风帆的比喻。

当我到了那个年纪，

① 《飨宴》，第四部分，第二十八章。
② 出处同上。

如水手看见港口，

便落下帆蓬，卷起帆布。[1]

但丁在《飨宴》中说他是“我们最高尚的拉丁人之一”，可以看出，但丁认为他虽品行优良，但仍会被如波尼法爵八世等邪恶狡猾之士引入歧途。更有可能的是，但丁后来才得知教皇误导圭多违反誓言的诡计。

接下来，但丁以消遣的口吻谈及婚姻，这一话题在《飨宴》中仅此一处。即使年老，人们也仍未脱离婚姻的束缚，但这不代表他不能过宗教生活，因为即便已婚人士也有权这么做，因为“上帝只要内心的皈依”。据说，年轻时，但丁也加入过方济会，但后来又退出。他在此处说即便已婚人士也可以投身宗教生活，可能说明他自己考虑晚年时会这么做。[2]

这首合组歌其中一句诗提及灵魂在晚年与上帝再婚。阐释这句话时，但丁以尤蒂卡的卡托的离异之妻玛西亚（Marcia）为例，因为玛西亚在人生将尽时又向往回到他的身边。但丁在卢坎的《内战记》中读过这则故事，[3]在此处加以详述，用寓言的方式加以解释，称其象征着高尚之人的灵魂对回归上帝的向往：

除了卡托，还有哪位凡人有此德行竟可比拟上帝？绝对没有。[4]

① 《地狱篇》，第二十七章，第79—81行。又参照本书第二十四章。

② 见本书第四十八章。

③ 《内战记》，第二卷。

④ 《飨宴》，第四部分，第二十八章。在《炼狱篇》中，但丁把加托介绍为炼狱山山脚下严厉的看守人，又参照本书第三十章。

《飨宴》的第四部分结尾处简短地解释了该合组歌的装饰奏。

每个优秀的工匠都想在行将完工时将作品尽可能加以抬高、美饰，为了能卖出好价。

但丁也照例，将他的合组歌发至他的女士（指哲学）居住之所。他在评论中说，发往别处均无所益处，因为基督曾说过，我们不应该对牛弹琴，伊索也说过："对于公鸡来说，玉米仁比珍珠要宝贵得多。"哲学只存于聪明之人以及那些爱戴她的人之所。他嘱咐合组歌告诉他的女士他如今正在谈论她的友人，

因为高尚乃哲学之友，因为两者互相倾心，高尚永远召唤哲学，而哲学充满爱意的眼眸也永远离不开高尚的身影。哦，在此合组歌之尾，哲学获赠了如此伟大、美妙的装饰奏，被居于圣洁心灵最秘密之所的高尚视为友人。

但丁用在合组歌结束之际如此华丽的修饰招揽掌声，而现存的《飨宴》也到了尾声。他还有很多话要说，这些话都存于他的脑中，留在他的笔记中。他在多处提示自己打算如何继续写。这一损失让人无比遗憾，然而，我们意识到，其实，我们什么也没有损失。因为，他在《飨宴》中写下的每句话以及他接下去想写的一切，都将以另一个形式重现：《神曲》。

第九章
不公与贪婪

《飨宴》第14部分的主题本为正义，但丁也为之准备了一首合组歌。诗歌开头为“3个女人聚于我心头”，写于流放期间，很可能是他在博洛尼亚时所作。但丁关注社会不公，他自己也饱受不公的待遇，且越来越笃信在上帝的计划中，世界应该由一位正义的君主治理。

他为这一主题准备的合组歌就像是一幅活人画，既美丽又神秘。诗歌形式是一个拟人的寓言，介绍了如雕像般美丽的3个女人。一位是母亲，也是祖母，一边说话，一边哭泣，如下垂的玫瑰，倚着手臂，面上泪如泉涌，光光的胳膊浸于泪水中，如悲苦的柱子，头发蓬乱，光着脚丫，她就是正义。她的女儿是宽容，孙女是节欲，均出生于发源自伊甸园的尼罗河河畔。3个人物如此美丽，仪表高贵，连统领诗人心灵的爱神也大受震动，无法言语。她们曾一度在世间大受欢迎，但如今，她们遭到憎恨与辱骂。听着正义的话语，看着3个女人俊美的身体，其中一位用金黄的头发拭干了眼泪，诗人为与她们同处流放之境遇感到荣幸。

我为身处流放而感荣耀。

能与那些高贵之人同遭不幸，也是一件值得骄傲的事情：

和高贵者同患难也值得称颂。

说话的正义女神告诉爱神她是他母亲维纳斯（Venus）的姐妹，即阿斯特来亚（Astraea），最后离开地球的诸神之一。她代表神圣与自然之法，她的女儿代表国家之法，孙女代表人类之法。爱神想要给她们鼓舞，便说虽然宽容女神和节欲女神以及继承她们血脉的后人们——爱神亦然，如今不得不过着行乞的生活，但该哭泣的应该是人类，而不是身处永生之殿堂的她们。虽然她们和自己都受了伤害，将来终会有一个种族回归，擦亮如今暗无光泽的弓箭。

如果诗歌到此为止，充其量就是一个拟人修辞和神话的糅合，意义平淡无味。然而但丁又加了一个和其他抒情诗均不相同的意象。正义女神身穿粗糙的衣衫，扎着普通的腰带，褴褛不堪，身体上那个“不便明说”的部位也暴露在外。身体上的羞辱可能象征了正义已然沦为妓女。他第二次提及时，毫不避讳地直言其名。在两个装饰奏的第一个中，他命令诗歌禁止任何人扯开正义女神的衣衫而暴露出女人应掩蔽之部位；未遮掩的部位必须让人满意；所有伸向甜蜜果实的手必须予以拒绝。但如果诗歌遇见品德优良之人，则可身披艳彩，允许美丽宜人之花朵，成为那些有爱之心灵的向往。这一情色之意象象征着正义身处遭受腐蚀之危险，只有在正义者的照管下才得以安全。

第二个神秘关乎但丁的认错，数月前犯下错误，但已忏悔：

……若当时错误在我，

而自取消至今已过数月，

如果责怪与悔恨同逝。

我们不知道但丁此处所指过错具体为何，不过这话是他流放后不久所说，因而看来他所犯的错应该是政治性质的，而无关道德或宗教。在第二个装饰奏中，但丁请求黑党人士的原谅。原谅何事？肯定不是栽赃嫁祸在他头上并因此将他流放的罪行——挪用公款、敲诈、贿赂,可能为他加入流放的皇帝党和白党企图杀回佛罗伦萨之事：

智者不会阻挠宽恕，

因为宽恕是公平的胜利。

但丁原本计划在《飨宴》的最后部分谈及慷慨之美德。[①]他也为此准备了一首合组歌，开篇为“悲愤让我的心更勇敢”,《论俗语》中也引了此句。[②]这表明诗歌是1304年写的。诗中提及承受屈辱开口求助，只换来十分吝啬的施与，这暗示写这首诗时，但丁与其他流放者发生了争吵，后来只得靠施舍度日。

此诗语气十分愤怒、怨气十足；笔风也十分唐突，有时还相当猛烈。他警示读者，他批判的对象几乎涵盖所有人。和他早期的许多抒情诗一样，这首诗也是写给女性的，但其不同之处也让人吃惊。但丁对男人们的道德沦丧表示绝望，他要求女人们不要与男人为伍，隐匿她们的美丽，甚至可以丑化自己。他斥责女人们接纳品行不端、不配自己的男人。女人被赋予美丽，正如男人曾一度被赋予道德的力量，二者则构成至善，在爱的力量下融合。但如今，男人已经丧失了诚

① 《飨宴》，第一段，第十八章。

② 《论俗语》，第二卷，第二章。

实，两性之间也无真爱可言，除非将兽欲也视为爱情。

远离美德的男人就如同邪恶的野兽。他们抛弃主人之身份，而选择为奴，舍弃了生命，选择了死亡。美德源自神圣的爱，既是爱的仆人,亦是爱的牧师。她欢喜地走出真爱的户门，造访人类的灵魂；欢喜地四处行走；欢喜地施与服务，发现什么，便加以维护、装饰、充实。她是死亡的对立面，从未留心于他：

哦，珍贵、纯洁的侍女
手握上苍的裁定，
你只施与高尚，
你的赠予，永世留存。

无论何人，一旦离开这个侍女便不再是主的奴隶，而变成另一个奴隶的奴隶了。迷失了高尚的人会失去照亮头脑的眼睛，如同那些眼中只有荒唐的人，四处乱走。

但丁想起这首诗是写给女人的，便从抽象的表达转向具体的言语。他说，晦涩的话很难穿透戴头巾者的心灵：

若非我的话或许对你有用，
我不会舍弃抽象之表达，
借助细节并简朴地描述，
免得你觉得遥不可及。
因为晦涩的表达，
极难进入戴着围巾的额头，
对你而言需用朴实的言语。

说女人天生在抽象思维上弱于男人已是老生常谈了。圣托马斯·阿奎那曾说过，女人受制于情感，甚于理性。从这首诗来看，但丁接受了这一观点，但当他开始写《飨宴》时，他却又明确地将女性纳入他预想的读者之中。不过，他也对女性的能力仍表轻视，说方言是“连女人都能说的”。激发最绚烂爱情的女人都是美丽、善良、甚至是圣洁的，如同《新生》中所描写的贝特丽采。她们的直觉告诉她们什么是爱，但丁不少诗歌便是写给她们的，包括贝特丽采。我们注意到，理解这样的诗歌并不需要抽象的推理能力。然而，贝特丽采在《炼狱篇》和《天堂篇》中均扮演了神学意义上的引导者角色，提供信息、给予忠告，这和上面所提及但丁对女人的看法如何协调？本书会在后面的章节中加以讨论。[①]

在这首合组歌中，但丁请求女性读者去藐视、讽刺所有的男人，此举并非为他，而是为了女性同胞们自己。男人已被如此奴役，以至于他们如今就像一群守财奴，四处乱奔，盲目追求财富。这让但丁感叹，最具破坏力的力量，即贪婪。他的诗歌自此变得越来越严厉，甚至用语十分凶猛。他所使用的语言也几乎不适用于这首诗，也不符合卓越方言的特征。

守财奴奔跑，但总追不上安宁。
哦！心灵被疯狂的欲望蒙蔽，
无法看见，他的追求，
消逝于无穷。

他将死亡拟人化，人人在其面前平等。他质问守财奴：

① 参照本书第十一和四十章。

告诉我，盲目的守财奴，
除了虚无，
你做了什么？
还有什么没做？
回答我，如果你能。
你的摇篮，
欺骗了多少虚荣的梦！
多少面包，
浪费在你身上，
犹如浪费于野狗。
从白天到黑夜，
你用双手聚集多少财富，
而又从你的指尖溜走。

守财奴不仅聚集了巨大的财富，还囤积居奇，奴役他人，让人难以逃脱。他如此责备死亡与财富：

死亡及野蛮的财富，
你们到底为何物，
一丝一毫也不愿放手。
或者，你会放手给谁？
我不知晓，因为这些力量，
将我们锁于内心之囹圄。

理性应该干预，以纠偏不公平的财富分配和继承。但理性说，“我无能为力”：

> 啊，主人对奴隶的防御
> 多么无力！

现在，但丁用充满怨恨的语言，斥责有钱人眼睁睁看着那些无辜的穷人光着身子奔波于山丘与沼泽之间，而他们自己卑微如尘土的肉体却裹着华丽的衣衫。但丁又用了一个寓言，描写美德女神如何试图去引导守财奴一施慷慨。她四处游走，口中不停呼喊。她朝守财奴丢去一口诱饵，但他却不动声色。美德女神转身离开后，即便他的确采取了行动，但一想到要赠予他人礼物就痛苦不堪，因而即使作了赠予，也得不到他人的称颂。这就是但丁笔下的吝啬鬼，他太了解吝啬鬼了。“我要你们全都听我说”，他喊道：

> 所有人注意听我讲：
> 守财奴们，或拖拖拉拉，
> 或心存藐视，或面带愠怒，
> 将赠予变成昂贵的买卖，
> 代价太高，明知无人会买。
> 你难道不解其中苦恼？
> 领受之人受了伤害，
> 之后即便遭了拒绝也无心抱怨。
> 守财奴就是这般，也叫他人无奈。

但丁依赖他人的施舍，这让他饱觉屈辱。结果便是，财富分配不均成了他最大的心病之一。富人与穷人之间的鸿沟，富人的自私，贫穷无助的人无法逃脱命运，但丁在写这首诗时脑中没有解决这些问题的办法。他开始写《飨宴》时，已经看到了问题的出路，并心存希望。但丁本打算在最后两部分胜利地宣告这一设想和希望，虽未完成，但他写进了《神曲》。

同时，他的诗歌使用了大量寓言，语言风格变得拗口、晦涩。相比而言，他在下笔写新作品时，清晰直接的笔锋又一次掌控了他想象的翅膀。

第十章
表演者但丁

《飨宴》一书反响平平，但丁失望之极，信心大损。这本书是他迄今最雄心勃勃的事业，他倾注了毕生的学识，拿出了看家的才华，也抱了极大的期望。其实早有端倪了，因为他的听众日渐变少，手抄本的销售量也逐渐下滑：接近最后一章处但丁用了“对牛弹琴”一词，含义已然十分明显了。

1306年10月，但丁再次遭受打击，雪上加霜。佛罗伦萨政府向博洛尼亚施压，要求驱逐在那里避难的白党。这让但丁《飨宴》的写作更加艰难，更不用说他关于意大利方言的讲座了。但丁可能已早有预感，已然离开博洛尼亚，接受了弗兰切斯基诺·马拉斯皮纳（Franceschino Malaspina）的盛情邀请，投奔其位于卢尼贾纳萨尔扎纳的城堡。[①]回眸博洛尼亚的日子，他记住了诸多品行低下的人，这些人都会出现在《地狱篇》中。其中有鸡奸者弗朗切斯科·德·阿科索（Francesco d’Accorso），[②]有维内提珂·迪·卡嘉尼密珂（Venedico di Caccianemico），此人将亲妹妹卖给奥碧佐·德·埃斯特侯爵（Marquis Obizzo d’Este），在地狱中与众多博洛尼亚的皮条

① 托斯坎区西北部的一个街区，亚平宁山脉和利己利亚（Liguria）边界之间，在但丁时期被马拉斯皮那（Malaspina）家族管辖。

② 《地狱篇》，第十五章，第110行。他于1225至1294年间在世，是博洛尼亚大学法律系著名教授，也曾受邀去牛津讲课。

客受着同样的惩罚，[①]另外，虚伪者中还有两个博洛尼亚男修道士。[②]

对但丁而言，萨尔扎纳是个伤心地。因为他的友人圭多·卡瓦尔坎蒂正是流放于此地，染上疟疾，一回到佛罗伦萨便魂归西天。[③]不过，在这里，但丁受托调解马拉斯皮纳家族和卢尼主教（Bishop of Luni）之间的纷争。[④]一些日期标为1306年10月6日的文件显示调解取得了成功。这同时进一步表明但丁常通过此类事务挣些收入。

我们并不知道但丁在萨尔扎纳逗留了多久，很可能在1307年夏天之前便已离开。逗留期间，他和弗兰切斯基诺的表兄弟莫罗雷（Moroello）结识。莫罗雷是教皇派人，在与阿雷佐的皇帝党人之战中，当过佛罗伦萨的头领。1297年，博洛尼亚的教皇派人推选他为总司令，领军抗击阿佐（Azzo）的埃斯特侯爵。次年，他被任命为博洛尼亚长官。1299年，他统领米兰军队，抗击蒙特法拉特侯爵（Marquis of Montferrat）；1301年起，他代表托斯坎黑党人频繁作战，1307年，被任命为教皇派联盟首领。这些功绩让他作战骁勇、政治手腕高的名声广为人知。但丁也曾带兵打过仗，对莫罗雷功勋卓著之生涯十分景仰。在《炼狱篇》中，他介绍了莫罗雷的表弟库拉多（Currado），一名忏悔过晚者，并借机向其家族的英勇与慷慨致敬。[⑤]《地狱篇》中也提及莫罗雷骁勇善战。[⑥]

这名英勇的军人一定也是一位文人。因为但丁送给他一首合组歌，附带一封书信。诗中讲述他离开萨尔扎纳后于卡森蒂诺遇到一位

---

① 《地狱篇》，第十八章，第48—61行。

② 出处同上，第二十三章，第103—104行。

③ 参照本书第三章。卡瓦尔坎蒂可能像但丁一样，前往马拉斯皮纳家族避难。

④ 以前是伊特鲁利亚镇（Etruscan），位于马克拉（Macra）河左岸。尽管主教的教座以它命名，但在但丁时期那个地方已经是一片废墟。

⑤ 《炼狱篇》，第八章，第121—129行。

⑥ 《地狱篇》，第二十四章，第145行。

年轻女子，谈及对她的感觉。诗歌第一句是“爱神，既然悲伤将又一次成为我的命运”，因此，有人认为这是他写的最后一首合组歌。据薄伽丘说，当家人将七首合组歌从佛罗伦萨寄给他时，莫罗雷鼓励他继续将《神曲》写下去。薄伽丘此处有些误解，因为没有迹象表明，但丁是在流放前开始写《神曲》的，他可能是离开博洛尼亚后不久开始的。莫罗雷或许正因得知此事，才鼓励他继续下去。薄伽丘还说，他听说但丁将《炼狱篇》献给莫罗雷，但这也非确凿之说。这个传说表明两人之间是文学伙伴关系。奇诺•达•皮斯托亚也认识莫罗雷，为他写了首十四行诗，而但丁还应莫罗雷的请求替他写了封回信。有迹象显示，3个人之间存有诗歌形式的通信，不过我们如今只有两首十四行诗和一首合组歌作证。

在用拉丁语写给莫罗雷的信中，但丁十分恭敬地称他为“尊敬的阁下”，并为离开萨尔扎诺法庭后的沉默表示道歉，如今甚是怀念、颇感遗憾。莫罗雷曾说，但丁在萨尔扎诺期间既依赖他人，又身心自由。他的沉默并非出于冷漠，而是因为自己深陷爱情，仍然饱受这段激情的滋扰。他第一眼看见这位女子时，犹如碧空一道闪电、晴天一声霹雷。他远离女人、不再为她们写诗的决心顷刻化为乌有；他一直以来对天地大事的思考也被抛到九霄云外。他如今又一次，更甚以往，成了爱的囚徒，毫无抵抗之意志。但丁在此处提到思考，表明莫罗雷曾至少读过部分《飨宴》，知道有这么回事。虽然但丁用拉丁语给其写信，但莫罗雷并不精通拉丁语。莫罗雷正属于但丁想要予以影响的“国君、爵士、骑士和诸多其他贵族阶层”。

离开萨尔扎诺后，但丁来到圭迪家族位于波皮（Poppi）的城堡做客，波皮地处卡森蒂诺区，在托斯坎东北方向，离坎帕尔迪诺战场不远。年轻时的但丁正是在这个战场上抗击了阿雷佐的皇帝党人。[①]圭迪（Guidi）家族颇有势力，是伦巴第族人后裔。若干世纪以来，伦巴第人夺得了一个又一个城堡。他们的大本营坚固而雄伟，家族财富日益膨胀，家族人丁茂盛，成员们据罗马涅和托斯坎多个城市的要职。我们不知道但丁此趟受主人委托了何种差事，但当他第二次来到这里时，担任了圭迪伯爵之妻巴蒂福勒伯爵夫人（Countess Battifolle）的秘书。

第一次去波皮时，但丁刚从博洛尼亚从事的学术思考中解脱出来，也刚完成了萨尔扎诺的使命。但丁时年已42岁。他来到阿诺河上游，身处伊特鲁利亚（Etruscan）亚平宁山脉群山之间。这是一个美丽的所在，离他渴望回归的佛罗伦萨那么近。他在一首诗中说，在此处，他遇见一位年轻女子，让他产生一种“瞬间闪过的感觉”。我们不知道这位女子的姓名。在这个地区，但丁总是无法抵挡爱神的力量，但如今他已没有了朋友，也没有诗人同行，可以让他倾诉，或者博得同情和理解。在装饰奏中，他吩咐他的山歌一路前行。或许，它会看见佛罗伦萨，“我的城市”，而这座城市却无情无义地对他紧锁大门。如果山歌得以进城，他吩咐它说：“我主再也无法对你发动战争。在我来自的地方，他被身缚锁链。即使你心生同情，他也已然失去回归的自由。”

这不是寓言诗。主题不是伦理，也不是道德责任，无关正义，也无关上帝为世界设定的计划。这个女子也不象征着哲学。这是一首关于肉欲之爱的诗，饰以传统的措辞，是男人与男人之间的交流，莫罗雷将会明白个中含义。密码是“死亡”“死去”“丧失气力”“复苏”，都是爱情诗中早就使用的委婉语，实指性爱高潮。诗歌表达了震惊与迷惑之情。经历长期的节欲，爱又打了他一个措手不及。还在博洛尼亚时，他也没有完全放弃写爱情诗，他和奇诺便交换了一组十四行

① 参照本书第一章。

诗。但和这首合组歌相比，那些只能算是一些习作，他并未在情感上过多投入。

《飨宴》的失败很可能让但丁遭受了一场精神危机。但丁随后开始设想下一个计划。他知道自己对公众有所误判。他曾想接触、教化的那些“国君、侯爵、骑士及其他众贵族阶层男女们”的反馈并未如他所预期。他长篇累牍地讨论天文学、道德、法律、罗马历史，即便加了些动人的诗篇和个人思考，终究未能抓住读者。《飨宴》对于学者而言过于俗套，而对于大众而言又太过学究，自然没有市场。但他为写这部作品准备的大量材料并未白白浪费。

人们一直都很喜欢听离奇的故事。街头艺人们为此特地打磨技艺。他们的表演样式繁多，能跳舞，能演奏乐器，还会杂耍；他们牢记了大量的故事，都是些魔法奇幻之事。其中有一则很受欢迎，讲的是游历亡灵世界，里边充斥着不知悔改的罪人遭受惩罚的骇人描写。艺人们在讲述这类故事时十分投入，有眼泪，还有呻吟，一边说还一边打手势，甚至还戴面具，以增加效果。有时这些故事还用剧场的道具夸张地演出来。乔瓦尼·维拉尼在《编年史》中描写过佛罗伦萨的这类演出。[①]那些有罪的灵魂遭受魔鬼的折磨，品德高尚的灵魂则被欢乐的天使迎进天堂，这些景象在镶嵌画和壁画上到处可见，不仅在意大利，欧洲其他地方也不少见，在英格兰被称为末日图画。

流传最广的是圣保罗（St Paul）在一位天使的陪同下游历地狱的故事。这个故事在四世纪时便有了两个希腊文版本，希波（Hippo）的圣奥古斯丁还曾语带讥讽地提及过此故事。古代叙利亚语还有一个早期的版本。拉丁版本在中世纪四处可见，古法语、早期英语、普罗

① 参照本书第一章。

旺斯语还有意大利语版本也是如此，不仅有散文版，还有诗歌版。[①]

14世纪早期，古法语中有一个押韵的版本，还配有拉丁语翻译和评论，明显是作布道之用。手抄本配有微型插图，这个作为但丁《地狱篇》实为方便。让圣保罗看见地狱的惩罚乃是上帝的旨意。在这个版本中，圣保罗的向导是主天使迈克尔（Archangel Michael）。迈克尔手牵圣保罗，先让他看洞开的地狱之门。他看见一颗燃烧的树，枝头钉满身体，悬挂部位不一，有脚、有手、有胳膊、有舌头、有耳朵、有头发。还有一处燃烧的火炉，喷射着七色火焰，里边是一排排罪恶灵魂的头颅。圣保罗惊惧地打手势问这些人是谁。主天使答曰："这些是死前未忏悔的罪人的灵魂。"他们都渴望死去，但死者无法再死一遍。他们哭泣、呻吟、嚎叫。圣保罗想用斗篷遮住眼睛，但主天使坚定地拉着他前行。

接着他看见一条可怕的河流，河里有恶魔似的怪物像鱼一样游来游去，无情地吞噬罪人的灵魂，河上横着一座桥，有裸露的灵魂沿着桥爬。品德优良的灵魂成功抵达天堂之门，其他的灵魂则会掉落河中，他们被河水淹没至不同的身体部位，有的到膝盖，有的到肚子，有的到眉毛。圣保罗同情地啼哭，询问为何淹没的部位各有不同。主天使答曰："不同部位代表不同的罪恶：嫉妒、欺骗、乱伦（拉丁语的评论中还加了一条：不去教堂做礼拜和忏悔，不认真听布道）。"圣保罗一边哭泣，一边说道："唉，可怜的灵魂们，竟遭受如此折磨！"

在一个熊熊燃烧的火炉里，站着更多罪人的灵魂，肚脐以上的身

① 见图4。拉丁语版本的英译，参照蒙塔古·罗兹（Montague Rhodes）的《新约伪经》（*The Apocryphal New Testament*），《保罗启示录》（*Apocalypse of Paul*），第525—555页，牛津，克拉伦登出版社，1924年版。又见艾莉森·摩根（Alison Morgan）的《但丁和中世纪的其他世界》（*Dante and the Medieval Other World*），剑桥大学出版社，1990年版。

体部分露在火焰之外，一个个痛苦地紧咬舌头，面目扭曲。在一幅插图中，一个魔鬼从上面击打灵魂，还有两个恶魔在下面用拨火棍和风箱使火势更猛。再往前，到了一处黑暗之所，这里有穿着黑色衣衫的女人们，身上覆盖着沥青和硫磺，脖子上缠绕着毒蛇。主天使解释说，这些女人的灵魂都是在婚前便失去处子之身，把生下的孩子扔给了猪狗或抛入河中。在一幅插图中，画了一个轮子，罪人的灵魂紧紧抓在上面，3个恶魔一刻不停地转动轮子；接着来到一处冰冻之所，其中一块燃着烈火，上面是伤害过寡妇或孤儿的人的灵魂。男男女女聚集于河流的两岸，伸手去抓一颗果树，却无法触到果子。[①]还有些灵魂没有守斋戒。一个老头遭到4个恶魔折磨，他是一位主教，却没有遵守上帝的旨意，身体、言语和思想皆不贞洁，既贪婪、骄傲，又犯下罪行，因而被严惩。圣保罗不禁哭泣。主天使问道："你为何哭泣？你还没见到地狱中最不赦之罪行呢。"

他们来到一处深坑，坑中有火焰喷出。主天使说："往后站，否则你会受不了里边的恶臭。"有一幅插图显示圣保罗用斗篷捂住鼻子。在另一处，圣保罗看见一些男女被虫子和蛇吞噬。还有一些灵魂被挤压在一起，形成高高的人堆，呻吟、叹息，声如雷鸣。还有一个灵魂被7个魔鬼拖行，他的罪恶被展示于他面前，他一边读，一边自己宣判对自己的惩罚。魔鬼们抓住他，将他推搡着前往一个处所，那里传来痛苦的哀嚎与咬牙切齿之声。还有一些灵魂，削了发，遭受着两个魔鬼的折磨，另一个放在唾沫上烘烤，两个小鬼在一旁将其翻来转去。圣保罗问："告诉我，这些人都是谁？"主天使答曰："他们是教堂的受命教长，不好好履行牧师之职责，热衷肤浅奢华之物，虚度光阴。"

① 但丁在《炼狱篇》中用了这幅画，用来表示清洗暴食者的罪过（第二十二章）。

图4 圣保罗和主天使迈克尔

在这里，还可看到天堂中不断有身着白袍的灵魂跪在基督面前。受罚的灵魂们便哭喊着请求饶恕："耶稣，上帝之子，头顶王冠、降临地狱的主，请可怜我们吧！"耶稣便恩准，从礼拜六九时到礼拜一一时，暂缓惩罚。这个书稿并不完整，到这里就没有了。

这首诗稍显粗糙，叙事也欠缺条理。诸多此类书籍在这些方面都有一定的相似性。但丁在写《地狱篇》时便用了这些材料，就像一个表演大师，他从原始场景入手，将其丰满成一部条清缕析的作品，他还另加了别的元素。

其他关于地狱游历的故事都来自古代传说。其中最有名的故事之一，是荷马关于奥德赛（Odysseus）的故事，其中有俄耳甫斯（Orpheus）下地狱拯救他的妻子欧律狄斯（Eurydice），还有维吉尔笔下埃涅阿斯下地狱寻找父亲安喀塞斯的故事。[①]最后一个故事对但丁后来成书具有非常重要的意义。

① 《埃涅阿斯纪》，第五章。

在《地狱篇》第二章中，但丁对维吉尔交付给他的任务甚觉惶恐，他说："你说埃涅阿斯去地狱，是以肉体之身前往的。但任何人都知道，上帝允许他肉身前往，是因为上帝选了他作圣座发源地罗马及罗马帝国之父。被主选中的人（指圣保罗）也去过地狱，是要重振信仰、救赎大众。但我为何要去呢？谁准许的呢？我既不是埃涅阿斯，又不是圣保罗（*Io non Enea, io non Paolo sono*）。"[①]

现代评论者的一个基本共识是，此处关于圣保罗的描写和《哥林多前书》12章的第2到第4首有关，诗中，这位信徒说道：

> 我14年前认识一个在基督里的人（是否在身体内我不知道；是否在身体之外，我也不知道；只有上帝知道）；如此一个人上了第三层天……他上了天堂，听闻了世间之人不可言说的语言。

但丁的新听众们无疑会认为此处指的是圣保罗游历地狱之事，他们会在即将听到的故事中辨识出很多细节。但丁在这里把埃涅阿斯和圣保罗放在一个诗句中，达到古典与中世纪结合、威严与卑微相衬的效果，这在后来变成一个新的文学艺术形式。

维吉尔的身影立于《地狱篇》第一章里树木繁茂的山谷中，沉默不语，正如鬼魂那样，[②]等待但丁先和他说话。这里描写的维吉尔并非古典书籍中的维吉尔形象。对但丁及其同代人而言，维吉尔有些与众不同。他是过去和现代异教徒之间的一个纽带，是"撒谎、冒牌的神"和基督徒信仰的真正上帝之间的联结。在这一点上，任何一位古代作家都没法和他相比。人们相信他在《牧歌》第四首中预言过基督

① 《地狱篇》，第二章，第32行。

② 与《哈姆雷特》中的鬼魂比较。

的诞生。他用神秘莫测的语言预言将诞生一位婴儿，带来新一轮黄金年代。这些神秘的语言从未被令人信服地解释过。关于基督诞生的预言，虽然可能并非维吉尔本意，但早在第四世纪时就已经广为流传。康斯坦丁大帝（Emperor Constantine）便是信奉者之一。因此，维吉尔后来被奉为“异教徒预言者”。在兰斯大教堂（Rheims Cathedral），维吉尔的名字便出现在接受祈福的预言者名单中；在11世纪时的列日，他作为一个角色出现在圣诞剧中。在14世纪的西班牙，他被划归旧约预言者之列。

历经中世纪，维吉尔慢慢地演化为一个寓言式人物。即便在古典时代，他已然被奉为圣人。他成为知名的传奇人物，无论学者还是白丁，都将他视为圣人、占星家、保护者、魔法师和预言家。当维吉尔出现在《神曲》的开篇第一章中时，在但丁的早期读者看来，上面所列种种便是他的形象：

> “我生前为诗人，曾作诗歌颂安咯塞斯正直之子，他来自特洛伊，那座遭纵火燃烧的骄傲之城。”①

在但丁心目中，他是一位伟大诗人，在他面前，但丁俯首示敬，出语谦恭。

> 你就是那位维吉尔，那位犹如滔滔之源泉、出语如洪流的人？②

维吉尔也是其他诗人的荣耀与灯塔。但丁曾长期钻研他，对他十

① 《地狱篇》，第二章，第73—75行。
② 出处同上，第一章，第79—80行。

分热爱，其风格便源自维吉尔，这为他挣得了荣耀。他被赋予一层光环，被寄予希望救但丁出险境。但丁被三头野兽赶下山坡，对母狼尤其惊惧，他哀求道：

> 著名的圣人啊，快救我于母狼之口吧！[①]

但丁向维吉尔这位聪明人、魔法师求助。这倒不会让读者惊讶，他们反而会觉得顺理成章。维吉尔预言称，有朝一日会有猎犬将母狼赶出世界，读者也不会意外。维吉尔本就以发出神秘预言而知名。维吉尔受命于天保卫、引导但丁至地狱之门，牵其手游历神秘世界，[②]读者亦不会惊讶于此，主天使正是这样带领圣保罗游历地狱的。这个故事注定精彩，是读者喜欢的类型。

这一次，但丁这位表演者终于俘获了读者的芳心，这一俘获便是7个世纪。

① 《地狱篇》，第89行。

② 《地狱篇》，第三章，第21行。

第十一章
贝特丽采归来

关于贝特丽采的很多说法都只是传言，但有一件事却确凿无疑。她在《飨宴》中并未扮演任何角色。我们可以看到，在《新生》结尾处，但丁说他不会再为贝特丽采写诗，直到他作了透彻的研究，能够写出前人从未给女人们写过的诗章。在但丁开始动手写《飨宴》时，他虽然已经做了广泛的研究，却只是将将弄清他对贝特丽采之爱不同于对“温柔女郎”之情。关于贝特丽采，这位天堂中光辉的灵魂，但丁暂且缄默不谈。

当他开始写新作品时，他却改变了计划。作品之设计结构宏大，阐述却细致入微。他游历地狱之故事里的道具和场景将安排有序、场面宏大，足以支撑他救赎世界和自己灵魂的愿景。

他会以第一人称叙事，给读者最身临其境的感觉。和圣保罗地狱之游不同的是，但丁的游历，除了地狱之外还将囊括炼狱和天堂。在地狱和炼狱中，维吉尔，这位被部分基督教化的异教徒，可以作为他的向导。而游历天堂时还需要另一位角色。问题是，谁呢？ 有很多可能：圣托马斯•阿奎那？圣伯纳德（St Bernard）？天使之灵？实际上，上述几位角色以及一些其他人物，都扮演了次要的导师和调解者的角色。但丁需要借助众多声音来表达他的研究心得和形成的信仰；为此，他召集了巨大的演员阵容。因他自己在剧中亲演角色，他需要一位对他本人有着十分重要意义的人物：该贝特丽采出场做他引导女神的角色了。

《神曲》的一大特征是其强有力的叙事。但其叙事却并不单一：其中塞满了次要的故事；甚至故事中还蕴含着故事，以对话或者第一人称叙事的方式讲述，有些是出自神话人物之口，但大多是通过那些刚刚死去之人或知名人士的灵魂之口。其中有一个主题取自民间传说，在但丁熟悉的阿瑟及其他骑士传奇故事中也常见到，即骑士追求其心爱的女子，而女子会遣一位信使将骑士带到自己面前，然后一路引领他游历地狱或者仙境。两人见面时，女子会斥责爱人对自己不忠，骑士也会坦认错误，如此，两人重归于好。这就是但丁游记的基本故事情节，即由信使（维吉尔），将他领向贝特丽采。[①]从结构上讲，这个情节可以推进整个故事，关键部位安插一些暗示与线索，让读者期待故事的发展。从《地狱篇》中的一个例子可以看出，但丁做了周密的计划，但却临时改变了主意。法利纳塔•德利•乌贝蒂暗示但丁将遭受流放之刑，而维吉尔告诉但丁，他将从贝特丽采口中得知更多关于自己未来命运的信息。

“你要记住你所听到的反对你的话”那圣哲训诫我说，“现在看这里”，他举起他的手指。“当你站在那位洞见一切的圣女的祥瑞光芒之前时，你将从她口中知道你生命之行程。”[②]

但在《天堂篇》中，不是贝特丽采，而是但丁的高祖卡却亚奎

① 见桃乐茜.L.塞耶斯（DorothyL.Sayers）《研究但丁的介绍性论文》（*IntroductoryPapersonDante*），第109页，“对于《神曲》的四重阐释”，梅图恩出版社（Methuen），1954年版。

② 《地狱篇》，第五章，第127—133行。

达，向他透露了他未来的命运。[①]我们在《神曲》中初遇贝特丽采是通过维吉尔之口。为了让但丁相信自己是受了上苍委托而来，他提到了一位神圣的灵魂来灵泊找他。我们在这里通过维吉尔的转述第一次听到她的话语。维吉尔说她的声音甜美、低沉、圣灵，她的眼睛亮如天上之繁星，她的言辞彬彬有礼。她知道维吉尔是久负盛名的诗人。她表达了自己对但丁的爱意，对他身处险境之担忧，并担心她如今前来已然为时过晚。她如此自报家门：

差遣你前往的我是，贝特丽采。[②]

但丁问贝特丽采为何不害怕入地狱，维吉尔答曰，她说因受了圣灵之启示。圣母玛利亚大发慈悲，召唤圣卢西亚，圣卢西亚又敦促贝特丽采前往营救一位因爱她深切而誉满天下之人，如但丁在诗中借圣卢西亚之口所言，“你让我摆脱了粗俗之流”。[③]得知但丁身处极其危险的处境之后，贝特丽采即刻离开天堂之宝座，前往寻找维吉尔，相信这位人人敬重的诗人有能力胜任她的委托。请求完毕后，她转开脸去，眼中满含泪水。

这里的贝特丽采可不是《新生》中那位嘲笑他人的年轻女子，不是在街上对但丁视而不见、当他在自己面前颤抖不止时对他嘲讽、大笑的女子。但丁在心中已经创造了一个新的幸福而圣洁的贝特丽采，虽然但丁早就赋予了她诸多圣洁的美德，但之前并未真正理解其含义。随着《飨宴》写作的深入，但丁主要考虑的是“温柔女郎”的意

① 参照本书第四十六章。
② 《地狱篇》，第二章，第70行。
③ 出处同上，第105行。

义之升华，他的内心因思考哲学真理而焕发着光辉，而对于神学的真理性却有一些警惕。我们不知道他是否曾想在《飨宴》中谈论神学之信条。若是如此，他便不会将神学寓作贝特丽采，因为他说过将不会在这部作品中提及她。那么但丁在什么时候，又是出于何种原因，决定让贝特丽采来承担在《天堂篇》中阐释神学信条的角色呢？

在流放之前，但丁仍因对贝特丽采与“温柔女郎”同时心怀爱意而徘徊挣扎。这时，他在想象中看见了天堂中的贝特丽采，

身穿我初次见她时身穿的深红色长袍；和我初次见她时一样年轻。[①]

之后他又心生一个“神奇的幻象”，他在其中看见一些事情，便决定不再写贝特丽采，除非有一天可以写出与她相配的诗句。[②]他没有具体描述幻象，但在一首十四行诗中，他讲述了一个念头——他称为一声叹息，如何升入天堂，如同一个朝圣者的魂灵，然后看见一位满身荣光的女子，如此美丽，身上透出的迷人的品质，远非自己的智力所能解释。

在那些神圣的灵魂面前，我们的智力微弱如太阳照射下的眼睛…… 我说（在我的十四行诗中）虽然我不能理解我的思想引领我前去之所，即她神奇之存在，但我至少能理解，我的思想与我心爱之女子息息相关，因为我常听到她的芳名。[③]

---

① 《新生》，第四十一章。

② 出处同上，第四十二章。

③ 出处同上，第四十一章。

当但丁研究哲学、写作《飨宴》时，这些关于贝特丽采的幻象一直潜伏在但丁的脑子里。等他开始计划新作品时，他意识到这些幻象的意义：她已成为神圣创造的一个实例和意象——那些因有爱而愈显壮丽的创造。

但丁所爱的贝特丽采是佛罗伦萨人的女儿和妻子，据说曾在一所女修道院读书上学，应该在那里学习了教义问答，为了祷告，学习了有限的拉丁语。贝特丽采真人和《神曲》中的贝特丽采相差万里。书中的贝特丽采竟于一处口说拉丁语，[①]预言一位恩人即将来临，传授但丁诸多知识：月亮之玄理以及天使之灵与地球生命之间的因果关系；那些永生于苍天的灵魂，为了但丁而暂居诸层天；关于未实现之诺言的教义；救赎，正义的报复，复活；天使的等级；上帝创造万物。贝特丽采还十分不得体地大肆讽刺一些牧师在布道时更多依赖的是自己的笑话，而不是福音书；她于最后一次说话时讥讽波尼法爵八世。[②]这里的贝特丽采也不是《新生》中的贝特丽采。那她到底是谁呢？

贝特丽采扮演的角色之一便是但丁阐述哲理的声音。在《飨宴》中，但丁在贝特丽采死后，一直到流放早年，一直潜心研究哲学所获得的知识，都以第一人称加以阐述。在《神曲》中，他将这项任务分配给诸多人物，最持久的便是维吉尔和贝特丽采。书中有关信条与教导的部分，都以对话形式展开，因此便有了戏剧的元素，提升了作品的叙事魅力。

神学的真理之光如今照耀着但丁的心智、他对宇宙的理解以及对上帝这一理念的逐步靠近。这都源自对贝特丽采的回忆，因为他正是为了理解贝特丽采对自己的意义，才一直坚持研究。当但丁在书中的角

---

① 参照本书第四十四章。

② 出处同上，

色一路沿着诸层天往上、纠正了一个又一个错误观念、理解愈见深刻时，贝特丽采、她的笑容以及她的眼睛也愈发焕发美丽之光。这一意象也是诗人但丁因心智渐开而感知到的智力升华与精神喜悦之写照。[①]

但在《神曲》中，但丁笔下创造的贝特丽采扮演着诸多角色。最简单的，也是读者最钟爱的角色，是那个但丁仍然深爱着的贝特丽采。那个美丽的佛罗伦萨女孩，如今已成为天堂的魂灵。但丁相信她在天堂中照看自己，努力引领自己，而自己却曾常将她忘却。这一基本主题将作品糅合在一起，始自《地狱篇》开篇时维吉尔对她的描写，一直延续到《天堂篇》中贝特丽采最后一次现身，即她回归宝座，双手合拢，向所有的天主祈祷，祈祷圣母玛利亚能成功为但丁说情，让他得见上帝。这是但丁早期爱情诗中的贝特丽采，全身泛着神圣的光辉，至今仍激发他在《神曲》中写出最伟大的诗句。在一个至高无上的时刻，他将二者融为一体。

在《天堂篇》中，当他进入至高天时，他转身看着贝特丽采，她如此美丽，他无法用任何语言来描述。他为她写过的任何语言都无法做到这一点。

假使把我迄今对她所有的赞美，
压缩成一句话，
仍过于轻微，无法胜任此项任务。
我眼前的美丽超越我的理解能力，
也超出人类的智力范围，
只有造它的主才能完全欣赏。
我必须承认失败，

---

① 参照本书第四十四章。

堪比任何诗人
在悲或喜的主题上所遭遇的困境，
因为就像凝视着太阳强光的
微弱不堪的眼睛，回忆那
美丽的微笑，使我心志的迷惑消散。
从我在这人间第一眼见到她的那天，
直到这次相见，我一直以我的歌曲
紧紧追随她美丽的容颜，从不间断，
但如今我必须停止作诗颂她那不断增加的美，
如同每个艺术家达到他的极限时那样。[①]

很快，但丁意识到贝特丽采已经离开他回到天堂的宝座，便抬头看她，口颂祈祷，在这告别的话语中，道出了主题：

“圣女啊，我的希望在你那里获得鼓舞，
你为了使我得救，不惜在地狱里留下足迹；
凭了你的力量，也凭了你的美德，
在我所看到的一切事物里，
我认出了上帝的恩典和全能。
你在你的权力范围以内，
走尽了一切道路，用尽了一切方法，
把我从奴役之中引到自由境界。
请不停赐予我恩典吧，
让我那因你而健全的灵魂，

① 《天堂篇》，第三十章，第16—33行，塞耶斯译。

从肉体中摆脱后，仍会令你喜悦。”[①]

贝特丽采看起来十分遥远，但面带微笑，“随即转向永恒的泉”。在这些充满爱意与感恩的临别话语中，但丁整首诗一直用来称呼贝特丽采的敬语代词“voi”，在这里被替代以“*tu*”。贝特丽采在这里又变回到那个他曾深爱的佛罗伦萨女孩和女人。

在《神曲》中，但丁与贝特丽采在炼狱山顶的伊甸园相遇。此处描写于作品中占有中心位置，维吉尔不期而别，但丁感到震惊与悲伤，贝特丽采伪装出现，她语出责备，他感到羞愧，坦白不忠，二人最终和解。为了刻画这个关键而复杂的场景，也为了描写接下来的寓言奇观，但丁使用了诸多创新的艺术形式：叙述、话剧、露天表演、假面剧、哑剧。在每个形式中，贝特丽采都扮演了不同的角色，而但丁对她的想象，却始终未变。

这些矛盾体究竟所为何意？下一章节再谈论。[②]

① 《天堂篇》，第三十一章，第79—90行。
② 参照本书第四十章。

第十二章
故事开始

《神曲》中设计最精心的要属作品的结构。诗章的数量，死者的地域，诗节的形式，都基于数字3以及其倍数：3个部分，每部分含33个诗章，加上一篇介绍性诗章，凑成数字100——完美的数字。最让人印象深刻的是诗节，即“三行诗节押韵”，此乃但丁的发明。如果诗节叙事过长，则可能变得单调。二行节尤其危险。当时的方言写作中还未出现无韵诗体。但丁热衷用韵，称为“美丽的联结”。[①]韵也可以帮助记忆，防止抄写员遗漏或进行改动。每一对诗句都用一个新韵分开，引出下一个韵，将叙事往前推进，这是极佳的解决方案。这让每个诗章都独成一体，却又将所有诗章连接为一个整体，犹如织物一般。

他整部作品均选用11个音节诗行，这一直是他常用的技巧之一。他曾在十四行诗、合组歌、舞歌、六节诗中用过，喜欢其庄严之感。但丁如今要充分试探十一音节诗行的多种可能。叙事、对话、警句、谜团、怒火爆发、讽刺、幽默、笑剧、讽刺画、恐怖的场面、美妙的场面、狂喜、飞翔的诗意想象、抒情的喜悦，都要照顾到，行末通常标有符号，有时候会变成三行或更多行数的段落。他的言辞使用跨度也将较以前更加宽广、多变，也不再局限于“卓越的方言”，既有雅

① 《论俗语》。参照本书第五章。

致、高尚、尊贵的语言，也有日常语言，有些还十分粗下、鄙陋。作品的形式有叙事、有描写、有戏剧、有史诗、有告诫、有讽刺、有抒情。正如他在《论俗语》中所说，足以容纳如此多样形式的只有喜剧语言。[①]这也是他为什么将作品命名为《喜剧》(Commedia)。薄伽丘后来才率先在《喜剧》加上神圣（divina）二字。[②]

那但丁是如何成为讲述故事、描写对话、刻画人物、制造扣人心弦之悬念的大师的呢？他的早期诗歌、甚至包括《新生》的叙事，都未表露出他有如此能力。我们可以看看会有哪些文本供他模仿。当时有《旧约》的故事，很多都采用了对话的形式，就像小型戏剧一样。还有奥维德在《变形记》(*Metamor phoses*）中对变形的生动描述，但丁对这部作品十分熟悉。还有卢坎在《内战记》中对罗马历史的史诗体描写。最重要的，还有维吉尔的《埃涅阿斯纪》。中世纪的《武功之歌》(*Chansons de Geste*)，亚瑟王以及其他浪漫骑士故事，还有描写远行的故事，都是叙事的宝库。还有当时流行的传统故事，如《黄金传奇》(*Legenda Aurea*)，讲述圣人的生活以及教会的传说，还有《罗马人传奇》(*Gesta Romonorum*)，为僧人们用拉丁语编撰，既当娱乐，又作布道之用。还有中世纪的寓意剧和神迹剧，中间穿插滑稽的魔鬼剧。不管但丁创作的模范对象为何，但他加了自己的元素，有些是他独创的，有些耸人听闻、效果立显，从而形成一种文学史上前所未有的混合搭配。

故事开篇时，人物但丁在一片黑暗的森林里迷了路，森林荒蛮、粗糙、茂密。他在睡眠状态下四处漫步，在一处山脚下醒来。山坡的上半部分在晨曦下显得明亮。他鼓起勇气，开始爬山，却遭到三头野

① 《论俗语》。参照本书第五章。
② 《神曲》即《神圣的喜剧》。

兽追赶，急忙逃下山。三头野兽分别是豹子、狮子和母狼。其中母狼最令他恐惧，因其性别为母，所以更加骇人。在古罗马，母狼的形象受人敬重，因为她养活了罗穆卢斯和雷穆斯，但这里，母狼却被刻画为一头贪婪的野兽。他跌跌撞撞，逃下山谷，看见阴影中立着一人。此人闭口不言，但丁也不知道其是人是鬼，便向他呼喊求助。

文学史上最著名的搭档演出便开始了。此人正是诗人维吉尔，他将陪伴但丁游历地狱和炼狱，并一路对他教导、解释，给他保护，予他告诫，偶然也有训斥，但随着故事的发展，维吉尔逐渐成为一个慈爱的、也深受但丁爱戴的旅伴。得知其身份后，但丁心中充满了敬畏。他向维吉尔打招呼，告诉他自己将他的作品从头到尾拜读过，学习了他的“优美风格”，自己倍感荣耀。这应该不是指《神曲》的风格，因为还没有开始写，只可能指但丁早期诗歌的风格，尤其是他关于道德主题的合组歌，文风带有维吉尔的崇高与庄重。

但丁正是向维吉尔这位智者、圣人求助，救自己于狼口。预言者维吉尔开口作答。这个畜生遇到所有人一概不留活口，

性情乖戾，天生邪恶，
贪婪地掠食，从不满足，
吃完猎物反而更加饥饿。[①]

预言者维吉尔用神秘的语言，预言将有一头猎犬前来猎杀这只母狼：

她与许多野兽交配过，

① 《地狱篇》，第一章，第97—99行。

而且还要与更多的野兽交配，

直到那将使她痛苦而死的猎犬来临。

他不愿靠土地或财货来活命，

却要靠智慧，靠爱，靠刚勇；

他的国度在费尔特罗（*feltro*）与费尔特罗之间。[①]

tra feltro e feltro（费尔特罗与费尔特罗之间）一语究竟为何意，乃一道千古谜题，历时近7个世纪也未能解决，引发无数稀奇、富有创造力的猜测。早就有人猜测这个猎犬是某政治或精神领袖，将要消除世间贪婪，即指母狼。豹子和狮子很可能代表但丁于波伊提乌著作中确证的两个虚假欲望：对快感及名声的欲望，但都比不上对财富的欲望危险。[②]两个名词*feltro*和*feltro*中的*f*有时候会印刷为大写，因为其被认为和威尼西亚的费尔特罗及罗马涅的蒙泰费尔特罗两地相关。有一说认为大恩公便来自此处。其他评论家认为，*feltro*一词是指那些舍弃财富之人身穿的粗毡衣服。还有一个解释是大恩公将会生于双子星座下（fratres pilleati），因星座保护神卡斯托和波利克斯兄弟都头戴毡帽。

众人推测的大恩公包括坎·格兰德·德拉·斯卡拉，他是维罗纳的皇帝党领主，但丁对其极为敬仰（他的名字恰巧为“大犬”，似乎也十分具有说服力），还有亨利七世，二次降临的基督，甚至但丁自己。但这些说法都未就*tra feltro e feltro*具体为何意提供线索，只是告知读者但丁可能是双子星座。然而，我们也远不能确认，但丁在写下这些文字的时候，脑子里是否对谁是大恩公有了具体人选。因为我们

① 《地狱篇》，第100—105行。“*feltro*”为意大利语，等于英语单词“felt”，即可指地名，也可指“毡”。

② 参照本书第八章。

假设有，所以才有了后面错谬的猜测与迷惑。

在但丁刚写完不久的《飨宴》第四部分中——可能写于1306年，[①]但丁声称杜绝战争及其根源的唯一解决方案，是集至高权威于一身的唯一君主。这位君主，

> 已然手握一切，无所欲求，将各国国王限于各自封土境内，以此统其于和平。继而，各城邦才可相安无事，邻里得以友好，各家得以安居。唯如此，人们才可快乐生活，此乃人生之终极夙愿。[②]

贪婪较任何东西都更危及、谋害城邦、乡村与个人。因而，要去除贪婪，解决方案就在教会法与民法的法律法规中。

> 两大法律体系即教会法和民法的制定，正是为了纠正随着财富积聚而增长的贪婪。很明显，如果我们加以细读的话，我们会发现两大法律的书面记录原本都说得很清楚。[③]

如果在这一语境下解释*tra feltro e feltro*，则十分简单，简单到被忽视了。答案在造纸技术里。[④]造纸时，将模具浸入浆桶。为了将水分吸

---

① 参照本书第八章。

② 《飨宴》，第四部分，第四章。又参照本书第八章。

③ 出处同上，第十二章。又参照本书第八章。

④ 以下技术信息系乔治·麦坎德利斯（George McCandless）提供，刊登于2002年7月12日《泰晤士报文学增刊》（*The Times Literary Supplement*）第17页。该文系对本书作者的文章《去“菲尔特”化的但丁：揭开700年之谜》（“*Dante De-Felted:A Solution to a 700-Year-Old Mystery*”）的回复，出处同上，第16页，2002年6月21日。更多信息见达尔德·汉特（Dard Hunter），《造纸术：古老工艺的历史与技术》（*Papermaking: The History and Technique of an Ancient Craft*）。又见阿塞尼奥·弗鲁戈尼（Arsenio Frugoni），《但丁新读》（五）（1969—1970年）[*Nouve Letture Dantesche*，V（1969—1970）]中的“炼狱第三十三章的歌”（“Il canto XXXIII del Purgatorio”），佛罗伦萨，勒莫尼耶（Le Monnier），1972年，第235—253页：“La carta,chi non lo sa,tra feltro e feltro viene fabbricata”，第241页。

收掉，需将纸张置于一张毡上，上面再覆以另一张毡，上面又依次放置一张纸。如此交互放置纸毡后，再将其置于印刷机中，将剩余的湿度几乎全部挤压干净，再将纸张悬挂晾干。如果纸张未能完全干燥，墨汁接触时就会产生印渍。正如但丁在《飨宴》中提到自己的视力时所说的：

> 因为视力弱化，发生视觉分散，因此，视线中的事物会不再集中，也发生相应的散化，就像湿润纸张上的笔迹一样。①

在14世纪以前，这个造纸的过程在意大利广为人知。1276年的法比雅诺和1298年的博洛尼亚都有造纸厂运营。但丁的同代人可能会知道，在felt（毡）和felt（毡）之间的便是纸，即文本。后来的评论者们却并未注意到如此简单的可能，先入为主地认为但丁说的是某个具体的人物，于是作出种种复杂的阐释，让读者们迷惑至今。

换句话说，解决贪欲的对策，正如但丁在《飨宴》中所言，即在教会法与民法的法典中。维吉尔所预言的猎犬是一位皇帝，如《飨宴》中所描述的那样，既不贪图财富，也不渴求土地，这就是但丁所希望出现的恩公，但还有待降临世间。他将宣布并实施查士丁尼法典中的法规，并用《格拉提安教令集》（*Decretum of Gratian*）中的教会法规来维护平衡。也就是说，*tra feltro e feltro* 即指毡与毡之间，用毡来干燥纸张水分后，笔迹才会清晰。

维吉尔对惊恐的但丁说，要想绕过母狼，必须要穿越那个受诅咒者和忏悔者所在的世界。也就是说，他必须亲眼见证贪婪以及其他罪恶所招致的惩罚。维吉尔将带领他穿越地狱与炼狱，之后有更为高尚

---

① 《飨宴》，第三段，第九章（斜体字为添加部分）。又参照本书第六章。

的灵魂前来接替他，因为他无法进入天堂。我们很快便会得知，他和其他未遵守上帝法令的人一起居于灵泊。但丁答应一同前往，在第一章结尾处写道：

他于是动身，我随后而行。[①]

但随后但丁心生疑虑，如前文所描述。他是何人？为何有资历做此游历？他既非埃涅阿斯，又非圣保罗。

维吉尔随后安慰他此乃上苍授意，他身负埃涅阿斯和圣保罗二人的职责。作者但丁想象到上帝为何要使罗马帝国的形成和基督教信仰的奠基同时发生。这一理念但丁在《飨宴》中阐释过，也是他创作《神曲》的主题。

维吉尔斥责但丁懦弱，言辞直接，用语通俗，我们几乎能感受到日常语言的节奏，甚至是维吉尔愤怒的手势。

那么，是怎么一回事？为什么，为什么你迟疑？
为什么你心中怀着这种怯懦的恐惧？
为什么你还不大胆而豪放，
既然3个这样蒙福的圣女
在天堂里那样地关怀你，
我的言辞又向你保证了那么多的幸福？[②]

维吉尔此番话对但丁的作用在书中用一个比喻来形容，将读者从

① 《地狱篇》，第一章，第136行。
② 《地狱篇》，第二章，第121—126行。

黑暗的山谷带出，置身于晨曦普照下的草地。

如同受夜间寒气侵袭而低垂、
闭合的小花，一待阳光照耀，
就在茎梗上挺起、开放，
我萎靡的精神也振作起来……[①]
但丁抛开疑虑。他的意志与维吉尔合二为一：
你是向导，你是主人，你是老师。[②]

他们便起身，奔向那树荫茂密的森林小道。

① 《地狱篇》，第二章，第127—130行。

② 出处同上，第140行。

第十三章
灵泊

两位诗人来到地狱的门口。门上方刻的字让但丁心中充满恐惧。地狱之门犹如会说话一般，发出阴森的警告：

由我进入愁苦之城，
由我进入永劫之苦，
由我进入万劫不复的人群中。
正义推动了崇高的造物主，
神圣的力量、最高的智慧、本原的爱
创造了我。在我以前未有造物，
除了永久存在的以外，
而我也将永世长存。
进来的人们，你们必须把一切希望抛开！①

在这个骇人的警告中，"正义"一词尤为凸显。那些遭受劫难者均是到死也未忏悔的人。上帝的宽恕无法恩及他们，因为他们已然拒绝。他们也因此没有希望。维吉尔将受劫的人定义为那些"失去心智

---

① 《地狱篇》，第三章，第1—9行。

之恩”——即真理——之人。[①]

但丁初入地狱的第一印象是没有星光的天空，到处回响着叹息与哀怨、古怪的声响、骇人的话音、悲伤的言辞、愤怒的叫喊。这也是圣保罗跟随天使游历地狱时的印象。但丁和圣保罗有着同样的见闻。与后者一样，他也询问这些灵魂都是谁，为何如此大声哀号。维吉尔告诉他，这些人既未受褒扬，也不遭惩戒。和他们混在一起的是一些天使。这些天使在路西法当年叛变时，既未支持路西法，也未支持上帝，而仅求自保。

书中提到的这些被称为“中立天使”，值得特别关注。有很多人信仰他们，不少中世纪著作都有记载，如《圣布伦丹游记》（Voyage of St Brendan）以及沃尔弗兰·冯·艾斯琛巴赫（Gottfried von Eschenbach）的《帕西发尔》（*Parzifal*）。他们象征着善与恶的中间区域。对中立天使的信仰被定为异端，而但丁在《天堂篇》中并未提及他们，十分有趣。在15世纪时，佛罗伦萨画家弗朗西斯科·波提切利（Francesco Botticini）画过中立天使，赋予其人形，存身于众天军之中。[②]当时的信仰是，虽然上帝赐予他们第二次机会，但是他们还是不配回到天使乐园。

但丁看到一面飘舞的旗帜，后面跟着一队灵魂，队伍很长，他都无法相信死亡带走了如此多生命。[③]但丁认出（我一看见就认出）其中一位，

他因为恐惧而实施了大拒绝。

① 《地狱篇》，第三章，第18行。《飨宴》中但丁引用亚里士多德的话：“真理乃智力之善”。

② 弗朗西斯科·博提西尼（Francesco Botticini）（1446—1498年）。该画现藏于伦敦国家美术馆。

③ T.S.艾略特于《荒原》中引用的那句话是：“人群涌过伦敦桥，那么多，没想到死亡毁灭了那么多。”

他就是教皇塞莱斯廷五世（Pope Celestine V），于1294年退位，给波尼法爵八世当选教皇腾出了位子。[①]但丁还认出了其他人，如以扫（Esau）以及本丢 · 彼拉多（Pontius Pilate）。但“我一看见就认出”这句话表明此人对但丁意义重大。如果确是教皇塞莱斯廷五世的灵魂，那么这一插曲则暗地里预示着波尼法爵八世的出场，此人随着作品的进展，会越来越重要。

这群人中的其他人但丁并未一一点名。维吉尔如此讽刺他们：

我们不要为此等人浪费口舌了，稍作观察即可，接着赶路。[②]

但丁往前瞧，看见人们在一条大河岸上拥挤着，似乎急切地想要过河。他又问道这些人是谁。但维吉尔叫他等到他们到达冥河（Acheron）悲惨的岸边再说。但丁觉得受了冷落，一言不发。突然他看见一条船，摇橹之人唱道：

“该你们受罪，邪恶的鬼魂们啊！
不要再希望看到天堂：
我来把你们领到对岸；
领到永恒的黑暗；领到烈火和寒冰。”[③]

摇橹人看见但丁乃是活人，吃了一惊，停下歌声，大声喊道：

“站在那里的你，你是活人，

① 参照本书第三章。
② 《地狱篇》，第三章，第51行。
③ 出处同上，第84—87行。

快从那些死了的人那里离开。”[①]

见但丁并未动身，此人便告诉但丁他命里注定要踏上的是另一段旅途，从另一个渡口出发，坐更轻的船只。此时，魔法师维吉尔口中念出一串咒语，对摆渡者说：

“开隆，不要多虑：
这是天上的意志，天命所在，
定能完成；不要再问了。”[②]

胡须蓬松、眼冒火焰的摆渡人开隆（Charon）立马便消了火气。但这些受难的鬼魂一听此话便开口大骂，诅咒上帝和自己的父母，诅咒人类，诅咒自己出生的地方和时间，诅咒自己的祖先和生身的种子。然后，他们便往船上爬，开隆便拿桨击打那些徘徊不前的鬼魂。这段粗暴的场景后，紧随着一个比喻，不是低俗的中世纪风格，而是维吉尔式的。

如同秋天的树叶一片接着一片
飘落下来，直到树枝看见
自己所有的衣裳都落在地上：
亚当罪恶的子孙一个一个地
一见招手就从岸上纵身跳下船去，
好像听到呼唤的鸟儿一样。[③]

① 《地狱篇》，第88—89行。
② 出处同上，第94—96行。
③ 出处同上，第102—107行。

一船人就这么渡过阴暗的河面。维吉尔叫但丁鼓起勇气，因为开隆的话意味着他的灵魂将来会有更好的归宿。

此时，大地突然晃动起来，一阵风吹过，一道深红色的光闪过，但丁顿时失去知觉。他突然倒地，如同过于困倦一样。然后，但丁被一阵响雷炸醒，发现自己已身在冥河的对岸。他朝一个黑暗的深渊望下去，里边回响着无数痛苦的哀号。在前面领路的维吉尔也面色惨白。但丁看见维吉尔害怕，自己也害怕起来。但维吉尔却说："你以为你看见我面露惊惧，其实我是对深渊里的魂灵感到怜悯。"他又不耐烦地接着说：

> 我们继续赶路吧，因为我们有很长的路要赶。①

他们于是进入地狱的第一圈——灵泊。

但丁在《飨宴》中表达了古代世界与基督教世界之间互有继承的关系。这种理念在《神曲》中也有所呈现，形式也更加个人化和戏剧化。早在时间出现之前，上帝便对世界有了永恒的规划。人类的经验却有先和后：转世便有具体的时间和地点。那些在基督之前生活并死去的人并不知道上帝的存在。那些在他之后生活的人则能够接近真理。这是一个无情的分界，无论从事实还是从逻辑上讲，人们都无法逃脱。

灵泊（Limbo）是神学概念，指的是某些灵魂的住所和状态，这些灵魂虽然向善，但却还是未能得到上帝的福佑。这个词来源于拉丁语limbus，意思是边界或边缘，人们可以想象灵泊里的灵魂住在地狱的上层边缘，没有遭受痛苦，只是摆脱不了无尽的渴望。但丁接受了这

---

① 《地狱篇》，第四章，第22行。

一信念，但却感到痛苦和迷茫。在《神曲》中，他用具体个人的形式加以呈现，尤其和维吉尔的命运紧密相连。由此引入一种焦虑，贯穿《地狱篇》和《炼狱篇》，并最终在《天堂篇》中得以解决。[①]

但丁笔下的灵泊是一处黑暗之所，聚集着大群大群的灵魂，男女老幼，叹息不已。他们都是未经洗礼的善人，或者因生于基督之前而没有妥当地敬拜上帝。维吉尔说："我便是其中一位。"书中人物但丁听闻此言，心中充满悲痛。他知道这里住着很多伟大的人物。为了克服自己的疑虑，他请求维吉尔为自己宽心。

> "告诉我，夫子；告诉我，主人，"
> 我想让那能克服一切罪恶的信仰
> 于心中更加确凿，便问道：
> "有过什么人依靠自己的或别人的功德，
> 从这里走出而得享天国之福么？"[②]
> 维吉尔明白但丁想说什么。

4世纪时，人们开始相信基督在死后到重生之间，前往灵泊释放了那些相信他会到来的魂灵。这个信仰在《使徒信经》中也有所体现，书中提到"他下往地狱"。但丁可能多次在绘画与雕塑中见过这一场面。这是中世纪传奇与戏剧中最受人喜欢的话题，在英语中，有一个关于农业的隐喻也反映了这一点，"直捣地狱"（The Harrowing of Hell）。但丁想象在基督降生的19年前便已去世的维吉尔见证了这个奇妙的事件，笔触极为逼真。

---

① 参照本书第四十七章。

② 《地狱篇》，第四章，第46—50行。

"我刚到这里来时，"他说，
"我看到一个'万能者'
从天而降来到我们这里，
戴着胜利的冠冕。"①

他看见这位万能者唤起亚当（Adam）、亚伯（Abel）、诺亚（Noah）、摩西（Moses）、亚伯拉罕（Abraham）、大卫（David）、雅克波（Jacob）及其父亲和儿子们，还有里歇尔（Rachel）以及诸多其他蒙受过恩惠之人。"我要告诉你，"维吉尔继续说道，"在那之前，从未有人类的灵魂得到过拯救。"他不知道这位神秘的人物是谁，但丁也未明说。但读者们知道维吉尔在那个神圣的时刻见到了基督。维吉尔在第四首牧歌中，也是在无意间预言了基督的出生。

两人从茂密如森林的魂灵间穿过，来到一束光辉面前，这光辉将其他的魂灵隔离开来。其中的灵魂因活在世间时大有名望，因此在这里享有特殊的荣耀。但丁听到一个声音喊自己：

"尊崇那伟大的诗人！
他离去了的阴魂归来了。"②

四个灵魂走上前来，既不悲伤、也不喜悦。维吉尔一一道出其姓名：荷马、贺拉斯、奥维德和卢坎，如同一个令人敬畏的欢迎委员会前来迎接维吉尔的归来，向这位诗人致敬。维吉尔说："他们都挺好。"

这些虚渺的灵魂形成一个活人画，如同一幅褪色的壁画。他们和

① 《地狱篇》，第四章，第52—54行。
② 出处同上，第80—81行。

维吉尔稍作攀谈，便问候但丁，维吉尔见此一笑。

此外他们给我更多的荣誉；

因为他们把我算入他们的行列，

我成为这些大智者中的第六位。[①]

很多年前，那时但丁还年轻，默默无闻，事业刚起步，加入了佛罗伦萨一个著名的打油诗人协会。如今，他想象自己也能够被这五位伟大的古代诗人接纳为其中一员。

但丁之所以选择这几位诗人有特殊的用意。荷马讲述了特洛伊被希腊击败的故事；维吉尔讲述了特洛伊埃涅阿斯西游记以及地狱游记，在地狱中，埃涅阿斯得知他将肩负开创罗马民族的使命；卢坎讲述了罗马内战的故事，这场内战最终导致罗马帝国的建立；奥维德讲述了古代神话与传奇；贺拉斯是一位道德学者，也是《诗艺》(*Ars Poetica*)的作者。但丁如今成为这个光荣群体的一员。书中人物但丁心中充满了敬畏之情。而作者但丁将从这几位诗人那里引用诸多材料，且偶然让自己超越他们的成就。他也坚定地宣布了自己的地位与使命。古代世界与基督世界之间究竟是何种联系将由但丁来协调。他位列几位诗人之列也是应有的认可。他已经不再仅仅是一个打油诗人了，而是古典意义上的大诗人，这个区分十分重要。

六位诗人一起前行，讨论先前适合于此地谈论、如今却最好对之保持沉默的话题。作者此处留有一处秘密不加明说，让读者十分心痒。他们谈论了什么？用何种语言？我们会猜是拉丁语，然后为了荷马能懂，还要翻译成希腊语。这些都是不适宜透露给读者的内行之

① 《地狱篇》，第四章，第100—102行。

秘密。

他们来到一座高贵的城堡脚下。城堡有七重高墙环绕，还有一条美丽的溪流防护。但丁和五位诗人一道进入七道大门。里边是一片青翠的草坪，上面聚集着众魂灵，目光严肃、面露沉思，外表十分威严。他们很少开口说话，声音温和。这就是但丁笔下的古代极乐世界。这是一座天堂，里边住着卓越而高尚者的魂灵。维吉尔在《埃涅阿斯纪》中，将其描述为一片快乐的土地，有青翠的草坪，受福佑之人快乐地居住于此。[①]这里有特洛伊祖先们的灵魂，有保卫祖国的英雄，有牧师、诗人和哲学家。在维吉尔的想象中，这些古代灵魂喜悦而满足。在但丁的笔下，他们宁静但严肃，渴求一份无法企及的圆满。使得两种想象不同的是基督教信仰。

六人来到一侧，攀上一座山峰，从那里可以看到那些伟大的灵魂，他们聚在一处珐琊般的草坪上。同伴们可指着每个人向但丁说明。见到这些伟大的灵魂让但丁心中充满欣喜。下面出现的一串名单对于当代读者来说可能没有太大的意义，但如果我们记住这些都是但丁自己挑选出来、乐于见到的人物，我们便能体会但丁对古代世界是多么尊崇。

他最先提到厄勒克特拉（Electra）和宙斯生下达尔达诺斯（Dardanus），特洛伊民族的祖先。她和后裔生活在一起，包括赫克托（Hector）和埃涅阿斯——后者是但丁的先驱和他威严的家族成员一起居住于此。但丁对神话人物和历史人物等同视之，这一点在别处也有所体现。这也是为什么他接着便提及尤里乌斯·恺撒（Julius Caesar），他眼中第一任罗马皇帝，“一身戎装、双眼如鹰”，他的出现乃上帝的安排，源于特洛伊民族的建立。接下来是两个女勇士：和

① 《埃涅阿斯纪》，第六卷，第637—665行。

埃涅阿斯对战并阵亡的卡米拉（Camilla）以及在她对面的彭忒西勒亚（Penthesilea），乃亚马逊女王（Queen of the Amazons），在赫克特死后曾协助特洛伊人，后被阿喀琉斯（Achilles）杀死。接下来他提到拉提努斯（Latinus），拉丁人之王，对埃涅阿斯的到来表示欢迎，并将女儿拉维尼娅（Lavinia）嫁给了他，拉维尼娅如今就坐在他旁边。埃涅阿斯和拉维尼娅的结合，也意味着特洛伊族裔和拉丁族裔的结合，为罗马城以及罗马帝国的建立打下基础。但要完成如此伟大的事业，需要无数英雄为之奋斗。布鲁特斯（Brutus）唤醒罗马人民反抗塔克文·苏佩布（Tarquinius Superbus）。苏佩布之子曾强奸鲁克丽丝（Lucrece）。其他英雄的罗马女人有：茱莉亚（Julia），恺撒的女儿即庞培（Pompey）的妻子，她后悔自己未能在死前调解父亲与丈夫之间的矛盾；玛西亚（Marcia），晚年回到丈夫卡托·但丁（Cato Dante）身边，但丁在《飨宴》中，将其解释为灵魂对上帝的回归；还有科妮莉亚（Cornelia），西庇阿·阿菲利加努斯（Scipio Africanus）的女儿，也是提比略（Tiberius）和凯厄斯·格拉胡斯（Caius Gracchus）这两位著名护民官之母，被奉为高贵罗马人的母亲与女家长之楷模。单独坐在一边的是萨拉丁（Saladin），埃及和叙利亚的统治者，是第三次十字军东征中的穆斯林英雄，基督教的作者们都对他的宽宏大量赞不绝口。但丁曾在《飨宴》中敬畏地提及此人。①

但丁随后列举了一些学者。高高在上的是亚里士多德，“智者之王”。但丁在《飨宴》中多次无比尊敬地提及他。看见他端坐于哲学家中间，众人注视着他，满心惊异与崇敬，这对但丁而言确是无比开心。离他最近的是苏格拉底和柏拉图，但丁认为，二人开创的道德哲学，在亚里士多德那里得到完善。

① 《飨宴》，第四部分，第十一章。

但丁在《飨宴》中十分精彩地表达过他对研究哲学的喜悦之情。而这里居住着众哲学大师，正是他们让但丁开始思考宇宙的来源和人生的目的。德谟克里特（Democritus），他相信地球是偶然生成的；戴奥真尼斯（Diogenes），犬儒学派代表，但丁在圣奥古斯丁的著作中读过其学说；阿那克萨哥拉（Anaxagoras），此人拒绝相信对宇宙的唯物主义解释，认定思维是所有事物的原由；泰利斯（Thales），天文学家和数学家；恩培多克勒（Empedocles），最先确定四种元素，土、水、空气和火，认为万物皆由此四种元素组合而成；赫拉克利特（Heraclitus），他相信火是物质的主要形态，且认为万物皆处于形成和灭失的连续过程中；芝诺（Zeno），斯多葛哲学流派创始人，他认为人生的目的是严守清廉；欧几里得（Euclid），几何学家；托勒密（Ptolemy），天文学家；西塞罗和塞内卡（Seneca），但丁口中的道德家，论述过伦理、哲学和自然科学。另还有两位诗人和这些大儒们居住在一起，即俄耳甫斯和莱纳斯（Linus）。俄耳甫斯尤其重要，因为他也为寻找妻子欧律狄斯游历过地狱。但丁在奥维德的《变形记》中读过他的轶事，在《飨宴》中，他将其音乐对自然界的影响阐释为智慧对理性动物的影响。他也在维吉尔的第四牧歌中读过莱纳斯的故事，人们相信维吉尔正是在这个故事中预言了基督的诞生。“假如，”维吉尔写道，“我生命的最后时光能得以延长，且还有足够气息，那么无论是俄耳甫斯还是莱纳斯的歌唱都无法超越我，虽然俄耳甫斯的母亲是女神克莱俄帕，莱纳斯的父亲是阿波罗。”

还有一群魂灵尤其值得关注，即自然法学家和医生们。其中有草药医生迪奥斯科里季斯（Dioscorides），但丁称他为“擅采草药的人”；希波克拉底医生（Hippocrates）；阿维森纳（Avicenna），论述过自然科学；伽林（Galen），药方专家，他的著作在中世纪被广为采用。但丁提及这些人，让我们想起他也是医药行业协会的成员。和他们一样，但丁也是一位医生，一心要治愈世界的病根。最后但丁还提到了阿威罗伊（Averroes），也是位医生，但主要以对亚里士多德的评论而著称。这样，我们转了一大圈又回到了最伟大的圣人身边。

所有这些哲人、诗人、道德学家、科学家们都是但丁的学术凭证，是他的参考文献，是他描写地狱、炼狱和天堂的权威参考。他的保证人是五位伟大的古代诗人。在故事中，人物但丁胆怯、迷惑，需要不断的指引和鼓励。而作者但丁却恰恰相反，他动笔撰写这么一部皇皇巨著时，比任何作者都更有信心。他在自己的虚构中有着无比自信。

有一个伟大的灵魂并不在灵泊中，但丁渴望见到他，应该更甚于渴望见到任何伟大的罗马人，即尤蒂卡的卡托，斯多葛派，那位“伟大的卡托”，除他之外，没有他人更适合做上帝的寓言代理。[①]《炼狱篇》开篇便解释了为何他不在灵泊的魂灵之列。让人吃惊的是，但丁开始了自己的“直捣地狱”。一如基督解救了《旧约》中的人物，但丁·阿利吉耶里把罗马人卡托也从灵泊中救出，让他担任炼狱山山脚的守护者一职。在最后审判时，他能否得到上帝的福佑，还不能确定。结局在《天堂篇》中有所暗示。[②]

① 参照本书第八章。

② 参照本书第四十七章。

第十四章
弗郎西斯卡·达·里米尼

在关于圣保罗游历地狱的早期叙事中，有一个魔鬼，将诸灵魂的罪恶向他们一一展示，让他们诵读出自己被发配的位置。在一些末日绘画中，甚至有魔鬼在灵魂前往发配之所时，拿着笔在名单上勾画。[①]但丁借鉴了这一细节，并将其描绘得更加骇人。两位旅人下到漏斗形地狱的第二圈时，便发现了米诺斯（Minos），古典神话中克里特（Crete）的国王和立法者。在维吉尔笔下的地狱中，他为诸魂灵按照其罪恶发配位置。但丁将其刻画为一个咆哮的怪物。诸魂灵立于其面前，坦白罪恶。米诺斯将尾巴缠绕在身上，用缠绕的圈数表示各魂灵应该被发落去地狱的哪一层。

他用尾巴在自身上缠绕，
缠绕几圈便表示他要发落魂灵去哪一层。
在他前面总是站着无数阴魂，
依次招供，听从宣判；当下便被卷下去。[②]

故事描写略显粗糙，然而但丁对语言的处理使其具有非凡的柔

① 在圣安德鲁教堂，位于英格兰剑桥的切斯特顿东边。
② 《地狱篇》，第五章，第11—15行。

软度。任何翻译都无法充分再现原文这句话缓慢、向下的滚动感：*quantunque gradi vuol che giù sia messa*。

灵魂们开口说话，听着尾巴拍击的声音，然后便被卷进了深渊。但丁在对地狱的三维描写中所传递的如此视觉、听觉和触觉效果在意大利方言中从来未有过。很明显，写作诗歌时，他都会注意其若大声朗读出来会是何种听觉效果。这就是为何他在语言层面和语调方面使用诸多变体，时而随意，时而恐怖，时而细腻抒情，所有的风格都会引诱读者一展表演之才能，他自己很可能首先演绎了一遍。

米诺斯看见一个活人，便停下手中的任务，警告但丁即将面临的危险：

> 注意你是怎么进来的，
> 不要让宽阔的入口把你骗进来！①

维吉尔像对开隆一样，对米诺斯也吟唱起其魔法来：

> 这是天上的意志，天命所在，
> 定能完成，不要再多问。②

审判之后，便是一阵飓风，有呼啸之声，犹如大海受到一阵阵方向相反的暴风冲击。这些都是肉欲的罪人，放任自己的欲望战胜了理性。和生前一样，如今他们仍然无法自控。艺术家但丁却能够自制。他又一次改变风格。灵魂们，犹如冬天成群南飞的欧椋鸟被大风席卷而去。

---

① 《地狱篇》，第五章，第19—20行。

② 出处同上，第23—24行。

那些罪恶的亡魂被狂风，

刮来刮去，忽上忽下，

永远得不到希望的安慰，

没有休息，也没有减轻痛苦之希望。①

有些像哀嚎的野鹤，在天空中串成一条长线。犹如圣保罗向主天使发出疑问，但丁也问道："夫子，这些灵魂是谁?为何受黑色的空气如此惩罚？"

维吉尔开始细数那些好色女子之灵魂：塞密拉米斯（Semiramis），亚述国女王（Queen of Assyria），十分奢靡放纵，竟然宣布荒淫合法；②迪多，违背自己对丈夫西凯斯（Sychaeus）尸骨忠贞不渝的誓言，为爱自尽；水性杨花的克利欧佩特拉（Cleopatra）；还有海伦（Helen），造成了世间连年战乱。介绍其中男子之灵魂时，维吉尔未提好色二字，却说："阿喀琉斯、③帕琉斯（Paris）、特里斯坦（Tristan）皆死于爱情。"维吉尔继续列举无数因爱而死的古代骑士与女子。人物但丁心中充满悲悯。他也很困惑。难道爱情是罪孽么？要被当作淫欲来惩罚？作者但丁对问题作了回答，也引出了《神曲》中最著名的一章。

在1283年到1284年之间，里米尼领主甘西多·马拉特斯塔（Gianciotto Malatesta）杀了妻子弗朗西斯卡和弟弟保罗（Paolo），因两人是情人。但丁1282年在佛罗伦萨可能见过保罗，当时他担任指挥

① 《地狱篇》，第五章，第43—45行。

② 但丁在奥罗修斯（Orosius）《异教徒的历史》（*History Against the Pagans*）中读到过她，并引用了相关内容。

③ 在荷马的《伊利亚特》中，阿基里斯在特洛伊的围攻中丧生。但在随后的传说中，也是但丁引用版本里，他迷上了波吕克塞娜，特洛伊国王普里阿摩斯之女。他被许诺，只要他加入特洛伊，便可得到公主。阿基里斯相信了许诺，赤手空拳走进了特洛伊人的神殿，最终被帕里斯暗杀。

官。他和弗朗西斯卡发生外遇时，已年逾40，已婚，膝下有两子。弗朗西斯卡是拉文那波伦塔（Polenta）家族的女儿，1275年嫁给甘西多，育有9个子女。各项事实显示，二人通奸乱伦，丈夫因遭背叛而怒火中烧。

但丁选择将此丑闻描写成一个浪漫、温柔的情爱故事，若干世纪以来，引得画家、音乐家、诗人和剧作家对其充满想象。但丁看见一双灵魂在风中轻盈地飘舞，便请求和他们攀谈。维吉尔应允了他，但丁高声呼唤，语带同情，狂风下坠，灵魂如同鸽子归巢，被风吹向但丁。该诗篇的剩下部分，几乎有一半的篇幅，都用于弗朗西斯卡对自己不幸遭遇的倾诉。

她一开口，便把读者带出了地狱。弗朗西斯卡亲切、优雅，毫无保留地告诉但丁他想知道的事情。她和她那“用鲜血染红了世界”的伴侣，愿意向宇宙之王为他祈祷，但可惜他们二人均为一介被驱逐的灵魂。她开始讲述自己的故事，并不透露姓名，但说自己出生的地方位于波河入口处。这一全景画面为接下来的迷人故事设定了场景：

我出生在一座海上之城，
在波河汇合其支流，
入海安息的地方。[①]

接下来的三节诗，每节都以*amor*（爱）开头。正是爱，在温柔的心灵中容易被点燃的爱，让她的伴侣倾倒于她身体之美。但她却无端被剥夺了身体，她至今都为此感到愤怒。也正是爱，让所有被爱之人都难逃其魔力的爱，让她着迷于爱人的魅力，让她欲罢不能。正是爱，让她们

① 《地狱篇》，第五章，第97—99行。

同赴九泉。

作者但丁让弗朗西斯卡口中说出“真爱诗社”诗人们的诗句，甚至还说出了圭多·魁尼柴理的“温柔的心”这个概念。[①]但丁自己也曾经写过这样的诗歌，在1300年时仍然在写。如今年逾40的但丁回眸往事，幡然醒悟这样的概念可能被曲解而误导了世人。对于弗朗西斯卡而言，这些概念乃自我欺骗和自寻借口的理据。

人物但丁深感同情，低首垂眉，一语不发。维吉尔问他在想什么，他答道：“唉！该是多么美好的念头，多么强烈的渴望，才让他们陷入如今这催人忧伤的境地！”但丁直呼其名：“弗朗西斯卡，我为你们的遭遇哭泣，我感到无比的伤心与同情。”

但请你告诉我：你们发出甜蜜叹息时，
爱通过何种迹象和方式，
使你们明白了彼此心里的朦胧欲望？[②]

弗朗西斯卡继续讲述她的故事，这段故事的语言在文学作品中广为流传。她说自己的悲剧是丢失了幸福。

最痛苦的事情，
是身处悲惨之境，
心中还铭记着幸福的时光，
您的老师一定知晓此种感受。[③]

---

① 参照本书第二章和第三十九章。
② 《地狱篇》，第五章，第118—120行。
③ 出处同上，第121—123行。

但丁描绘了一个非常生动的场景，如同微模型，似乎打开了一扇通向里米尼家中一个房间的窗子。两位彼此爱恋的人天真地坐在一起，大声朗读一本亚瑟王的浪漫故事：讲的是兰斯洛特（Lancelot）和吉娜薇（Guinevere）以及将二人引向通奸的那个吻。

有一天，为了消遣，我们阅读兰塞罗特
怎样为爱所掳获的故事；
我们只有两人，没有什么猜疑。
有几次这阅读使我们目光相遇，
又使我们的面容变了颜色；
但把我们征服的却仅仅是一瞬间。
当我们读到那么样的一个情人
怎样地和那亲切微笑着的嘴接吻时，
那从此再不会和我分开的他
全身发抖地亲了我的嘴：这本书
和它的作者都是一个‘加里俄托’；
那天我们就不再读下去。[①]

弗朗西斯卡的爱人——他的姓名未被道出，一言不发，但自始至终一直在哭泣。但丁万分同情，以至于昏厥，如同死尸一样坠落。

我倒下，如同一个尸首倒下一样。[②]

① 《地狱篇》，第五章，第127—138行。
② 出处同上，第142行。

虽然只进行了两个诗章，但丁却已经是第二次昏厥了。

弗朗西斯卡所说的事情中，有一件非常神秘。她说完“爱让我们共赴九泉”之后，立即大声宣称：

那个夺取我们生命的人注定要被发配至该隐之圈。[①]

这些话所指不明，言者也无意明说。我们读到地狱第九圈时才知道，该隐圈是以“该隐”（Cain）命名，用于惩处那些谋杀家族成员的叛徒之地。这是作品中最长的悬念，也很让人迷惑。首先，弗朗西斯卡是如何知道这个地方的？其次，她的丈夫并非叛徒，而只是一位报复妻子的配偶，他自己才是被背叛的那个。作者但丁是不能为他的灵魂定夺命运的。[②]他应被发配最坏的去处顶多是第七圈，一个惩罚暴力谋杀的地方。但丁让弗朗西斯卡口中说出这番话来是有用意的：这些话是她这个人物塑造的关键，她用诗歌语言来为自己的通奸辩护，并怪罪亚瑟王的浪漫故事对自己产生了不好的影响等，也都是为了塑造她这个人物。

地狱和炼狱的区别在于忏悔。在地狱受罚的灵魂皆因过于固执，死前都未忏悔。因此他们顺理成章地被永久剥夺了上帝的慈悲，因为他们未请求过慈悲。但决定哪些灵魂受惩罚的不是上帝，也不是发配他们的米诺斯，而是作者但丁。这种对强加于个人的道德自信有些让人难以接受。虽是艺术创造，却带着主观的评判。但丁这位艺术家选择将保罗和弗朗西斯卡刻画为未忏悔的谋杀行为的受害者。但丁·阿利吉耶里来自佛罗伦萨，根本无从得知他们死前是否有过忏悔。

---

① 《地狱篇》，第五章，第107行。

② 但丁并没有提到，当他到达该隐环（圈）时，甘西多（Gianciotto）在那里等他。参照本书第二十七章。

这个引人入胜的故事本是但丁编排出来的，后又加了诸多的浪漫元素。这全起源于薄伽丘。他不仅是但丁的第一任传记作者，还是《神曲》的第一个公开讲授者。[①]他的讲课名为《详述》(*Esposizioni*)，时间在1373和1374年之间。这些授课本是针对作品的详细评论，一章一章进行，既有字面意义的解释，又有寓含意义的解读。但在1374年1月，此时已进行到了第59课，薄伽丘不幸患病，一年后便去世了。

在他对第50章的评论中，我们毫无疑问地见识了这位《十日谈》的作者、一位讲故事高手的自由演绎。当他讲到弗朗西斯卡口说“坐在我出生的土地上”时，将但丁的原作丢在一旁，滔滔不绝地讲开了他自己的故事版本。而这个版本自此便被世人接受，出现在《神曲》的评论和注释中，就像真的一样。

“在我继续说下去之前，”薄伽丘说道，“为了让大家更好地了解弗朗西斯卡说的话，我先告诉你们她是什么样的人，又是怎么死的：”

我们必须得知道，她是拉文那领主老圭多·达·波伦塔之女……

拉文那家族和里米尼家族为了缔结和约，便决定让弗朗西斯卡嫁给里米尼领主的儿子和继承人甘西多·马拉特斯塔。但是，薄伽丘继续说，一位朋友对她父亲说，“你这样做有些风险。你女儿有自己的主见。若她婚前见到甘西多，肯定不会同意嫁给他。”因为，虽然甘西多将来会成为里米尼领主，[②]但他既瘸又丑。因此便安排让甘西多的弟弟保罗前往拉文那代替兄长迎娶弗朗西斯卡。保罗长相英俊、魅力十足：

① 参照本书第四十三章。

② 他死于1304年，早于他的父亲和兄长。

保罗是个温文尔雅、让人愉悦的男人。

他来到拉文那家族宫殿时，一位侍女便从一个孔隙中将他指给弗朗西斯卡看，说：

小姐，这个男人将会成为你的丈夫。

侍女想当然认为如此，而弗朗西斯卡也立马爱上了保罗，兴高采烈地嫁给了他（她自认为嫁的是他），跟他来到了里米尼。新婚夜之后的早晨，她才意识到自己被骗了。她感到十分愤怒，但一如既往地爱着保罗。

为了让自己的故事更加真切，薄伽丘还说，但丁的故事肯定是虚构的，他是怎么知道两人坐在一起看亚瑟王浪漫传奇的呢？薄伽丘说，保罗和弗朗西斯卡成了情人，乘甘西多不在宫中，两人的情事持续了一段时间。但有一天，一个仆人告诉了甘西多事情的真相，献计让他假装离开，然后再出其不意回家。甘西多十分恼怒，便依计行事，果然看见保罗进入妻子的房间。甘西多怒呼妻子的名字，扑向锁住的房门。保罗决定从地板上的活门逃走，活门下面有一间密室。他一边跳下去，一边叫弗朗西斯卡去开门。但他短上衣的褶皱挂在活门的门栓上，吊在那里无法脱身，头还露在地板上。弗朗西斯卡却不知情，便打开了门。她丈夫大步流星冲进房间，手握宝剑。弗朗西斯卡飞身挡在丈夫和情人之间，甘西多全力刺出的剑结结实实扎进她的胸膛。甘西多拔出宝剑，又刺向保罗，将其杀死。一对情人在次日早晨便被众人流着泪合葬于一个墓穴中。

这便是1374年11月的一天，薄伽丘在佛罗伦萨的桑托·斯托凡诺·迪·巴蒂亚（Santo Stephano di Badia）教堂讲述的故事。当时的薄伽丘虽然年事已高，头脑却敏锐如前。他仍旧知道如何抓住有戏剧化的场景、描述生动的细节，选择合适的语言、风格和节奏，以表达他想达到的效果。这便是《神曲》公开朗诵会的一个例子。我们不知道他是否每个章节都一次性朗诵完，然后加上评论，还是每次只读几句，但他通过诸多手段让作品在这个还没有印刷的时代十分生动地展示给了读者。

薄伽丘的故事在5个半世纪以后深深地影响了加布里埃尔·邓南遮（Gabriele D'Annunzio）。当他动手写那部美丽却略显夸张的诗歌戏剧《弗朗西斯卡·达·里米尼》时，他遵照的是薄伽丘而非但丁的版本，甚至搬用了薄伽丘的原话。一如薄伽丘于罗马舞台上的生动演绎，500年以后，爱恋诺拉·杜丝（Eleonora Duse）对故事高潮的演绎让这个故事更具生动的气息。这个故事也激发了作曲家里卡多·赞多奈伊（Riccardo Zandonai）的灵感，他根据邓南遮的戏剧创作了歌剧《弗朗西斯卡·达·里米尼》，于1914年在科芬园（Covent Garden）上演。

当弗朗西斯卡的侄子圭多·罗威纳·达·波伦塔（Guido Novello da Polenta）成为拉文那领主后，他给无家可归的但丁提供了住所，但丁也接受了。这是他最后的避难之所。圭多也是一位文人，爱好诗歌，师从但丁学习诗歌创作。在一首习作中，他引用了但丁赋予他那任性姑姑的话：

> 我们二人永不分离。

这表明，他并未介意但丁对姑姑的描写。[①]

---

① 参照本书第四十二章。

第十五章
但丁遇险

对弗朗西斯卡温婉细腻的叙述和接下来这一章中对贪食者让人嫌恶的描写形成鲜明的对比，这让人领略了但丁这位文学艺人的匠心独具。但丁反复、也不无公正地说，意大利语是一门美丽的语言。但丁热爱且培养了意大利语的音乐品质；但他也使用它来刻画丑陋和粗俗。

第三圈中的罪孽者陷于泛着恶臭的沼泽中，头上承受着无情的大雨、冰雹和寒雪的冲击。在他们上面站着怪物地狱犬，像猎犬一样，从他3个喉咙中发出号叫，他的胡须又黑又油腻，肚子鼓鼓的突着，手如同爪子，将灵魂撕扯、剥皮、肢解。

> 有着3个喉咙，像狗一样地
> 对着那些浸没在水里的幽魂狂吠。[①]

这些语言一点也不美丽，也无音乐性可言：刺耳、粗粝，却直印人脑海。英语就很难做到原文中的一些音效，如粗犷的*a*音的重复、短语*caninamente latra*，这个状语（意为“像狗一样”）是但丁新造的，用以加强动词*latra*（狂吠）象声效果。

灵魂没有身体。他们遭受的折磨只是一个意象，比喻他们犯下的

① 《地狱篇》，第六章，第14、18行。

罪恶以及心灵与精神的苦痛。人物但丁却是肉身，他用实在的感官经历着幽闭的地狱；尽管地狱黑暗，他双目仍能视物，他还能触碰、抚摸、闻嗅。作者但丁在构造精确的场景中部署、调动他的人物角色，需要时还作避让，似乎这些灵魂和他自己一样是肉身的。虚无缥缈的灵魂和有形可触的人的结合十分可信，读者亦可接受，并很少质疑。比如，我们继续阅读下去，也不会问维吉尔如何能够将但丁抱在怀中，但丁如何将一个从冰下探出的叛徒的头一脚踢掉，把他的头发从头皮上扯掉。这类故事早有传统，在某些方面——正如但丁所说——应该礼貌地闭嘴不言。后来，但丁提供了有时假装灵魂有形的解释。[①]

维吉尔用老办法平息了地狱犬，他摊开手，朝它嘴巴里扔了些东西——几把地上的泥土。二人便从这些灵魂身上跨过去。这些灵魂看上去有形实则虚无。有一个灵魂看见他们走过，便起身坐起，招呼但丁，问但丁是否认识自己，但他已然面目全非，须自报家门。他是佛罗伦萨人，绰号“恰科”（Ciacco）（猪）。他恶狠狠地说起佛罗伦萨，称这座城市充满了妒恨，那口袋都装不下了。但丁此处采用另一个说法，即人们相信死人能预见未来。[②]因此，按照这一说法，但丁应该问他佛罗伦萨未来命运如何，为何会一分为二。

《神曲》是一个关于惩罚、忏悔以及福佑的寓言，因此关乎基督教信仰、人类行为以及但丁自己的救赎；或许我们可以称为一个有视觉辅助和声响效果的巨大布道。它也是对佛罗伦萨和其他城市的咒骂，对教皇、法国君主以及那些放任意大利陷入混乱的皇帝们的谴责。这些故事、尤其发生在令人敬畏的地狱里的故事，实为作者但丁的一种宣传。他越是能让字面上的故事具有说服力，他想用来传达的

---

① 《炼狱篇》，第二十五章。又参照本书第三十九章。

② 《地狱篇》第十章，法利纳塔的预言。又参照本书第三章。

信息就越有力。他在《飨宴》中用散漫、哲学的语言所表达或欲深入探讨的观点，在这部作品中通过人物角色之口传达，因人物领受了上苍赋予的使命，所以发言更具权威。[①]他自己也时不时从诗中跳出来，或短促、或长篇累牍地直抒胸怀。

在与恰科的对话中，第一次引出了佛罗伦萨这一话题。恰科预言两个对立政党（教皇派黑白两党）将有一场血战（1300年5月），白党将在初始占得上风，将黑党驱离。但三年内，黑党将在那个"如今言语支吾的人"的帮助下卷土重来。这个不清不楚的指涉实指波尼法爵八世，文中有多次类似的提法。波尼法爵八世在本故事的时间框架内还未开始插手佛罗伦萨政坛。

恰科神秘地提及了"两个无人注意的正直之人"。书中未提及二人姓名。但丁可能只是意指"寥寥一两个人"，或者指的是自己以及另一个人。另一个人可能指贾诺·德拉·贝拉。此人改革了佛罗伦萨法律。但丁问哪里能找到其他佛罗伦萨人，并给出具体的姓名。他们如今身处地狱还是天堂？恰科警告称他们如今是地狱最黑暗的灵魂。佛罗伦萨就这样得以引入，刚开始谈论的范围较小，只涉及当地政治以及对一些个人的问询。随着作品深入展开，这一主题开始关乎世界历史和宇宙。[②]

但丁笔下传奇的素材有一个特点，即地狱世界的力量对来自活人世界入侵者的排斥、抗拒。开隆和米诺斯抗拒过但丁，如今普鲁特斯（Plutus）亦然。普鲁特斯在古典神话中是财神，而在这里，他和米诺斯一样，都变身成一个怪物。他掌管的是第四圈中犯下贪婪罪行的灵魂。他口中乱说一气，所言甚是骇人：

---

① 《炼狱篇》，第六章，第76—151行。

② 参照本书第四十九章。

我父撒旦，我父撒旦，救命！

(*Paps Satan, Pape Satan, aleppe*！)[①]

aleppe（阿勒波）一词迄今也未出现令人信服的解读。但这句话似乎是在呼叫撒旦帮他抵御一个活人。“全知的人”维吉尔一边安慰但丁，一边咒骂普鲁特斯是个“受诅咒的狼”——贪欲的象征，并对这个怪物大加调侃，叫他想想当年主天使迈克尔是如何击败反叛天使的，似乎在说“指望撒旦帮忙是没用的：想想看主天使是如何对付他的”。此话一出，普鲁特斯便泄了气，如同断了的桅杆上的帆倒塌于地。和对贪食者的描写一样，此处的语言声响相当粗粝，*-occia*结尾的韵暗示普鲁特斯噼啪作响的说话声，而以*-acca*结尾的押韵暗示他倒地发出的嘈杂声。两群贪婪的人群（一群是挥霍无度的人，一群是囤积居奇的人）推动着面前的巨石，分拨发生了冲突。但丁用双辅音的韵描写碰撞的声响效果：*viddi, Cariddi, riddi, intoppa, troppa, poppa*。但丁犹如一名技术员，巧妙地通过声音将读者的注意力牢牢地抓住，然后又借用堕落灵魂的画面以进一步取得视觉效果。这些灵魂彼此想象，无法区分，只能通过他们削了发的脑袋判断大多数是牧师。这是但丁在《神曲》中第一次鞭笞教堂的贪婪。

早期的地狱游记描写了诸多场景：灵魂不同程度地浸在肮脏的河流、沼泽或血流中，幽禁在烈火焚烧的坟墓中，封锁于寒冰中，渡危险的桥梁，被魔鬼用叉子折磨，用剑砍剁，还有蟒蛇的惊吓等。这些元素有些出现在《埃涅阿斯纪》中，如今又被但丁采用，随着《地狱篇》推进，越来越具有真实感。危险也随之增加。

愤怒者所在的圈层是一个沼泽。船夫菲烈基斯助但丁和维吉尔渡

① 《地狱篇》第七章，第1行，古托斯坎语中，leppare的意思是“移除”或者“逃跑”。

过沼泽。[①]但丁肉身的重量压得船直往下沉，使得他第一次身处险境。有一个灵魂愤怒地从沼泽中立起身来质问但丁。但丁认识此人，并诅咒他罪有应得。听闻此言，愤怒者的灵魂便伸双手来抓船身。维吉尔推开他，说："滚一边去和其他的狗一起。"他然后拥抱但丁，亲吻其面颊，对但丁的愤怒表示喜悦，语出惊人："怀胎生养你的有福了！"[②]但丁答曰："夫子，我离开前乐于见他沉入此污泥中。"维吉尔说他的愿望十分正当，将得以实现。随后，一群满身泥泞的灵魂便向刚才的灵魂扑去，口中大喊："去揍菲利波·阿尔真蒂！"

前面介绍过，菲利波·阿尔真蒂是佛罗伦萨人，脾气暴烈、傲慢，十分招摇，将马蹄都钉上银掌。他具体生死日期不明，但可以肯定死于1300年复活节周之前。他和阿狄玛丽家族的卡维丘里分支沾亲。这个分支属黑党，据说曾激烈地反对将但丁从流放中召回。对于书中人物但丁愤怒的复仇，评论家们想方设法对其进行拔高，认为其乃正义的愤怒，批判罪恶，截然不同于沼泽中那些罪人们自以为是的愤怒。但有一个事实我们无法否认，即作者但丁让虚构的自己显露出魔鬼般的非人性。在这之前，他是富有同情心的：听闻弗朗西斯卡的故事时满心同情，哭泣晕厥；为佛罗伦萨友人恰科的遭遇流下过眼泪；他无法一一辨认贪婪者是谁，但对他们——即贪婪之罪孽，表示了藐视与憎恨。但在此处他对某特定的罪人表露了复仇的愤怒，对他的痛苦表示愉快，维吉尔还拥抱他，甚至用曾用于基督身上的言辞来祝贺他的所作所为。但丁借人物但丁之口，对这一章节也作了评论，用了现在时态，说他迄今仍然赞美、感谢上帝让自己看到那个场景：

---

① 希腊神话中，菲烈基斯是维奥提亚的国王，战神与凡人女子所生之子。他的女儿可罗妮丝被阿波罗眷恋，因此菲烈基斯一怒之下烧毁了阿波罗神庙。

② 《路加福音》，第十一章，第27行："怀胎生养你的有福了！"

我看到那满身泥泞的一群

如此凶狠地痛打他，

至今我还赞美、感谢上帝的这一恩惠。[①]

但丁和阿尔真蒂的争吵应该发生于1300年5月之前。当时黑白两党发生流血冲突，正如恰科的预言。因此，二人之间的恩怨应该是个人的、而非政治的。因此，这里不仅是对愤怒之罪孽所发出的正义愤怒。这就是活人但丁·阿利吉耶里的秉性，他在《飨宴》中诅咒那些不相信永生的人，且说对于那些无法与之理性论辩的人，唯一的办法就是举刀杀之。

在此章开篇处，沼泽边缘一个瞭望塔发出闪烁的光。远处一个灯塔闪了一下光，作为回应。看到这一信号，菲烈基斯便划船横渡。当他们到达彼岸时，他便放下乘客，置其于一个四面围墙之城的门口。炮塔色红如火，城墙坚硬如铁。维吉尔告诉但丁这是下层地狱，称冥府之城。[②]在城门口，但丁看见无数魔鬼，"从天堂落下来的"，即叛逆天使。他们对但丁的排斥强过他迄今遭遇的所有的抗拒。维吉尔表示希望单独和他们谈，他们答曰："你一个人来，让这个胆敢闯进这个王国的人独自回去，如果他能找到路的话。"但丁立马失去了勇气，请求维吉尔赶紧和他一起回头。

我们赶紧沿着来路回去吧。[③]

维吉尔告诉他不要担心，没人可以阻止他们前行，因为这是上帝

---

① 《地狱篇》，第八章，第59—60行（斜体为补充内容）。

② 在希腊神话中，迪斯（Dis）是冥府——又叫布鲁托（Pluto）——冥王哈德斯（Hades）的另一个名称。此处仅指下层地狱，有别于那些抱有希望的赎罪者所在的上层地狱。见《地狱篇》第十一章与本书第十六章。

③ 《地狱篇》，第八章，第102行。

的安排。他离开但丁前去，承诺不会抛弃他。但丁独自等待，满心恐惧与狐疑。他听不见维吉尔在说什么，但可以看见魔鬼们冲进了城门，把门重重关上。维吉尔步履缓慢地回到但丁身边，双目看着地，自言自语，唉声叹气："这些阻止我们进入痛苦之城的到底何方人士？"然后他又对但丁说："不要灰心，我会胜利的。他们以前表现过这样的蛮横。已经有人不带随从，越过各层地狱，来为我们开门。"

但丁面色苍白，维吉尔语无伦次，让人困惑的话里充满疑惑，虽然他企图掩饰，这让但丁更加惊觉。但丁委婉巧妙地问道："是否曾有人从灵泊下来过？"维吉尔回答很少，但他自己曾被埃里希图（Erichtho）施了魔法，送到地狱的最深处去为她找回一个灵魂。他认得路，所以让但丁不用害怕。

埃里希图是个巫师，但丁在卢坎的《内战记》中曾读到过关于她的事。书中说，庞培的儿子雇她将他一个阵亡的士兵施以魔法，来预告战争的结果。[①]同样，在《埃涅阿斯纪》中，西比尔安慰埃涅阿斯，说她曾在赫卡特引领下穿越过冥府，见证了所有惩罚。[②]但丁可能想到了这些情节，因为在那个故事中，西比尔安慰埃涅阿斯时，他们似乎也是来到了冥府之城。埃涅阿斯也来到过一个大城堡，城堡柱梁坚实，有一座铁塔，里边传出呻吟和鞭笞声。埃涅阿斯惊恐地立在原地动弹不得，问："这里惩罚的是何种罪孽？他们为何哭喊的如此大声？"

城垛上升起3个浑身鲜血的复仇女神，腰间缠着绿色的水蛇，额头上蠕动小蛇和角蛇。维吉尔指着她们说："右边的是阿勒克图（Alecto），左边的是墨纪拉（Megaera），中间的是提西福涅（Tisiphone）。"她们捶打自己的胸脯，用指甲撕扯自己，大声嘶吼，但丁惊恐地紧紧靠着维

① 《内战记》，第六章，第508—830页。

② 《埃涅阿斯纪》，第六卷，第564—565行。

吉尔。“把美杜莎（Medusa）抓过来！”他们叫喊道，“我们要把他变成石头！提修斯（Theseus）进攻时我们为何未将他了断？”[①]闻此恐吓，维吉尔叫但丁转过身去，叫他用手捂住眼睛，自己的手则覆盖于但丁的手上。如果但丁胆敢看着美杜莎，便会着了魔道。如果复仇女神代表了悔恨，那么美杜莎便是绝望。维吉尔用自己代表的智慧、艺术和文明庇佑着但丁。

此时，但丁直接对读者开口说道：

你们有着明晰的理智的人啊，
在这神秘的诗行之间，
善自读出那深奥的含义吧！[②]

《神曲》中除此外，但丁仅于另一处将读者引向文字背后的寓言意义。[③]在两处，天使都前来相助。随后又发生了一起惊人的事件，这一章节本已跌宕起伏，此事件更是让人咋舌。

混浊的沼泽上泥泞不堪，突然炸起一声轰响，两岸骤然抖动。其声如同飓风横扫森林，折断树枝，或抛于地上，或者裹挟而去，吓得野兽与牧羊人四散而逃。维吉尔将手从但丁眼前挪开，叫他从那古老的沼泽上望去，看那烟雾最深密之所。如同青蛙一见到蛇便逃往池塘底部，但丁看见无数灵魂争相躲藏，不敢见那前来的人物，此人踏着沼泽而来，但脚上却是干的，一边用左手拨开面前的迷雾。但丁立马辨出，他是从天堂下凡而来的。他转向维吉尔，而维吉尔却叹气示意

① 雅典王提休斯（Theseus）曾试图从哈德斯那里救出珀尔塞福涅（Persephone）。他失败了，但如果复仇女神杀死了他，那么其他活人都将不敢进入冥府。
② 《地狱篇》，第九章，第61—63行。又参照本书第八章。
③ 《炼狱篇》，第八章，第19—21行。

他不要说话，低头弯腰，以示尊敬。那信使面带高高在上的轻蔑，来到城门前，只用手中魔棒轻轻一挥，城门便洞开。他开口说道：

> “哦天国的遗弃者！卑贱的种族！”
> 他在那可憎的门槛上开始说，
> “你们心中为什么怀着这种骄横？
> ‘天意’的归趋绝不能阻止，
> 并且还要时常增加你们的痛苦，
> 为什么你们要对他违抗？
> 与‘命运’抵触又有何益？假使你们记得，
> 你们的塞比猡为了这样做，
> 仍然忍受着下颚和喉咙剥了皮的痛苦。”[①]

信使便折身顺着肮脏的道路返回，不曾向但丁和维吉尔说一言一语，露出有比当下更要紧的事情要做的神气。

来者是谁，文中未有交代，虽然有人试图猜出他的名字。在圣保罗地狱游记的某些版本中，陪伴他的是主天使迈克尔，因而《地狱篇》的早期听者与读者便会期待他的出现，或至少不会惊讶于他的现身。在第七诗章的开篇处，他曾被提过一次。当时，维吉尔嘲讽普鲁特斯，叫他记着主天使曾击败过叛逆天使。而《神曲》的第一个讲授者薄伽丘也认为来者是他。

不管他是何人，这一事件的寓意——但丁已经提请读者注意——必定是维吉尔虽然身负智慧和魔法，却不敌最邪恶的力量。因此，他们需要上苍派来的帮助。上苍也确实给予其帮助。

---

① 《地狱篇》，第九章，第91—99行。赫丘利斯最终牵出了冥府的看门狗，但自己喉咙也受了损伤。

第十六章
分类学家但丁

在圣保罗地狱游记的其中一个版本中，主天使迈克尔告诉他稍加等待，以便适应自深渊漂浮上来的恶臭。圣保罗依嘱照做，从斗篷上折出一团来塞于鼻孔。但丁描写这一细节之用意是借机让维吉尔向自己介绍地狱的结构。如今时机正恰当。至此，已经发生了太多事情，他们遭遇了怪物，穿越了层层地狱，见到诸多灵魂。但丁认为是时候给读者做个概括和介绍了。

在异教徒圈，但丁和维吉尔与法利纳塔和卡瓦尔坎蒂有一番对话。[①]之后，二人便来到一个拱形墓穴之后。墓中住着阿纳斯塔修斯（Anastasius），五世纪的一个教皇，据说拒绝承认基督乃神圣之身。墓穴坐落于深渊的边缘，罪孽的恶臭于渊中升起。墓穴的位置象征着对真理的侮辱，即但丁认为异教徒教皇侮辱了真理。当两位诗人歇息时，维吉尔便开始概要而精确地讲述了罪恶的级别与种类。

我们不知道但丁的本意是否要接着《飨宴》中的罪恶分类继续加以探讨，但有此可能。若确实如此，这确切证明了他将早先为《飨宴》准备好的材料——无论于心中加以酝酿，或是已然落在纸上——搬到了《神曲》中。诗行中十足的散文体风格更是增加了这一可能性。

---

① 参照本书第三章。

在这一方面，他有两个权威可参考，一是亚里士多德，二是西塞罗。亚里士多德将罪分为三类：意志薄弱、残忍和恶意。西塞罗只区分了两类：暴力和欺诈。但丁将二人的体系融为一体，在西塞罗的分类上加上了“无节制”（意志薄弱）。亚里士多德并未将这一点划为罪恶，因为罪恶涉及对意志的有意识使用。

维吉尔开始与处于其目前所在处下方三圈的灵魂进行对话，其中一圈惩罚侵犯罪，另两个圈惩罚欺诈罪。后两个根据加害者和受害者之间的关系加以区分，若违背某种特殊信任关系则被视为背叛。这涉及滥用智力，智力乃仅人类才有的能力，因此也是对上帝最大的冒犯。因此，背叛者处于地狱最底层，即第九圈。

二人即将进入的第七圈分为3个区域，根据受侵犯者而划分：邻居、自己和上帝。但丁列举了对邻居的侵犯行为，如同老师对一群小学生举着图表一一详解：谋杀、身体伤害、敲诈、抢劫、抢夺、纵火。在列举上述类别时，但丁肯定没有忘记当年在佛罗伦萨烧杀掳掠的黑党对他所实施的伤害，他们纵火焚烧、摧毁他的房屋。第二个区域是对自己和自己所属之物实施侵犯的人：自杀、赌博、摧毁自己房产的浪费行径，这些在但丁时代均被视为自我的延伸。对上帝的侵犯分为：亵渎神明、侵犯自然以及对人类产品的侵犯。在这个区，但丁将下列一些罪人划归一类，虽然也加以区分：拒绝承认上帝的人、鸡奸者、高利贷者。其中唯一亵渎神明的人名为卡帕纽斯（Capaneus），攻打底比斯（Thebes）的七王之一。他一面攀登城墙，一面豪言即便是朱庇特主神也无法阻止他。如今即使被罚下地狱，他仍然藐视上帝。将放高利贷和鸡奸罪以及亵渎神明一起定性为对上帝的侵犯，这对于当代读者，需要加以解释。但丁的同代人显然也需要解释，他因而安排维吉尔来为其合理性加以辩护。

维吉尔提请但丁注意亚里士多德的《伦理学》，书中将自然定义为上帝的艺术品，将人类的勤勉之作定义为自然的后裔。对人类物质资源和产品的滥用即对上帝的冒犯。亚里士多德将使用金钱来生产更多的金钱视为一种无益之举，而但丁也将高利贷者安置在贫瘠的土地上。教堂谴责借钱生息，但丁也同样加以谴责，虽然佛罗伦萨的财富增长得益于银行业的发展，也才使得生产和工业的组织成为可能。但丁对高利贷的态度反映了他对贪婪的谴责，他将贪婪谴责为人类福祉最大的绊脚石。他和教堂所反对的或许是形成垄断优势的高利贷者过于严苛的榨取。若是当代金融服务概念中受法律管控的自由市场，他可能会接受。罗马法律中对利率有所规定，但丁对此持尊重态度。我们或可将但丁比作一名现代社会资本主义及近年全球化浪潮的反对者。无论如何，他肯定都了解高利贷受害者所遭受的苦难。在流放期间，他自己便借过高利贷。为高利贷罪进行赎罪有个著名的例子，但丁也很熟悉。恩里科·斯科罗维尼（Enrico Scrovegni）将位于帕多瓦的麦当娜·戴尔竞技场（Madonna dell’Arena）教堂捐出，但丁的朋友乔托被委托为其画壁画作装饰。恩里科据说是里纳尔多·德利·斯科罗维尼（Rinaldo degli Scrovegni）之子，他的父亲便身处地狱中放高利贷者之列。[①]如果情况属实，恩里科的捐献即可视作中世纪版的百万富翁行善。在乔托所作的画像中，恩里科手举教堂的模型。

第八圈惩罚的罪恶是欺诈与己没有特殊信任关系的人，在诗中以散文风格的文字一一列出：虚伪、奉承、巫术、假冒、偷盗、买卖圣职、性剥削、贪婪。诗行以“诸如此类的肮脏行径”结尾，似乎这一主题不值得继续作诗叙述下去。第九圈的罪恶总称为背叛，分为4个群体：背叛亲人、背叛政党或事业、背叛宾客以及背叛恩主。

① 《地狱篇》，第十七章，第64—75行。

但丁问维吉尔他们已经越过的圈层。为何那些罪恶在“冥府之城”外接受惩罚。维吉尔有些暴躁，答道：

“为何你的头脑，”他说，
“如此愚钝，一反平日的敏锐
你的智慧呢，去了哪里？”①

他提请但丁回想亚里士多德的教导。根据亚氏的说法，意志薄弱之罪比残忍和恶意罪更轻。因此，他们受到的惩罚也越轻。

但丁在博洛尼亚的时候，曾有法学家朋友奇诺·达·皮斯托亚相伴。但丁可能从他那里了解了一些民法概念以及当地处罚条款，但教会法可能对罪恶分类的影响更大。《格里高利教令集》的第四卷针对的便是刑法，分别有专项讨论伪造、异端、杀人、纵火、高利贷、通奸、偷盗、亵渎神圣、巫术及其他罪恶。相比现代民法的起草者，中世纪教会法的起草者在哲学和神学意义上更加细致入微。

但丁对罪恶的安置，尤其受命理学影响，这点在《神曲》其他地方也一样。整部作品结构的主要概念是统一，代表为数字一，象征着灵魂和创造者以及时间与永恒的联合。除了地狱中七类道德罪恶之外，但丁又加了两条：灵泊和异端（无信仰和错误信仰），凑成九圈，再加上无用者所在的玄关，让分类达到共10个，按照神秘的加法来算，②便可还原为数字一。这一结构也运用于炼狱山的描写。炼狱山共两个平台，加上7个檐口，顶端是伊甸园。同样，天堂共有九层天，再加上苍天。如上所述，数字3象征着三位一体或三合一，这一象征贯穿作品始

① 《地狱篇》，第十一章，第76—78行。

② 一个“神秘加法”的例子是19=1+9=10。又参照本书第二章。

终。押韵结构为三行诗节押韵法，即每个诗章的诗行数都是3的倍数，外加一个结尾句，回到一致。全书共100个诗章，也是十的倍数，代表着至善至美。

但丁对作品的数字式控制，在有关贝特丽采的章节里尤为突显。《神曲》共提及贝特丽采名字63次，这个数字按照神秘加法也可还原为九。她的名字在九处被用作韵脚。她在《炼狱篇》第30章向但丁显灵，此章也是整个作品的64诗章。30也是一个可以还原为10的数字，其本身也可以还原为表示统一的数。此章前有六十三诗章（可还原为九），后面跟着36章（也可还原为9）。贝特丽采宣布她身份的诗句"仔细看，我们是，我们是贝特丽采"是诗章的第73行，第一次露面是31到33行。这些与贝特丽采相关的数字十分凸显，重复演绎，理应不是巧合，一定是先前已然在结构上有所安排。①

数字10意义非常。亦可表征为三角形，即毕达哥拉斯主义者们称颂的"四"（tetrakis）。他们视其为神圣之物，并以其发誓。10是由1+2+3+4，或9+1组成，组成部分代表统一（1）、二元（2）、解决二元的和谐力量（3），以及完满（4），如同造物的四要素：土、空气、火和水以及身体内四种主要的液体：鲜血、黏液、胆汁和黑胆汁。同样，数字7，主要的数字组成方式为3+4，被视为理解宇宙的关键，如人们相信环绕地球运转的行星数为7个。但丁从这些数字的联系中获取创作的力量。如此，同代人阅读《神曲》或者听闻其大声朗诵时，便产生了魔法一般的效果，但丁可能是有意为之，亦可能是无心插柳。他自己也从中获得了对作品结构的信心，视其为真理的意象。

自毕达哥拉斯起，希腊人便着迷于数字模式和比例之美。他们在

① 见威廉·安德森（William Anderson），《制造者但丁》（*Dante the Maker*），第284—286页，Routledge & Kegan Paul出版社，1980年版。

建筑中运用了黄金分割的原理，即矩形的长度与宽度之间的比例。在数百年间，人们忘记了这一公式，却按照它构建出最赏心悦目的艺术作品。音乐也是按照相应的模式来作曲的，如今仍然沿用，不管作曲者是否有意为之。就如莱布尼茨后来所说的，“音乐是秘密的数学练习，沉湎其间的人并不知道自己原是在操纵数字。”

数字7也是作品创作的关键，其在数学意义上和象征着地狱之旅的螺旋结构有着相通性。螺旋结构也存在于自然中，如种子、菜茎、焰松果以及一些壳如鹦鹉螺和菊石的形状，还有其他通过沿切线至增长曲线增长细胞而形成的软体动物。[①]因此，但丁在地狱、炼狱以及天堂中螺旋式的游历，不管但丁是否从这一角度加以理解，便是一种想象的经验，暗合了我们生理和精神存在的双重本性。但丁这个创造者通过此种控制方式实现他热烈追求的对称与和谐。

但丁对《神曲》的计划细致而精确，但如同一个生物一样，作品也在不断增长。序列相同的诗章在短歌的内容和意义上彼此呼应，但对称并不严格。数字100并没有中间点，因此视角也有所转移，如同视错觉。《神曲》的创作历经数载，可能写于1306年至1321年之间，而在此期间发生的世事也随着作品的进展被融入其中。但丁也有所变化，他变老了。《地狱篇》的作者并不是穿过“更好的水域”创作《炼狱篇》的作者，也不是《天堂篇》中摆脱一个又一个错误、最后被接纳面见上帝的人。作为艺术工匠，他计划好了自己的旅行，而作为诗人，他一边行走一边发现。这让诗歌免于一成不变，赋予了其动态的经验。

① 见K.R.伊莫生（K.R.Imeson），《魔力数字》（*The Magic of Number*），私人印制，由数学协会传播，第三章和第四章。又见戴维·维尔（DavidWell）著《企鹅古怪及有趣的数字词典》（*The Penguin Dictionary of Curious and Interesting Numbers*），企鹅出版社，1987年版。

第十七章 人物创造

弗朗西斯卡·达·里米尼是但丁在《神曲》中创造的第一个、也是让一些读者印象最深刻的人物。第二个人物是法利纳塔·德利·乌贝蒂，在说到圭多·卡瓦尔坎蒂时已经提及了此人。[①]他对自己在地狱中遭受的惩罚毫不惧怕，仍然牵挂着和他生前一起遭受流放的同党，而与他同处异教徒圈的同伴卡瓦尔坎蒂的形象相比之下则显得渺小，这里说的卡瓦尔坎蒂就是但丁的挚友圭多那爱抱怨的父亲。但丁在创造人物形象方面极有天赋，历经若干世纪，一直深得读者之心。我们不难看出，但丁对地狱的描写借鉴了早期的传说，但对具体细节的选取，对人物言语和语调的刻画，对人物怪癖的关注，让人物形象栩栩如生，这些都是天赋的体现，这种戏剧表演绝非简单的继承借鉴。这些大师级的人物刻画，弗朗西斯卡，法利纳塔，皮尔·戴勒·瓦因（Pier delle Vigne），布伦内托·拉蒂尼，尤利西斯（Ulysses）以及乌戈利诺（Ugolino），个个栩栩如生，演员们在台上并不需要额外的指导便可加以演绎。但丁在写作时，脑海中一定是此般音容笑貌。他大声朗诵自己的诗章时，一定也演绎着他们的声音。在关于《论俗语》的章节中，我们已经看到但丁是个高超的模仿者。

每个人物出现时的布景都起到加强人物刻画之效果。例如，但

① 参照本书第三章。

丁见到法利纳塔时，背景是一块巨大、肃穆的墓地，如同阿尔勒（Arles）和普拉（Pola）那里一样，[①]区别是，冥府之城墙内的墓地被置于火焰上烤，墓的盖子均打开着，里边传出哀叹声。这便是法利纳塔所藐视的地狱。他从墓中升起，挺拔而立，带着轻视一切的贵族神气，询问但丁的祖辈。他轻扬眉毛，说："他们都是我的敌人，是我祖辈的敌人，也是我党的敌人，因此我将其两次击败。"这是对一名英雄的佛罗伦萨人的描画，他热爱这个城市，曾阻止了胜利的己方将城市夷为平地。这也告诉我们，但丁善于观察人们的面貌表情。将眉毛"轻扬"的描写是一处点睛之笔。这一细节与寓言无关和作品的主题也关系不大，仅仅是人物形象描写的艺术。法利纳塔听闻托斯坎人的声音，便从墓中升起。这一细节又是一处让人印象深刻的性格特征，彰显了但丁丰富的想象力；而法利纳塔因对他如此热爱的城市造成巨大痛苦一事感到遗憾，这也是一处很好的细节刻画。正是这些细微处让《神曲》远胜于中世纪历史题材文本，也让但丁超越了他所在的中世纪。这位创造者的触角一路延伸穿越了数个世纪。

第七圈也有一处。场景是一片死气沉沉的树林，生前自杀而亡的灵魂们在这里被变形成为树和灌木：

> 没有青翠的叶子，只有灰暗的色彩，
> 没有圆润的枝干，只有扭曲和瘤节，
> 没有丰硕的果实，只有带毒的荆棘。[②]

① 阿尔勒（Arles）在普罗旺斯，据说那个地方有很多古墓，埋葬着查里曼大帝的士兵，他们死于那场抵抗撒拉逊人的阿莱斯禅（Aleschans）战役；普拉（Pola），位于亚得里亚海沿岸，据说有大约700座斯拉夫人的墓。

② 《地狱篇》，第十三章，第4—6行。

在这些非自然生长的树上栖身的是鹰身女妖，她不时发出哀叹。痛苦的声音让但丁驻足疑惑。维吉尔并不解释，只让但丁自己去发现。接下来是书中最具视觉和触觉效果的一处比喻。如法利纳塔轻扬眉毛一样，这一细节也凸显了但丁善于刻画形象的一面。维吉尔让他从其中一个植物上折下一段枝丫：

我的手伸出去，十分小心，
从一大棵荆棘上折下一根小枝，
树干便怒吼："为何如此残忍？"[①]

这些诗句读起来十分优美：一只手畏畏缩缩地伸出去，从一大棵荆棘上折下一小根树枝，树干响亮作答，话音里的元音互有反差。荆棘流下黑色的血液，继续说道："你没有同情心么？我们都曾是活生生的人，如今被变形为树木。就算我们是毒蛇的灵魂，你也应手下留情啊！"

液体从枝上渗出来的视觉意象以及说话嘶嘶作声的声音效果，被但丁比作最简单的日常现象。如果绿色的树枝被点燃，则树枝一段会流出树液，而另一端会吱吱作响地冒出气体。任何在燃篝火时烧过绿色树木的人都知道他在说什么：效果十分吓人。难怪人物但丁丢下树枝，惊恐不已。

维吉尔安慰受伤的灵魂，并说如果但丁相信在自己诗中所读到的，[②]便不会行此冒犯之事。作为补偿，他邀请这个灵魂说出自己的身

① 《地狱篇》，第十三章，第31—33行。

② 在《埃涅阿斯纪》中（第三卷第22行及以下等）埃涅阿斯向迪多讲述了他从特洛伊出发不久，便遇到了一座长满山茱萸和桃金娘灌木丛的坟堆。为了能在祭坛上放些树枝，他便开始扯掉灌木丛。然而，从树枝的根部流出黑血，同时坟堆里传来可怜的呻吟声，说："唉！埃涅阿斯，你为何要蹂躏过我呢？"这声音来自波吕多洛斯的灵魂。

份，这样，伤害他的人便可在上面的世界恢复他的名声。

该灵魂是皮尔·戴勒·瓦因。此人于1190年出生于加普亚，曾多年任西西里皇帝腓特烈二世的大臣，成为皇帝最信任的顾问。1234年到1235年期间，他身处英国，商谈皇帝和伊莎贝拉（Isabella）的婚姻。伊莎贝拉是亨利三世（Henry III）的妹妹。两年后，他因被控谋反而失宠。他被捕，入狱，然后双眼被弄瞎。1249年，在披萨的监狱中，他拿头撞墙，自杀身亡。但丁相信他当年遭受了诽谤。但丁选择此人作自杀罪的案例，是为了让他自己辩护。

皮尔也是一名诗人，属于所谓的“西西里派”，真爱诗社便从中派生而来。皮尔是十四行诗的早期实践者。但丁安排他说出一些可能出自他自己精美诗歌中的语言。

你用如此甜言蜜语来引诱，
我再不能保持沉默；
假使我多说一些，望你莫觉厌烦。
我就是那个手握开启腓特烈的心的
两把钥匙的人，
一启一闭把钥匙转得非常温柔轻巧，
几乎没让一人知道他的秘密；
我对那光荣的职务怀着极大的忠心，
我因此丧失了睡眠和性命。
那娼妇，公众之毒，宫廷之害，
她那对淫邪的眼睛
永远盯着恺撒的皇室，
煽动一切的人来反对我；

这些被煽动的人煽动了奥古斯丁，

使我欢乐的荣誉变成了可悲的烦恼。

我那蔑视一切的灵魂，

想用死来逃避他人对我的蔑视，

使得对人公正的我作出对己不公的事情。[①]

通过这首混杂的诗歌，但丁将我们从林中自杀者的灵魂带到腓特烈二世的宫廷，让我们听到宫廷中优雅的语言。然后但丁立刻改变言辞风格，将我们又带回树林，树的声音说：

我凭这棵树奇怪的根对你们发誓，

我从没有对我的主人失信，

他是这么值得人们尊敬。[②]

被不公地指控背信弃义，这是但丁自己深刻同情的遭遇。他自己也有过相似的遭遇。皮尔的辩白也因此更有激情、更加感人。然而自杀却是罪孽，在但丁构建的基督教地狱中是不能减缓刑罚的，[③]等同于任意毁坏自己物质财产之罪，后者也是对自身的侵犯。这是该诗章剩余部分的主题。

但丁对自己早年向导、导师布伦内托·拉蒂尼的刻画则是充满爱意与同情，考虑他所受的悲惨惩罚，但丁可谓给予了他相当的尊严。在第七圈的第三块场地，我们来到一处贫瘠的沙地，上空火焰如

① 《地狱篇》，第十三章，第55—72行。meretrice（娼妓）一词是诽谤之语。

② 出处同上，第73—75行。

③ 尤蒂卡的加托，一个宁愿自杀也不愿接受恺撒统治的斯多葛派人。但丁视其为十分高尚的人，委其灵魂以重任，去看守炼狱山的山脚。

雨水般不停地密集下落，这一现象违背自然规律，因为火焰是自下而上燃烧的。这是鸡奸者和其他侵犯自身的罪人所在的场所。但丁和维吉尔从自杀者之林里出来，沿着血河的河岸前行。河上升起一股蒸气之幕，保护但丁免受火焰灼伤。离河岸不远处有一群灵魂向他们奔过来，在一片朦胧中盯着他们看，眉头紧锁，如同老裁缝眯着眼找针眼一般。其中一个认出了但丁，一边伸出手来拽他长袍的衣摆，一边叫喊："这真是奇迹！"但丁弯腰去看他的面容。尽管此人面有灼伤、五官扭曲，但丁还是认出他来了。他的反应戏剧性十足：

是你么，布伦内托先生？①

诗歌在节奏安排上强调了单词*voi*，表达了人物但丁的震惊之情。现代评论者不太情愿承认但丁本意是将布伦内托定为鸡奸罪。②然而，考虑到背景和语境，这一点是很难怀疑的。

布伦内托·拉蒂尼生于1220年，卒于1294年，是佛罗伦萨教皇派成员。他是个公证员，学识渊博，深受同胞敬重，且以擅长演说著称。他将西塞罗的著作奉为公共事务的指导。佛罗伦萨的巴杰罗有一幅他的肖像，据说是乔托的作品，就悬挂在但丁肖像之旁。他名字的简称布鲁诺可能表明他身材矮小。他广泛参与佛罗伦萨的政治生活，且被任命为大使派往塞维利亚拜见西班牙国王阿方索十世。阿方索十世是新任皇帝，但从未被加冕过。佛罗伦萨参议院希望布伦内托能够获得他的支持，以防御锡耶纳皇帝党人的威胁。他的使命并不成

① 《地狱篇》，第十五章，第30行。Ser是敬称Messer的缩写，系给公证人发函的常用称呼。

② 因布伦内托主要作品是以法语创作的，因此，有人解释其为对意大利语的亵渎。据说没有证据证明他是个鸡奸者。也有人指出，他在自己意大利语的作品《宝藏集》（*Il Tesoretto*）中谴责鸡奸是最坏的罪行之一。但这两处否认都不能排除他是鸡奸者的可能。

功。从西班牙回来的途中，他沿着龙塞斯瓦列斯隘口前行，遇到一位来自博洛尼亚的学生，骑着一头骡子。他告诉布伦内托，在1260年蒙塔贝蒂之战中，教皇派惨遭失利。结果是，布伦内托和但丁一样，被流放出城。他在法国度过六年，用法语散文体写下巨著《宝典》(*Le Livres dou Tresor*)，这是一部历史、哲学、道德教化和科学的百科全书或辞典。他后来又将其用意大利诗体加以改编，称为《小宝库》(*Il Tesoretto*)。

从第15章的对话中可以明确看出，他在早年对但丁影响颇深。两人之间的关系密切温存。布伦内托谦逊地问，他是否可以让其他人继续奔走，自己留下来作陪。但丁提议两人坐下谈话，但这只会加重布伦内托的惩罚，因为他和其他灵魂注定要毫无目的地四处奔跑。但丁不敢下到沙地上去和他同行，只能向他俯首以表敬意。虽然但丁对拉蒂尼用敬语代词*voi*相称，但布伦内托用较为随便的*tu*称呼但丁。二人在佛罗伦萨时的交谈无疑便是如此。

> "假使你跟从你的星宿，
> 你不会达不到光荣的归宿；
> 倘若我死得不那么早，
> 看到上天对你如此仁慈，
> 那我早会支持、引导你的事业"。[①]

这些话暗示布伦内托曾给但丁占卜过星象。不管如何，他如今继续用晦涩的意象预测但丁的未来。那些来源于古时从费埃索迁下来的忘

① 《地狱篇》，第十五章，第55—60行。

恩负义、心肠邪恶的人们，[①]他说，将会成为他的敌人，这是理所当然的，因为在酸的山梨树中间，甜的无花果树是不可能有结果的。他们据称为盲人，贪婪、嫉恨、骄傲。他警告但丁不要染上这些恶习。在他的运命里，两党都欲抓住他、吞噬他。但是青草须远离山羊，就让菲埃佐勒的畜生们自己互为饲料，而不要触动草木吧，若在这些人的粪堆里，在这万恶之巢中，还能生出草木、还能留有罗马人种子的话。

但丁相信佛罗伦萨的动乱起因于菲埃佐勒入侵者和创建罗马城的罗马人之间的通婚。[②]他通过布伦内托之口用泥土的、农业的意象所表达的观点十分符合布伦内托以及他这代人的特点。其言辞与观点十分粗犷。但丁对他无比虔敬。

假使我所有的愿望
都能得到完成，你还不会
被遗弃在人类的天性之外；
因为在人世时，当你，每时每刻
教导我人如何使自己成为不朽，
你那亲切和善，父亲般的形象
始终固定在我记忆中，现在却涌上心头；
只要我在世一日，我的言语
应该表示我对此如何感激。[③]

布伦内托教导但丁的景象让评论家们认为他在某种意义上是但丁的导师。这似乎不太可能。老少二人之间应仅是学人之间的温情。贝

① 费埃索（Fiesole）坐落于佛罗伦萨东北方约三英里的一座山上，是12座伊特鲁利亚城镇之一。
② 见《天堂篇》第十七章中卡却亚奎达就同一话题所说的话。也参照本书第四十六章。
③ 《地狱篇》，第十五章，第79—87行。

特丽采死后，布伦内托可能引导但丁阅读西塞罗和波伊提乌的作品，他自己这么提过。另一个可能是，布伦内托在但丁父亲去世后成为他的监护人。

但丁一想及布伦内托的罪孽及悲惨的惩罚便十分痛苦。但丁问其他灵魂是谁，布伦内托用同样直率、粗俗的语言作答。他们是牧师、学者，都犯下同样的罪孽，如果但丁对这类“渣滓”感兴趣，他便给出一两个名字：语法学家普利西安，博洛尼亚大学的一个律师以及佛罗伦萨的一名主教。随后他看见又一群灵魂赶了过来，他便赶紧跑开去找自己的那队，因为他不能随便混入别的队伍。他喊道：

> 请照看好我依其长存的《宝库》，此外，我别无所求。①

这个满身伤痕的灵魂一路跑开，但丁觉得他如同一名赤身裸体的运动员在维罗纳参加赛跑以赢取绿布锦标，简直像是得胜者，而不是失败者。②

对布伦内托的刻画对但丁而言最具有个人意义，让读者看到但丁是个忠诚的朋友，一面执行上帝的善恶观，一面满心热爱地承认当年所受的恩惠。

---

① 《地狱篇》，第十五章，第119—120行。

② 布伦内托的问候和离去在《炼狱篇》第二十三章弗莱赛·多纳蒂处得到呼应。见本书第三十八章。

第十八章
深入地府

在《地狱篇》所刻画的所有怪物和变形的神话人物中，最令人惊惧的是吉里昂（Geryon）。和他相比，第七圈里那些守护血河、向杀人犯灵魂们射箭的半人马都显得可人耳目了，连遵喀戎（Chiron）之命驮着但丁来到自杀者之林的内萨斯（Nessus）都不令人害怕了。喀戎也是个有尊严的古代角色，他用箭头的凹口分开飘扬的胡须和维吉尔交谈。人们记得他是阿喀琉斯令人崇敬的导师。但背负两位诗人前往作为第七圈和第八圈分界线峡谷的吉里昂却相当吓人，简直如同噩梦。

在古希腊神话中，吉里昂是个人形怪兽，有三个头，或三个相连的身子，最终被大力神杀死。在但丁的描写中，他是一体三形，即人、兽和爬虫。他代表着欺诈，有着公正之士的脸庞，身体色泽鲜艳，有动物的爪子和前臂、蛇的尾巴，还有毒刺。但丁和维吉尔在第七圈边沿驻足时，被洪水和血液坠入深渊发出的轰鸣惊呆。这些洪水和血液来自上面的圈层，代表着自古以来人类的残忍和承受的苦难。按照维吉尔指令，但丁将腰间缠绕的绳索解开，他曾想用此绳索抓住那头有斑纹毛皮的野兽。有人阐释说这是僧人的腰带，象征着年轻人对肉体欲望的抵抗，或说象征着但丁加入方济会随后又退出的那段时期。在字面意义上，它就是一段绳索，是但丁开始爬“欢乐山”时的攀爬设备（当时这一细节不值得特别提及）。[①]他对解开绳索的描述表明绳索有好几股：

> 我照向导的指令，
> 从身上解开绳索，
> 打结盘好递给他。[②]

早些时候，但丁即便想用绳索，也无法使用。但现在派上用场了：维吉尔右手用力一甩，将绳索扔进峡谷，这是给吉里昂的信号。此处的寓言意义应是所有自负及自欺欺人的进步手段都应该被抛弃，因为其在欺诈面前毫无用处，必须要诚实面对。不管是什么意思，在故事中，这段绳索再也没被找回来，永远留在第八圈的某个地方。解掉腰带的但丁继续前行，直到炼狱山岸边。在此处，守护者卡托命令维吉尔用灯芯草给但丁重新系在腰上，象征着谦逊。[③]

信号一发出，吉里昂便来到第七圈边缘。他犹如从黑暗浓密的空气中游上来，如同潜水员，刚下海将锚从障碍物中解出来，伸着臂，划着腿。但丁若在海边游历便会看见这样的动作。但他从未出过海，尤其是他自己很可能还不会游泳，因此他应会饶有兴趣地观看并记在心中。

吉里昂到来之前，他们还遇到了另外三位侵犯自然罪的佛罗伦萨人灵魂。但丁和布伦内托·拉蒂尼攀谈之后和维吉尔继续沿着河岸前行，这时，有三个灵魂离开队伍，朝他奔过来。他们从他的衣着认出

---

① 《地狱篇》，第一章，第77行。

② 出处同上，第十六章，第109—111行（斜体为添加部分）。

③ 《炼狱篇》，第一章。又参照本书第三十章的内容。

他是“来自我们堕落之城的人”。[1]平常但丁被认出来是因其佛罗伦萨方言，这次倒是一个有趣的变化。

薄伽丘评价这句话时说，在但丁的年代，“几乎所有的城邦都有自己独特的穿衣风格，因为当时还没有开始跟随德国或英国人的时尚”。[2]乔瓦尼·维拉尼说，佛罗伦萨人穿的衣服是所有风格中最高贵、最庄严的。[3]人们身穿卢寇，即一种直长袍，没有褶皱，腰间往里收，头戴帽子，两边各垂下一条带子。这让人想起但丁肖像中的服饰。这是《神曲》中第一次、也是唯一一次提及但丁的衣着。[4]这些灵魂提及但丁的穿衣风格，而让人惊讶的是，他们自己却和布伦内托·拉蒂尼一样，全身赤裸，浑身是火焰的灼伤。

我一想到他们就悲伤不已。[5]

尽管这些灵魂境遇悲惨，维吉尔要求但丁对他们以礼相待。他说，若非因有火焰的缘故，他应该奔向他们，而非让他们奔向自己。

他们注定不能停止奔跑，因此，为了和但丁谈话，他们围成一个圆圈，像摔跤手一样，赤身裸体，浑身油腻，寻找机会抓住对手，而每个人的头和脚永远扭向不同的方向。其中一个问但丁是谁。他说，他们如今的境地掩饰了他们生前的名声：在他前面的那位叫圭多·格拉（Guido Guerra），是教皇派贵族，曾参战将皇帝党驱逐出阿雷佐，而在蒙塔贝蒂之役后，他自己也被驱逐出佛罗伦萨。他是以美貌和德行

---

① 《地狱篇》，第十五章，第8行。

② 《详论》（*Esposizioni*），第十六篇。

③ 《佛罗伦萨史》，第12章，第4页。

④ 除了提及他被布伦内托·拉蒂尼抓住的衣服边以及卡托催促他们上路的命令之外，在《论俗语》中，但丁已经评述了各地服饰变化（参照本书第五章）。

⑤ 《地狱篇》，第十六章，第12行。

著称的佛罗伦萨贵妇人瓜德拉达（Gualdrada）的孙子。他身后的灵魂叫戴奇侯·阿尔多布兰迪尼（Tegghiaio Aldobrandini），也是贵族，来自阿迪玛丽（Adimari）家族。他和圭多·格拉曾劝阻对锡耶纳的攻打，那场战争最终也导致佛罗伦萨在蒙塔贝蒂的失利。说话者自己叫雅各波·拉斯提库奇（Jacopo Rusticucci）。他说，他沦落至此，罪魁祸首是他那卑劣的妻子。[①]

对同为佛罗伦萨人的但丁而言，这些在城市编年史中留名的人物，但丁自然十分了解。但丁年幼时就耳闻这些英雄人物，若不是因为害怕火焰，他会十分高兴地奔到沙地上去拥抱他们。

> 我来自你们的城市，
> 早就耳闻你们的壮举和尊名，
> 我满怀热爱地
> 倾听、讲述你们的传奇。[②]

雅各波请求但丁告诉他们佛罗伦萨是否还是个礼仪与勇气之邦，因为刚加入他们行列的古列尔莫·波尔西（Guglielmo Borsiere）带来了让他们烦恼的消息。[③]但丁利用这一问一答的机会，讲述了佛罗伦萨的腐败。他扬起脸来，似乎要对佛罗伦萨说话，他斥责这座城市到处充斥着白手起家的人和迅速积累的财富，由此滋生了奢侈和傲慢，使更多人堕落且遭遇不幸。三个灵魂互看一眼，认定是听到了真相。他们感谢但丁如此直言不讳，并恳求他，若他能够逃离这个黑暗之地，

① 参照本章下述部分。

② 《地狱篇》，第十六章，第38—40行。

③ 薄伽丘在《详述》一书中，说古列尔摩（Guglielmo）是个手提包制作匠人（因此他的名字Borsiere，源于博尔萨，意指手提包），后来成为婚姻和其他联姻的中间人。薄伽丘把他作为他《十日谈》中一则故事的主题（第一天，第八个故事）。

还能看见繁星点点的夜空的话，就向世人们提及自己。说完，他们便加速穿越沙地，消失了，奔跑的腿如同翅膀。

这些人生前或许是贵族和英雄（但丁自有理由相信这一点），他们却犯有鸡奸罪。而雅可波·拉斯提库奇很可能还犯有兽性罪。他提到妻子时故意模棱两可。

我那兽妻对我伤害最大。

（*La fiera moglie piu ch'altro mi nuoce*）①

*Fiera*一词可指形容词*fiero*的阴性形式，意思为野蛮的或逼真的，也可以指名词，即野兽。

这是一幕十分动情的场景，英雄主义和堕落的情绪混杂，而记忆中佛罗伦萨这个往日的礼仪之邦和英勇之城，如今被贪婪腐化。这一幕过后，但丁和维吉尔才开始面对欺诈的意象。这一意象是由但丁腰部所缠绳索这个信号召唤而来的。如果他的腰带只是佛罗伦萨卢寇的着装特征，那么但丁丢弃腰带则可能意味着将自己从他所谴责的佛罗伦萨城脱离出来：剪断了脐带。

怪物紧紧依附着第七圈的边缘，如同一艘小船，一半在陆地上，一半在水中，或者像海狸。人们可看见德国的海狸可用尾巴抓鱼。②为了爬到怪物背上，但丁和维吉尔需要靠近右侧，沿着边缘前行10步。维吉尔用魔法召唤吉里昂带着他们二人下降，并让但丁沿着边缘继续前行一段距离，以观看第七圈的第三群罪人。

这些是高利贷者，因从事无益的金钱交换而侵犯了自然资源和人

① 《地狱篇》，第十六章，第45行。

② 但丁的儿子彼得罗在评论这个比喻时解释说海狸通过它的尾巴来搅动水流，油脂从（尾巴上）滴下来，从而吸引游鱼。但丁相信海狸是北欧的生物。

类的劳动果实。这是但丁在针砭佛罗伦萨时谴责快速致富的例子之一。这些破相残疾的灵魂蹲在沙地上，盯着脖子上挂着的钱包。这些钱包上绣着他们各自家族的纹章，但丁可以通过纹章识得各个家族。他们挥着手，企图躲避火焰，就像夏天的狗被跳蚤、昆虫或苍蝇叮咬时晃动鼻子和爪子一样。这一比喻有些刻意非人化。其中一位是帕多瓦人，但丁认得他是里纳尔多·思科洛文尼（Rinaldo Scrovengni）。[①]此人声称他的邻居维塔利亚诺（Vitaliano）将会很快加入他的行列。与此同时，他说，这些放高利贷的佛罗伦萨人还在他耳边不停大声呼喊着“无与伦比的骑士”，称他佩戴的袋子上将印有三个山羊的纹章：此人便是乔瓦尼·布阿蒙特·德·碧基（Giovanni Buiamonte dei Becchi），一个臭名昭著的放高利贷者。对于但丁的同代人而言，他和另外两位佛罗伦萨人——一个来自吉亚菲格里亚茨（Gianfigliazzi）家族，另一个来自乌贝里亚奇（Ubbriachi）家族——都耳熟能详。将布阿蒙特称为“无与伦比的骑士”实乃讽刺，因为在骑士爱情传奇中，这是一个绰号，指无上光荣和英勇的骑士。奚落完但丁后，里纳尔多歪着嘴巴，伸出舌头，一副牛舔鼻子的模样。通过使用如此粗俗的用语，但丁这位语言大师一展其驾驭方言的技巧以表达对高利贷的鄙视。

人物但丁回到维吉尔身旁，发现他已坐在吉里昂的背上。维吉尔让他骑在前面，他却证明了自己根本不是什么“无与伦比的骑士”，勇气全失，如同得了三日热的病人一样体若筛糠。羞耻心最终战胜了恐惧，他爬上了这个可怖家伙的肩膀，想说句“抓住我”，但没发出一点声音。维吉尔已经将他紧扣怀中。此举十分重要，因为如在冥府之城的门口一样，一旦遭遇蛇发女怪，但丁则会陷入极度危险。

对骑着吉里昂的背往下飞降的描写是但丁迄今写下的最富有想象

① 据说是恩里克·斯可络维尼（Enrico Scrovegni）的先祖。参照本书第十六章。

力的文字。维吉尔发出指令："现在出发，吉里昂，但要慢点，圈子绕大些，记住你背负了超过往常的重量。"如同小船离开泊位，吉里昂驶离悬崖（有点像现在的直升机，升起之后，慢慢离开高大建筑的楼顶，悬于空中）。当吉里昂感到自己可以完全自由转动时，就把尾巴掉转到胸部原来所在的地方，像鳗鱼一样摆动伸开了的尾巴，还用有爪子的脚扇风。但丁用两个讲述危险飞行的神话传说来表达自己的恐惧：一个是法厄同（Phaethon），当驾驶父亲的太阳战车时，撒开了缰绳，导致火烧天穹，还有伊卡洛斯（Icarus），飞近太阳时，羽毛上的黄蜡融化而掉入大海：二人的恐惧都无法和此时的但丁相比。因为一片黑暗，但丁无法得知他们在下降，只是感到有风自下而上从脸上刮过（这一描写是作者但丁直觉的功劳，后来被伽利略的不变性理论证实）。他听见瀑布从上一圈往下冲的声音，伸着脖子看。而从吉里昂背上下来甚至比在半空中更让人恐惧，因为他看见了火光，听见了哀号。他看见四面都是被酷刑折磨的场景，他畏缩不前，浑身颤抖。最后，吉里昂如同一只失望、愠怒的猎鹰，缓缓俯冲而下，落在离开主人一段距离之处，将乘客放在悬崖脚下，便如离弦之箭消失无踪。

我们此刻已经来到了第八圈。但丁的三维想象能力如今已达到巅峰。他的艺术任务便是要创造一个幻象的巨型结构。该结构由10个由上而下的隔间或沟壑组成，有拱桥横向穿过，10个隔间对应着和欺诈相关的10条罪恶。这些抽象的理念必须体现为具体的受难图景和冒险活动才能鲜活起来，读者从一个沟壑进入另一个沟壑时才能转身于悬念之中。

第一个沟壑中是皮条客和勾引者，即那些靠剥削妇女获得利益或性快感的人。但丁为这些人设计了一个残酷的惩罚。他们被分为两拨人，环绕沟壑，面朝两个不同方向。这让但丁想起罗马城庆祝50年节时拥挤的人群，人们分为两拨对立的队伍，穿过横跨于圣安杰洛（Sant’Angelo）和佐丹奴（Giordano）之间台伯河（Tiber）上的拱桥。这句评论可能意在讽刺朝圣者和游客们。很多目睹当时场景的人都应第一次亲眼看见了那种交通控制。灵魂们路过时被长角的魔鬼凶残地鞭打。但丁欢快地回想着他们如何为了躲避再次被打不停跳跃。但丁认出其中一张面孔，便请求维吉尔允许他回头仔细端详。他认出那是维奈狄科·卡恰奈米克（Venedico Caccianemico）的灵魂，来自博洛尼亚的一位势力强大的教皇派人。但丁语带讥讽地问他如何落入这般“刺鼻的腌菜”，指的是博洛尼亚附近一处鞭笞、处决犯人的地方。这个罪人承认将自己的妹妹送给埃斯特侯爵，且夸口说沟壑中还有不少来自博洛尼亚的皮条客，比说*sipa*的人还多。*sipa*是对*sia*（意为“就那样吧”）在博洛尼亚语中对应词嘲讽的模仿。

对博洛尼亚的这一怀恨报复再次让我们怀疑但丁对他选择出现在地狱中人物的态度。他在《飨宴》中曾说，人们应该憎恨罪恶，而非罪者本身。但我们必须要承认，在《地狱篇》中，他并不总是如此泾渭分明。和菲利波·阿尔真蒂的情况一样，[①]但丁在第八圈中选择的第一个罪恶者也显示出了个人喜恶。理由可能是，博洛尼亚政府屈服于佛罗伦萨施加的压力，将在此处避难的白党流放出去。也可能是他因博洛尼亚人对他摆在他们面前的学术盛宴反应平平而心生鄙夷。无论何种解释，他肯定心藏怨恨和鄙夷。“如果你不相信我刚说的此处所有博洛尼亚皮条客的数量，”维奈狄科说，

“就想想我们贪婪的心灵吧”[②]

① 参照本书第十五章。

② 《地狱篇》，第十八章，第63行。

我们最后再看维奈狄科时，他又遭魔鬼鞭打一次。魔鬼说：“快点走，这里没有女人供你欺骗来换取钱财。”

但丁回到维吉尔等候的地方，两人一起攀爬岩石，直到来到一座桥前。两人从这里向下回望这些路过的罪人，可以看见刚才背对着他们灵魂的面孔。从这些提示，我们可以推断出来，沟壑中的路是由左向右的。

这些都是诱惑者，也遭受着魔鬼的鞭打。维吉尔认出第一个是伊阿宋（Jason）。维吉尔指着他，赞扬他高贵的气概以及他对痛苦勇敢的承受。这里我们看见罪恶和罪人被截然分开。伊阿宋在这里被描绘成一个有缺陷的英雄人物，此人沉迷性欲享受，且最终背叛了美狄亚（Medea）和许普西皮勒（Hypsipyle）以及他使之怀孕且丢弃在利姆诺斯岛（Lemnos）的年轻女人。但丁在斯塔提乌斯的《底比斯》以及奥维德的《西罗伊德》（*Heroides*）中读过她的故事，[①]对她抱有同情，这从但丁提及她时用的简称可窥一斑。伊阿宋虽然犯有罪恶，但在但丁眼中，他仍是一个悲剧人物，他阿尔戈英雄领袖的形象毫未受损。维吉尔解释了为何如此伟大人物会沦落至此（*tal colpa a tal martiro lui condanna*）。[②]此处使用了分离代词*lui*（他），且节奏上给予了强调，并重复使用*tal*（这），都起到语气强调的作用，似乎在说“这样的人竟然因为这样的罪受到这样的惩罚”。

在同一章[③]还介绍了另一个罪恶。第二条沟壑里是谄媚者的灵魂。这些灵魂在整个《地狱篇》中承受着最恶心的惩罚。罪人们浸泡在粪便中，一边抽鼻子，一边用肮脏的双手挠自己。沟壑两侧是粪便结成的壳，看上去和闻上去都令人作呕。但丁概念中的谄媚指为了一己之

① 《使徒书》，第6页，从许帕西伯勒到伊阿宋。
② 《地狱篇》，第十八章，第95行。
③ 出处同上，第100—136行。

利的所有形式的违心奉承。污物是肮脏或欺骗语言的象征意象（正如英语中使用“*crap*”一词一样）。但丁肯定用了自己所掌握的最堕落的语言来表达他的讥讽。他肯定观察到政治生活中到处充斥着阿谀奉承，也肯定藐视过那些不惜贬低身份奉承别人的人。但丁仔细观察，发现沟壑中有一位脑袋上堆满了污物，无法看清是僧是俗。这个灵魂尖声叫道：“为何看我，而不看别人？”但丁答道：“你头上没有屎的时候我见过你：你是卢卡的阿莱西奥·因特米内里（Alessio Interminelli），所以我特别多看你几眼。”

关于阿莱西奥我们知道得甚少，只知道他出身显赫，家族支持过卢卡的白党。但丁选择此人来展示这一罪恶肯定有原因。他与此人有私交，尽管他当下堕落至此，还是认出了他。但丁如今仔细观察此人，可能意味着在世上时便仔细地观察过他，知道他如何为了事业晋升，虚伪地表忠心以获偏袒。这与但丁不偏不倚的性格截然相反。但丁心中也抱有怨恨。若是但丁也愿意阿谀奉承，或许早就回到了佛罗伦萨，或者根本就不会遭到放逐。

从古代人物中选取的一个例子是娼妓塔伊斯（Thais）。不是雅典的高级妓女，而是泰伦斯（Terence）《宦官》（*Eunuchus*）中的一个人物。但丁在西塞罗的著述中读过她对情人说过的谄媚之言。但丁简短地提及此妇，描写她如何在粪便中站起、又蹲下，用肮脏的指甲在身上挠。结尾处是维吉尔贬低之语：

> “我们看到这里就算了吧。”[①]

① 《地狱篇》，第十八章，第136行。

第十九章
来自阿兰尼之人

在《神曲》中虚构时间框架内的1300年，波尼法爵八世还在世。这年是50年节。但丁写《地狱篇》第19章时，波尼法爵八世已然死去多年。1303年他死于法国国王密使发动的袭击中。[①]但丁对波尼法爵八世的敌意从未缓和过。恰恰相反，随着《神曲》的写作，他对波尼法爵的仇恨与日俱增，直到后来，圣彼得（St Peter）在天堂的第八层对波尼法爵横加拒绝、大肆谴责，天空都为他羞愧得红如日出日落之时。[②]但丁为何如此痛恨波尼法爵八世，迄今也没有得到充分解释。

从年代表上看，但丁是无法和波尼法爵八世在地狱直面彼此的，但是但丁执意将他提前置身地狱。他的解决方案既巧妙又富有戏剧性。第3个沟壑惩罚的是买卖圣职罪，从横跨沟壑的拱桥顶上往下看，但丁看见溪谷地上到处是圆孔。这让他想起佛罗伦萨美丽的洗礼堂中洗礼盘上的圆柱体容器。[③]每个洞穴都伸出罪孽者的腿和脚，漏到小腿位置，脚底板上燃着火，身体其他部位插在岩石中。维吉尔背负着但丁下了山坡，将他放在其中一个洞穴前，让他和里边的罪人说话。但丁丝毫不讲礼节，直对洞中的灵魂喊道：

---

① 参照本书第三、四章。

② 参照本书第四十八章的内容。

③《地狱篇》，第十九章，第17行。又参照本书第一章。

“哦，邪恶的灵魂。

你的上身像木桩一样埋在底下，

不论你是谁，假使你能够，说话吧。”[①]

但丁冷漠无情地将自己比作牧师，立于一个即将被头朝下处死的杀手面前，杀手呼叫牧师，听他最后的忏悔，就为了拖延最后那可怕的时刻。洞中的灵魂回答道：“你已经站在那里了么，你已经站在那里了么，波尼法爵？书上的话骗了我，时间差了好几年。难道你那么快地就餍足了剥削你用欺骗得来的美丽新娘？”[②]但丁迷惑地站着，张大着嘴。维吉尔突然说：“快告诉他，你不是他说的那个人。”

灵魂在洞里蠕动，扭动双脚，然后哀叹地答道：“那么你要问我什么呢？你要知道我是穿过‘大法袍’的。我是一个‘母熊’的儿子，为了使得小熊们得势，我那样贪得无厌，使得我在世上把钱财装入私囊，在这里却把自己装入囊中。”这个灵魂是尼古拉斯·奥尔西尼（Nicholas Orsini），[③]1277年到1280年任教皇，被控买卖圣职和任人唯亲。他解释说，等有新的灵魂到来时，便会将前一个罪人挤入岩石更深处，腿伸在外面，然后等着下一个灵魂来再将自己挤进去。但丁对波尼法爵及其他同样背叛神圣信任的人的攻击，颇为讽刺地颠覆了教皇在平常人们心目中的尊严形象。尼古拉斯预言，在波尼法爵后，到来的是一个“从西方而来无法无天的牧人”。即教皇克莱门特五世，加斯科人，曾许诺让渡给法兰西国王金钱利益，并在他支持下于1305年当选教皇。他将教皇圣座从罗马迁移到阿维尼翁（Avignon）。

8个诗章后，我们才会在地狱中看见波尼法爵，看见他那双生前

---

① 《地狱篇》，第十九章，第46—48行。

② 但丁相信波尼法爵是用花言巧语来说服教皇塞莱斯廷五世退位的。

③ 意大利语orsa意指母熊。

穿着红玫瑰拖鞋的双脚如今燃着火焰和圭多·达·蒙泰费尔特罗的灵魂对话。[①]波尼法爵被刻画为一个狡猾的阴谋者，向圭多打听主意以助自己欺骗对手。圭多是著名的战略家，但已不再染指俗世谋略，加入了方济会，希望得到上帝的谅解。但在但丁的故事里，波尼法爵却找上门来，提前许诺赦免他正诱惑他犯下的罪孽。圭多当着但丁大谈对波尼法爵的怨恨，但丁自己也深有体会：他是个“邪恶降临其身的大神父”，“新法利赛人之王”；与他为敌的不是萨拉森人或犹太人，而是所有基督教徒。他既不顾及自己崇高的圣旨，也不管圭多这个方济会成员的宣誓，却告诉圭多他自己手握天堂的钥匙。圭多盲目地相信了他，又堕入罪恶，下场便是身陷地狱，身处欺诈者之列。[②]

第19章开篇便是一通针砭买卖圣职的雄辩演说。该罪的名字来自西门·玛吉斯（Simon Magus）（英语中“买卖圣职罪”为“simony”）。此人试图从基督门徒那里购买治愈疾病的天赋。[③]尼古拉斯·奥尔西尼说完后，但丁又重拾怒斥的语气。买卖圣职在描写性剥削的意象中遭到嘲讽：因为买卖圣职的人就是拿上帝之物换取金银，而上帝之物应被视为正直的新娘。上帝有无上的智慧、才能，无论是世间还是地府，他对罪孽明察秋毫。第8圈10个壕沟所惩罚的罪恶之间的区分十分微妙，但丁希望读者注意自己的划分方式。贪婪，无论呈现于何种形式，都是这些罪恶的共同根基，如前面提到的三种罪孽，但又各有不同的特点，因此需要区别惩罚。

但丁刚开始立于舞台中央，信心并不充足。是自己过于莽撞了么？他有些疑惑。他笔下的自己因受到某种启发而一时无法自控，似乎是一首歌或赞美诗。他在诗中如此写道：

---

① 《地狱篇》，第二十七章，第67—111行。

② 参照本书第二十四章。

③ 《使徒行传》，第八章，第9—24行。

我不知道我是否过于莽撞，

竟用这种腔调回答他。[①]

接下来便是斥责，一如一位早期的圣徒嘴里所说出来的。

“现在请你告诉我，我们的主把钥匙交给圣彼得保管以前，向他要了多少钱？当然，除了说‘来跟从我’以外，他别无他求。当马提亚（Matthias）被挑选出来填补那罪恶的灵魂所丧失的位置时，彼得和其他人都没有向他索取金子或者银子。[②]所以你就待在这里吧，因为你罪有应得；要不是我对你在欢乐人间掌管至高无上的钥匙所怀的敬意仍在阻止我的话，我还要使用更严厉的语言呢，

因为你的贪婪使世界陷于悲惨，

把好人蹂躏，将恶人提升。

当著述福音的人看到

那坐在水上的女人和帝王们通奸时，

他就会看见像你们这样的牧羊人；

她生下的时候有7个头，

只要她的丈夫爱好美德，

她的10只角就得到保证。

你们把金银做你们的上帝：

你们和偶像崇拜者有什么不同，

除了他们崇拜一个，你们崇拜100个？”[③]

① 《地狱篇》，第十九章，第88—89行。但丁此处对分离代词lui（他）的用法等于斜体：他毕竟是在致辞于前任教皇。

② 即犹大（《使徒行传》，第一章，第13—26行）。

③ 《地狱篇》，第十九章，第104—111行。

至此，但丁达到他演说的高潮，也阐述了《神曲》一书的核心宗旨：宣告治理世界所依照的正义原则。据说康斯坦丁大帝，也是第一位基督教皇帝，授予教堂统领其麾下帝国西半部分的权力。一份名为《康斯坦丁的捐赠》(*Donation of Constantine*)的文件里提及这一举措，但后来该文件被证造假，但是但丁当时却信以为真。他认为该举措是康斯坦丁的巨大失误，虽然意图良好，但对教堂的未来造成毁灭性的后果，因为教堂随后便宣称拥有俗权。

> "啊，康斯坦丁！不是由于你改变信仰，
> 而是由于第一个富有的'父亲'
> 从那里拿到布施，生了多少罪恶啊！"①

这一幕始终，包括发表意气风发的演说时，但丁都身处维吉尔的庇护之下。他将但丁携下山坡，来到罪恶者伸出腿的洞穴处，在他说话时，始终立于一旁，叫他及时否认自己是波尼法爵，面带微笑，似乎赞同但丁的所有言辞。随后，他让但丁在自己胸脯上休憩，携他重上山坡，直至来到下一个桥的拱点，才将他放下来。

但丁正是因读了维吉尔的著作，才开始将罗马帝国视为上苍注定的世俗生活的范本。这个基督教帝国在世俗事务上独立于教堂，限定了教堂管辖范围，这是但丁政治思考的关键组成部分，也应是《飨宴》的主旨思想，更是《神曲》以及后来他关于世界管理的论著《帝制论》的要旨。②但丁甘受维吉尔的掌控，反映了他接受维吉尔的理念，信奉君主威权。在这些宏大思考的语境下，在预言式演说和讽刺挖苦的对比下，波尼法爵八世等人物便显得渺小不堪。

---

① 《地狱篇》，第十九章，第115—117行。号称"第一位富有的神父"(primo ricco patre)的教皇西尔维斯特(Pope Sylvester)，据说治愈了康斯坦丁麻风病。作为回报，康斯坦丁将政府迁至拜占庭时，将西部统治权赐予教会。

② 参照本书第四十二章。

第二十章
维吉尔和巫术

买卖圣旨罪之后是巫术，即为了利益而滥用预言的天赋。贪婪再一次成为动因。但丁在针对买卖圣职罪发表一通演讲后，又回归迷惑的观察者身份。当他看到灵魂们脚往前、头却被扭向背后、眼泪从背后一直流到臀部时，不禁流下眼泪。

或许从前有人因患麻风
导致身体如此完全扭曲，
但是我既没有看见过，
也不相信会这样。①

他们试图窥探未来。现在他们缓缓前行，如同朝圣，边走边往后看。维吉尔严厉地批评但丁滥用同情心：

你也变得和那些蠢人一样了么？
在这里只有恻隐之心死灭，才能存有虔诚之心。②

① 《地狱篇》，第二十章，第16—18行。
② 出处同上，第26—27行。

这章主要讲维吉尔。他虽身负魔法，但断然不同于那些为一己之利使用神圣能力的人。比如，他关于基督诞生的预言，便被认为受了神启。同样，他能驾驭地狱中的守护者和怪物，从而得以帮助但丁说服基督教的信徒以及异教徒，并宣告上帝对世界和平的计划。听者的反应可能促成了这章的写作。

在但丁的时代，人们普遍相信巫术、妖术、占星术、手相术、占卜。不仅是文盲阶层信，受过良好教育的人也信。但丁并未将维吉尔和古代巫术故事联系在一起。第一个灵魂是安菲阿拉奥斯（Amphiaraus），攻打底比斯的七王之一，但丁在斯塔提乌斯的史诗《底比斯》中读过他的故事。[①]他有预见未来的本领。当他预见自己将在沙场战死时，于是等战争来临时便隐匿起来，以躲避灾祸。他的藏身之所被妻子暴露了。在战场上，大地裂开了口子，将他连人带战车一起吞噬。他一路下坠，直接坠落于审判罪孽的米诺斯面前：

注意看他肩背变成了胸膛，
因为他要向前看的太远，
现在他向后看、退着走。[②]

这个不屑的点评相当简短扼要。维吉尔提到底比斯预言家提瑞西阿斯（Tiresias）时也语带不屑，提到如何他从男变女，然后又变回男性。但丁在奥维德著作中读过这则故事。[③]接下来是阿伦，伊特鲁利亚著名预言家，卢坎曾提及过他，[④]说他预言了内战的爆发，并最终导致

① 《底比斯》，第八章，第147行以降。
② 《地狱篇》，第二十章，第37—39行。
③ 《变形记》，第三章，第五个寓言，第324—331行。
④ 《内战记》，第一章，第584—638行。

庞培之死以及恺撒的胜利。他曾居于卡拉拉白色岩石的洞穴中，从中观望星星和大海。而在地狱中，他的背挨着提瑞西阿斯的腹部，空间极为狭小，场面丑陋，灵魂们于其中毫无尊严可言。而维吉尔却似乎不屑谈这些身体变形、面容扭曲于黑暗中蹒跚前行的人。

接下来是曼图（Manto），提瑞西阿斯的女儿。松散的长发盖住胸脯，但丁无法看见，也无法看见她私处的毛发。这位女巫师在此描写中显得十分不雅，但接下来话题便转向描写曼图亚城的创建，这座城市离维吉尔出生地不远，人们认为该城的名字便源自曼图。但丁显然觉得应该说清楚曼图和这座城市的关系并不暗示有什么巫术的遗传，维吉尔在《埃涅阿斯纪》中也对此稍作提及。[①]作者但丁让维吉尔用宁静、优美的语言道出其中原委，引出城市形成背后的自然原因。

> 美丽的意大利，在提罗尔（Tyrol）之上，
> 成为日耳曼的屏障的阿尔卑斯山边，
> 有一个名叫贝纳科（Beneco）的湖。
> 渟在那湖里的水，通过了
> 大概总有1 000多泉源，灌溉着
> 加尔达（Garda）和卡蒙尼卡（Camonica）谷之间的亚平宁山。[②]

对这一自然风光的回忆让维吉尔心生怀乡之情，思念曾经熟悉的地方，如今他满心热爱地谈起它，有些细节还是他通过超自然预见能力想象出来的。在湖中有一座岛屿，在岛屿中央有一块地方，特兰托的牧人，布里西亚的牧人，维罗纳的牧人，如果路过那里，都会作出

① 《埃涅阿斯纪》，第十卷，第198—200行。

② 《地狱篇》，第二十章，第61—66行。亚平宁山并非亚平宁山脉，而是里申阿尔卑斯山脉的一个山坡，靠近加尔达湖（原名贝纳科湖）。

祝福的手势。[1]美丽坚固的堡垒佩斯齐埃拉（Peschiera），为防御布里西亚人和贝加摩（Bergamo）人而建，坐落在湖岸最低的地方。在这里，这个湖泊已经不叫贝纳科了，而是叫敏乔河（Mincio），一路流过绿色的牧场，流到格维尔诺洛（Governolo），然后流入波河（Po）。再流经一段距离，来到一个平地，河水分散流入一块沼泽地，夏季有时少水。维吉尔说，曼图辗转过许多地方，终于找到一片无人居住、未经开垦的土地，便和家人定居下来。她们在这里建造了一座城市，四周的沼泽地形成天然防御。因曼图是第一个居民，这座城市便被命名为曼图亚，并无别的意思。维吉尔令但丁将这座城市建城的真相公之于众。

> “因此我嘱咐你，假使你竟听到
> 关于我的城市的起源有其他说法，
> 且莫让伪说把真理蒙混。”[2]

此处稍偏正题，似乎是要证明维吉尔并非无用的魔法师，因此他的城市也不应该被贴上巫术的标签，如但丁所闻。

在一番让人清爽的湖色山光的描写后，我们又回到第四道污秽的沟壑，听闻了更多巫师的姓名。胡须遍布面颊、肩膀黝黑的欧律皮洛斯（Eurypylus）也是个占卜师。维吉尔说，此人和卡尔克斯（Calchas）一起为希腊人占卜从奥利斯（Aulis）出海的吉日。“我曾在我的悲剧著作中提过他，”维吉尔不经意地说，“你熟悉全诗，肯定知道。”奇怪的是，但丁似乎将两个章节弄混淆了：维吉尔在《埃涅阿斯纪》中并未提及为从奥利斯出海占卜吉日之事，而却提及了欧律皮

① 特伦托、布雷西亚和维罗纳的三个主教于湖中的一个小岛会面。

② 《地狱篇》，第二十章，第97—99行。

洛斯在特洛伊占卜希腊人何时杀回，还说卡尔克斯也牵涉其中。[①]

接下来提到的巫师都生于基督教时代。但维吉尔还是毫不费力地一一叫出他们的名字。第一个是迈克尔·司各特（Michael Scott），他腰身细瘦，[②]维吉尔面带轻松地说他精通妖术邪法。迈克尔·司各特是13世纪苏格兰巴莱亚里（Balwearie）的预言家，凭借魔法享誉欧洲。他曾被誉为哲学家，但大阿尔伯图斯在书中对他有所贬损，但丁可能读到过这段评论。至于但丁如何知道他腰身细瘦一事，我们无法得知。

迈克尔·司各特之后是两位意大利预言家。一位是圭多·博纳蒂（Guido Bonatti），来自福尔利的星术师，但丁在弗里奥戴拉菲家族宫殿做客时可能听说过此人。另一位是本韦努托（Benvenuto），绰号阿斯顿特（Asdente）（“没牙的”之意），他是帕尔玛著名的皮匠，生活于13世纪前四分之一世纪。此人虽然目不识丁，却据说精通占星术、擅长解读预言书。但丁似乎对他很不屑，因为在《飨宴》中语气鄙夷地提过他，说若是臭名的人也能被称为高贵，那他就是高贵的。[③]维吉尔说：“他现在多希望当年一直坚守和皮革针线打交道的老本行啊，但现在太晚了。”

最后出场的魔法师都没有给出具体姓名。这些都是妇女，却不甘操持针织女红等家务，做起算命预言的行当，用草药和人像来作邪法。就这样，巫术在这里被贬为邪门歪道和不值一提的迷信，受人尊敬的希腊预言家们被与无名女巫混为一谈。

圣托马斯·阿奎那曾经谴责迷信行为，其中包括用占星术来预言未来。君王们常雇用星术师为己服务，[④]诸事都咨询他们。医生、哲学家和其他科学家也应该懂得占星术。但丁接受了阿奎那的观点。他可能之前

---

① 《埃涅阿斯纪》，第二卷，第114—119行。

② 《地狱篇》，第二十章，第115行。

③ 《飨宴》，第四部分，第十六章。

④ 正如希特勒曾经所言。罗纳德·里根也说过。

敬重过古代的预言家，这或能解释他为何安排维吉尔斥责自己对他们如今的遭遇示以同情。维吉尔在《埃涅阿斯纪》中关于曼图亚建城由来所说的话和但丁安排他在本书中所说的话有些出入，这点需澄清。

在《埃涅阿斯纪》第10卷中，那些跟随埃涅阿斯出走伊特鲁利亚（Estruria）的领袖中，有一位叫奥克纳斯（Ocnus），“他是能预言的曼图与伊特鲁利亚河所生之子，那河赋予曼图亚以城墙，也赐了姓名予他母亲”。[①]维吉尔用以描述曼图的形容词*fatidicus*意为“预言未来”。并未提及巫术，虽然和伊特鲁利亚河产下一子之事赋予了她一定的神话色彩。维吉尔命莫让虚假故事歪曲曼图亚城来源时，他的意思肯定是说不要让曼图亚城背负巫术的污名，这会追溯牵连到女预言家曼图。

《神曲》中的维吉尔拥有超自然的能力。女巫埃里希图曾找他深入地府帮自己做事，[②]如今受了神谕的贝特丽采又委托他解救但丁，并且为了完成这一非凡的任务，上苍已经允诺施以援助。为了安抚守卫者和怪兽，维吉尔两度使用魔法。他也通过魔法令尤利西斯作出反应。他有预言的能力。这在《地狱篇》的介绍性章节中便说明了，他如得神谕地宣称猎犬的到来。[③]他熟知但丁时代的人、事件和地点。在这点上，他和在地狱、炼狱和天堂中别的灵魂没有两样。在地狱中的灵魂还有预见未来的能力，虽然他们对近在眼前的事件模糊不清。在审判日后，地狱中的灵魂便不再拥有这样的能力。这是流传已久的传说。《神曲》的故事事件设定于1300年里的一个星期，但其间涉及但丁的生活延及该时期之外。我们不应将这样的延伸视为源自巫术，而是可信的预知。

《神曲》中的维吉尔也智慧异常，是圣人，也是预言家。在他身边的但丁心怀敬畏之心，这是故事最引人入胜的特征之一。但丁信任维吉尔

① 《埃涅阿斯纪》，第十章，第198—200行。

② 《地狱篇》，第九章，第23行。

③ 参照本书第十章。

的建议和指引，从他听从维吉尔关于曼图亚城市起源的指示可见一斑：

> 夫子，您的每个说法
> 都是如此确凿，我信服不已，
> 他人之言于我犹如灰烬。[①]

作者但丁早已想象到如此二人做伴会令人多么惊奇，所以巧妙地设计了诸多对话，让着迷的听者自觉为偷听者或是在看一场引人入胜的戏剧。不过但丁将观众挡在一定的距离之外，为达成这一效果，他设计了一些将他们排除在外的对话。下一个章节的开端便是如此：

> 我们这样从一座桥走到另一座桥。
> 谈论其他话题；我的‘喜剧’不愿
> 在这里细说；[②]

这与但丁和灵泊五位伟大诗人之间的谈话一样，很能勾起读者的兴致，[③]也让读者会因为一直得到作者的信任、听了他许多的诉说而感到幸运。

这样的时刻展示了但丁这位表演者心中一直有公众，知道如何操作材料以引起他们的兴趣，抓住他们的注意力。为了达到这个目的，在接下来的三章里，他却惊人地改变了风格，这证明他还没忘“草根”阶层的审美趣味。他欢闹嬉戏的风格和时而粗俗的喜剧做派，是我们下章讨论的主题。

---

① 《地狱篇》，第二十章，第100—102行。

② 出处同上，第二十一章，第1—3行。

③ 参照本书第十三章。

第二十一章
魔鬼游戏

在第八圈的第五条沟壑里，接受惩罚的是利用公职牟取钱财者的灵魂。即是说，这些人犯了“欺诈”罪，这项罪恶在当时和现代一样普遍。这些灵魂被投入滚烫的沥青。刚开始，但丁什么也看不见，只有黑黢黢的、冒着泡、像胶水一样的东西。但丁在桥上仔细一看，想起自己在威尼斯时见到的一幅场景。当时是冬天，水手们正将船只进行压缝、整修。[①]在那里，他也看见了沥青的泡泡升起、再破裂沉下去。在他注视的同时，维吉尔一把抓住他，以便将他拉近自己，一边喊道：“小心！小心！”当二人急忙躲开时，但丁虽然害怕，但还是回头看了一眼，看见一个黑乎乎的魔鬼顺着危岩爬上来，展开两个翅膀，面目恐怖。在他高耸、狭窄的肩膀上跨坐着一个罪恶的灵魂，他紧紧抓住罪人的脚踝。飞至桥的上方时，它向下面的魔鬼们喊道：“嗨，鬼爪们，这里有一位来自圣思蒂（即卢卡）[②]的市议员，把他戳下去，我再去抓更多的来。他们都是骗子，当然除了庞得洛（Bonturo）之外。”[③]

① 《地狱篇》，第二十一章，第7—15行。这可能是对威尼斯存有腐败的一个狡猾的暗示。

② “恶魔之爪”是“Malebranche”的翻译，这是在第五道沟里的魔鬼的集体名称。圣思蒂（St. Zita）是卢卡的守护神。圣思蒂生前是一名婢女，死于1275年前后，她的尸身保存在圣弗雷迪亚诺一个教堂的墓中。

③ 这里提及Bonturo（达蒂）乃讽刺，因为他是以腐败著名。1300年他还活着，所以言外之意即，在时机成熟时，恶魔将会来找他。

在那里，你有钱就能把否变成是。[①]

他将罪人扔下来，于石崖上转身而去，比猛犬追小偷还快。灵魂沉下去，又浮上来，身子歪扭着。恶鬼们喝道："这里可没有'圣像'[②]让你对着祈祷。在这里游泳和在塞尔丘河（Serchio）可不一样啊！[③]赶紧沉下去，否则让你尝尝我们的钢叉。"他们用叉子将他戳下去，就像厨房帮手们将肉浸到锅里去一样。

这正好像厨师们要他们的下手

用钩子把肉浸在锅子的水里

使它不致再浮起来一样。[④]

据说但丁在1307年到1308年在卢卡逗留过。他曾提起过，说是阿莱西奥·因特米内里的城市。此人是个谄媚者，虽然头上盖着粪便，但丁还是认出了他。[⑤]但丁在写下这些诗章时，表露出对卢卡十分轻蔑的态度，或许是因为这座城市曾经抵抗过亨利七世（Henry VII）。[⑥]当他后来，可能是1314年，再回到这座城市时，受到一位名叫根图卡（Gentucca）的女子的善待，[⑦]但丁在《炼狱篇》中向她致了敬，似乎是作为一种补偿。我们对这位女子一无所知，只知道她的名字恰好与

---

① 《地狱篇》，第二十一章，第42行。"ita"意即"是"，是较常用的意大利词"si"对应的拉丁文。似乎是卢卡当时的用法。

② 圣容（SantoVolto）是刻在雪松木上的耶稣受难像。（圣容崇拜）据说是由尼哥底母（Nicodemus）开始的。尼哥底母睡着了，醒来发现工作奇迹般的完成了。据说在782年圣容从圣地转移到卢卡，卢卡人遇到麻烦的时候，便对着它祈祷，献上祭品。魔鬼的话也因此特别具有攻击性。

③ 塞尔基奥河（Serchio）是靠近卢卡的一条河流。

④ 《地狱篇》，第二十一章，第55—57行。

⑤ 出处同上，第十八章，第115—126行。参照本书第十八章。

⑥ 参照本书第二十九章。

⑦ 《炼狱篇》，第二十四章，第37—48行。

城市的名字押韵。

维吉尔开始掌控局势。他要和魔鬼们谈判，以便能安全通向下一座桥。他叫但丁躲到一块石头后面不要被魔鬼们看见，若他们前来威胁，也不要害怕，

> 我知道该怎么应付，
> 我曾经见识过他们的诡计。①

这是暗指维吉尔早前曾经深入过地府。在冥府之城门口遇到抵抗时，他便告诉过但丁此事。②当时，他也是只身前往和魔鬼谈判，将但丁一个人留在身后。

但丁从石头后面偷看。维吉尔沿着一个坡走向第六道河岸，此时邪恶的妖怪们从桥底下冲出来，如恶狗扑向乞丐那般。维吉尔命他们退后，并要和其中一位说话。"让马拉科达（Malacoda）去吧，"他们边说，边朝着他吼叫。那魔鬼咕哝道，"这会对他能有什么好处？"

维吉尔好言与他理论。"马拉科达，你觉得如果没有神意相助，我有可能会走这么远么？让我们过去吧，因为上天令我领一个人走这条危险之路。"

马拉科达听了十分泄气，扔了叉子，对别的魔鬼说，"别惹他了。"维吉尔便叫但丁过来，且故意用了声音和意思皆相当诙谐的言辞：

> 缩在那断石间沟里的那个谁，
> 你出来吧，没什么好怕的了。③

---

① 《地狱篇》，第二十一章，第62—63行。

② 出处同上。第九章，第22—27行。参照本书第十五章。

③ 出处同上。第二十一章，第87—89行。

但丁便站起身来，快步走向维吉尔。魔鬼们朝他涌过来，他十分担心这些魔鬼会违抗命令。他想起以前见过那些根据停战协议从卡普罗纳（Caprona）退出来的士兵，当他们发现自己身处众敌之间时十分恐惧。[①]他紧靠着维吉尔，眼睛看着魔鬼们，而魔鬼们露着凶恶的表情。他们将叉子放下，其中一个对另一个说："我用叉子戳他的屁股如何？"众鬼说："行，你就捅他一下吧！"但马拉科达转身说道："斯卡米流涅（Scarmiglione），安静点！安静点！"然后他又告诉维吉尔到第六条沟壑最近的桥断了。他们必须继续前行，从另一座桥通行。昨日，他说，是这座桥毁坏后正好1266年。此话指公元34年耶稣受难日后发生了地震。[②]这话听着可信，但只是一半真话，后面便会知晓。他召集一队鬼兵前来护送二位诗人去往更远的那座桥。这些鬼兵的名字听了就让人泄气：阿利奇诺（Alichino）、卡尔卡勃利纳（Calcabrina）、卡尼亚佐（Cagnazzo）、巴尔巴利恰（Barbariccia）、利比科科（Libicoco）、德拉吉尼亚佐（Draghignazzo）、奇利阿托（Ciriatto）（有獠牙的那个）、格拉菲卡内（Graffiacane）、法尔法赖罗（Farfarello）和卢比堪忒（Rubicante）。

有人试图研究这些名字以及斯卡米流涅和马拉科达的名字到底有何特殊用意，甚至有人认为这些名字是1303年佛罗伦萨掌权的12个行政官名字的变体，当时红衣主教尼克拉·达·普拉托未能让两派达成和解。[③]另一个说法是，这些名字代表着卢卡的各大家族，这些家族曾支持科尔索·多纳蒂谋反抵抗佛罗伦萨。不管但丁的第一批听者如何理解这些名字，他明显是在报复那些当年在他任职时对他进行不公指

---

① 1289年，比萨的卡普罗纳堡垒被托斯坎教皇派攻占。言下之意是，但丁在攻堡大军之列。

② 维吉尔提及过，预告基督进入地狱，并引起了第六层和第七层地狱之间的山体滑坡（第十二章，第34—45行）。

③ 参照本书第四章。

控的人。这些魔鬼的名字、外表和行为都让人想起中世纪壁画、雕刻中的丑陋形象。但丁的听众当年听到这些名字时肯定哄堂大笑，如同但丁的老朋友，为此感到由衷的高兴。

马拉科达命令护卫队警惕有罪孽者从沥青中冒出来攻击两位游客。

把这两位小心护送到那另一座危岩，
它绵亘不断地横过那些溪谷。[①]

听到指令，魔鬼们咬牙切齿，面露凶相。但丁惊惧不已，请求维吉尔只要他们自己二人行路，不需要护送。但维吉尔无动于衷。“让他们尽管咬牙切齿吧，他们只是在吓唬那些罪孽者。”

他们便出发。这些魔鬼把舌头咬在牙齿中间，作为对领头的巴尔巴利恰发出的信号。他也吹响了前进的号角，但不是用喇叭，而是用放屁。读者读到此处可能会发出一声不屑的嘘声，而当年的观众也会作出吵闹的反应，这一章节就此结束。

接下来这章一开篇，但丁便语出讽刺，说在他军旅生涯中，无论是骑兵拔寨开始进攻、召集检阅、撤退，亦或侦察兵突袭、比武对抗、马上竞技，都从未听过如此奇怪的号角；发布命令有时用钟、有时用鼓，有时从城堡顶端发出信号，多种多样，既有意大利的，又有外国的，但他从未见过骑兵或步兵启程或船只起航时，发号令时用的是此种喇叭。“哦，好吧。”他边说，边耸耸肩。

我们和那10个鬼兵同行：

---

① 《地狱篇》，第二十一章，第125—126行。

哎呀，凶恶的伙伴哪！但是，

在教堂就同圣徒在一起，

在酒店就和酒徒在一起。[①]

他们一边前行，但丁一边看到罪孽者们从沥青下冒出头来，换取片刻轻松，如同海豚拱着背浮出海面，警告水手们即将有风暴来袭。他们像青蛙一样，嘴巴和鼻子从沥青下面伸出来，但巴尔巴利恰一走近，他们就沉了下去。一个可怜的灵魂——但丁一想到他就浑身颤抖——没来得及沉下去，被巴尔巴利恰一把抓住他满头焦油的头发，拽了出来。“他看上去，”但丁回想道，“就像水獭。”魔鬼们冲着卢比堪忒喊，让他剥了他的皮。但丁请维吉尔去打探他是谁。

这个可怜的灵魂自称是纳瓦拉（Navarre）人，父亲挥霍无度，母亲让他为一个贵族服务。后来成为蒂鲍特王（King Thibaut）的家臣，[②]履职期间犯下腐败罪，如今在地狱中接受惩罚。他没有说自己姓甚名谁，但早期的评论家们认为此人名叫恰姆博罗（Ciampolo）或是吉安博罗（Gian Polo），除此之外知之甚少。他称蒂鲍特为“好君王”，在中世纪法国诗歌里记载了他的美德和勇敢。但丁肯定了解到他曾有过一个不屑家臣。但丁称此人有欺诈的天分，因为当维吉尔问他是否知道沟里有拉丁的罪人时，他先是说出两个邻邦的人，即萨丁岛人，[③]弗拉·戈米塔（Fra Comita）和米歇尔·赞切（Michele

① 《地狱篇》，第二十二章，第13—15行。第14—15行的内容听起来像一则谚语。

② 尚帕涅（Champagne）蒂巴尔德（Thibaut）伯爵五世，纳瓦拉（Navarre）蒂巴尔德王二世，1253年至1270年在世。

③ 但丁不认为萨丁岛人是意大利人，并说，当他们自己的语言消亡后，他们开始像猿猴一样模仿拉丁语（参照本书第五章）。萨丁岛被撒拉逊人占据数百年，后来又被比萨控制。

Zanche），说这两人总是不停地唠叨故乡的岛。[①]他们之间的信息交流相当有难度，因为他一边说着话，一边被数个魔鬼殴打、虐待。为了躲避惩罚，他允诺说出几个来自托斯坎和伦巴第的罪人。若这些折磨他的魔鬼们能暂时罢手，他便可以吹口哨为记号，告诉其他罪人外面安全。这是他们常用的方法，若其中一个浮出来，便如此通知其他人。卡尼亚佐不相信他，但阿利奇诺说："我们躲到桥后面，他很快就会知道他不是我们的对手。"

> 读者啊，你要听到新奇的趣剧了
> （*O tu che leggi, udirai nuovo ludo*）[②]

单词*ludo*是个戏剧名词，意思指戏剧或者场景。他即将要描述的场面确实新奇。

恰姆博罗选好时机，双脚站稳，然后纵身一跃便逃入沥青池中。阿利奇诺飞身追赶，却迟了一步，像猎鹰错过了猎物再次飞升起来，又恼怒、又沮丧。卡尔卡勃利纳暴怒，扑向阿利奇诺，两人一同掉入沸腾的沥青中，无助地挣扎着。卡尔卡勃利纳叫四个魔鬼到对岸用抓钩将他们捞上来。这一幕实乃欢快的魔鬼喜剧，简直堪比马戏团的小丑表演，让我们看到了但丁作为大众娱乐者的才能。

下一个章节的开篇却是十分平静的场面，与此前的热闹场面形成反差。两位诗人沉默不语，没有护卫，一前一后，一如两个方济会男

---

① 来自萨丁岛加卢拉（Gallura）省的弗拉·郭弥塔（Fra Gomita），被比萨的尼诺·维斯康蒂（Nino Visconti）委任为代理人，后因贪污被绞死。米歇尔·赞切（Michele Zanche），萨丁岛另一省罗各杜络（Logoduro）省的省长，被其女婿布兰卡·德奥里亚（Branca d'Oria）谋杀。该丑闻但丁后来有提及（《地狱篇》第二十八章）。米歇尔挪用公款和偷窃的金额不详。

② 《地狱篇》，第二十二章，第118行。有趣的是，但丁此处使用了一个致"读者"——即听众——的称呼。

修道士。但丁想到了伊索寓言中的青蛙和老鼠。[1]这则寓言故事和刚发生的一幕简直太相似了。这一想法又让但丁产生了其他想法，他想：“因为我们，这些魔鬼出了这样的丑，他们肯定十分气恼，必定会来追赶我们，比狗赶兔子还快。”他不停回头张望，惊惧万分。“夫子，”他说，“咱们还是快点躲起来吧。我害怕鬼爪们，已经能感受到他们就在身后。”维吉尔表示同意，他的回答庄重、冗长，让但丁更加紧张。这些魔鬼，张着翅膀，已经从后面奋力追赶二人。维吉尔将但丁夹在臂膀下，如同妈妈夹着孩子逃出起火的屋子，溜下峡谷。

我的导师突然抱起我来，
好像一个母亲为闹声所惊醒，
看到她的身边烈焰熊熊，
立刻抱起她的孩子奔逃，
只顾到他而不顾到自己，
甚至没有停下来穿上一件内衣；
从那坚硬堤岸的顶端，
他仰身向下滑到那悬空的岩石，
这岩石闸住了另一断层的一边。
从水槽里流出去转动
一座陆地磨坊的车轮的水
在最靠近戽斗时也没有这么迅速，
好像我的夫子滑下那堤岸，
把我抱在他的怀中带走，

---

① 一则寓言故事，但丁认为是伊索寓言。故事中，一只青蛙提议让一只老鼠绑在自己腿上，助其横渡池塘。途中青蛙潜水，老鼠淹死了。一只老鹰俯冲下来，将二者皆吞食。在其中一个版本中，老鼠逃脱了。

像他的儿子而不像他的伴侣。[①]

这一温情时刻和前面粗俗的逗趣形成反差。这一次维吉尔却错看了魔鬼，而但丁却是对了，因此形成更加鲜明的对比。二人暂时安全了，因为天意注定这些魔鬼作第五沟壑的看守，令他们统统不能离开他们的守护地。这些魔鬼只好站在悬崖顶端，沮丧地俯视着他们意欲攻击的对象。二人又涉险过了一关。

接下来又是一场大师级的反差场面。刚刚是魔鬼游戏及但丁和维吉尔逃亡的快节奏，而此时，灵魂们身上却压着沉重的铅制斗篷。这些是虚伪者，用高尚的借口牟取一己之利。他们身上的斗篷镀了金，头上的帽子遮住了眼睛，和克卢尼修道院僧侣们穿的斗篷式样一样。[②]这些斗篷沉重无比，相比之下，腓特烈迫使罪犯们穿的那种铅衣如同草做的一样轻：[③]

啊，永远使人疲惫不堪的外衣啊！[④]

这些灵魂每一步都迈得异常缓慢，但丁和维吉尔很快便赶上其中一个新来的。但丁叫维吉尔回头看，看看是否认识、了解谁的姓名和生前行为。身后有人听出但丁的托斯坎口音，叫道：

“请你们停步，

你们在昏沉空气中跑得这么快的人啊！

① 《地狱篇》，第二十三章，第37—51行。

② 据说克卢尼的僧人身着奢华的长袍。有些编者说是科隆，该地亦受类似的指控。

③ 据说皇帝腓特烈二世把叛徒用铅包起来然后丢进大锅，以此作为惩罚。

④ 《地狱篇》，第二十三章，第67行。

或许你可以从我口中听到你想问的事情。”①

但丁回头望去，看见两个灵魂想努力赶上来，但却因为斗篷沉重、道路狭窄而步伐迟缓。当他们赶上来时，却无法抬得起头来，只好侧脸看他一会儿，然后其中一个对另一个说：“这个似乎是活人，看他的喉咙在动。如果他们死了，凭什么没有穿着沉重的斗篷呢？”然后二人又对但丁说：

“托斯坎人呀，
你来到了忧郁的伪善者的书院里！
不要不屑于告诉我们你是谁。”②
但丁没有说出自己的姓名，只是答道：
“在美丽的阿诺河边上，
我在那伟大的城市里诞生和长大。”③

当二人亮明身份后，我们便明白为何此处交代但丁带有托斯坎口音，且来自佛罗伦萨了。1266年，昂儒的查尔斯王和西西里的曼弗雷德王（King Manfred）之间爆发了贝内文托之战，之后，佛罗伦萨的教皇派和皇帝党之间便冲突不断。为了解决争端，均来自博洛尼亚的教皇派人卡塔拉诺·德·马拉沃蒂（Catalano de'Malavolti）和皇帝党人罗德林谷·迪·兰多罗（Loderingo di Landolo）同被任命为佛罗伦萨执政官。他们是圣母骑士团成员，被称为“快乐的修道士”。因为执政失误，一次反皇帝党起义终结了两人的任期，而乌贝蒂的家也遭到洗劫、

① 《地狱篇》，第二十三章，第77—79行。
② 出处同上，第91—93行。
③ 出处同上，第94—96行。

焚毁。[1]但丁在孩童时期应听过这些传闻，长大后便相信卡塔拉诺和罗德林谷是只为追求自身利益的伪善者。他正要回答二人，这时看见地上有一个人影，被钉在3个木桩上。看见但丁，此人蠕动身子、吹着胡须，唉声叹气。卡塔拉诺修士解释道，正是此人建议个人可以为了人民的利益牺牲。[2]此人便是该亚法（Caiaphas），所有身穿铅制斗篷的伪善者都从他身上走过，让他承受重量。在同一沟壑中，还有他的岳父以及所有为犹太人受难种下恶因的公会成员。维吉尔惊奇地盯着这个承受酷刑的人，这个“被永久流放、承受可耻惩罚”的人。

该亚法在这里被视为大伪善者，表面上为人们提供公正的建议，暗中却是为了牟取政治利益。他和亚那以及最高评议会成员一道承担他们对无辜者——这里指没有罪恶的人——实施伪善所产生的所有邪恶之重。这是以宗教之名和公共之善犯下的最大罪过。但丁未对这一景象加以评论，因为其本身已经相当显著。

本章结尾处，维吉尔识破了魔鬼的伎俩。他问卡塔拉诺修士有什么路可以通向下一条完整的拱桥。他答曰：“通往第六沟壑的桥全部毁坏了。”维吉尔相当沮丧。“他们给我们出了个馊主意！”他说道。卡塔拉诺用博洛尼亚方言嘲弄地答道，“我在博洛尼亚时听说魔鬼是谎言之父。”维吉尔有些愠怒，大步走开。但丁随即顺从地跟上去。

跟随敬爱的人的足迹前进。[3]

---

① 参照本书第三章。

② 《约翰福音》，第十一章，第49—50行。

③ 《地狱篇》，第二十三章，第148行。

第二十二章
贼窝

《地狱篇》第十四章开篇便是一个非常可人的比喻。维吉尔表情突然阴沉下来，但丁深受影响，复又回归宁静。这一场景很有戏剧性，但丁将其比作如同牧人看见了满地白霜，以为是雪，便绝望地回到屋中，再出门时，发现世界变了。

在一年的开初，当太阳
在宝瓶宫下梳理头发，
而黑夜逐渐退到与白昼相等；
当皓霜在地面上摹绘
她雪姐姐的形象，
但她下笔不久时，
那牧羊人已起身，观望，
并看到田野里一片白色；
他因此拍了一下大腿，
回到屋子里去，走来走去，
像一个不知道怎么办的可怜人那样叹气；
于是又到外边去，而恢复了希望，
他已看到世界怎样在短时间内

改变了面目；就拿起牧杖，

把他的羊群赶出去喂草：

夫子就像这样地使我沮丧，

当我看到他的神色那么困惑；

药膏也像这样迅速地搽好创伤。[①]

愈病的“药膏”指的是维吉尔对他温和的笑。但丁说，这正是他初次在山脚下看见的笑。这是彰显二人之间亲密关系的细节，让读者想起，维吉尔正是用这个温和的笑容鼓励但丁进入冥府之城的。另一处彰显二人情深谊厚的细节是，维吉尔仔细检查了二人须攀爬的石头后，将但丁双手托起，助他爬上一块大石头。“抓住下一块石头，”他说，“但要先试试石头能不能承受得住你。”文中对二人奋力攀爬做了生动的描写，第二行中的停顿巧妙地传达了上气不接下气的感觉：

这不是给穿铅袍的人走的路；

就是我们，他虽轻，我虽被推着前进，

也几乎不能从这巉岩攀上那巉岩。[②]

这个攀爬的坡度比上一个平缓一些，因为第八圈的沟壑均是朝下倾斜，一坡低过一坡。即便如此，等他们终于抵达山顶时，但丁已经上气不接下气，无力继续前行，只得坐下休息。

但维吉尔却绝不答应。“如此娇气如何能有所成就？”他说，“我们还有一个更陡峭的坡要爬呢！”这是一种叙事手法，预告了接下来的

① 《地狱篇》，第二十四章，第1—18行。

② 出处同上，第31—33行。

情节：从地心往上爬，一直穿到南半球。听到这里，读者便有了兴致。但丁故作勇敢，假装呼吸均匀了些，边走边闲谈。山路崎岖、狭窄且陡峭。他们最终站在了一座桥上。但眼前一片黑暗，但丁什么也看不见，便提议穿过拱桥，往下朝沟里爬一段，这样能视听得真切些。维吉尔应允了。但撞入他们眼帘的却是一幅极度让人作呕的景象。

蛇是圣保罗眼中地狱景象里的主要特征之一。但丁如今更是以高超的手法描写了同样的主题。这里有蛇中之王。这里的蛇多种多样，不管是利比亚、或埃塞俄比亚、或阿拉伯都无法比拟，虽然这些地方盛产各种爬行怪物：凯利德里（chelydri）、雅库里（jaculi）、法雷埃（pharae）、沁克里（cenchres）和安菲斯贝纳（anphisbaena）。但丁列举的蛇取自卢坎的《内战记》。[①]这表明但丁已大胆接受挑战，意欲超越前辈。在这“残忍、恶心的许多什物”中，奔跑着盗贼的灵魂，他们赤身裸体，惊恐万分，找不到藏身洞或隐形石。[②]他们的手被以蛇为绳捆在背后，蛇头和蛇尾缠在他们腰间，在腰前形成绳结。二位诗人看见一个灵魂从身旁跑过。一条蛇突然在其脖颈之间咬了一口。电光火石之间，或者如但丁所描写的，他手指在书上快速移动，“还没到写完O或者I的工夫”，这个灵魂便全身着火，化为灰烬。灰烬立刻又恢复原来的形状。

写完这一骇人场景之后，但丁开始笔锋一转，开始用凤凰的意象装点文字：

如伟大哲人所言，

凤凰活到500年时，

① 《内战记》，第九章，第708—733页。

② 一块珍贵的石头，玉髓，据说可以使持有者隐形。

就像这样焚化再生；
它生前不食草木或五谷，
只饮乳香和豆蔻的流汁；
松香和没药是它最后的尸衣。[①]

但丁在奥维德的《变形记》中读过这一描述。[②]他肯定十分喜爱这段，因为他几乎一字不差地加以引用。

在凤凰神奇且具有异国情调的重生相衬下，那灵魂从一堆灰烬中重新恢复人形，更显可怕恐怖。如同一个人被残忍的力量打倒或中风倒地后再站起来，迷惑地四处张望，那可怜的灵魂起身时亦是如此，向世人展示了上帝的报复是如何毫不留情。当被问及身份时，那灵魂用了一连串的比喻答道："我不久前从托斯坎如雨水般落到这野蛮如咽喉的峡谷。"

"我喜爱畜牲的生活，不喜爱人的生活，
我真是一头骡子；我是野兽，名叫凡尼·甫齐；
皮斯托亚是和我相称的兽窝。"[③]

但丁的第一批听众，尤其是托斯坎人，听到这个名字必会惊恐万分。但丁知道他是个杀人犯，"一个嗜血和暴怒的人"，便问维吉尔，此人为何不在惩罚暴力者的第七圈中受罚。凡尼·甫齐（Vanni Fucci）偷听到此话，因但丁在此处找到自己而十分愤怒。不管如何，他被禁

① 《地狱篇》，第二十四章，第106—111行。
② 《变形记》，第十五章，第392—402行。
③ 《地狱篇》，第二十四章，第124—126行。瓦尼·富奇（Vanni Fucci）是皮斯托亚贵族家庭富奇·德·拉扎瑞（Fucci de'Lazzari）的私生子。但丁狡猾地揭出他的私生子身份，让他称自己是骡子——马和驴的杂交种。

止撒谎。他因羞愧而面红耳赤，承认从富藏宝物的皮斯托亚大教堂圣器收藏室偷盗了财物，而罪名被安到了一个无辜的人头上。

在但丁的心目中，皮斯托亚是和佛罗伦萨黑白两党之争的发端有着密切的关联，因为正是在这里开始了最初的分裂，最终导致黑党统治了佛罗伦萨，而但丁遭到流放。为了一报向但丁坦白亵渎神明罪之辱，他预言，白党虽帮忙将黑党赶出皮斯托亚，他们自己却会被赶出佛罗伦萨。

> 我说这话就是要让你悲痛。①

这章便在这句恶毒的嘲弄中结束。但凡尼·甫齐的故事还未结束。这位亵渎神明的盗贼在下一章一开篇便对上帝做了一个亵渎的手势。

> 在他的言语结束之后，
> 那盗贼举起双手，用手指做出侮辱的姿势，
> 叫道："你受着吧，上帝，因为我是藐视你的！"②

这是但丁能为凡尼·甫齐安排的最亵渎神明的话了。但丁对此人恨之入骨。他看到下一幕时十分高兴。两条蛇——但丁称其为自己的朋友——开始缠绕凡尼，一条缠他的脖颈，让他窒息，一条缠绕他的胳膊，捆住他，让他动弹不得。但丁呼唤着皮斯托亚的名字，诅咒其化为灰烬，因为其作恶超过建城的祖先〔暗指一个传说，即该城为喀提林（Catiline）军队的幸存者所建〕。但丁对凡尼·甫齐的诅咒如此

① 《地狱篇》，第二十四章，第151行。

② 出处同上，第二十五章，第1—3行。

痛彻，其中必有个人恩怨，但究竟为何，不得而知。但丁回忆说，他在地狱见到的所有罪人中，数此人最傲慢无礼，胜过亵渎者卡帕纽斯（Capaneus）。[①]他在地狱中的命运也并非被烧为灰烬后再恢复原形这么简单。人首马身的卡科斯（Cacus），呼啸而至，口中大喊："他在哪？他在哪？那个满嘴污秽的家伙在哪？"[②]卡科斯因犯偷盗罪被贬至此，而并未和同伴同处第七圈。缠在他臀部的蛇比沼泽地还多，[③]他的肩膀上有一条恶龙，翅膀张开，口中喷火。这张绚烂的神话式图景，一如开篇提到的凤凰和冬日全景，是装点，而在此例中也是预言。

但丁在灵魂变形方面的编排设计是大师级的。迄今已出现5个盗贼，全部是佛罗伦萨人，分别是：阿格内洛（Agnello）、恰纳（Cianfa）、布奥索（Buoso）、弗朗西斯科和普齐奥（Puccio）。听到其中一个名字时，但丁将一根手指放在嘴唇上，手指从下巴延伸到鼻子，示意维吉尔倾听。这一动作十分形象，跃然于读者眼前，或许作者但丁也自觉十分形象。他接下来要描写的让人难以置信。但丁警告读者：他犹豫是否要写下来，虽然是自己亲眼所见。一条六只脚的蛇扑向其中一个灵魂，缠在他身上。蛇用中间两只脚抓住灵魂的肚子，用前爪抓住他的胳膊，毒牙咬在他双颊上，后脚伸展于大腿上，而尾巴穿过其间，伸展到其后腰上。

从未有过常春藤如此紧密地盘绕

---

① 出现于《地狱篇》第十四章，第43—72行。所谓"the figs"的手势即将拇指指尖置于食指和中指之间，模仿男性生殖器。

② 卡库斯（Cacus）是神话中一个巨人，并非半人马。维吉尔称他为"半人"，这可能误导了但丁。他偷了吉里昂的牛，那些牛是大力神作为他的12项功劳之一从西班牙带来的。卡库斯把牛拖着回到他的屋里，留下了一串误导人的蹄印痕。大力神听到牛的叫声，便打死卡库斯，把牛收了回去。

③ 马雷马（Maremma）是托斯坎区海岸上的一块沼泽区。

一棵树，如同那可憎的怪物
将自己的肢体和他物交缠；
然后他们黏合一体，像熔蜡一般，
颜色混杂，直至彼此难分；
正如纸张燃烧时升起的火焰，
先是棕色的火焰慢慢变大，
在变黑之前，白色火焰萎缩直至消散。①

这只六脚怪兽其实也是一个盗贼，名为齐安法，已然变了形。另外两位，后来被指为布奥索和弗朗西斯科的，在一边目瞪口呆，口中叫喊：

“天呀！阿格内洛，你变成什么样了！
看呀，你既不像两个，又不像一个！”②

两个头如今合成了一个头，两张脸也融为一张，两只胳膊和前爪膨胀，变成了两只爬行动物的前肢，大腿和小腿合二为一，肚子和胸膛变形后的模样见所未见、闻所未闻。

它就这样地蹒跚走开。③

但丁基本上在模仿奥维德对赫马佛洛狄忒斯（Hermaphroditus）和水仙女两性合一的描写。

---

① 《地狱篇》，第二十五章，第58—66行。
② 出处同上，第68—69行。
③ 出处同上，第78行。

她像蛇一样，缠绕在他身上…… 正如常春藤缠绕高大的树干……每个肢体都紧附其身……两个身体合二为一,显出一个人形……当他们的身体紧紧拥抱时，再也难以分开了……二人既不是女人，也不是男人；似乎二者都是，又似乎二者都不是。①

如今，一番响鼓后，但丁将听众的注意力吸引过来，见证他如何超越卢坎和奥维德。卢坎描写了两名士兵，萨贝勒斯（Sabellus）和纳西丢斯（Nasidius）被蛇咬后的情景。萨贝勒斯腐化了，而纳西丢斯则不断膨胀直至在盔甲中爆炸。奥维德描述了卡德墨斯（Cadmus）如何杀死一条战神宠爱的龙，因而被变成一条蛇以及女神阿利苏萨（Arethusa）如何遭到河神的追踪，并被变成了一条山泉。但丁对两位诗人都无嫉妒之心：

现在让卢坎（Lucano）沉默吧，
不要再谈可怜的萨贝勒斯和纳西丢斯；
等着听我现在要说的话。
让奥维德也闭口不谈
卡德墨斯和阿利苏萨，
他在诗中把前者变成蛇，
而把后者变成泉水，我不妒羡他。②

但丁要将两个躯体面对面地加以变形，而奥维德却从未描写过。对合体后的怪兽的描写节奏稍有变化：

---

①《内战记》，第四章，第361—379行。
②《地狱篇》，第二十五章，第94—99行。

从篱笆到篱笆穿行的蜥蜴，

穿越道路，快如一道三伏天的闪电，

此时，一条黑如胡椒末的铅黑色小蛇，

眼冒怒火，向另外两个幽灵的腹部蹿去。

它向他们中的一个扑去，

刺穿他那最初汲取养料的部位，

然后倒下去，直挺在他面前。[①]

现在但丁开始使出看家的本领了。他一步一步地精确展示蛇和灵魂如何变形。首先，蛇将尾巴分成叉子，灵魂将脚并拢。两条腿合二为一，不显痕迹。蛇分叉的尾巴显露出另一位的消失腿部的形状，外皮变软；胳膊收缩入腋窝，前爪爪子相应变长，后爪扭在一起，变成男人的私密部位；可怜灵魂的那个部位却变成了两只脚；变色时，烟雾笼罩着两个躯体；头发只留在一个头上，另一个头上的头发被剥掉；一位站立着，另一位摔倒，两个都用凶恶的眼神紧盯对方；其中一位的口鼻收缩入太阳穴，剩余的材料变成了两只耳朵、一只鼻子和一双嘴唇；倒下的那位五官容貌延伸成一个口鼻，耳朵收缩入脑袋里，

就好像蜗牛将触角缩入壳内；[②]

那块可以说话的完整舌头分了叉，而分叉的舌头合并起来；烟雾消散开来。

① 《地狱篇》第二十五章，第79—87行，塞耶斯译。

② 出处同上，第132行。

就这样，但丁说，我看见那什物变形、再互换变形。虽然这些变形让人眼花缭乱，但丁还是认出了瘸子普齐奥，还有让托斯坎加维勒村带来无限哀痛的弗朗西斯科。

整个诗章雄壮华丽，不仅体现于其生动形象的描绘中，也体现在两个对照的插曲中。但丁展现了纯熟的技巧。但丁故作谦虚，似乎轻视赞叹，说："如果我的笔下描写有误，至少还算新奇吧。"自描写凡尼·甫齐的片段起，作者但丁沉迷于挑战先贤，以至于忘了强调对偷盗罪的惩罚。下一章则重又充斥了道德的愤怒。

第二十三章
火舌

《地狱篇》的第二十六章开篇便是对佛罗伦萨的一通诅咒。除了皮斯托亚的凡尼·甫齐，但丁还选择了5个佛罗伦萨人作为偷盗罪人的代表。我们除了知道他们均来自贵族家庭，对其他信息一无所知。他们是阿格内洛·德·布伦内莱斯奇（Agnello dei Brunelleschi）、布奥索·德利·阿巴蒂（Buoso degli Abati）、恰纳·德·多纳蒂（Cianfa dei Donati）、弗朗西斯科·古尔奇奥·德·卡瓦尔坎蒂（Francesco Guercio dei Cavalcanti）和普齐奥·德·贾里盖（Puccio dei Galigai）。据说"眯缝眼"弗朗西斯科·德·卡瓦尔坎蒂被加维尔（Gaville）居民所杀——加维尔是阿诺谷的一处村庄——还说他的亲戚为其报了仇。对但丁的同代人而言，这5个人无一不臭名昭著。他如今借机抨击佛罗伦萨的恶名。其恶名之远扬，简直尽地狱皆知：

得意吧，佛罗伦萨，既然你那样伟大，
你于陆地与海洋上鼓翼飞翔，
你的名声又在地狱传遍！
在盗贼中我发现了你的5个市民，
我因此感到莫大的耻辱，

你亦不会从而得到光荣。

但若是将近清晨时梦能灵验，

你不久必将遭受普拉托和其他城市

渴望你遭受的灾祸。

假使灾祸已经降临，那也不算早，

既然注定发生，则越早越好，

我年纪越大此事便越使我忧虑。①

但丁在故事时间框架内发出预言，他的用语“不久”指的是1300年爆发的骚乱。普拉托是托斯坎的一个城镇，位于佛罗伦萨往西北约10里处，在前往皮斯托亚的路上。皮斯托亚乃佛罗伦萨众多敌人之一，迫切希望佛罗伦萨坍塌。但丁说年事渐高，实际上指的是他写作此书时的年龄。在随后的年月里，佛罗伦萨遭受了诸多灾难：瓦卢瓦的查尔斯王和科尔索·多纳蒂的背叛导致了白党的流放；造成多人死亡的塌桥事故；一场大火烧毁2 000所房屋，毁灭许多家庭；以及希望通过武力回归佛罗伦萨的人大批牺牲。所有这些厄运都被但丁解读为对佛罗伦萨腐朽的惩罚，反映了但丁越是年增岁长，越是忧伤哀愁。②

描写了许多骇人的场景后，虽得意于自己纯青的描画技艺，艺术家但丁觉得该是改变策略的时候了。第八圈的沟壑均十分封闭。他如今用比喻来描画场景，将读者的想象力引向地狱之外，去往某个夏日夜晚宁静的山坡。

---

① 《地狱篇》，第二十六章，第1—12行。

② 另参照本书第二十九章。

普照世界者将面庞向世人隐蔽，

在那苍蝇让位给蚊蚋的时候，

休憩的农夫看到他采集葡萄或耕耘处

下面的山谷里有无数的萤火虫：

当我来到望见沟底的地方，

便看见第八沟里到处闪烁着团团火焰……[①]

火焰掩蔽了那些利用智力行骗的罪人的灵魂。他们用善辩的言辞和狡诈将他人引向歧途。正如以利沙（Elisha）看着以利亚（Elijah）乘着战车消失在火云中，[②]每个灵魂都借由一片“偷偷摸摸”的火焰躲藏。一朵火焰在火尖上分叉，让但丁想起俄狄浦斯（Oedipus）的两个儿子——厄忒俄克勒斯（Eteocles）和波吕涅刻斯（Polynices）死于柴堆之事。他们如此憎恨彼此，以至于焚烧他们的火焰都要彼此分离。维吉尔的回答可谓《地狱篇》中最让人记忆深刻的片段之一。分叉火焰里的是尤利西斯和戴奥米底斯（Diomedes）的灵魂。

但丁不懂希腊文，他通过拉丁文著作间接了解《伊利亚特》和《奥德赛》，其中有维吉尔的《埃涅阿斯纪》，也有西塞罗、贺拉斯以及另一位罗马作者的著作。这位罗马作者的重要性将在下面讨论。但丁没有读过12、13世纪讲述特洛伊战争的故事，但他知道尤利西斯和戴奥米底斯多次参与攻打特洛伊的谋划，知道尤利西斯十分狡猾。《地狱篇》中的人物维吉尔列出两人的罪行：他们骗阿喀琉斯抛弃戴达米亚（Deidamia）和他们并肩作战，却隐瞒了他的死亡预言；他们偷走了据说保护特洛伊的雅典娜圣像；他们参与了木马计。在《埃涅

① 《地狱篇》，第二十六章，第25—32行。

② 《列王记下》（*2 Kings*），第11—12行，第23—24行。

阿斯纪》中，维吉尔只说上述三件中，仅有一件恶行是两人共同参与的，即偷盗雅典娜圣像。[①]书中并未提及欺骗阿喀琉斯一事，另木马计一段并未点名提及戴达米亚。

二人这些共同犯下的罪过并不能解释但丁在听闻他们身份时为何如此激动：

“假使他们在那些火里能够说话，”
我说道，“夫子！我恳求你，
而且我千万恳求你，
请你容我等到那两角的火焰
来到这里；你看到我
多么迫切地弯身向着它。”[②]

维吉尔应允了。他读懂了但丁的心思，但告诫但丁让他来交谈。维吉尔何出此言，书中迟迟未给出答案。

“让我来说话，我已料到
你的愿望；他们是希腊人，
或许会不屑和你交谈。”[③]

但丁是意大利人，是特洛伊的后人，而他的祖先当年被希腊人击败过。而维吉尔是罗马人，亦是如此。那么二人之间有何分别呢？答案有两层意思：维吉尔不仅在高尚的诗篇中写过他们，而且还有魔法

① 《埃涅阿斯纪》，第二章，第162—168行。
② 《地狱篇》，第二十六章，第64—69行。
③ 出处同上，第73—75行。

之力。他口中的语言便是咒语，[1]和他对开隆、米诺斯开口所说的话具有同等法力。

> “哦，你们卷在一团火中的两位啊！
> 假使我在世时对你们有些价值，
> 假使我在人世写那‘高尚的诗篇’时
> 对你们多少有些价值，则请你们不要动；
> 而让你们中的一位说出
> 自己在迷途之后，死在何处。”[2]

这是一次最终的致命旅程么？在荷马的《奥德赛》中，尤利西斯回到伊萨卡岛（Ithaca），屠杀了佩内洛普的追求者，镇压了叛军，并重拾其国君与户主之位。《奥德赛》的结局在中世纪家喻户晓。14世纪评论家本韦努托·达·伊莫拉（Benvenuto da Imola）说傻瓜都知道尤利西斯回到了伊萨卡岛，并称但丁的说法没有得到任何诗歌传说的支持。奇怪的是和现代评论家一样，本韦努托忽视了但丁所讲述的故事来源。

听了维吉尔的命令，火焰中较大的角开始摇曳、咕哝作响，似乎有风吹拂，其尖端如同舌头一样前摇后晃，一个声音开始说道：

> 那火头又开始摆来摆去，
> 似乎是舌头自己要迫切地说话，
> 发出一个声音道：

① 多萝西·L.塞耶斯最先注意到这一点。参照她的文章，“第8个博尔贾”（*The Eighth Bolgia*），最先以讲座的形式发表于1946年8月。（《关于但丁的进一步研究》（*Further Paperson Dante*），梅图恩出版社，第102—118页，1957年）

② 《地狱篇》，第二十六章，第79—84行。

“我困于瑟西（Circe）一载有余才得以逃出，

此地位处加厄太（Gaeta）附近，

那时埃涅阿斯还未对其如此称呼……[①]

由此引发若干问题。尤利西斯为何从这里开始讲述故事？他为何把被困瑟西的时间说得如此精确？为何提及加厄太？为何提到埃涅阿斯对该地命名一事？这些以及其他许多问题的答案可在奥维德作品中找到，而非维吉尔、西塞罗或贺拉斯的作品中。

在《变形记》第8卷中的第5个故事中，奥维德开始讲述埃涅阿斯的冒险之旅，打断后，又在第14卷的第二个故事继续讲述。两个片段合起来便称之为《埃涅阿斯纪》的“读者文摘”。书中简述了埃涅阿斯离开特洛伊一段：他来到迦太基（Carthage），受到迪多的接待，后离开非洲，沿坎帕尼亚（Campania）海岸一路向前，最后来到库麦（Cumae）。随后奥维德又简短描写了埃涅阿斯游历地狱，后又返回库麦的情形。然而，当他来到加厄太时，意外发生了一件《埃涅阿斯纪》中未讲述的事情。

为了将《奥德赛》和《埃涅阿斯纪》加以联系，维吉尔引入一个幸存的希腊人。埃涅阿斯和随从们沿着西西里海岸前行，在离埃特纳（Etna）不远处的海港度夜。第二天早晨，他们遇到一位衣冠不整的陌生人，褴褛的衣衫上布满荆棘，他张开双臂，恳求似地迎上前来。此人乃阿契美尼德王族成员（Achaemenides），来自埃特纳，也是尤利西斯的同志，在其他人逃脱时，他却被留在库克罗普斯（Cyclops）的洞穴中。特洛伊人将他带上船，听他作为见证人讲述了《奥德赛》中发生的故事。

---

① 《地狱篇》，第二十六章，第88—93行。

奥维德显然很欣赏这一叙事手法，因为他也加以效仿。在其书中讲述的特洛伊人冒险之旅中，埃涅阿斯和他的随从们来到加厄太，遇到一位来自尤利西斯队伍的幸存者。此人便是聂瑞托斯的马卡柔斯（Macareus of Neritos）（在《奥德赛》和《埃涅阿斯纪》中均未提及）。他向特洛伊人发出问候，当他发现阿契美尼德时，十分惊讶。阿契美尼德向他讲述了波吕斐摩斯（Polyphemus）一事，并形象地描述了尤利西斯和随行人员如何逃脱，而波吕斐摩斯又如何向驶离的船只投掷石块。

然后该马卡柔斯讲述了。他从库克罗普斯之后说起，讲述了埃俄罗斯（Aeolus）和风袋，讲述了他们来到由巨人食人族之王安迪菲特斯（Antiphates）统治的城市〔后被命名为福尔米亚（Formia）〕。其中一位船员惨遭吞食，其他人向船狂奔，身后的石头铺天盖地地追过来，击沉了绝大多数船只，仅留下一艘无恙。带着剩下的船员，尤利西斯继续驶往瑟西的海岛。"在那里，"马卡柔斯说，"我们被扣留了一年之久。在那漫长的一年光景中，我见闻了许多事。最后，当我们终日懒散、游手好闲时，却又被允许启程了。瑟西预言我们前方会有险途，航行于茫茫大海上，并遭遇汹涌的波涛。老实说，我很害怕，来到加厄太后，我就留下不走了。"马卡柔斯的讲述到此结束。他也没有更多可说的了。

这便是但丁在奥维德《变形记》中读到的故事。这大大启发了他的想象力。尤利西斯和船员们离开瑟西时发生了什么？他们在漫长的航行中如何生活？奥维德说，马卡柔斯是否想到这一点便心惊胆战，宁愿待在岛上？但丁与奥维德这两位讲故事的人遥相呼应。但丁继续讲述他的故事。他让尤利西斯作他一系列目击证人中的第三位，紧随阿契美尼德和马卡柔斯之后。这就是为何他让尤利西斯一开头便讲离开瑟西时的情景，提及他被瑟西扣留的时间，并提到埃涅阿斯命名加厄太一事。但丁几乎一字不差地引用了奥维德，并且将奥维德未讲完的故事讲述完整。但丁又一次超越了尊贵的前辈。

但丁应该在哪里将尤利西斯送上茫茫的航行之旅呢？不能是伊萨卡岛，这次航行要比《奥德赛》故事中所有的航行都要更加遥远：他让尤利西斯去了南半球。他不仅让其探险之旅超越了所有想象，还让尤利西斯从一位共谋的希腊英雄形象，摇身成为尚未得救赎的人类形象，他胆大，永远渴望探险，不惧险途，从知识之树摘取果实充饥。但丁还暗示和埃涅阿斯相比，尤利西斯的航行受到了神的指引。

古代世界宣称，赫丘利斯之柱以外的大海无法航行。一幅12世纪的地图说，那里除了凡人看不到的未知名的星星之外，什么也没有。中世纪的想象中还增加了怪物、高温、酷寒、磁石、飓风、山一样高的波涛。或许，那里还有人居住的土地，但我们无法抵达那里，他们也无法到达我们这里。[①]但并非每个人都认为这样的航行毫无可能。大阿尔伯图斯曾不乏撩人心弦地说："穿越大洋困难重重，但并非没有可能。"

这些暗示和让人半信半疑的说法足够但丁构建他自己的宇宙观了。他想象着，在耶路撒冷的相对极，大洋中矗立着世界上最高的山峰。后来他揭示了此山便是炼狱山，山顶上便是伊甸园。

要想穿越南面的大洋抵达那里似乎是一种不切实际的傲慢之举。对于奥维德未完的故事而言，但丁的想象塑造的不是尤利西斯回到儿子、父亲和妻子身边的渴望，而是一个心中澎湃着无限探险激情的海航者。

对我儿子的疼爱，

对我年迈老父的敬重，

① 纪尧姆（Guillaume de Conches），引用自J.L.洛斯（J.L.Lowes），《通向世外桃源之路》（*The Road to Xanadu*），第118页，康斯特布尔出版社，1951年版。

那该使佩内洛普开怀的夫妻之情，

无一能征服我的一腔热诚；

我要漂泊世界，探索四海，

获悉人类的罪恶和美德。[①]

尤利西斯接着讲述他鲁莽的航行。他们只剩下一条船，船员也所剩无几，他贸然驶向无边的大海。他们在地中海上一路向西，来到赫丘利斯（Hercules）打下标记禁止人类跨越的地方。他和船员们均年已苍老，身疲力乏：我和我的伴侣都已年老而迟钝了……[②]但丁此处用了奥维德的原话*tardi*（疲劳、迟钝之意），这表明拉丁原文的叙述在他脑子里留下多么深刻的印象。在这里，尤利西斯既是大胆的航海者，又是替人谋划的邪恶顾问。他对船员又是催促、又是哀求，劝他们说："既已经历了千难万险，就不要拒绝踏上人类未知世界的最后一段旅程了。"

想一想你们的出身，

野兽般生活并非你等命运，

你们注定要追求美德和知识。[③]

尤利西斯接着说道，他的"小演说"，让船员们群情激昂，就算想阻止他们前行也无济于事了。他们将船尾向东，以橹为翼，继续"疯狂的飞行"。此时，除了北斗七星，已全然看不见北面的星星了，如今天空中的星星皆不知其名。他们见证了五次月圆月缺。突然，在黑暗

① 《地狱篇》，第二十六章，第94—99行。

② 出处同上，第106行。

③ 出处同上，第118—120行。

的远方，影影绰绰显出一座山，高过他见过的所有山峰。他们兴高采烈，但很快便陷入一片哀叹：此时生起一场风暴，猛烈地冲击着船头。

风暴使我们灌满水的船只
旋转了三次；到了第四次，
使船尾翘起，船首下沉，
直到海水把我们淹没，犹如天意注定。①

此章于此处结束。尤利西斯的演说是《地狱篇》中最有名的一篇。这一片段与其他片段有较大的不同，因为其中的故事和党派纠纷无关，和佛罗伦萨的腐败无关，也和但丁的流放无关。尤利西斯出于高尚、鼓舞人心的理由，作出了胆大、不认输的追求。这使但丁陷入两难，终使他觉得无法绕过去。他和尤利西斯一样，心中充满追求知识的渴望。他承认自己也时时面临越界之险。他悲伤于所见的事物，悲伤于记忆：

我克制住习惯，勒住思绪，
害怕越过善的界限；
愿星星或更神圣的力量赐予我智慧，
让我不要丧失理智。②

这一普世和永恒的主题至今仍是一个挑战。③

① 《地狱篇》，第二十六章，第139—142行。

② 出处同上，第21—24行。

③ 我对但丁所述尤利西斯最后一次航行的故事来源的发现首次发表于1960年："但丁的尤利西斯传奇"（*'Dante's Tale of Ulysses'*），Annalidell'Istituto Universitario Orientale，Sezione Romanza，那不勒斯，第49—65页。

第二十四章
断首

让我们从辽阔的海洋回到尤利西斯接受惩罚的恶谋士之谷。那个摇曳的、说话的火舌这时挺直了，陷入沉默。维吉尔解除了对它的魔法控制，双重火焰继续前行。另一团火走上前来，因为维吉尔解除尤利西斯魔咒时，他听出了维吉尔的伦巴第方言：

“现在去吧，我解除你的魔咒。”

Istra ten va, più non t'adizzo. a

原文中的单词*istra*在伦巴第语中表示“现在”之意。从这一细节，我们可以看出，但丁想象维吉尔说的是伦巴第的方言土音。这一现实主义色彩延展了作者与读者之间传统上的默契。我们并未问及维吉尔和希腊人尤利西斯之间对话说的是何种语言。我们默认了亡魂之间可以交流，而无需知道他们之间使用什么语言；为了叙述之便，所有的对话都以作者写作时使用的语言加以呈现。[2]我们现在却需要假定，维吉尔在和尤利西斯对话时，说的是希腊语，而尤利西斯的希腊语又转

---

① 《地狱篇》，第二十七章，第21行。

② 有3个例外：在《炼狱篇》第二十六章第140—147行，阿诺特·丹尼尔（Arnaut Daniel）说普罗旺斯语；在第三十三章第20—22行，贝特丽采说拉丁语；在《天堂篇》第十五章第28—30行，但丁的祖先卡却亚奎达用拉丁语问候他。

换为托斯坎语以便但丁记录。从此处看来，这样的安排在有联合国之前，早在地狱中便有了。

上前来的火焰里藏着的是圭多·达·蒙泰费尔特罗，罗马涅皇帝党领袖，生存于1223年至1298年之间。他善于狡诈的计谋，被送绰号“狐狸”。他不止一次地和他人共谋反对教皇，后被驱逐出教会。后来忏悔，重被教堂接纳，最终又加入方济会。

在“看不见的世界”里，他无法看清外物，所以便问刚刚说话的人是否刚从甜蜜的意大利过来，罗马涅如今是处于战乱还是享受着和平。但丁仔细地盯着看，维吉尔搡了他一下，说：“你说吧，他是意大利人。”这里但丁不会遭到蔑视，也没有任何语言障碍问题。但丁说虽然罗马涅的暴君心中总是记挂着发动战争，不过他离开时却未发生战争。在告诉这位灵魂当前局势平稳之后，便问他姓甚名谁。灵魂觉得自己在这里所说的反正不会流传到世间，便透露了自己的身份，并讲述了自己如何被罚下地狱。

听了他的讲述，我们便明了但丁为何要选他为恶谋罪人之例：他在波尼法爵八世的命运中扮演了欺诈者的角色。但丁巧妙地将波尼法爵置于买卖圣职罪者之列，但还不满意，[①]于是再次于《地狱篇》中提及他。圭多·达·蒙泰费尔特罗如今是一名方济会成员，已经对他犯下的诸多欺诈行为作了忏悔，与上帝达成了和解。但波尼法爵又找到他，请他为自己出谋划策对付敌人科隆纳家族。蒙泰费尔特罗称他为“新伪善者之王”，不对圣地上的不虔诚者宣战，却对基督教兄弟宣战。波尼法爵诱惑这位忏悔者犯下了更多罪行，骗他相信他当场便可以赦免他的罪行：“你知道我有权力锁住天堂、也有权力打开天堂之锁。”圭多屈服了，为波尼法爵献上策略，相信他一切都没有问题的

① 参照本书第十九章。

承诺，直到临死时才悲哀地意识到自己上当了。圣方济（St Francis）前来拯救他，但遭到黑天使的阻拦，说："不忏悔的人不可赦免，没人能一边忏悔一边又犯下罪孽：这互相矛盾。"他一边将可怜的圭多带走，一边说："或许你觉得我说的话没有逻辑。"圭多被带到米诺斯面前，看见他将尾巴在身上缠绕了八圈。然后，这位罪孽鉴赏家愤怒地咬着尾巴，宣布："将他带去承受偷盗者之火。"

中世纪的故事和绘画中常描绘善恶之灵在人们死时争夺灵魂。但丁在描写骗子灵魂的命运时又加入了先前使用的魔鬼嬉戏元素，但这里却没有什么欢闹的嘲讽。从天堂堕落下来、对上帝旨意了若指掌的黑天使的逻辑，比圭多盲目相信的腐败教皇的骗人之辞要更有说服力。这是否反映了波尼法爵在1301年与但丁打交道时意欲连累但丁呢？但丁将教皇描写得如此黑暗，背后应有深意：导致另一个灵魂遭受地狱之劫比买卖圣职罪更加严重。但丁将他在地狱中同时置于两处，这对但丁是一个胜利。他在清算旧账，但清算仍未了结。

圣方济和黑天使再次对圭多的儿子柏翁孔蒂·达·蒙泰费尔特罗发生争夺，以此在结构上稍作平衡。此次争夺结局喜人。[①]这是继尤利西斯看到炼狱山之后，第二次预指炼狱山。也是将作品有机统一起来的众多联结环节之一。

第八圈的第九沟里是造成教会分裂的罪人的灵魂，沟内到处是可怕的战争。这是但丁地狱想象中最黑暗的片段。人类的统一不断遭到分裂制造者的破坏，不管是教会分裂、内战、党派之争还是家庭不和。但丁暗示从人类历史发端到他自己身处的时代，战争的恐怖愈演愈烈，昭示了人类争端似永无停歇之日。

---

① 《炼狱篇》，第五章，第85—129行。

即使用不受羁束的言语，
即使反复讲述，有谁能够充分说出
我现在所看到的流血和创伤呢？
不论哪个人都一定会失败，
因为我们的言语和我们的记忆
没有足够的容量来包括这么多的事物。①

但丁在这里回望和反思历史长河和当今时代人与人之间泯灭人性的残酷和屠杀，深感绝望。他所能做的只是将屠杀的意象再现于那些散播不和、损害人类和平统一的人所遭受的惩罚中。

假使一个人显出他的肢体被戳穿，
甚至一只脱落了底板或侧板的水桶，
也没有像我看到的一个幽灵裂得那样宽，
他从下颚裂开到那放屁的洞穴。
在他的两腿之间悬着肚肠；
脏腑和那把吞进去的东西
排泄出来的臭囊都露在外面。②

这些无疑是但丁使用过的最粗俗的语言。这里到处是残肢断臂，高贵的方言自然无法胜任描画之任务。为了产生让人恶心的效果，但丁借用了屠杀的画面。他知道自己在描述什么：他上过战场，见过屠杀的场面。

---

① 《地狱篇》，第二十八章，第1—6行。
② 出处同上，第22—27行。

该灵魂见但丁盯着自己，便用手撕开自己的胸膛，说："看我撕开我自己。"他然后一边问但丁是谁，一边流连于山脊上，可能是想晚些遭受惩罚。维吉尔替但丁回答："他并非因死亡来到这里，也不是因为罪过；我乃亡魂，受托带领他穿越地狱，一圈一圈游历，让他见识地狱中的一切。"听到此话，上百个灵魂惊讶无比，竟忘了自己的痛苦，一动不动，盯着但丁看。灵魂让但丁给一个叫弗拉·多尔奇诺(Fra Dolcino)的人带一个残忍、讽刺的讯息，叫他储备好食物以抵御大雪，不然诺瓦拉(Novarese)一役便极易败北。①这对我们而言没有意义，但对于但丁的同时代人而言，却不难解读，因为他们知道弗拉·多尔奇诺以及他名为"使徒兄弟教"的异教派。该教派驻扎于诺瓦拉附近的山上，反对教皇势力。教皇克莱门特五世曾于1305年下令征伐，该教派因冬天下雪，食物短缺而最后不得不投降。

另一个灵魂代之而来，其喉咙遭砍断，鼻子、一只耳朵均被割掉，气管处一片猩红色。此人便是皮埃罗·达·梅迪齐纳（Piero da Medicina），在罗马涅波伦塔和马拉泰斯塔（Malatesta）两大家族之间制造矛盾。他因制造事端，散播谎言，窥探他人事务，听信谣言，被象征性地处以肢体残缺之刑。但丁或许跟他有过私交，因为皮埃罗认出了他，并请他告诫法诺的两位贵族提防未来的厄运。

并请告诉法诺的两个高贵人士，
告诉圭多先生和安吉莱洛（Angiolello）先生，
若我们这里的预见无误，
他们将遭某残酷的暴君欺骗，

① 使徒兄弟（Apostolic Brothers）鼓吹财产和女人公有。1307年，弗拉·多尔奇诺（Fra Dolcino）被活活烧死。

被装入石袋从船上抛下，

在嘉托力加（La Cattolica）附近溺死。

在塞浦路斯（Cyprus）和玛约喀（Majorca）两岛之间，

纳不穹从没有见过如此滔天罪恶，

胜过海盗，亦或阿格诺特人（Argonauts）。

那个只用一只眼睛来看的叛贼便统治那城市，

这里与我一起的某个人但愿不曾见过；

此人要诱他们二人前来谈判，

然后便对他们干出那勾当，

让他们无需再为福卡拉海角（Focara）的风而发誓或祈祷了。”[①]

此段预言了里米尼领主独眼的马拉特斯蒂诺（Malatestino）将谋杀法诺的（Fano）两位贵族，因其二人妨碍他控制他们的城市。据说，他诱骗二人沿亚得里亚海航行和他相会并举行会谈，并在抵达风疾危险的福卡拉海角前安排人将二人抓获，沉海溺亡。但丁用了*mazzerati*一词，十分形象，意思为“捆在装着石头的袋子里”，这一形象描述为这一罪行平增一抹可怖色彩。这一暴行据说发生于1312年，因此在但丁以及其第一批听众的脑子里仍然历历在目。奇怪的是，他竟在这里谈及此事，因为这一谋杀尽管十分轰动，却并未对政体或教会造成分裂影响。

但是但丁将此事与古罗马历史中的一个事件加以联系，便使其顿显庄严。但丁提起了库里奥（Curio）鼓动尤利乌斯·恺撒将大军推过卢比孔河，这便是散播不和、分裂政体之罪的一个例子。[②]他的灵魂

① 《地狱篇》，第二十八章，第76—90行。

② 卢坎说，库里奥（Caius Scribonius Curio）曾力劝恺撒大帝横渡卢比孔河，向共和派宣战。

如今便立于皮埃罗（Piero）身边。当但丁请皮埃罗明示何意时，皮埃罗便掰开库里奥的下巴，这人嘴里的舌头已被割掉：他曾如此擅长言辞，如今却无法说话。

另一个灵魂举起两条被砍断的胳膊根部，鲜血便顺着他的脸庞流下来，告诉但丁自己是莫斯卡·德·兰勃蒂（Mosca dei Lamberti）。他曾说过一句致命的话："事情做完了便算了结。"这句话导致了奔德尔蒙蒂（Buondelmonte）遭到谋杀。奔德尔蒙蒂与阿米德（Amidei）家族的一个女儿订了婚，却为了多纳蒂家族的一个女儿，将她抛弃。佛罗伦萨人认为这件事情种下了皇帝党和教皇派之间的矛盾。

最后一个罪人是一位行吟诗人，伯特兰·德·伯恩（Bertran de Born）。[①]此人曾煽动英国国王亨利二世和其子亨利王子父子失和。但丁将此事与亚希多弗（Achitophel）挑唆押沙龙（Absalom）与大卫失和一事相提并论。[②]伯特兰遭了断头之刑，手抓头发提着头，像灯笼一样晃来晃去。他来到但丁立在上面向下看的桥边，将头高举，以便但丁听得更真切。

> 当然我看到了，并且现在还似乎看到，
> 当那可怕一群中其他的幽灵
> 在行走时，一个无头的躯干也在行走。
> 他提着那割下来的头颅的头发，
> 头在他手中像一只灯笼般地摇动；
> 而且望着我们说道："哎唷！"[③]

---

① 伯特兰·德·伯恩（Bertran de Born）（1140—1215年）普罗旺斯吟游诗人及武士。

② 《撒母耳记下》（*2 Smuel*），第十五至十七章。

③ 《地狱篇》，第二十八章，第118—123行。

尽管此处意境凶恶，但丁还是没能忍住用了韵*come*（来），*chiome*（头发）等，最后颇具讽刺意味地以伯特兰的叹词“*oh me*!”（哎唷）结尾。

我们不知道为何伯特兰被指实施的计谋让但丁印象如此深刻。但丁在《飨宴》中亲切地提起过他和其他人，认为他乃慷慨之士，人们永远不会忘却。[①]在《俗语论》中也提及过他，说他是写战争题材的高尚体诗人代表。[②]在伯特兰写过的40多首诗中，最著名的一首是对亨利二世之子亨利王子之死的哀叹。至于伯特兰在年轻王子反叛父王的事件中扮演了什么角色，历史没有任何记载。但丁的消息来源似乎是他的普罗旺斯语传记。其中记载道，亨利二世国王痛恨伯特兰，视其为儿子的邪恶谋士，是其父子之间矛盾的始作俑者。这段记载分明改变了但丁先前对伯特兰的良好印象，因而成了煽动教会分裂罪的合适案例。

但丁所选罪人案例值得注意之处在于，他可能是想说，所有的挑拨离间者都应对人类矛盾负有责任。

最后一个意象让人印象最为深刻：伯特兰·德·伯恩的头被高高举起，如同点着灯的南瓜，在半空中说话。这是作者能想到的最能象征不和的意象了。该章节也在此完结。

① 《飨宴》，第四部分，第二章。
② 《论俗语》，第二卷，第二章。

第二十五章
疾病谷

但丁端详着数不清的灵魂和他们身上骇人的伤口，心情沉重，几欲哭泣。维吉尔却语出讽刺，问他是否打算清点下共有多少灵魂，若是如此，他必须得明白这个沟壑有22里长。这是书中第一次提及具体的度量，很多研究者基于此欲计算第八圈的面积。此时但丁挫败感强烈，为世界历史上的战争哀悼、反思，实乃无望之举。

不过，但丁的悲痛有个人的因素。他一直在灵魂中找寻一位和自己有血缘之亲的人。维吉尔告诉他不要再想着此人了。他在桥下面看见过此人的灵魂，此人手指但丁，面带威胁之神情，有人叫他格里・德尔・贝娄（Geri del Bello）。但丁意识到，这个灵魂（他父亲的一位表亲）心怀怨恨，因他惨遭谋杀，却无人替其报仇。但丁为此同情于他。

但丁的儿子彼得罗在评论《神曲》时说，格里被佛罗伦萨的布罗德里・萨凯蒂（Brodario Sacchetti）谋杀，又说格里的侄子后来报了仇。这次决斗于1342年了结，两个家族也签署了和解协议，其中一方是但丁的同父异母兄弟弗朗西斯科，代表他自己以及两位侄儿彼得罗和雅各波以及其他阿利吉耶里家族成员。我们不知道，在但丁写《地狱篇》第二十九章时，是否已经复了仇，不过亲眼看着格里遭受苦难让但丁心有感触，而维吉尔却理性地劝他置身事外。这表明但丁心中清楚家族仇恨有多么危险。

欺诈罪过之骇人程度在第八圈中表现为10个方面，而随着但丁越往下走，越发阴暗，但丁的心情也越为绝望。最后一群乃伪造者和冒充者的灵魂，其所受之惩罚为身患各种恶疾，从身体之疾到精神癫狂。其惨叫之凄厉让但丁痛苦不堪，不得不用双手堵住耳朵，以将声音隔离在外。

从岩石跨越处居高临下，
马勒勃尔（Malbowge）的最后一座修道院
以及里面的俗家修士一览无余；
其中痛苦的惨叫像利箭、长矛刺透了
我的心，勾起了我的怜悯，
我不得不用双手掩起了耳朵。[①]

设想在7月和9月间，瓦尔第恰纳（Valdichiana）、马莱姆玛（Maremma）、和萨丁岛[②]的所有疟疾病人统统聚集在一起，便如同他眼前的景象。而从里边发出的恶臭好像散发自糜烂的肢体。但丁他们从绵长的山脊上下到最后一条堤岸上，以便更清楚地看看崇高的上帝使女、万无一失的正义女神为作假者的灵魂准备了什么样的惩罚。

但丁读过朱诺用瘟疫消灭埃伊纳岛（Aegina）居民的故事，[③]甚至当时的惨状都不能和他眼前的景象相比。那些病人无助地躺在地上。其中，一个趴在地上，一个躺在别人的肩膀上，一个四肢并用在地上

① 《地狱篇》，第二十九章，第40—45行，塞耶斯译。

② 瓦尔第恰纳（Valdichiana）是托斯坎区基亚纳（Chiana）河的一个溪谷。当时该区感染疟疾，疫情在夏季格外严重。托斯坎海岸地区的沼泽马莱姆玛（Maremma）情况相同。关于但丁并未亲身体验过萨丁岛，早期的评论者们认为那里的空气有毒，很少有人能在那里生存超过一年。

③ 《变形记》，第七章，第523—657行。

爬，还有两个互相依靠着。

> 如同两只平锅互相靠着保持热度。[①]

这些灵魂从头到脚，满身疥癣。他们用指甲抠身上的疥癣，好像一个马倌给马洗刷，或鱼贩子刮鱼鳞一般。各人悲惨程度视其罪行大小而定。阿雷佐的格里佛力诺（Griffolino）谎称自己能飞，被活活烧死。锡耶纳的卡波奇诺（Cappochino）因为炼金术遭遇了同样的厄运。有两位冒牌者的灵魂被罚承受疯癫病之苦。一位是密耳拉（Myrrha），对父亲塞浦路斯国王心怀不伦之恋，并冒充别的女人上了他的床。[②]另一位是吉亚尼·斯基基（Gianni Schicchi），佛罗伦萨人，西蒙·多纳蒂（Simone Donati）说服他冒充自己刚死去的父亲，重新口述了一份对自己有利的遗嘱，吉亚尼便按计行事，还顺便给自己也留下一笔不菲的遗产，外加马厩里一匹最好的母马。但丁将他描述得极为疯癫，他擒住卡波奇诺的脖子，将他拖着前行，卡波奇诺的肚子摩擦着沟底。可能最令人生厌的是对一个伪造钱币者的描写，此人是布雷西亚的阿达莫师傅。此人全身水肿，身体像一个琵琶，嘴唇干裂，一片向下朝着下巴，一片朝上翻。他因极渴望水分，常梦到小溪从卡森蒂诺青山流淌下来，流入阿诺河。阿达莫正是在这片区域发行用八分之一的合金伪造的金佛罗林，因而被判火刑处死。他说起引诱他犯下罪行的庇主孔蒂·圭迪（Conti Guidi）时言辞充满怨恨。若是能在此沟见到圭多或亚历山大或他们兄弟中的其中一人，[③]他便情愿放

① 《地狱篇》，第二十九章，第74行。

② 《变形记》，第十章，第298行起。

③ 经辨认为亚基诺福（Aghinolfo）。

弃止渴或甚至见到布兰达泉（Fonte Branda）的希望。[①]他听说3人其中一个正在此沟中，[②]但他如今身体残疾行动不便，如何能找到他？要是他100年能挪上一寸，虽然这沟有11里长，并且足有半里宽，他便也早就开始寻觅了。

但丁看见旁边另躺着两个灵魂，身上升起一股热气，如同在冬日湿手上升起的雾气一般。他便问阿达莫此二人是谁。阿达莫回答说打自己来到这里起，这两人就已经一动不动地躺在那里了，他们是伪造言辞者。一位是波提乏（Potiphar）的妻子，曾对约瑟夫（Joseph）加以不实的控告，[③]另一位是希腊人西农（Sinon），此人曾诱骗特洛伊人将木马带入特洛伊城。

一场卑鄙的争吵开始了。西农因阿达莫说出自己的名字十分恼怒，朝他皮革般的肚子上给了一拳，像敲鼓一样。阿达莫立刻反击，一肘打在西农脸上。两人开始互相辱骂，恶毒地讽刺对方的苦难。但丁听得兴致勃勃，但维吉尔却严厉地批评了他：

接着幸灾乐祸吧！
马上我就要和你吵架了。[④]

但丁顿时满心悔恨，羞愧难当。就好像一个人梦见身处险境，便希望自己只是在做梦一样。他转向维吉尔，希望得到夫子的原谅，但口中却无法表达，只能用目光哀求。维吉尔答曰：

---

① 可能是在罗美纳（Romena）城堡附近的泉眼。

② 也就是说，圭多死于1292年。伪造或贪污货币被认为是很严重的罪行，因为这有损国民对国家的信心。

③ 《创世纪》，第二十九章，第6—23行。

④ 《地狱篇》，第三十章，第131—132行。

我的向导答道："不用这样羞愧已能
洗刷比你所犯的更大的过失，
因此抛去你的一切烦恼吧；
万一'命运'女神又把你带到
人们在作如此一类斗嘴的地方，
你要想到我是永远在你的身边：
爱听斗嘴的愿望是一种庸俗的愿望。"①

在描述谷里肆虐的疾病时，作者但丁似乎表现得既近又远。他一方面闲聊当地要人的琐碎丑闻：阿雷佐的格里佛力诺诱骗锡耶纳主教之子阿尔伯特相信自己能飞。"世上还有像锡耶纳人一样愚蠢的人么？法国人都不会这么蠢。"但丁对维吉尔叹道。"除了斯特里卡人（Stricca），"卡波奇诺语带讽刺地插嘴道，"还有尼科洛人（Niccolo），他们发明了带着手套烹饪的昂贵时尚；还有阿西卡诺的卡西亚（Caccia of Asicano），此人将家产在葡萄园和林地上挥霍一空；还有一个人，绰号就叫'愚蠢的人'。"这些人和伪造罪都无甚关联，均属于锡耶纳的一个名为"挥霍者"的组织团体。佛罗伦萨的吉亚尼·斯基基曾冒充死人为自己谋遗产一事，后来启发了作曲家吉亚科莫·普契尼（Giacomo Puccini），后者基于此事，创作了一部精妙有趣的一幕歌剧。所有这些小轶事都给我们带来了日常八卦的亲切感，但却和阿达莫破坏社会稳定的伪造钱币罪毫不相称。和密耳拉违背人伦诱骗王父、波提乏之妻作假证陷害约瑟夫以及希腊人西农害特洛伊沦陷等古代故事更是不相搭配。马倌在不耐烦的主人催促下为马洗刷、鱼贩刮鱼鳞、两个平锅靠在一起让里边的菜肴保暖、冬天的湿手上冒热气

① 《地狱篇》，第三十章，第142—148行。

等等朴素的比喻都让我们和但丁这个活生生的人更为靠近：这些都是他亲眼见过或记得的细节。然而，把密耳拉和吉亚尼·斯基基（这一对搭配也十分奇怪）骇人的疯癫与赫卡柏（Hecuba）与阿塔马斯（Athamas）相比——前者发现儿子波利多尔（Polydore）死亡时顿时狂乱，而后者错把妻子和两个儿子当作母狮子和幼狮，并抓起一个儿子扔向石头后陷入癫狂——又将但丁带回那个神秘的世界。这些来自《圣经》和传说的遥远故事竟和甚至不配作花边小报头条的小事混在一起。不过在但丁看来，这种宏大的传奇和琐碎的小事混杂显然并无不妥。

但丁笔下的自己因为听了阿达莫师傅和希腊人西农斗嘴而受到维吉尔责备，但他笔下描写的粗言恶语占据了该章五分之一的篇幅，显示了作家的笔头功力。很明显，但丁完全发挥了他对斗嘴吵架细节的把握，这至少表明，他在大街上遇到类似阵仗时认真地侧耳倾听过。

他对疾病的反应不是同情，而是厌恶。溃烂的四肢散发恶臭，病入膏肓的垂死者无助地堆在一起，让他倍觉恶心。但丁可能在医院或者瘟疫肆虐时的大街上见过类似惨状。这些恐怖的场景在他看来象征着坏死、自寻毁灭的社会。

这一章不仅描写了但丁其人其思想，也反映了但丁是为何种大众写作。显然，但丁认为自己不仅要教化、还要粗俗地娱乐大众。在这两方面，他都同样技巧娴熟。

第二十六章
巨人

但丁继续往下探寻，来到一个越往下越收窄的深坑。但丁先描写了一番对巨大的想象。但丁和维吉尔越过第八沟和第九沟的壁垒，此时已是暮色十分，昼去夜临，他听见号角吹响，声响巨大，能轻易盖过雷鸣之声。惨败的查理曼大帝丧失他的神圣后卫时，罗兰吹出的号角都没有这样可怕。[①]但丁朝着声音的方向，透过朦胧的空气看去，看到远处似有高塔。他问维吉尔这是什么城市。维吉尔轻轻拉起但丁的手，回答道："这些不是高塔，是巨人，沿着深坑周围的堤岸站着，肚脐以下完全在深坑里。"

于是他亲热地拉住了我的手，
说道："在我们没有往前走之前，
为了使现实不致对你显得奇怪，
你要知道，那些不是塔楼，而是巨人；
他们在井坑里，环绕着它的堤岸，
他们都齐肚脐陷在里面。"[②]

---

① 《罗兰之歌》(La Chanson de Roland)。当查理曼大帝抗击撒拉逊人后，从西班牙回师，由他的侄子罗兰率领的殿后军，在经过比利牛斯山的郎塞瓦尔峡谷（Pass of Roncevaux）时遭到屠杀。罗兰用最后的力气吹响了他的象牙号角，号声之响让查理曼大帝在八公里以外都听到了。

② 《地狱篇》，第二十一章，第28—33行。

虽然有维吉尔握手安慰，不过但丁越靠近、看得清晰，便越害怕。作者但丁再次将一切纳入掌控。他认为是时候变换效果了。他的读者已经看够了关于成堆残肢病体的骇人描述。他如今开始求助于巨大的尺寸来获取听众的惊异之情。为达此目的，他回想了他自己及他的第一批听众们可能目睹过或容易想象得出的事物，以作比较。他先是将巨人比作耸立于锡耶纳附近蒙特里久尼城堡（Monteriggioni）内的高塔。①再靠近一些，他开始辨识清楚其中一个巨人的面孔，然后是肩膀，再者是胸膛、肚子和垂在身体两侧的双臂。但丁说，该巨人的脸部长宽堪比罗马圣彼得大教堂里七尺半高的青铜纪念碑。1300年五十年节，数以千计的朝圣者——包括但丁在内——前往罗马朝圣时，在这座长方形教堂中必定凝视过此碑。②巨人的上半身已然硕大可见，即便3个身材高大的弗里斯兰人（Frieslanders）叠加起来，也难触及其头发。但丁从人们外套上扣纽扣的位置——从喉咙到肚脐——判断，巨人的身高大约30掌。关于这一说法有诸多推测，有人称但丁实际上想说的是：巨人全部身高加起来是90掌，即约54尺。

怪物的下半身被壁垒挡住了，如同系了围裙一般。但丁在将墙壁描写为围裙时，用了*perizoma*一词，此词源于希腊语περίζωμα。拉丁文《圣经》中用过该词的复数形式（perizomata），③指亚当和夏娃意识到自己赤身裸体时为自己做的掩盖物。但丁此乃故意为之，因为这样可以避免描述巨人生殖器的尺寸。和他的同代人一样，但丁并不怀疑“以前大地上有过巨人”。④他说，这样的生物，已经不存在了。谨慎的

① 建于1213年，为了保卫市镇，抗击佛罗伦萨人。于1260年至1270年之间装备了十四座堡垒。堡垒受损，如今高度仅和城堡的围墙齐平。

② 现在位于梵蒂冈。

③《创世纪》，第三章，第7行。

④ 出处同上，第六章，第4行。但丁应该读过《圣经》的拉丁文版：Gigantes autem erant super terram indiebus illis.（在那些日子，有巨人在地上）圣奥古斯丁和圣托马斯也提到过这些巨人。

自然已经将战神的这些管理者们夺走，只允许大象、鲸鱼这些没有邪恶智慧、不会威胁人类的庞然大物存在。

维吉尔认出来第一个巨人是宁禄（Nimrod）。但丁接受圣奥古斯丁的说法，相信宁禄是个巨人。[①]但丁曾在《论俗语》中提及过他，称他是个巨人。中世纪有传说称他曾建造了通天塔，不过但丁将这一傲慢的罪孽归咎于全部人类：

不可救药的人类啊，在巨人的鼓动下，竟然意欲通过一己之技艺超越自然、乃至自然中唯一的力量——上帝；他在赛尼尔开始建造一座高塔，后称通天塔，意即混乱，希望由此直达天堂；无知地意欲和上帝平起平坐，甚至超越上帝。[②]

宁禄开始说话了，他的语言也是混乱的：

“拉斐·梅·阿米乞·柴比·阿尔米。”[③]

这些话所指何意，从未有人破解过，但丁也无疑要我们相信维吉尔所说的，即无人能懂宁禄的话，宁禄也不懂别人的语言，因为正是此人不知天高地厚地鼓励人们建塔直通天堂，也因此剥夺了人类统一的语言。[④]为了打消但丁的恐惧，维吉尔出言讥讽他。这些话对于宁禄而言自然毫无意义：

① 《上帝之城》（De Civitate Dei），第十六章，第3页。

② 《论俗语》，第一卷，第七章。同时参照本书第五章。

③ 《地狱篇》，第三十一章，第67行。

④ 关于建造巴别塔及其导致的语言混乱，参照《创世纪》第六章。

“笨拙的灵魂！
你还是用你的号角吧；当愤怒或其他热情
激发你时，用它来发泄吧。
在你的颈上搜寻一下，你就会找到
那把它缚住的带子，混乱的灵魂啊，
并看到那遮住你庞大胸膛的号角。”
然后他对我说：“他谴责自己；
这是宁禄，由于他邪恶的主意
世界上依旧不能使用一种语言。
我们让他站在那里吧，不要多说：
因为他不懂一切语言，
正如别人不懂他的语言一样。”①

沿着壁垒向左行一箭之遥，他们来到第二个巨人面前，这一位巨人比宁禄还要凶恶。从此处开始，但丁运用了他从异教神话中读来的对巨人的了解，从与自己组成六圣的荷马、维吉尔、奥维德、贺拉斯和卢坎五位诗人的作品里汲取想象的养分。他在维吉尔和贺拉斯书中读到过第一位巨人埃菲阿尔特斯（Ephialtes）的故事。他和他的巨人兄弟与诸神作战，他们威胁将奥萨山（Mount Ossa）堆到奥林匹斯山（Olympus）上，并将薄利翁山（Mount Pelion）堆到奥萨山上去。在《埃涅阿斯纪》中，西比尔告诉埃涅阿斯，巨人们正深陷于塔耳塔洛斯（Tartarus）之中。

在这里，大地古老的子嗣、巨人的血脉骨肉，遭雷电劈打而坠入

① 《地狱篇》，第三十一章，第70—81行。

无底的深渊，痛苦地扭动。在这里，我也看见了阿洛欧斯（Aloeus）的两个巨人儿子〔埃菲阿尔特斯和奥拓斯（Otus）〕，两人试图用双手拆下高高的天堂，将朱庇特主神赶出王宫。①

贺拉斯也简短地提到过兄弟二人如何试图将薄利翁山堆到奥林匹斯山上去。②维吉尔和贺拉斯均未提及二人的名字，但瑟维斯（Servius）在评论《埃涅阿斯纪》时称他们为埃菲阿尔特斯和奥拓斯，并说二人是被阿波罗（Apollo）和狄安娜（Diana）所杀。关于这一细节，但丁是知晓的。

但丁正是根据这些朦胧的元素，演化出详实、清晰、让人印象深刻的人物来。但丁完全略去奥拓斯，专谈埃菲阿尔特斯这位比宁禄更庞大、更凶悍的巨人。但丁强作镇静，惊叹于他身上精致的镣铐：

把他这样地缚住的大匠是谁，
我说不出；但是他的右臂
被缚在后面，他的左手被缚在前面，
一根链条把他脖子以下的部分
紧紧束住，并且在没有遮盖的
部分上面环绕了五道。③

维吉尔说出了他的来历，略显轻蔑，称他是那个企图和朱庇特主神对抗的傲慢者："他当年挥舞的胳膊如今已动弹不得。"但丁此时的好奇已经战胜了恐惧，便问自己是否可以看看那位"巨大无比的百手

① 《埃涅阿斯纪》，第六章，第582—584行。
② 《赞歌集》（Carmina），第三章，第四节,第51—52行。
③ 《地狱篇》，第三十一章，第85—90行。

巨人”。维吉尔当年曾将埃涅阿斯在战场上的神勇比作这位神力巨人，“据说他有100只臂膀和手”。

维吉尔拒绝了但丁勇敢的请求。维吉尔告诉他说，百手巨人所在之处离此地还很远，他长得和埃菲阿尔特斯很像，只是面相更凶恶。从这一个细节可以看出，但丁认为维吉尔在《埃涅阿斯纪》中对百手巨人的描写有些夸张。但他从卢坎的作品中借用了形容词*ferox*（凶恶的），[①]并从斯塔提乌斯的作品中借用了形容词*immensus*（巨大的）。[②]不过，一位身有百臂百手的巨人自然没有了高塔的对称。但丁的观众们——姑且这么称呼——未能一饱眼福看到百手巨人，但也得到了补偿：此时埃菲阿尔特斯突然浑身一抖，犹如受到地震冲击下的高塔一般。但丁见了吓得要死，不过看见巨人为身上锁链所缚才稍加安心。心情平复后，便跟着维吉尔去见第3个巨人。

第三位是安泰（Antaeus），不算头部，身高足有15英尺。安泰身上没有枷锁，也不会说话。他是一位战功卓著的传奇异教徒，但丁的同代人很可能对他很熟悉，正如我们熟悉的那些童话里的巨人一样。安泰是海神尼普顿（Neptune）和大地女神该亚（Gea）之子，是个神力摔跤手，其神力源于与母亲的接触。但丁曾在奥维德的《变形记》和卢坎的《内战记》中读过他的故事，并在《飨宴》中生动地描写过他与大力神赫丘利斯之间的交战：

我们在卓越的奥维德、[③]卢坎以及其他诗人笔下大力神赫丘利斯的故事中读到，大力神与巨人安泰交战时，巨人每每因精疲力竭而倒地，或被大力神打倒在地，但却因与大地接触后而重获力量，起身再

① 《内战记》，第四章，第596行。
② 《底比斯》，第二章，第596行。
③ 即在奥维德的主要作品《变形记》中。

战。赫丘利斯明白缘由后，便抓住他，将他死死扣住，并举离地面，不让他接触大地，直到大力神凭借力量优势战胜并杀死巨人。这些诗人作品表明，这次交战发生于非洲。[①]

但丁笔下这段早期的形象刻画后来于《神曲》中变成了精彩至极的三维描写。

维吉尔要求安泰施以援手。他对安泰并未施加命令或魔法，而是语带尊敬的请求，提到他在利比亚山谷中抓获1 000头狮子的英勇事迹。当年在发生于利比亚山谷扎马之战中，西庇阿曾辉煌地战胜汉尼拔。但丁在卢坎的《内战记》也读过相关细节：

> 你哟！
> 汉尼拔率大军退出那宿命的山谷时，
> 便成就了西庇阿（Scipio）的辉煌；
> 而你曾于此谷捕获1 000头狮子；
> 假使你参加了你弟兄们发动的战争，
> 人们说大地的儿子们会获得胜利；
> 请把我们放到——不要不屑于此——
> 寒冷把科赛忒斯（Cocitus）冻结起来的地方……
> 弯身下来吧，不要轻蔑地撅着嘴唇。[②]

安泰的巨手立刻便降了下来。这双曾抓过大力神的手抓住了维吉尔。维吉尔感到被抓牢了，便如慈父般对但丁喊道：

① 《飨宴》，第九部分，第183—184行。

② 《地狱篇》，第三十一章，第115—123行和第126行。

来吧，让我抱着你。[①]

两个渺小的身形，缩挤于一起，如同玩具一样被拿了起来。安泰弯腰时，但丁感到自己立于博洛尼亚倾斜的加里森达塔下，当时一朵云彩正在向与塔倾斜方向相反的方向飘过，让他产生了塔正在倾倒的错觉。“那一刻，”但丁说，“我真希望当时走了另一条路。”

但是他轻轻地把我们放下，
在那把路西法（Lucifer）和犹大（Judas）一起吞没的深渊上；
他并不长久地弯着腰，
而像船上竖起桅樯一样直挺起来。[②]

此种惊人的场面当时必然让第一批的听众们满心惊诧。如此形象、直截了当的描写前所未有。但丁这位工匠承认自己取材于他所敬仰的古代诗人，却再一次成功地超越了先贤。

① 《地狱篇》，第三十一章，第134行。
② 出处同上，第142—145行。

第二十七章
冻湖

如今，但丁及其听众面临着一个作者没有把握的话题。若要描写所有的地狱岩层都重压于其上的那个可怕深渊，需要使用一种粗粝、险峻的语言节奏，但他却无法驾驭，因此他是带着忧郁的心情开始这一章写作的。描写宇宙的底层可不是一项轻松的任务，幼稚儿童的语言自不适合。但丁请求曾帮助安菲翁围绕底比斯建墙的缪斯前来相助，确保自己的语言能够再现真实。

但丁此处提到安菲翁（Amphion）和底比斯一事值得注意。安菲翁是宙斯之子，善于竖琴，能引得西塞龙山（Mount Cithaeron）上的石头自己滚下山来听他演奏，并自发在底比斯城外围成一堵墙。底比斯素有骇人暴行之传闻，尤其是厄忒俄克勒斯和波吕涅刻斯两兄弟之间有着不共戴天之仇，后爆发了那场著名的七将攻打底比斯之战。但丁在斯塔提乌斯的《底比斯》中读到过这一段。[①]但丁祈祷，词语们也能像石头一样自发地各就各位，前来帮助他围住他如今要来描写的地狱第九圈——背叛之城。

要描写地狱这最后一个区域，让他觉得困难的不仅是物理意义上的描写。他意欲挤出更多他口中所言的“概念的汁液”[②]——指背叛

① 也参照《地狱篇》第二十六章和本书第二十三章关于波吕涅克斯和厄忒俄克勒斯之间的仇怨。
② 《地狱篇》，第三十二章，第4—5行。

在他心中所触发的恐惧和怒火。背叛会冻结一切人类联结、亲情、对党派与国家的忠诚、好客之热诚以及对受惠的感恩。那些背叛他人的人受困于永不碎裂的冰中，这一记忆迄今还让但丁的身体和灵魂战栗不已：

二人下降到远低于安泰脚下的一处地方。但丁仍在抬头看那高耸的悬崖，突然听见一个声音说：

> “留神走路呀！当心别把脚底板
> 踏在那可怜的两兄弟头上。”[①]

我们不知道这是谁的声音。可能不是维吉尔的，因为他应该不会知道那两个灵魂是兄弟关系。如果是另一个灵魂的声音，那么对“可怜的两兄弟”的同情之心又不符合叛徒们的心态。

但丁转身看脚下冰冻的科赛特斯河（Cocytus），地狱中的第四大河。其湖面与其说像水，不如说更像玻璃。覆盖湖面的冰层比多瑙河（Danube）或顿河（Don）任何时候结过的冰层都要厚。即使泰勃尼克山（Mount Tambernic）或彼脱拉巴纳山（Pietrapana）倒在上面，也不会产生任何冰裂。据考证，彼脱拉巴纳山即佩特拉阿普阿纳山（Petra Apuana），位于托斯坎西北部。至于泰勃尼克山是什么山，没有确凿的说法，选取这一名字明显是为了其末尾刺耳的音节。为了描写在冰上行走时发出的脆响，一向精于拟声的但丁，分别在三处使用了十分阳性的-*ic*为韵尾：[②]

---

① 《地狱篇》，第三十二章，第19—21行。

② 一些版本中印刷为阴性韵-icche。

就是奥地利的多瑙河，或是在远方
寒空下的顿河，在冬天也没有
结过像这里一样的一层厚冰：
即使泰勃尼克山，
或彼脱拉巴纳峰倒在上面，
湖面的边缘都不会发出咔嚓声。①

罪人们的口鼻露在冰面上，就像收获的季节里在水中呱呱叫的青蛙。农妇会在收获时分梦想着大丰收，而在这永恒的冬天，这些罪人却面色铁青，牙齿咯咯响，如同鹳的喙发出咔嗒咔嗒的声响。在他脚下，有两个相互紧紧依偎，连头发都交织于一起的灵魂。但丁问他们是谁，两人抬起头来，眼中涌出泪水，往嘴巴流去，但立刻便冻结起来，如同被铁箍夹紧的两块木头。两个灵魂愤怒至极，像山羊一样互相撞击。他们无法说话，因此，便有另一个冻掉了两只耳朵的灵魂告诉但丁他们是曼格纳伯爵（Count Mangona）的儿子，纳波莱奥内（Napoleone）和阿里桑德罗（Alessandro）。两人为了遗产发生争执，并互相杀死了对方：

他们乃一母所生；你可以
搜遍整个该隐狱，也找不到
一个更应该冻结在冰里的幽魂，
更应该如此的既不是那个由亚瑟的手
用矛一刺就刺穿了胸膛和影子的人；

① 《地狱篇》，第三十二章，第25—30行。

也不是福卡恰（Focaccia）；[1]也不是这个用头把我

遮得不能看向远处，名字叫萨索·马斯切洛尼（Sassol Mascheroni）的人，假使你是托斯坎人，便知他是谁了。[2]

佛罗伦萨的萨索·马斯切洛尼为了遗产谋杀了自己的亲侄子。案情告破后，他被塞进一个里面装满钉子的桶里，然后在佛罗伦萨的大街上滚来滚去，随后便被斩首示众。很多罪案发生才不久，罪犯无一例外都恶名昭著，如今虽已被遗忘，但在当时引发了不小的轰动，如开膛手杰克（Jack the Ripper）或当代任何一个连环杀人犯所造成的影响。刚刚开口说话的人也是一位"新闻头条"杀人犯，卡密西翁·德·帕西（Camicion dei Pazzi）。他说自己在等同族的卡里诺，此人犯下的滔天罪行胜过自己。他透露说第九圈的第一区名为该隐区，取自第一个杀害兄弟者该隐（Cain）的名字。维吉尔曾经提到基督从灵泊中解救的灵魂中有亚伯，[3]但奇怪的是，这里却未提该隐本人身处谋杀同族者之列。

另一个让人奇怪的疏漏是甘西多·马拉泰斯塔，弗朗西斯卡的丈夫。如今，但丁的第一批听众明白了弗朗西斯卡当时说谋杀她和她情人保罗之人将沦入该隐区是什么意思了。[4]我们不清楚但丁是否为这个被戴了绿帽子的丈夫刻意安排如此命运。[5]但丁没有再提及甘西多下该隐区一事（他直到1304年才去世）。

但丁在四周看见了无数叛徒的面孔，有些咧着嘴如同畏惧严寒的

① 亚瑟王用他的长矛一击便杀死了背叛他的侄子莫德雷德，让光穿透了他的身体和影子。

② 《地狱篇》，第三十二章，第58—66行。福卡恰（Focaccia），来自皮斯托亚的叛徒。

③ 《地狱篇》，第四章，第56行。

④ 出处同上，第五章，第107行。

⑤ 参照本书第十四章。

狗。这些印象如今还让但丁一见着冰冻的湖泊便战栗不止。

有上千张面孔围在我四周，
被严寒冻得如狗脸一般：
因此我每每看到冰湖
就浑身发抖，而且将来也会如此。[①]

二人来到第二个区，其名为安特诺尔区，取自特洛伊人安特诺尔（Antenora），中世纪拉丁语版的《伊利亚特》中记载安特诺尔背叛了特洛伊，投靠了希腊。当但丁行走在无数个头颅中间时，或许是因命运的安排，或仅是偶然，他的脚狠狠地踢到了其中一个灵魂的脸上。那个灵魂便大声喊叫："你为什么踩在我头上？这是为蒙塔贝蒂一役报仇么？"这句话将但丁死死钉在那里，他请求维吉尔稍候。蒙塔贝蒂这个名字让他怀疑自己知道此人是谁。

这个灵魂拒绝透露姓名。即便但丁主动提出愿意在世上维护他的名声，他也不肯。这和叛徒们本性有些背道而驰。但丁越来越强烈地怀疑他是自己心中所认定之人，他抓住他的脖颈，威胁道，若不说出名字，便将他的头发拔光。他已经拔下了一两撮头发，灵魂大声地抗议，此时另一个灵魂喊道：

"博卡，你怎么啦？
你下巴格格作响还不够，一定要狂叫么？
什么鬼魔临到你的身上了？"[②]

---

① 《地狱篇》，第三十二章，第70—72行。

② 出处同上，第106—108行。

这是一个让所有佛罗伦萨人战栗的名字。博卡·德利·阿巴蒂（Bocca degli Abati），原为皇帝党人，在1260年蒙塔贝蒂战役中为教皇派作战。在关键时刻，他从骑兵掌旗官背后偷袭，砍断了他的手，将战旗击落在地。结果导致教皇派大败，“鲜血染红了阿尔比亚河”。[①]但丁如今得知了自己所想知道的，得意地宣称将在人世间宣扬这个“邪恶叛徒”的下场。博卡恶毒地让但丁再宣扬一些其他叛徒的名字，其中有加尼隆（Ganelon），此人乃中世纪大叛徒之一。[②]

但丁对博卡以及菲利波·阿尔真蒂的态度揭示了他性格里凶狠的一面。[③]书中人物但丁表现了野蛮的残忍，作者但丁却也没有表达后悔之意，这可是无法通过寓言意义上的阐释便可解释清楚的。这里他没有掉眼泪，见到有灵魂受酷刑折磨时也未昏厥。他洋洋得意，并满心盼望着将这些人的恶名在世上加以宣扬。

接下来是另一个野蛮残忍的场景。另两个灵魂和曼格纳兄弟一样，被冻在一个冰窟里。其中一个兜帽一样盖在另一个头上，啃着那个灵魂头和脖颈相连的地方，情景如同一个饥恶的人在啃食面包。这一骇人场景的素材取自但丁于《底比斯》[④]中所读到的攻打底比斯七勇士之一卡吕冬国王（King of Calydon）堤丢斯（Tydeus）的故事。堤丢斯遭底比斯勇士梅纳利普斯（Menalippus）重伤，但他还是杀死了对手，并命人将他的头颅砍下来呈给他。他便啃噬其头皮，撕咬出脑子来。人物但丁意识到这个灵魂既然对另一个施以如此残暴的行为，其中必有缘由。他便叫他解释，并保证若是他啃人的理由得当，他将会让他的故事流传人间。

---

① 《地狱篇》，第三十二章，第85—87行。

② 就是他泄露了查里曼大帝的计划，并导致罗兰在郎塞瓦尔峡谷被击败、杀死。

③ 《地狱篇》，第八章。参照本书第十五章。

④ 《底比斯》，第八章，第740—763行。

对背叛主题的描写如今已经开始展现吞食、啃噬的食人场景。而这幅情景的另一面却是悲惨的受难，让人既惊悚又同情。那个贪婪啃噬别人头骨的叫乌格利诺·德拉·格拉德斯卡（Uglino della Gherardesca），受害者是主教鲁吉耶里·乌保迪尼（Archbishop Ruggieri Ubaldini），二人均为比萨人，都身负政治背叛罪。乌格利诺和孙子尼诺·维斯康蒂（Nino Visconti）是1288年执掌比萨的两大教皇派政党首领。乌格利诺与身为皇帝党成员的主教结盟，合力赶走尼诺。教皇派党也因此遭到削弱，而主教也背叛了乌格利诺，与人合谋将他及其两个儿子和两个孙子擒获，并将其关押在一座塔里，下令将门钉死。八天后，塔门被打开，五人均已被活活饿死。这一残忍暴行殃及了乌格利诺无辜的子孙，事发时，但丁年仅23岁。这一段往事在佛罗伦萨家喻户晓，而比萨也被人们斥为野蛮之城。

因回答但丁的问题，乌格利诺的灵魂便从他如野兽般啃噬的食物上抬起嘴巴，在被他暴虐的头颅的头发上蹭了蹭，说：

你一定要我重温巨大的悲痛，他说，
我还未开口，只要一想起，便肝肠欲裂。
但是假使我的言语能成为一粒种子，
为我所啃嚼的叛贼结出恶名之果，
你将看到我一面哭泣一面诉说。[①]

这里，风格已经从直接、残暴的语言变为悲剧的言辞。另外，这一席话和弗朗西斯卡·达·里米尼所言有所呼应。当时但丁问她与保罗的私情如何开始时，她说：

① 《地狱篇》，第三十三章，第1—9行。

最痛苦的事情
是身处悲惨之境，
心中却还铭记着幸福的时光，
您的老师一定知晓此种感受。
若是您确实想了解
我们的爱如何初次生根，我便实不相瞒，
一边流泪一边诉说给您听。[①]

弗朗西斯卡口中她的爱之“初次生根”和乌格利诺“恶名之果的种子”也彼此呼应。二人的话都呼应了埃涅阿斯对迪多说的话，当时迪多请埃涅阿斯讲述希腊人的背叛、他战友们的厄运以及他自己的流浪。埃涅阿斯应允了：

唉，王后，你让我想起了巨大的痛苦。但如果您希望听一听我们的苦难，愿意听一听我用只言片语告诉您特洛伊最后时刻的苦难，虽然我一回想往事便内心战栗、痛苦不堪，但我还是告诉您吧。[②]

乌格利诺讲述自己如何惨死的言辞是《神曲》中最著名的片段。氛围阴森恐怖；月光从高塔的窗洞渗入；乌格利诺梦到主教在打猎，赶着一群身形精壮、训练有素、追猎心切的猎犬，追逐一匹狼和它的幼崽；猎犬用锋利的牙齿撕咬着狼和幼崽；这一切都预示着即将发生的事情。醒来时，乌格利诺便听到儿子和孙子们在梦中哭喊着要吃的，心中充满了不安：

① 《地狱篇》，第五章，第121—126行。
② 《埃涅阿斯纪》，第二卷，第3—13行。

假使你想到我那时预感到的事情

而不伤心，那你真是十分残酷；

若你不为此哭泣，什么才能让你哭泣呢？[①]

青年人和男孩子们醒来了，快到了平时送食物的时间了，但所有人都因为做了噩梦而心神不宁。然后他们便听到下面门上钉钉子的声音。乌格利诺僵住了。大家都开始哭泣，但他没有哭。最小的儿子“我的小安塞姆”说：

“父亲，你样子很怪：哪里不舒服么？”[②]

乌格利诺还是没说话，也不哭泣，就这样过了整整一天一夜。第二天早晨，当阳光渗入高塔时，他从四张面庞上看见了自己的影子。一见此景，他便悲痛不已，开始咬自己的手。孙子们以为他是因为饥饿难耐，便主动献身给他作食物。

“父亲呀，倘若你把我们吃掉，

给我们的痛苦倒要少得多：你给我们

披上了这可怜的血肉，现在把它收回吧。”[③]

乌格利诺为了不让孩子们过于悲痛，便强行冷静下来。那一天和接下来的一天，几人全都沉默不语：

---

① 《地狱篇》，第三十三章，第40—42行。但丁在这里把狼的形象与在《地狱篇》第一章象征贪婪的母狼分离开来。

② 出处同上，第51行。

③ 出处同上，第61—63行。

“于是我使自己平静下来，为了不使他们
更加悲痛；那一天和接下来一天我们全没说话。
哦，残酷的土地！你为什么不裂开啊？”①

第四天，儿子加多（Gaddo）扑倒在乌格利诺的脚下，哭喊道：“父亲，你为何不帮帮我？”说完便死了。第五天和第六天，他看见其他3个也相继死去。乌格利诺自己也饿瞎了眼，一连两天，他便在孩子们的尸体上摸索着，呼喊着他们的名字，

“于是，饥饿战胜了悲伤。”②

这句话有些刻意的模糊。正如但丁预期的一样，这句话招来了两种解释：要么是指“饥饿，而非悲痛，让我死去”，要么是指“饥饿压倒了悲伤，逼迫我吃了他们的肉”。可能有传言称，人们发现尸体时，注意到了一些迹象。但丁赋予了乌格利诺这一通想象的讲述。但丁通过安排儿子们主动献身给父亲作食将故事升华为经典，而将乌格利诺饿极食子的可能现实降格至啃噬鲁吉耶里的头盖骨。乌格利诺讲完故事便又回到他那野蛮之宴。

说完这句活，他便斜着眼睛，
又用牙咬住那可悲的头颅，
那牙齿如狗牙一般凶猛有力。③

---

① 《地狱篇》，第三十三章，第64—66行。

② 出处同上，第75行。

③ 出处同上，第76—78行。据近期报道，乌格利诺（Ugolino della Gherardesca）的尸体已被发掘出来。检测表明他最后的食粮只是粗劣的面包。

此时，愤怒的诗人但丁游离于故事之外，号召消灭所有被佛罗伦萨人贬为野蛮之地的比萨居民：

唉，比萨！你真是可以听到
说“Si”的美丽之乡的人民之耻辱啊。①
既然你的邻人们并不急于责罚你，
让卡普拉亚（Capraia）和戈尔戈纳（Gorgona）两岛移动，②
堵住阿诺河的出海口，直到洪水泛滥，
把你的居民统统都淹死吧！③

这简直不啻耶和华水淹大地之怒气，唯独少了对诺亚的仁慈。比萨，这个新底比斯，在但丁看来，应遭到灭绝。他相信传言，认为乌格利诺将比萨的据点拱手送给佛罗伦萨和卢卡，犯下背叛之罪。正因此罪以及其他罪行，但丁才将他置于叛徒之列，但乌格利诺的儿孙们理应被给予仁慈。

在这人们可能犯下的最恶劣的罪孽中，却闪烁着一丝光亮。当月亮光和太阳光渗过高塔上的窗洞时，乌格利诺表露出的对儿孙的爱和同情，儿孙们愿意为他牺牲自己，这亲情让人类——不包括那些死不悔改的罪人——看到了一丝逃脱的希望。但丁正是从另一个窗洞走出地狱，再次看见闪烁的星空。④

但更坏的还在后头。离开安特诺尔区后，但丁和维吉尔继续前行，来到第九圈的第3个区。在这里接受惩罚的是谋杀客人、背叛古

① 在《论俗语》中但丁根据肯定语将普罗旺斯语、法语和意大利语定义为oc语，oil语和si语。说“si（意大利语，意为‘是的’）”的美丽之乡即指意大利。参照本书第五章的内容。

② 两个靠近阿诺河河口的岛屿，当时属于比萨。

③《地狱篇》，第三十三章，第79—84行。

④《地狱篇》，第三十四章，第138—139行。

老好客之道的罪人。他们被冻在冰里，脸朝上。这个区叫托勒密区，取自耶利哥（Jericho）首领托勒密（Tolomea）之名。此人曾邀请大祭司西蒙和他的儿子们赴宴，却将他们谋杀。[①]

这些罪人的眼睛都蒙着一层冰，如同水晶遮阳板一般，将额头下面的空余处全部填满了，眼泪聚涌于其后，更增其痛苦。其中一个灵魂喊叫着，请路过的人，无论是谁，将其眼睛上蒙住的冰层移除，好让他暂时轻松一下。但丁答曰：

“假使你要我帮助你，
就告诉我你是谁；假使我不解救你，
那就罚我到冰的底层去。”[②]

因为但丁注定会毫发无损地抵达地狱最深处，因此，这一允诺实乃不诚之举。这个灵魂上了当，透露了自己的身份：

“我是阿尔伯利格修士（Friar Alberigo），”灵魂说道，
“是提供罪恶之园里果子的那个人，
因为我给了别人无花果，便在这里接受海枣。”[③]

早期的评论者解释过这里对果子的神秘指涉，称阿尔伯利格修士[④]为报以前的受辱之仇，邀请他的兄弟和侄子来参加宴会，假装已摒弃前嫌，却将二人谋杀。他给身负武器的仆人发出信号：“上水

① 《马克比前书》（*I Maccaees*），第十六章。
② 《地狱篇》，第三十三章，第115—117行。
③ 出处同上，第118—120行。果子喻指罪罚轻重。海枣较无花果更贵重。
④ 来自法恩扎（Faenza）的曼弗雷德（Manfredi）家族，是Frati Gaudenti（意指‘愉快的修道士’）成员，在《地狱篇》第二十五章已提及。

果！”但丁知道他还活着，却在地狱中发现他的灵魂，因此十分诧异。阿尔伯利格解释说，当有人背叛好客之道，杀人者的灵魂便立刻沉入托勒密区，他的余生便由恶魔控制。阿尔伯利格还提到了热那亚的布兰卡·杜利亚（Branca d'Oria），称他的灵魂早已在此处多年。但丁不相信他说的话：

我说，“我想你在欺骗我，

因为布兰卡·杜利亚没有死；

他仍旧在吃、喝、睡觉和穿衣。”①

这三句话一下子把我们拉近了但丁其人。这是他的声音，他每天说话的样子，他拒绝上当受骗的心态。阿尔伯利格向他保证布兰卡的灵魂早已坠入托勒密区。甚至早于被他害死的人，他岳父米歇尔·赞彻的灵魂坠入沸腾的欺诈者之沟。②据说，该谋杀事件发生于1290年，布兰卡在他侄子的帮助下，邀请岳父赴宴，并将他杀死，以夺取赞彻占据的萨丁岛的罗格多勒法官职位。阿尔伯利格说，布兰卡侄子的灵魂也在托勒密区，世间的肉身也处于恶魔的控制下。

在崇尚迷信的社会里，若声称3个活人的身体被恶魔占据，实乃置其于十分危险的境地。但丁为何这么做我们不得而知。他预测了若干活着的人们将来下地狱受惩罚，但这无疑是最凶恶的诅咒。他作了虚假的许诺后，拒绝为阿尔伯利格清除眼睛上的冰层，这一举动也昭示着一颗怀恨之心：

① 《地狱篇》，第三十三章，第139—141行。

② 《地狱篇》，第二十二章，第88—89行。又参照本书第二十一章。

对他无礼便是有礼。[①]

我们也不知道为何但丁在托勒密区发现陪伴“罗马涅最恶毒的灵魂”的是两个热那亚的灵魂后，便号召消灭热那亚全部居民：

唉，热那亚人！丧尽了道德
并充满着一切腐败的人们呀，
为什么你们不从大地上消除？[②]

但丁在这里又一次摆明立场，但不光是出于道德愤怒，更是出于一种道德复仇。

---

① 出处同上，第三十三章，第150行。

② 出处同上，第151—153行。

第二十八章
路西法

但丁从小就从佛罗伦萨洗礼堂的圆屋顶上熟悉了路西法的形象。这些镶嵌画的制作是13世纪前半段，即但丁早年时期开工的。圆屋顶上的图案设计包括了一幅天启景象，其中有基督在庄严地主持最后的审判，有依级而列的众天使像，有《旧约》和《新约》中的故事，还有判罪的情景。这些景象系统地呈现以长方形图案，排列井然，顶部中央是3个八角形状的图案。其中有一幅混乱的景象，以路西法为中心，众多罪孽的灵魂遭受着魔鬼的折磨。路西法本身也是一个丑陋的魔鬼，头上有角，脸上有须，嘴里啃着一个灵魂，灵魂的腿和臀部悬在他的嘴巴外面。路西法的两只耳朵里伸出两条蛇，蛇嘴也啃噬着两个灵魂，两个灵魂也脸朝前悬在空中。路西法手上还抓着其他的灵魂，等着往嘴里送，脚下还踩着两个。魔鬼们将其他灵魂往路西法以及其他蛇妖处赶。画中还描绘了路西法肚子里有一个灵魂正在被消化，即将被排泄出来。如此这般，对灵魂的吞噬便可以无限继续下去。

在但丁生活的年代里，这便是人们心目中典型的路西法形象。但丁小时候，肯定对这样一幅图景十分着迷。他甚至看到这种画像的制作和安装。3个嘴的头被视为模仿圣三一的概念，骇人、丑陋的整体形象乃一种视觉工具，帮助布道者讲述曾经最美丽、最高尚的天使们，反叛了造物主后最终会落得什么命运。

但丁正是将这样一个路西法形象用于其《地狱篇》的高潮部分。从一开始，他脑中便已有了这幅形象。但丁保留了上述粗糙镶嵌画的核心要素，予以加工，将其形象典型化，做了更有序的安排。但丁笔下的路西法有三张脸和洗礼堂中的形象一样，嘴里啃着3个灵魂，其中一个腿悬在外面，另两个灵魂的脸悬在外面。在这一点上，但丁忠实再现了少年时代的记忆。但他又加上了许多细节，用来刻画他的虚构世界。

在《地狱篇》最后一章的开头，维吉尔语出戏谑，称路西法乃地狱之王。

“地狱之王的旌旗在向我们前进；”
我的老师说道，“假使你要把他
辨认清楚，你就向你前面看吧。”①

维吉尔（前基督时代的人）引用了一首歌颂十字架的赞歌中的第一句话，加上了“地狱”一词。旗帜便是路西法的6只翅膀。实际并非路西法的6个翅膀在移动，而是两位诗人在向路西法的方向前进。路西法，这位最先也是最大的叛徒，深陷冰层中。他既是被惩罚者，也是惩罚者。

维吉尔和但丁如今身处第九圈的第4个区，名为犹大区，以叛徒犹大命名。在这里接受惩罚的灵魂们都是生前背叛恩主的人，他们全身浸在冰中，如同玻璃杯中的吸管，有些仰卧着，有些垂直立着，头或脚朝上。还有些像弓箭一样弯曲着。在这里，但丁无法和他们对

① 《地狱篇》，第三十四章，第1—3行。

话，我们也不知道这些人中都有谁。但丁看到一个类似巨大建筑的东西，如同风车，在浓雾中闪烁。一阵冷风吹过，但丁害怕地躲到维吉尔身后。维吉尔挪开身子，让但丁看那个“一度如此美丽的创造物”。[①]他说：“看那冥府之王！[②]在这里，你得用勇气来武装自己。”

图5　佛罗伦萨洗礼堂的圆屋顶

但丁接下来要描写的，以前可从未有哪位诗人描写过。到目前为止，他参考过卢坎和奥维德，并声称要超越两位前辈，他也从维吉尔的诗篇中汲取营养。但在这里，他只能自力更生。人物但丁感受到了恐惧，而作者但丁也同样心有不安。

当时我变得多么冰冷和软弱，
别问吧，读者啊！这点我不描写，
因为一切的言语都无法来形容。
我没有死去，也没有活着：
假使你有一点聪明，你自己去想

① 《地狱篇》，第三十四章，第18行。

② 这是冥府之王的古典名称，但丁称其为大魔王、路西法和撒旦。也被叫做哈德斯，正如但丁在《地狱篇》第八章中所采用的。

非生非死的我变成了什么样的人。[①]

“悲哀之国的皇帝”从冰中立起身来，半胸之上都露在冰上。路西法的身型如此巨大，与其说巨人的身材比得上他一只手臂，毋宁说但丁的身材能比得上巨人。

假使昔日如此美丽的他
今日都变得如此丑恶，
而且昂首反对他的“造物主”，
无怪我们的一切苦恼都由他而生。[②]

但丁看到路西法头上有三张脸时惊异不已。这三张脸，一张朝前，两张朝两边肩膀的中间，头顶相连。中间那张脸呈红色，右边的脸为黄白色，左边的脸如同住在尼罗河谷底的人的脸色一般。每张脸下方有两只翅膀，比但丁在海上看见的任何帆船都要大。翅膀上没有羽毛，如同蝙蝠的翅膀。翅膀扇动时，便鼓起三阵风，这风让科赛特斯河的冰层常年不化。哭泣时，从六只眼睛流下的泪水和血沫沿着三只下巴往下流。每张嘴巴里，牙齿都咬着一个罪者，如同用打麻器粉碎麻茎一样，让3个罪人饱受苦刑。前嘴里的罪人，除了受牙咬之刑外，还要被爪子抓，背上被抓得皮肉全无，这使他更加痛苦。

维吉尔说，这个罪人便是加略人犹大（Judas Iscariot）。另两个罪人，一个是布鲁特斯（Brutus），挂在路西法黑色的嘴巴里，一言不发；一个是卡西乌斯（Cassius），看上去肢体很强健。

---

① 《地狱篇》，第三十四章，第22—27行。
② 《地狱篇》，第三十四章。参照图6。

> 但黑夜又来了；[①]而现在我们
> 必须离去：因为我们已看到了全部。[②]

维吉尔竟用如此简略的语言宣布结束了他声势浩大的地狱之旅，实在让人惊讶。但我们却不能就这么作别路西法，而不做任何评论。首先，根据但丁的描述，算起来，路西法身高有1 400尺；其全身有一半露于冰面之上，他的3个脑袋则应高出但丁约700尺。这里，现实的描述和诗意的想象发生了冲突。因为，从这么低的地方往上看，加上黑暗的环境，但丁是不可能看到犹大被爪子抓的痛苦更胜于被牙咬的情形，也不可能看到卡西乌斯健壮的肢体。可能的情况是，但丁回忆起了童年抬头看洗礼堂屋顶时的情景。他听了别人的讲述，知道上面有什么，虽然从地面上看，也无法看到精确的图景。路西法的形象可能让但丁从小便受到惊吓，让他魂牵梦萦。

但丁将犹大描写为最恶劣的叛徒，这一点无须解释。但布鲁特斯和卡西乌斯所遭受的命运，肯定让第一批听众大惑不解，若干世纪以来，也确实引发了不少的争论。

《飨宴》的读者则会了解但丁相信罗马帝国是奉上帝之圣意为世界和平而存在的。那些背叛恺撒的人（卡西乌斯是主谋，布鲁特斯曾是恺撒最亲近的盟友），在但丁看来便等同俗世中背叛耶稣的犹大。但丁在这里没有花时间来解释这个信仰：这一意象的意义将随着作品的发展逐渐明朗。当前对他故事的叙述更为重要的是，立刻描写如何从地狱走出去。该解释暗示了但丁心中对路西法从天堂堕落以及对地球造成冲击的想象。

---

① 即大约是晚上七点半。

② 《地狱篇》，第三十四章，第68—69行。

图6 佛罗伦萨洗礼堂圆屋顶上的路西法形象

但丁遵从维吉尔的指令，搂住他的脖子。维吉尔盯着路西法扇动的翅膀，当翅膀展开时，乘机抓住他身体上的毛，通过抓住一簇又一簇的毛，从这个魔鬼和凝冻的冰层之间下去。当我们到达大腿向外弯曲、恰恰形成臀部的隆起处时，维吉尔便吃力地、气喘吁吁地把头和腿调转过来，仍旧抓着他的毛，但丁还以为他们又要回到地狱里去。

我的导师，筋疲力尽，
气喘吁吁，说道："你得抓紧！
我们必须从这个梯子爬出这万恶的地方。"[1]

他们从一块岩石的洞穴钻出去，维吉尔将但丁放在洞穴边沿上，与自己对面而坐。但丁抬头往上看，以为会看见路西法，却万分错愕地发现自己的腿是朝上的。

假使我当时震惊、困惑，

① 《地狱篇》，第三十四章，第82—84行。

让那些不能领略我经过的

是什么样的地方的蠢人就这样想吧。[①]

事实上，他已经穿越了地球的中心。维吉尔命令但丁站起来：

我的老师说："起来！站起来吧！

行程是漫长的，道路是崎岖的；

太阳已转回到白天第三时的一半了。"[②]

但丁现在无比迷惑。在他们沿着路西法身体往下爬之前，维吉尔告诉他说，夜晚降临了。为何现在是早晨？冰在何处？为什么路西法的身体是上下颠倒的?

维吉尔解释说他们已经不在北半球了，而是已经进入了南半球，如今他们站在一个正好处于犹大狱反面的一个岩石层上。他们如今身处之地为早晨，而北边已然是夜晚。

但丁创造了这么一个传奇来解释路西法在冰中的位置，描述他如何从天堂坠到地狱。没有任何火山喷发、地震、大陆移动引起的地壳运动，也没有任何科幻小说或太空冒险能比得上但丁所描述的视觉效果之恢宏。

维吉尔解释说，当路西法从天堂坠下时和地球的南半球相撞。在那时，所有的陆地都处于南半球，而北边全是水。大地因惊惧于路西法，急速移动，为了躲开他，便往北半球移动，而海水便汹涌而来，

① 《地狱篇》，第三十四章，第91—93行。路西法突伸出来的腿让人回忆起《地狱篇》第十九章中买卖圣职者们的腿。

② 出处同上，第94—96行。第三时，按教规所划分的一天中四等分中的第一等分，从日出（春分日的早上六点）一直持续到早上九点。因此此时应该大约是早上七点半。

填补了南半球大陆移动后留下的空缺。当这个丑陋的主天使旋转坠入地球里时，造成巨大的冲击，地球的内里从他身边越过，朝他身后的南部恐惧地遁逃，留下一个扭曲的空间，并形成一座山，这座山便矗立于新形成的水面之上。这种对地球表面想象性的重构，使得诗人凭一己之想象，超越了奥维德《变形记》中所有寓言，造就了他独有的神话。这一冲击也使得宇宙升起一道幕布，形成了炼狱山的背景，最终也是天堂的背景。

地球在路西法的冲击下感到剧烈恐惧，也是一个象征，说明人类的栖居地不是为了邪恶，而是为了善良而创造。路西法已经污染了地球，如今《地狱篇》中以生动的现实主义笔触描写的所有罪孽也由他而生。然而，还有一线希望。但丁跟随维吉尔在黑暗中沿着溪流的声音，往洞穴上面攀爬时，再次看到从乌格利诺高塔的洞孔上渗透进来的光。[①]他终于从另一个洞孔中钻出来，立于南半球上，眼睛再次看到了满天的星星。

我的导师和我从那条暗道走进去，
回到那光辉灿烂的世界里；
然后，不想作任何的休息，
我们就往上登，他在前而我在后。
一直登到我从圆孔里辨出了
天上累累负载的美丽事物；
我们从那里面走出，又见到满天星辰。[②]

① 参照本书第二十七章。
② 《地狱篇》，第三十四章，第133—139行。

第二十九章

亨利七世的悲剧

1308年11月27日发生了一件对但丁及当时世界影响巨大的事件。德国人选举产生了一个新国王。这位新国王便是亨利，卢森堡的伯爵，是说法语的一个贵族家庭成员，在十字军东征时，因骁勇善战而扬名。他是家族中第一位取得显赫声名的成员，勇敢，理想主义，一腔热忱。他的一位竞选对手是瓦卢瓦王朝的查尔斯王，其背后有兄长法国国王菲利普四世为其撑腰。实际上，亨利的兄弟鲍德温（Baldwin），特里尔大主教（Archbishop of Trier），是选举人之一，这无疑影响了选举结果。[①]

亨利加冕为七世的仪式于1309年1月6日在亚琛（Aix-la-Chapelle）举行。共需要进行三次加冕，才能使他首先成为德国国王，然后是罗马国王，最后才成为皇帝。第一次仪式使用的皇冠是银的。同年6月2日，他派遣使节前往阿维尼翁拜访克莱蒙特五世，请求他的支持。7月16日，克莱蒙特发布两道通谕中的第一道，确认了亨利当选。亨利率先采取行动巩固他和哈布斯堡家族（Hadsburgs），即其前任阿尔伯特一世（Albert I）（死于谋杀）家族[②]的关系，让儿子约翰迎娶波西米亚的伊利莎白（Elizabeth of Bohemia）。波

① 有7个国王的候选人：特里尔、美因茨与科隆的王公兼主教、萨克森公爵、莱茵伯爵、布兰登堡伯爵以及波西米亚王。

② 通过他的侄子。他刻意不给他侄子继承权。

西米亚国王约翰后来在1346年的克雷西之战（Crecy）中阵亡。

1310年5月，亨利派遣大使前往意大利拜访各城领主，宣布其意欲前往罗马接受皇帝的封号，而在过去60年，亨利的前任们全都忽视了这一程序。亨利还表示希望调解对立政党之间的矛盾，并颁发命令允许政治流放犯重回故城。有传言说，亨利曾表示不允许有人在他面前提皇帝党和教皇派之类的字眼。

佛罗伦萨人从一开始就反对他。7月3日，他的大使来到佛罗伦萨，却遭到了公然抵制。到8月时，佛罗伦萨政府和那不勒斯国王罗伯特（King Robert）[①]、托斯坎教皇派控制下的城市以及伦巴第结为联盟，共同抵制亨利前往意大利。9月1日，克莱蒙特教皇颁发第二道通谕，号召所有善良的基督徒们，尤其是意大利人，接纳并尊奉亨利为其皇帝。9月30日，罗伯特国王从那不勒斯携大军赶来支持佛罗伦萨反对派。他们已经做好了作战准备。

皇帝亨利七世

1310年10月10日，亨利来到洛桑（Lausanne），受到一些意大利城市大使的欢迎，但佛罗伦萨不在其列。同月，亨利带着德国军队从塞尼山口（Mount Cenis）穿过阿尔卑斯山，于24日抵达苏萨（Susa），于30日抵达图灵（Turin）。11月10日到12月12日之间，他驻扎于阿斯蒂（Asti），接见了教皇派与皇帝党的流放犯，

① 罗伯特，卡拉布里亚的公爵，是昂儒和那不勒斯的查尔斯二世的第3个儿子，于1309~1343年间为那不勒斯国王。作为教皇派首领，他反抗亨利七世，被亨利宣布为逆臣。

并为各城指派了代表。11月末，佛罗伦萨已经开始加固原来年久失修的城墙。12月23日，亨利进入米兰，米兰人欢呼拥戴，并捐赠10万弗罗林作为支持。

这些新闻对但丁造成了巨大的影响。他梦想和平、回到佛罗伦萨的希望终于有望实现了。这也是无数流放者们心中的梦想。但丁此时已然和流放早年相识的流放者们不再来往，早就脱离了政治谈判。如今，他再也不能袖手旁观了。

首先，他和支持亨利的人们一同来到米兰。1311年1月6日，亨利于圣安布罗焦教堂接受了查理曼大帝“铁皇冠”[①]加冕。许多意大利城市均派代表到场，而佛罗伦萨以及托斯坎的教皇派城市再次缺席。

亨利相貌清瘦、矮小，略有斜视，头戴皇冠。公元800年的圣诞节，教皇利奥曾将这顶皇冠戴在第一位神圣罗马皇帝的头上。但丁在《地狱篇》中预言将出现的猎犬，便是这位君主。但丁在《飨宴》中写道：

> （国君）拥有一切，别无所求，会让国王各安一方，互不侵犯，缔结和平，人们才互相友爱，才会有幸福。[②]

他会建立正义，将地球上的贪念驱净。当跪在这位威严君主的脚下，手抚其足，口说颂词时，但丁肯定视其为一个无比神圣的时刻。[③]

亨利继续任命各地代表，并试图调和教皇派和皇帝党之争。1311年1月，他已废除了任何因政治原因导致的流放判决，但流放者返回

---

① 如此命名是因为它由一条铁带加固，可折叠。

② 《飨宴》，第四部分，第四章。又参照本书第七章。

③ 《献词》（Epistola），第七章，第二段，给皇帝的信。‘但丁唇上的颂词’（tribute of Dante's lips）意思是吻国王脚下之地。

故地的问题却十分棘手。2月20日，在佛罗伦萨的唆使下，克雷莫纳（Cremona）起兵反叛抵抗亨利，3月，布雷西亚步其后尘。亨利的支持者们决心对意大利各王国和公社的君主施加影响，因此四处发送各大显赫人物的声明。其中一位便是但丁。

但丁共写了三封信。第一封信是写给“意大利诸国君、[①]罗马的议员、公爵、侯爵、伯爵以及人民”。三封信均是以古雅的拉丁语写的，这是符合大学课程修辞法则的。[②]我们想到的一个问题是：这些国君、议员、公爵、侯爵、伯爵能读得懂拉丁文么？这些人正是但丁特意用意大利写成的《飨宴》的读者啊：

国君、侯爵、骑士及其他使用俗语、非学者身份的众贵族阶层男女们。[③]

即便是这些君主们不是学者，这些书信也应以拉丁语写。秘书、大臣中通晓文字者皆可担当翻译。但丁的书信只是被派遣书信中的一个，而且肯定也征用了很多抄写员。这项任务还需有快马加鞭的信使。所有这一切都需要有经济资助。但丁当时住在位于托斯坎卡森蒂诺区的波皮城堡，是圭多·诺韦洛伯爵（Count Guido Novello）的座上客。但丁在离开萨尔扎纳后曾求助于他。[④]但丁的恩主们和皇帝均有

① 这里的“国君”是指西西里国王（亚拉贡的腓特烈二世）和那不勒斯国王（昂儒的罗伯特）。

② “cursus”一词为修辞术语，指古典拉丁散文中的小句与句末的格律安排。中世纪的cursus,传承自古义，指抑扬顿挫的、有节奏之意，而非指格律的，如西塞罗的著作《散文的韵律》（*prosa numerosa*）。（见《但丁的书信》，第224—247页，佩吉特·托因比（Paget Toynbee）编，牛津，克拉伦登出版社，1966年版。）

③ 《飨宴》，第一部分，第九章。

④ 参照本书第十章。

不错的私交，从伯爵夫人和皇后之间的通信可以看出这一点。[①]因此，这些强大富裕的家族应该提供了资助。

但丁的信中满是夸张的比喻：和平的太阳正在升起，虚弱的正义将要复苏，又一个摩西已横空出世，他将解放普天下子民。让意大利欢欣鼓舞吧。连萨拉森人（Saracens）都要怜悯的意大利，让她欢迎亨利来作她的新郎吧。他是上帝选派来的。他将任命官员维护正义；他将宽恕一切臣服者，惩罚一切抵抗者。这里指的是抵抗的反对派们，尤其指意大利北部。

他在给伦巴第人的信中也大兴修辞。他贬斥他们是野人、斯堪的纳维亚（Scandinavians）的后人，[②]号召他们拿出身上特洛伊和罗马祖先传下来的仅有的高贵气质，向皇帝宣誓效忠。不要被贪婪之恶念误导，如同古代的人被女妖迷惑。这里所说的贪婪和但丁在《飨宴》和《地狱篇》中所表达的思想保持一致。信中还说，他知道有人在买通亨利的对手反对他。

对包括他自己在内的那些遭受不公的人，他建议要予以耐心，加以忍耐。而那些得上帝恩宠、权力大如圣彼得和恺撒之人，应表现出仁慈和同情。让所有意大利人都站起来，接纳他们的王吧，不仅作他的臣民，还在他的指引下作自由的人民。在《飨宴》中，但丁也宣扬过一个信念：从上古时代到奥古斯丁，罗马皇帝的威权是上帝赋予的，有些还需个人做最大程度的努力方可。从这一点我们明显可以看出：

① 据说是但丁担任伯爵夫人的秘书时代表她写的。三篇均为拉丁文，皆为对皇后书信的正式答复。布拉班特的玛格丽特，布拉班特公爵约翰一世的女儿，于1292年嫁给卢森堡伯爵亨利。他竞选时，她陪伴丈夫在意大利参加选举活动，于1311年12月14日死于热那亚并葬于此地。

② 伦巴第人起源于斯堪的纳维亚这个传说被保卢斯·迪亚肯斯（Paulus Diaconus）记载于他的作品《伦巴第历史》（*Historia Longo bardorum*）中，但丁看过这本著作。

上帝有时通过人来行事，就如同通过新天堂来行事一样。因为并不总是我们在行事，我们常常只是上帝的工具；人类的意志内含自由之本性，常能接受不掣肘于凡人情感的指引，臣服于永恒意志，不自觉地便成了神的牧师。①

如果这样的解释不算圆满，那么就请那些收到但丁信件的人考虑一下，在奥古斯丁统治下的12年间，上帝之子下凡，启示圣意，传播福音，将世界在恺撒与上帝之间予以分配，并嘱咐众生，上帝的归上帝，恺撒的归恺撒。②

但丁再现了他在《飨宴》中高傲的辩风。他在信件结尾处对所有不愿接纳真理的顽固之人发出挑战：让他们回想基督对自认威权凌驾于他之上的彼拉多说的话吧。③让那些人睁开理智的眼睛，看看上帝如何选择国王的。

这就是上帝的使节彼得告诫我们要敬仰的人，④这就是彼得的当代继承者克莱蒙特用使徒的祝福之光照耀的人。⑤

但丁在这里提及教皇克莱蒙特的第二道通谕，不止一次地表示应和，这表示这封未署日期的信件写于1310年后。

在但丁自己看来，他的论断是无法驳斥的。只有那些排斥理性、

① 《献辞》，第五章，第八段。

② 《马太福音》，第二十二章，第21行。

③ 彼拉多对他说："你不跟我说话么？你岂不知我有权把你钉死在十字架上，也有权释放你么？"耶稣回答道："如果不是上帝赐予你的，那你就无权处置我。"（《约翰福音》，第十九章，第10—11行。）

④ "务要尊敬众人。亲爱教中兄弟。敬畏神。尊敬君王。"（《彼得前书》第二章，第17行）

⑤ 《献辞》，第五章，第十段。

顽固不化的人才会加以拒绝。但这些高谈阔论对亨利的对手而言丝毫不起作用，他们更感兴趣的是现实政治，而不是神学真理、古代历史和《圣经》的格言。1311年早期，佛罗伦萨的抵抗已经变得相当可畏，但丁决定对其发起直接挑战。他的第二封信日期署的是该年3月31日。

信一开头便是相当具有侮辱性的称呼。如此一来，佛罗伦萨的当权者自然不可能让他再回故土。

但丁·阿利吉耶里——一个蒙冤遭到流放的佛罗伦萨人——致城里最邪恶不公的人

（*scelestissimis*[①] *Florentinis intrinecis*）。

但丁在信的正文开头重申了他的信念，即罗马帝国是神圣的，是上帝为管理人类和平而钦点的。证据则可以在《圣经》中找到，即便那些仅依赖理性的古人，也可证明这一论断的真理性。还有进一步的证据，即当皇帝的皇位空缺时，整个世界便会生乱，彼得之船的舵手和水手们便会昏睡，可怜的意大利便要经受狂风骇浪的冲击。他警告那些疯狂抵抗上帝旨意之人，称其会遭受上帝的惩罚。

他谴责佛罗伦萨是个贪婪之城，因贪婪而抵抗罗马皇帝，即大地之王，上帝的使者。他谴责他们不敬仿似自然正义的“最神圣的律法”。

若是愉悦、自发地遵守神圣法律，那么其不仅不是一种奴役，而且会给遵守者带来最大的自由。[②]

① 拉丁语形容词scelestus（此处使用最高级）有非常强烈的指责意味。

② 《献辞》，第六章，第五段。

但丁对法律的概念赋予宗教般的尊崇。他在博洛尼亚期间便如此。而在《飨宴》中，他提出用民法和教会法来遏制贪欲。[①]他坚信，社会有一天会公正有序，这不仅是神圣之法，也是自然之法。

佛罗伦萨人擅自开辟一个独立王国和罗马相峙而立。这种愚蠢行为简直如同设置第二个圣座，或创造第二个象征教皇和帝王权力的月亮和太阳。[②]让他们想想，他们的罪过所受到的惩罚将不仅导致他们失去智慧，更会阻碍他们开启智慧，即对上帝之敬畏。但丁预言，佛罗伦萨正在走向毁灭。他嘲笑他们对自己“可鄙的城堡”的盲目自信。当威猛的金鹰向他们扑过去，他们如何能够抵挡？那金鹰曾翱翔于整个文明世界的天空，越过庇里牛斯山（Pyrenees）、高加索山（Caucasus）和阿特拉斯山（Atlas），傲视浩瀚的海洋。

他描绘了一个可怖的景象，其中佛罗伦萨的城墙在皇帝统领的大军冲击下轰然倒塌，全城到处蔓延着大火，民众在饥饿中造反，妇女避难的教堂被毁，懵懂无知的孩子们因父辈犯下的罪孽遭受苦难。

如果我这预言无误——我这预言之根据乃确凿的迹象与无可争议的论断，那么你们的城市将会见证无尽的哀鸿，并最终落入他人之手。大部分百姓将遭受杀戮或牢狱之灾，而仅有的幸存者将遭致流放，并于泪水与悲叹中见证佛罗伦萨的倒塌。[③]

在信的结尾处，但丁进一步预言佛罗伦萨的毁灭和亨利的胜利，因为他是上帝的选择。

---

① 参照本书第八章。

② 但丁起先把光芒更强的太阳看作教权的标志，把光芒较弱的月亮看作君权的标志。后来在他的政论著作《帝制论》中，他的看法颠倒过来了。

③ 《献辞》，第六章，第四段。

但丁不懂外交。这样的信只会引发更顽强的抵抗。事实也确实如此。4月到5月之间，佛罗伦萨人重新召回教皇派流放者，旨在弱化城墙外的反对力量。但丁自然不在赦免人员之列，这毫不稀奇。事实上，在第二份宣言中，但丁被点名排除在外。

但丁的第三封信日期署为1310年4月17日，这次是写给皇帝本人的。但丁建议他不要再滞留于北方，立刻进攻佛罗伦萨。从称呼的形式来看，但丁是作为“所有渴望和平的托斯坎人”——即渴望正义的流放者发言人写的这封信。当亨利跨越阿尔卑斯山，他们心中重新燃起希望。他们像维吉尔一样，歌唱着黄金时代的回归。但如今他们对亨利行动的迟缓有些迷惑，但还未丧失信任。

此信所言既代表我自己，也代表他人。我手触陛下金足、口念颂词时，也有幸得见您尽显帝王之尊的和蔼与仁慈。[①]

但他们疑惑为何亨利尚未对托斯坎采取行动。亨利似乎认为自己的王土限于利古利亚（Liguria）的疆域，而忘了罗马帝国的光辉统辖超过意大利之国土，也越过欧洲之海岸。

此时，但丁为证明自己的信念是对的，又引入一个新证据。这一点在《飨宴》中未提及过，在前几封信件中也未涉及。这一论断将成为他后来所作的论著《帝制论》的基石。[②]在此封信件中，这一论断还处于雏形阶段，其说理如下：根据卢加的记录，当年奥古斯丁颁布法令在全世界范围内开征赋税，其时上帝之子自愿变成人子，这便证明发布这道法令的是最公正的君主。在这里我们看到但丁在铺陈最终对

① 《献辞》，第七章，第二段。

② 参照本书第四十二章。

他的历史观和天意观形成极大影响的理念时，是如何思考的。

为了敦促亨利立刻发兵佛罗伦萨，但丁将亨利比作古代的君王。亨利就是当代埃涅阿斯，墨丘利曾斥责他滞留于迦太基；亨利的儿子，是长子，也是皇位继承人，乃当代阿斯卡尼俄斯（Ascanius），将会追随父皇的足迹，将会像一头愤怒的狮子，对图尔努斯（Turnus）的跟随者发起进攻，而对拉提努斯（Latinus）的追随者温良有加。他引大力神赫丘利斯为例。赫丘利斯欲杀死九头蛇海德拉（Hydra），刚开始一个头一个头地砍杀，但这个怪物的头一直不停地生长，变得一次比一次强大。最后他直捣黄龙，火烧其脖颈。镇压克雷莫纳有何用处？布雷西亚和帕维亚（Pavia）会涌出新的叛军，即使平定了，维切里（Vercelli）、贝加莫或是别处又会出现叛乱。皇帝陛下从瞭望高塔上可以看到佛罗伦萨才是叛军之源头么？佛罗伦萨才是破坏母体命脉的毒蛇，是让整个羊群染疾的病羊，是违背自然伦常、对父亲心怀不伦之情的放荡密耳拉，是宁愿自杀也不愿意接纳女儿拉维尼亚与埃涅阿斯结合的阿玛塔。在这些神话故事中，也夹杂着一些真实事件。但丁明白，佛罗伦萨正在使用收买和虚假宣传赢取毗邻区域的支持；他们也在努力挑拨亨利和教皇之间的关系，还在和那不勒斯国王罗伯特协商，以换得本不属于他们的权力。

但丁在信结尾处再次敦促亨利不要再等待，请求他挥舞智慧之拳、举起力量之石打倒巨人歌利亚，让悲哀的流亡者回归故土，恢复公民身份。

亨利对但丁的建议毫不在意。1311年9月，他攻打布雷西亚，削平其防御工事。与佛罗伦萨结盟的卢加开始加强工事。亨利再次派使者前往佛罗伦萨，却被拒绝接见。10月，亨利前往热那亚，11月，他命令佛罗伦萨的代表前来觐见。他们再次拒绝。同月，国王罗伯特发兵支援佛罗伦萨和卢加。布雷西亚的教皇派再次起兵反抗皇帝，但遭到亨利英勇的支持者坎·格兰德·德拉·斯卡拉的驱逐。帕尔玛和雷焦在佛罗伦萨和其他索斯卡教皇派的帮助下也兴兵反叛。正如但丁曾预言的一样，海德拉的头不停地从四周生长出来。

1312年年初，克雷莫纳再次反叛，驱逐了皇帝的代表。2月，亨利将坎·格兰德·德拉·斯卡拉任命为维琴察皇帝代表，以增强其实力。但同月，在佛罗伦萨和博洛尼亚的支持下，帕多瓦起兵反叛，拒绝皇帝的代表。克莱蒙特教皇虽然当初发布两道通谕支持亨利，但如今法国国王菲利普四世对其施压，迫使其即便不能遭到反对，也不再动用教皇的权威助亨利一臂之力，随其自生自灭。

亨利正是在如此不顺的时刻决定前往罗马，接受加冕。2月，他从热那亚启程，前往比萨。国王罗伯特立马派其兄弟约翰前往罗马，加盟奥尔西尼，一起抵制亨利的到来。4月28日，亨利离开比萨，通过近海岸沼泽地前往维泰尔博，从那里前往罗马。5月7日，在奥尔西尼的对手科隆纳家族的帮助下，强行进入罗马。约翰王的军队和托斯坎的教皇派合力企图反对亨利加冕。亨利被迫妥协。因为圣彼得教堂落入了对方手中，因此他只得在圣约翰·拉特兰（St John Lateran）接受加冕。仪式于6月29日举行，由尼古拉·达·普拉托主教[1]以及另外两位主教主持。这次加冕用的是金皇冠。

8月，亨利回到托斯坎，在阿雷佐安营扎寨。据说但丁和一干人等蜂拥至此支持他备战佛罗伦萨。亨利于9月19日开始围城，将军队布置在佛罗伦萨城墙外，直至10月底。托斯坎和罗马涅的教皇派为佛罗伦萨提供了巨大的支援，但佛罗伦萨守军还是谨慎行事，不敢出城迎战，只是静观其变。10月31日，仍然一无所获的亨利，将军队撤到

① 参照本书第四章。

圣卡西亚诺，并在此处滞留，直至1313年1月6日。同月，他又迁往波吉邦西（Poggibonsi）。3月，他又于比萨安营扎寨，并颁发诏书，宣布剥夺佛罗伦萨所有的尊贵与特权。8月，他决意进军南方，攻打那不勒斯国王罗伯特。他离开比萨，在阿尔比亚河沿岸的蒙塔贝蒂安营，这正是1260年佛罗伦萨教皇派惨败之地。

亨利却病倒了。有人说他患了疟疾，有人说他遭人下了毒。他被挪至锡耶纳附近的博恩孔文（Buonconvento），并于8月24病逝。他的遗体被送往比萨，埋于大教堂。他的纪念碑位于公墓，出自雕刻师乔瓦尼·皮萨诺之手。

佛罗伦萨人欣喜不已。他们写了一封兴高采烈的信给盟友，邀请他们庆祝敌人——“野蛮的独裁者，卢森堡亨利伯爵”——的死亡。他的三次加冕便到此为止了。

亨利的支持者们只有哀号、叹惋，对曾经的可能悔恨不已。但丁的朋友奇诺·达·皮斯托亚还赋了一首合组歌以表哀挽。这一灾难一定对但丁造成了沉重的打击。但他从这一悲剧中鼓起新的决心，比以往更大的决心，在《神曲》中阐述他坚守不变的信念，即终有一天，将有一位无上的君主君临天下，为世界带来和平和正义。[①]

① 更多的信息参照W.M.布斯基（W.M.Bowsky）的《亨利七世在意大利》（*Henry VII in Italy*）。

第三十章
更好的水域

亨利七世穿越阿尔卑斯山时，但丁的《地狱篇》写到何处了？我们不得而知，但下面这一细节十分重要。在第十九章里，教皇尼古拉斯三世预言克莱门特五世将会栽入石洞，把波尼法爵八世再往里挤。

因为在他之后，打西方将要到来
一个罪恶更重、无法无天的‘牧羊人’，
他将把我二人挤进石洞更深处。
他将是另一个伊阿宋，我们在《马卡比书》中
读到伊阿宋的事迹；如同国王听从伊阿宋，
统治法兰西的国王也将听从这个牧师。”[①]

这些话肯定是写于教皇克莱门特五世先是支持亨利、后又于1312年迫于菲利普四世的压力阴险地背叛亨利之后。

但丁很可能从1310年起暂停了《神曲》的写作，直到1313年才重新拾笔。如前文所示，但丁一头扎进时事，忙于用激情澎湃之辩

① 《地狱篇》第十九章，第82—87行。来自加斯科尼（“西方”）的教皇克莱门特五世，串通菲利普四世赢得教皇的选举（当时教宗位于阿维尼翁），同时伊阿宋（Jason）贿赂安提阿哥·伊比法尼斯（Antiochus Epiphanes）助自己成为大主教。但丁刻意区分这两个伊阿宋，似乎是说：“我不是指阿尔戈英雄们的领袖，而是我们在《马卡比书》中读到的那一个”（第四章）。

才，致力于为他眼中动乱的世界谋划正义之事业。这可不是醉心于发挥想象进行文学创造的时代，且在当时的时局下，他即使写了，也不会有那么多听众捧场。亨利失败、去世后，意大利陷入内乱，为《地狱篇》的创作提供了更多的政治佐料。但丁对公众人物的嘲弄，对城市与地狱的斥责，对惩罚的预言等均超过以往，也更加肆无忌惮。佛罗伦萨更是从一开始便是嘲弄的对象，如今更是如此。但丁在《地狱篇》第二十五章中应和了他书信中关于佛罗伦萨将要沉沦的预言。《地狱篇》中的那段预言几乎是引用了书信原文。[①]自《炼狱篇》开始，直至《天堂篇》最后一个字，但丁用更强烈语气表达了反佛罗伦萨主题。[②]

但丁如今知道他所预见的君主短期内还不会到来。他对亨利的继任者巴伐利亚路易斯四世（Louis IV of Bavaria）更是不抱希望。[③]路易斯四世和竞争对手奥地利的腓特烈、后又与腓特烈的弟弟利奥波德（Leopold）之间的争斗，将他限制在了阿尔卑斯山北部。教皇约翰二十二世于1316年接替克莱门特五世上任。他拒绝承认路易斯以及他的对手腓特烈，后又宣布自己掌权管理帝国。[④]

尽管发生了这些让人泄气的事件，但丁却从未失去信心，他坚信有一天某个理想的君主将会降临。他认为他的任务便是改变公众的意见，以迎接这一天的到来。他开始更强烈地相信，正如他在《飨宴》中所写到的罗马神圣子民一样，他自己也是上帝意志的工具。他的诗歌肯定也是上帝的旨意使然。

亨利是个开创者，他的时机还未成熟。但丁在《炼狱篇》中隐晦

---

① 参照本书第二十三章。

② 《炼狱篇》，第六章，第127—151行；《天堂篇》，第三十一章，第37—40行。参照本书第四十九章。

③ 在1314年10月20日当选德国国王，并于11月25日在亚琛加冕。

④ 参照本书第四十三章。

地提过这一点。索尔德罗曾在未及时忏悔者受惩罚的峡谷中指出了一些犯下此罪孽的君主，他说鲁道夫（Rudolph）皇帝本有机会治愈意大利的伤痛，但却没有采取措施，导致意大利未能及时恢复：

> 不久另一位便能恢复她的健康。①

亨利七世于天堂中登基，这是对他在人间三次加冕的证实，也是超越。这反映但丁对亨利这位他预言成为君主的人无比臣服。他心中没有具体的人选，但他相信，上帝的法则以及自然之法则都规定，一位在人间建立正义的君主将要来临。但同时，他需要实现他预言式的愿景。

地狱中黑暗、有时让人绝望的图景如今已被他抛于身后。

> 如今我的才能之舟扬起篷帆，
> 把一片仇恨之海抛于身后，
> 此后将在更好的水域航行；
> 而我就歌唱那第二个境界，
> 人类的心灵在那里洗净了罪恶，
> 为上登天堂作好了一切准备。②

在《地狱篇》中死亡的诗歌将获得重生。但丁祈求自己崇敬的缪斯诸女神——虽然他听说皮埃鲁斯王（King Pierus）的女儿们因挑战九位女神而被变成整天聒噪的喜鹊——尤其是史诗女神卡利俄佩

---

① 《炼狱篇》，第七章，第96行。
② 出处同上，第一章，第1—6行。

（Calliope）的帮助，因为他如今正在涉足一个更具英雄气势的模式。但丁在奥维德的《变形记》中读过这个故事，[①]在故事中，卡利俄佩起立歌唱，并用拇指弹拨她的琵琶。但丁引用奥维德的话如下：

让卡利俄佩在这里稍微起身，
用她的声音来为我的歌伴奏吧，
当初可怜的喜鹊们受那声音惩罚，
失去一切宽恕之希望。[②]

但丁在写作中时时不忘引用奥维德，卢坎亦然。通过下面可看出这一点。

在民间传说中，穿越大海抵达某未知岛屿的故事几乎和游历地狱一样广为流传。一个著名的例子便是《圣布兰登航海记》（Navigatio Brendani），这是一个凯尔特航海冒险传说，近似于爱尔兰文学中的伊姆拉玛（Imrama）。这个故事九世纪在拉丁语世界广为流传，后改编为法语、意大利语、普罗旺斯语以及其他语言中的散文与诗歌体。但丁可能读过托斯坎语版，该版始自14世纪早期。圣布兰登的目的地是“圣人的乐土”，在漫长的旅行后，终于找到了，但却被遣返爱尔兰，便开始讲述他的故事。有一些版本说他有过几次旅行。第一次旅行时，他遇到魔鬼，魔鬼将他带到地狱之门，在那里，他看见一个“野蛮、炽热的监狱，充满恶臭的气味、污秽和火焰”，还有骇人的惩罚。第二次旅行中，他来到一处岛屿，遇见一位老人，全身覆盖着白毛，如同鸽子或海鸥，说话却如同天使。他带领布兰登来到天堂之岛，此

① 《变形记》，第五章，第294—678行。
② 《炼狱篇》，第一章，第9—12行（斜体部分）。

处是光芒四射的田地和花草，他四处听见动人的曲调和喜悦的叫喊。还有些版本里，他来到鸟的天堂。在这里有中立的天使，在路西法叛乱后，他们既不支持他，也不支持上帝。因为没有故意犯罪，他们被变形为鸟类，贬至此处等待复活。[①]从这里可以看出，但丁在《地狱篇》为中立天使安排了更糟糕的命运，[②]而且在《天堂篇》中丝毫未提及他们后来的命运。

薄明时分，但丁和维吉尔从“圆孔”出来，来到炼狱山海滨。从穹顶到金星连成一片天蓝色。当金星，这颗启示世间所有爱意的晨星掩映尾随其后的双鱼座时，东方的天空让人无比喜悦。但丁眼观南方，看见四颗星星，无比闪亮，整个天空都沉浸其光辉的喜悦中。

噢，被北方天空啊，
被剥夺了如此明星之照耀。[③]

这些星星奇怪地让人想起南十字星座。不过，但丁说只有早初的人类——即亚当和夏娃见过这些星星。[④]他自然不可能从马可·波罗或其他旅行家那里听说过这些星星。他已经忘了他曾让尤利西斯说南方天空的所有星星都是可以看见的。

夜晚可以看见，
所有的南极的星星。[⑤]

---

① C.S.鲍斯威尔（C.S.Boswell），《但丁的爱尔兰先驱》（*An Irish Precursor of Dante*），伦敦出版社，大卫·纳特出版社（DavidNutt），1908年版。

② 《炼狱篇》，第三章。又参照本书第十三章。

③ 出处同上，第一章，第26—27行。

④ 后来说明伊甸园处于炼狱山山巅。

⑤ 《地狱篇》，第二十六章，第127—128行。

但丁再把目光投向北方。北斗七星已经消失了，但丁看见身边一个老人的身影。

他的意态那么令人肃然起敬，
就是儿子对父亲也不会那样。①

他的胡须很长和两捋垂至胸前的头发一样花白。如读者所期待，这便是圣布兰登传说中的那个老人，但更加光辉许多。四颗星星，犹如太阳一般，将他的脸庞照亮。他并不欢迎来访者，用低沉、威严的音质严肃地质问来者，说话时，令人肃然起敬的胡须抖动着。有趣的是，但丁竟然称他的胡须为“羽须（*piume*）”，这个古老的词汇似乎是借自圣布兰登的故事：

“逆着黑色的河流，逃出了
那永恒牢狱的人，你们是谁啊？”
他边说边摆动他可敬的羽须。
“谁是你们的引导？谁像明灯一般
照着你们，让你们走出深沉的夜，
使地狱的山谷永远黑暗的夜？
冥界的法律就这样遭到破坏，
还是天国颁布了新的法令，
让永劫不复的你们随意觅得我的洞口？”②

① 《炼狱篇》，第一章，第32—33行。
② 出处同上，第41—48行。

维吉尔立刻便知此人是谁：他曾在灵泊见过他。他抓住但丁，令他下跪、低首。他曾让开隆和米诺斯俯首的咒语如今在这里可派不上用场。此人便开始了雄辩的演说，其中虽未提姓名，但读者却能得知，此人是尤蒂卡的卡托，但丁无比敬重的、如上帝一般的罗马人。维吉尔回答了卡托所有的问题，解释了他和但丁并非永劫不复的灵魂，他是受了上苍的指令执行任务，并请求卡托允许他们通过他领导下的七重王国。但丁毕恭毕敬地跪着，竖着耳朵听。

“他追寻自由，自由是如何可贵，
凡是为它舍弃生命的人都知道。
你知道这点；因为你为了自由，
在尤蒂卡丧身而不以为苦，
你留下的肉躯要在末日大放光明。”①

维吉尔对卡托最终救赎的预言让人惊讶。但丁曾想象过基督从灵泊中释放灵魂时，解救的其中一位便是卡托这位前基督时代的人物。和元老及其他相信基督将降临的人不同，他并未被直接送往天堂，他必须得等待末日审判，在此之前，他得先任炼狱山守卫。这一非正统的理念对基督教的信仰形成一定的挑战，因为在恺撒打败庞培后，卡托没有投降，而是选择了自杀。维吉尔在这里满心敬意地提及此事，认为这是忠于自由的行为。既然通往炼狱山的通行证是忏悔，因而唯一的解释便是，卡托已忏悔了自己自杀之罪孽，并通过为那些欲上天堂来到海滨的灵魂充任守卫来净化罪孽。

但丁对卡托理想化的描述借自卢坎。卢坎认为卡托是最坚忍、勇

① 《炼狱篇》，第一章，第71—75行。

敢的人，他鼓舞了军队之士气，带领他们穿越利比亚沙漠；是他国家真正的国父；终有一天他会被封神，而罗马也会因此获得一个他们引以为傲的神。[①]卢坎的这首史诗并未完成，没有写到卡托的自杀，不过但丁读过西塞罗的评论。他后来在《帝制论》还引用过：

卡托的性格生而无比坚忍，且终其一生坚守这一品格，不管做什么，只要开始，便坚持到底。因此，他宁愿死亡，也不愿向暴君投降。[②]

但丁描写的卡托历史与伦理观即来源于此，但威严人物在《炼狱篇》中现身的片段既不属于历史，也不属于伦理，而是诗歌。“已死的诗歌”，已经死亡、埋葬、万劫不复的诗歌，如今却已复活。

这一场景极具视觉感、犹如戏剧场景。3个人物，在星光照耀下、用深沉响亮的声音说话的卡托，心中充满敬畏的维吉尔，加上俯首跪在两位他最敬仰的罗马人面前的但丁，如同身处剧中。维吉尔用冗长、绚丽的文采，以与自己同处灵泊的卡托妻子玛西亚的名义，请求卡托允许他们继续旅程。卡托的回答却是文学史最让人铭记的一段斥责。

“我在人间的时候，
玛西亚在我看来是那么美丽动人，
凡是她所吩咐的我无不依从。
如今她既住在那恶流的彼岸，
按我离开那里时定的法律，

① 《内战记》，第九章。
② 《论责任》（*De Officiis*），第一章，第31页，引自《帝制论》，第二卷，第五章。

她就再不能打动我的心胸。[1]

“但既然上天的圣女在引导你，就没有必要奉承我，就用她的名义来请求便罢。”

这种严厉的批驳和历史人物卡托的性格是相符的。他对但丁也兴致寥寥，认为但丁没资历出现在将接见他的上天诸圣面前。对于卡托而言，但丁仅是一名“这里的这个人”，他要求维吉尔领着但丁去水边清洗一下面孔，再从生长于岛边缘处的灯芯草中拔一棵束于他腰间。

就在下边波涛拍打海岸的地方。[2]

这句话说明卡托是一位擅用拟声词的高手。他们将不会沿原路返回。太阳正在升起，将照耀着他们一路登山之处。一番简短的指示之后，卡托便消失了。[3]

卡托的突然消失带有些童话式的浪漫。事实上，这一段和接下来的一章都写得十分精致、让人着迷，让人看到但丁另一类诗意的想象力。

晨光渐亮，早晨的清风也起了身，在远处，但丁看见“海在颤抖”。在晦暗处，还有未消的露水，维吉尔将双手轻轻摊开于青草之上。

我的导师就把他张开的双手

轻轻地放在那柔嫩的草上；

① 《炼狱篇》，第一章，第85—93行。

② 出处同上，第101行。

③ 出处同上，第109行。

我看他的举动便明白了他的意思，
抬起我泪痕斑斑的脸颊向着他...[①]

这一难忘的场景是《神曲》中最亲密的一幕了。

二人下至空旷的海滨。但丁说从未有人扬帆前往此处后又能安然返回的。他想到了尤利西斯的故事。但丁并未明说其姓名，但用了3个押韵词和那场万劫不复的航行故事结尾处用的词是一致的：*acque, piacque, rinacque*。[②]随后，维吉尔按照卡托的吩咐，在但丁腰间束了一根灯芯草。此章结尾处又带有一股童话气息。被拔掉的灯芯草，立刻便又长了起来。

真是奇迹！他折了那谦卑的草，
而就在他把它折下来的地方，
又一模一样地生出了另一枝来。[③]

① 《炼狱篇》，第一章，第124—127行。这是维吉尔的手在贪吃者之圈的泥沼上铺开的引人入胜的景象：*Lo duca mio distese le sue spanne*（“我的导师摊开两掌”）（《地狱篇》，第六章，第25行）。参照本书第十五章。

② 参照《地狱篇》第二十六章结尾处。

③ 《炼狱篇》，第一章，第134—136行。

第三十一章
早晨的太阳

诗人但丁如今已经在听众心中燃起渴求和希望，他在书中扮演的人物亦是如此心情。清晨的太阳已经抵达了地平线。在水边，但丁立于维吉尔身旁，他看见一道光掠过海面。光越来越明亮，四周镶上了一圈白色。维吉尔一直沉默不语，这时他看见一个长着翅膀的领航员的身影，便对但丁大喊道：

跪下，赶快屈膝跪下；
看那上帝的天使，合起你的手掌，
从此后你将常看到这样的使者。[①]

这位领航员既不需要桨橹，也不需要船帆。他的翅膀高高举起，扇动着空气，浮现在如此辽阔的海面上。[②]当他越来越近时，身上也越来越亮，但丁眼睛都快睁不开了。船只来到岸边，如此轻盈，没有汲一点水。船尾立着一位天堂来的舵手，船上坐着100多名灵魂，齐声歌唱《赞美诗》“当以色列走出埃及”。[③]但丁在《飨宴》中便选了此文

① 《炼狱篇》，第二章，第28—30行。

② 我们后来知道，是从罗马港口（奥斯蒂亚）到炼狱山。冥河渡神开隆预言但丁的灵魂注定要乘坐这艘船。（《地狱篇》，第三章，第91—93行）。

③ 《赞美诗》，第114首。

作为精神寓言的例子，既传达了一个历史事实，也意指灵魂们从罪孽中获释。[①]天使用十字架为灵魂们庇佑，然后，灵魂们便下了船，而天使也和来时一样迅速离去。

新来的灵魂们看看四周，不知道往哪条路走。他们看见但丁和维吉尔，便上前来询问方向。维吉尔说自己也是新来的，来路十分艰辛，爬山相对而言倒显得轻松了。灵魂们看但丁的呼吸便知道他还是肉身，诧异不已。如同围观一位手拿橄榄枝的信使，他们蜂拥上前，想知道到底是怎么回事，似乎已然忘却了他们此行的目的。其中一位灵魂伸开双臂，走上前来。但丁也伸出双臂，但尝试三次都未能抓住那灵魂，只好空空地叠放于胸前。

南方世界的玄冥之道不同于地狱，是多变的。维吉尔可以抓住但丁，让他在卡托面前下跪，而但丁却无法抓住这个灵魂。但丁震惊不已，三番尝试皆不成功，该灵魂见状便微笑着叫他住手。但丁随后得知此人是谁，便请求他稍等。

他回答我道："正像我带着肉躯时
爱你一样，我解脱了还是爱你；
我因此停步等你：可是你为何在这里？"[②]

此人便是歌者卡塞拉。据说他曾将但丁的诗歌谱曲吟唱。但丁写此章时，卡塞拉已经去世15年了。因为他是于1300年早期去世的，[③]但丁需要解释他为何直到如今这一年复活节才抵达此处。[④]卡塞拉告诉

① 《飨宴》，第二部分，第一章。
② 《炼狱篇》，第二章，第88—90行。参照本书第十五和第三十九章。
③ 他的确切死亡日期不详。
④ 根据但丁旅程的时间表。

他，那些死时已忏悔过的灵魂在台伯河河口聚集，等待前往南半球。在过去的3个月（自教皇庆典宣布后起），天使领航员一直在带领那些迫切的灵魂渡海来到此地。卡塞拉等待的时间其实没有延长，而是缩短了。①

当被问及他如今是否能记得自己当年吟唱的那些让但丁怀念之情、得到安慰的爱情歌曲时，卡塞拉便立马放声高歌：

> “在我心中向我低诉的爱情啊，”
> 他就开始这样无限美妙地歌唱，
> 那旋律至今还在我心中荡漾。②

维吉尔与其他那100多位灵魂都为他的歌声感到痴迷，出神地倾听着，仿佛忘却了他们此行的目的。这时卡托再次现身，他用严厉的语气打断了歌唱。卡托十分震惊地发现，这些新来的灵魂竟然如此闲荡，他便用低沉、响亮的声音说道：

> “你们这些懒惰鬼，这算是什么啊？
> 看你们荒疏拖延到了什么地步？
> 赶快到那山上去把腐肉剥掉，
> 不然上帝不会显在你们面前。”③

如同吃食时受了惊的鸽子，这些灵魂立马作鸟兽散，开始爬坡，

① 此处指教皇于1300年特赦准许朝圣者造访罗马（参照本书第三章）。大赦年的消息于1300年2月22日公布，但后来前推至1299年圣诞节。在但丁故事中的虚构时间—1300年的复活节周，特赦已经施行3个月了。灵魂必须在奥斯蒂亚度过一定的等待期，这可能与有些灵魂死后仍留在地面的说法有关。

② 《炼狱篇》，第二章，第112—114行。

③ 出处同上，第120—123行。

前往未知的去处。就连维吉尔和但丁也不敢怠慢，赶紧动身。

我们不知道，但丁年轻时佛罗伦萨的诗歌吟诵会到底是什么样子。而经过多年的流放后，但丁出于渴望之情，安排了这一场景，重新回味那种迷醉于歌声中的快乐。能看出这两位朋友之间曾经情深谊厚（但丁称他为“我的卡塞拉”），但那些日子已经一去不复返了，但丁不能永远活在对过去的怀念中。卡托斥责之辞的大意是：前方还有更要紧的任务要完成。众灵魂羞愧不已，散去了，卡塞拉也夹杂于其中。事实上，卡塞拉已经在读者心中留连了数个世纪之久，其中一位读者便是弥尔顿。

但丁让卡塞拉演唱的合组歌在《神曲》中有着特殊的用意。这首歌是《飨宴》中的第二道菜。[①]这首歌是献给神圣智慧的，但也是一首情诗，但起因不是贝特丽采，而是被但丁在诗评里视为哲学的“温柔女郎”。在第一节中——不知卡塞拉在被打断之前是否有时间唱完，但丁表达了他在学习哲学中所遇到的困难：他的思想无法表达一些内在的事物，且即便能抓住事物本质，他也无法表之以清晰的语言。这一状态契合了人物但丁在他这一段旅程中身处的状态：他还有很多事情要学，还有很多错误要摆脱——不仅是在炼狱山上，在天堂中亦然。第二节将听者的思绪带到天堂，让他们想象太阳环绕地球的运动。在《飨宴》中，但丁对这一话题做了冗长的天文学性质说明。他将和维吉尔就此话题展开对话。

炼狱山的教义让但丁心生喜悦之情。尽管人类犯下诸多邪恶，上帝仍然张开他那仁慈之臂膀，拯救那些忏悔、寻求原谅的人，即使是临死时刻才忏悔的人，虽然洗罪的过程漫长，可能长达数个世纪之久。这里惩罚的不是罪孽行为，因为这里的灵魂已经得到了宽恕，而是内

① 参照本书第七章。

在的罪孽之倾向：骄傲、嫉妒、愤怒、懒惰、贪婪、暴食、肉欲。此七种乃神学中所定义的七宗主要罪孽。这些都是疾病，灵魂们必须治愈后，才能登上天堂。治愈的时间可因生者的祷告而缩短。正因为如此，山上的灵魂们得知但丁仍然是肉身、并将回到人世时，他们便急切地让他捎带信息。

在这一正统教义之外，但丁又加上了一条他自己的。七层檐口清洗的是重罪，其下是两个平台，惩罚的是生前被逐出教会的灵魂、因傲慢或其他原因而延迟的忏悔者的灵魂以及那些突发死亡者的灵魂，这些灵魂必须要等待一段时间，才能开始清洗罪孽之旅。这一延时的安排让但丁有机会遇到各种人物的灵魂，设置更多但丁与其谈话的情景。

在《地狱篇》中，但丁只是个观察者。而在炼狱山上，他则是一位参与者，以肉身象征性地参与七种罪孽的清洗，让他和其他灵魂之间有了一种情感维系。贯穿这首短歌的一个要素便是爱，如同阳光，让他的想象力之花于其中盛开。他乐于构造、装饰他的三维世界，想象着自己于其中四处活动。但丁如今变身成了一位舞台设计师。

但丁尤擅长使用灯光效果。他和维吉尔慢下脚步，朝山边走去时，太阳在他们身后。在他们前方，他看见自己的影子，但只有他一个人的。但丁惊惧地转过身来，以为维吉尔已离他而去。但维吉尔就在身边，一边安慰他，一边责备他没有信心。维吉尔还借机告诉但丁两个半球之间的时差。

我能留下影子的肉躯早已埋葬，
从布林提斯迁来，葬于那不勒斯，

那里如今已经是黄昏时分了。[①]

维吉尔随后开始谈灵魂的非实体特性。这是哲学家无法理解的，他们却徒望解答信仰之奥秘。“我说的是亚里士多德、柏拉图，还有众多其他哲学家。”他说道，一边低下头，似乎有些忧虑。这一细节暗示了维吉尔最终将回到灵泊中的高贵城堡，那个灵魂们只能沉湎于虚渺的渴望之所在。这一细节的提及虽然一闪而过，却对作品的结构安排十分重要。

与此同时，但丁一直在仰望悬崖。他看见左边有一群灵魂在缓慢地前进。他和维吉尔往前走了1 000步，或者“约莫一个优秀的投石手投掷石头的距离”。然后灵魂们便立定了，互相拥挤着，靠着悬崖的石壁。维吉尔彬彬有礼、语带尊重地说道：

“已受上苍庇佑的灵魂，
哦，得到了幸福结局的你们啊，
凭那在等待你们的至福之名，
告诉我们哪里的山坡比较平缓，
让我们可以从速向上走去；
因爱惜光阴的人最怕浪费光阴。”[②]

犹如羊群缩在领头羊身后，不知为何便停了下来，当这些灵魂看见但丁的影子时，也停了下来。维吉尔立刻解释说，他的同伴是个活

① 《炼狱篇》，第三章，第25—27行。维吉尔在希腊染病，在返程途中死于阿普利亚（Apulia）区的布林迪西（Brindisi）。奥古斯都下令将他的遗体带到那不勒斯安葬。他所谓的墓依然可以在去波佐利（Pozzuoli）的途中看到。

② 出处同上，第73—78行。

着的人，因奉上苍旨谕，踏上此行。灵魂们便用手背打手势（典型的意大利手势），叫他们转身，走到前面去。

他们照做。然后一个声音喊道："无论你是谁，转过身来，告诉我你在人间是否见过我。"但丁转过身去，盯着此人看：

他头发金黄、面貌英俊，看似出身高贵；

可是一条眉毛被伤疤隔成两段。①

但丁谦逊地说没见过他。那位灵魂便露出胸口的伤口给但丁看，一边微笑着说："我是曼弗雷德，康斯坦斯皇后的孙子。"

此人原是出身甚高的皇室人物。他是皇帝腓特烈二世的嫡子，也是德国霍亨斯陶芬（Hohenstaufen）王朝的子孙，他金黄的头发、英俊的外表便乃家族遗传。1250年，其父死后，他便成了阿普利亚（Apulia）和西西里统治者，是帝制的强大拥护者。教皇克莱门特四世将他驱逐出教，立法国路易斯王的儿子昂儒伯爵查尔斯帝，取代其位。查尔斯于1266年贝内文托一役击败曼弗雷德，并将他杀死。

曼弗雷德说，接连受到两次致命重击后，他便流着泪拜服于上帝的面前：

"我犯下的罪孽是无比可怕的；

但'无限的善'是那么宽大为怀，

凡是投向它的怀抱的它都接受。"②

① 《炼狱篇》，第三章，第107—108行。

② 出处同上，第121—123行。

据传，曼弗雷德在保卫权力的过程中犯下几次谋杀罪，[①]但他救赎之路上最大的障碍是他曾被驱逐出教一事。但丁想努力拯救曼弗雷德，让他免受惩罚，便申明，在他的炼狱中，那些死前忏悔的人，虽然曾被驱逐出教，也能得到救赎，但他们藐视教堂多少年，则需要等上30倍的时间。曼弗雷德请但丁给他女儿康斯坦斯——西西里和亚拉贡国王的母亲——捎去他没下地狱这个可喜的消息。但丁在写下这些文字时，康斯坦斯已经死去多年了。[②]实际上，这些话是讲给教皇听的，旨在驳斥若遭逐出教会，便意味着必然下地狱受罚这一条正统教令。

根据一些年代史编者的记录，曼弗雷德的尸体在战后数天都未能找到，直到最后一位随军流动的平民认出了他，将其扔在驴背上，开始四处叫卖："谁要买曼弗雷德王？"随后尸体被带到查尔斯王驾前，在已为阶下囚的曼弗雷德男爵们的请求下，查尔斯准予厚葬。因为他曾被驱逐出教，因此不能葬入教堂的墓地，只能在贝内文托附近的一座桥下挖了一个坑，每个士兵都往上堆砌一块石头，就这样堆起一个石冢。教皇听说此事后，令科森扎主教（Archbishop of Cosenza）将曼弗雷德的尸体挖出来，将其撤于佛得河岸，这里属教堂属地之外。"如主教仔细读过上帝的教义，"曼弗雷德说，"我的尸骨便仍会留在贝内文托附近桥头的石冢里。"[③]

但丁选择曼弗雷德作为例子来说明被驱逐出教者应受救赎的重要性。他从编年史学家们那里了解到曼弗雷德是一位朝臣、诗人、音乐

---

① 但丁曾在布伦内托·拉蒂尼的《宝藏篇》（*Tresor*）中读到曼弗雷德（Manfred）谋杀了他的父亲、兄弟和外甥，还试图谋杀他的侄孙。

② 她1302年死于巴塞罗那。

③ 指《约翰福音》，第六章，第37行："到我这里来的，我总不丢弃他。"曼弗雷德在第122—123行引用了这句话。

家、勇猛的士兵以及一位相貌出众的皇室成员。在《论俗语》中，[①]他曾说曼弗雷德及其父亲是西西里诗派的创始人。

那些英雄豪杰、腓特烈皇帝[②]和他那出身名门[③]的儿子曼弗雷德，若命运仍予以眷顾，便展现了高贵与正直的品格…… 那些心灵高贵、品性优雅之人，便竞相与这些王公贵族往来。因此，在他们那个时代，最优秀的意大利人心中所想所愿，便会出现在这些威武君王之宫殿大堂之上。

他然后便开始痛斥他们的继任者们，奇怪地偏离了主题。他自己也承认说，“我们还是不要说那些无用之辞，回到主题吧。”曼弗雷德等人的继任者们堕落一事，但丁将在《炼狱篇》中浓墨描述，这一次，他希望不是无用之辞。[④]

不管但丁对腓特烈二世及其后裔最终是什么看法，但能明显看出他对皇室光环和男性俊美的重视。曼弗雷德虽打了败仗，但丁却仍给他戴上了胜利的光环。他面对敌人光荣受伤，他的灵魂战胜了教皇的诅咒。虽然其他细节可能会淡出我们的记忆，但在下面一句中：

他头发金黄、面貌英俊，看似出身高贵；

曼弗雷德国王的形象一如晨曦下闪闪发光的金狮传令官一般耀人眼目。

---

① 参照本书第五章。

② 他将把皇帝腓特烈二世安置于地狱中燃烧着的异教徒坟墓（《《地狱篇》第五章》）。曼弗雷德避免提及他的父亲之举有深意。

③ 原词为benegenitus，鉴于曼弗雷德属私生，这个称号出人意外。

④ 参照本书第三十二章。

第三十二章 从幽默到谩骂

到了某一处，被逐出教会者的灵魂们指出一个裂口处，从这里但丁和维吉尔可以攀到上一层。攀爬十分艰难，但丁精疲力竭、气喘吁吁。他便坐在一处凸石上稍事休息，眼往东看。他先低头看海岸，然后抬头看太阳。他十分惊奇地发现太阳竟然在他左侧。维吉尔注意到但丁的惊诧之情，随后二人之间便有了一场别开生面的讥讽游戏，不仅讥讽了但丁自己，也讥讽了听众。①

解释很简单：他们在赤道南侧。在这里，如果某人转身向东，正上午的太阳便会出现于其左侧，而若在赤道以北，则太阳会出现在其右侧。但丁让维吉尔长篇大论地给出一通复杂的解释，戏仿学术演讲。“假如卡斯托耳（Castor）和波吕丢刻斯（Pollux）同那面把光向上下传送的镜子在一起的话，你便会看到那发光的黄道带更加靠近大、小熊星座，除非它偏离其古老的轨道。你若要明白何以如此，那就想象一下，锡安山（Zion）和这座山虽有共同的地平线，但却分处不同半球；因此，若你努力思考一下，便不难理解，法厄同驾车出事的那条路②必然在一侧经过这座山，而另外一侧经过那座山。”

简单而言，如果是夏天，那么太阳会出现在更北方；因锡安山和

① 欲了解但丁对天文学的研究，参照本书第六章。

② 即黄道，指太阳沿黄道带行进路径，位于地球上任意一点和它对拓点的中间。

炼狱山正彼此相对，所以太阳则总会出现在锡安山南侧及炼狱山北侧。但丁的回答也故意措辞复杂拗口，意在将事理复杂化，借此展示他的智慧。他神色自满，回答道："的确，我的老师，我先前不明，如今却看得无比真切。那天体运转之弧的中点，即天文学上所谓之赤道，永在太阳与冬季之间，它处于我们北方，而对希伯来人却是炎热之地，距离两边一样远。"但丁急于赶路，便问他的老师还要走多远，因为炼狱山一眼看不到头。维吉尔便鼓励他说，越往上爬，越容易，等到你觉得向上走时如同乘船顺流而下时，你就到达山顶了。此时，二人身边传来一个声音：

或许动身之前，
你们还需要多坐一会儿消除疲劳。①

二人转身，看见一块巨石。灵魂们在这块巨石的阴影下休憩。其中一位手抱着膝坐着，头低垂于两膝间。但丁叫维吉尔看看此人傲慢的神气。这个灵魂仅把头在大腿上轻挪一下，说："若你们如此强壮的话，就继续爬吧！"但丁便知道此人是谁，虽然十分疲倦，但还是朝他走了过去。灵魂稍微抬起头来，讥讽地说："你真明白了为何太阳赶着车在你左边走吗？"

这个灵魂是贝拉克瓦（Belacque），也是但丁在佛罗伦萨时结识的朋友，是一位乐器制造商。此人无比懒惰，据说能坐着的时候绝不走动。两人之间友好的调侃营造了一份开心的气氛，竟使得但丁这位爱批判的道德家放松了片刻，面上露出微笑。这有些突然、却十分亲密的自我肖像描写抓住了很多读者的心：但丁俯身于他这位懒朋友头

① 《炼狱篇》，第四章，第98—99行。

上，宽容地微笑着。他在佛罗伦萨时去他的工作坊拜访时可能亦是如此情景。但丁很高兴这位朋友未下地狱，而是最终将会得到救赎。不过但丁问他为何坐着消磨时间？贝拉克瓦回答道："上去有什么用呢？"他生前活了多久，"守护在门口的天使"[①]便会让他等上多久，之后才让他入门。除非蒙受天恩的人用祈祷来帮他缩短时间。"其他祈祷者有什么用呢？"贝拉克瓦问道，一如既往地摆出一副听天由命的架势。

但是维吉尔在喊了。他们必须要继续前行：

"快来吧；
你看太阳已经解除了子午线，
黑夜用脚盖住了海岸上的摩洛哥。"[②]

在这段精彩的诗句中，我们看到了整个地球，南半球在正午的阳光下熠熠生辉，北半球沐浴在午夜的黑暗中。

但丁跟随着维吉尔的步伐，但听到一个灵魂在叫喊，"瞧，下边那个人的左侧挡住了太阳光。"这又是一例精彩的舞台设计，表示但丁如今已经换了方向。但丁回头看，发现灵魂们都惊奇地看着他，十分满足。维吉尔批评他道：

"为什么你的思想这样纠缠不清，"
我的导师说道，"使你放缓了脚步？
他们在这里私语干你什么事呢？

① 即守护通向炼狱山7个檐口入口处的天使。参照本书第三十三章。
② 《炼狱篇》，第四章，第137—139行。此为恒河河滨。

你随我来，让人们去谈论吧；
你要屹立得像一座坚稳的塔，
它的高顶在狂风中决不动摇。[①]

但丁面红耳赤，只好说："我来了。"

二人遇到的灵魂生前均死于战斗或谋杀。这些灵魂与直到最后时刻才忏悔和傲慢的灵魂接受同等惩罚，即必须等待与他们生前年岁同等长度的时间才能开始登炼狱山。其中一位是柏翁孔蒂·达·蒙泰费尔特罗，一位皇帝党战士，死于坎帕尔迪诺之战，但丁也于此战中冲锋陷阵过。[②]柏翁孔蒂的尸体从未被找到过，但丁为此编了一个解释，有意将柏翁孔蒂和他父亲圭多·达·柏翁孔蒂加以比照。他父亲的灵魂和儿子的灵魂一样，在濒死时刻都很关键地实现了平衡。[③]但丁可能手刃了柏翁孔蒂，或亲眼见他被杀：两人均在对战的骑兵队服役。文中提到柏翁孔蒂喉部的致命伤，这一细节指向前面提到的两种可能其中之一。若是如此，但丁让柏翁孔蒂讲述自己死前最后时刻，便带有些个人恩怨情仇。

在波皮城堡做客时，但丁有很多机会重访坎帕尔蒂诺平原，回想他年轻时曾浴血奋战过的战斗。在暴风雪天气中，他则可以看着亚奇安诺河涌入阿诺河，导致水淹两岸。[④]他可能思考过，柏翁孔蒂的尸体是否是这样消失的？"我徒步来到"，柏翁孔蒂说，"在溪流汇入河水的地方，喉咙的伤口里流着血，鲜血染红了地面。"在这里他眼睛失

① 《炼狱篇》，第五章，第10—15行。

② 参照本书第一章。

③ 《地狱篇》，第二十七章。又参照本书第二十四章。

④ 迪诺·孔帕尼（Dino Compagni），编年史作家，称战斗当日天空阴云密布。（《佛罗伦萨史》，第一章，第10页）

明，嘴里只能说得出一个单词“玛丽”：

“我摔倒在地，只空余下我的尸身。”①

这里生动地描写了一个身体慢慢失去灵魂的形象。这暗示着但丁在战场中见过人们死亡，甚至就见过柏翁孔蒂的死亡。

和他父亲一样，柏翁孔蒂的灵魂引起一位天使和魔鬼的争斗。天使说灵魂属于自己，而魔鬼却怨恨地抱怨道：

“他只留下一滴眼泪，
你便要抢去他那不朽的部分，
但那另一部分，要随我处置。”②

恶魔便作法布下一道雾障，蔓延于普拉托马格诺山（Pratomagno）和亚平宁山之间，但丁在这片区域经常能看到这样的雾。雾如此浓密，空气竟变成了水。雨水激流一样旋转而下，涌入阿诺河。亚奇安诺（Archiano）溪水蔓延至柏翁孔蒂僵硬的尸体，蔓延其上，柏翁孔蒂在临死前所作的十字架形状也被冲散了。河水一遍一遍地蔓延于尸体之上，终致其覆盖于水草下。

这段对柏翁孔蒂尸体命运的想象性描述，又简短、哀怨地讲述了另一个灵魂的故事。这便是皮亚·德·托勒密（Pia dei Tolomei），据说被丈夫谋杀而死。她彬彬有礼地请求但丁为自己祈祷，给人留下极深刻的印象。

① 《炼狱篇》，第五章，第102行。
② 出处同上，第106—108行。

“唉，等到你将来回到了人间，

在漫长的行程后休息够了，”另一个灵魂说。

“你务必要记起我，我就是皮亚。

我在锡耶纳出生，在马雷玛身亡；

先同我订婚，结婚时又为我戴上

宝石戒指的他，却要了我的命。”①

作为女性的皮亚周到地考虑到但丁在长途跋涉后需要休息，这也让我们看到，但丁喜欢女性的同情。尤其是，刚刚才描写了十分残忍的场景后，立刻便继之以温情的场面，更让人触动。

其他灵魂也吵闹地围着但丁，希望他为自己给世间的亲戚带去信息，但相比之下都不够谦逊温和。但丁将自己比作掷骰子游戏的赢家，一群人围着自己，希望分杯羹。他简短地提到了其中6个人，语带不屑。“当我终于摆脱了他们后，”他有些冷淡地说，“我便问维吉尔祈祷有何用处？”维吉尔说那些受了恩典的人所做的祷告不同于其他人（贝拉克瓦已经说明了），并只能等到贝特丽采才能解释得更清楚：但丁将在山顶上见到她面带微笑、表情幸福。

一提到贝特丽采的名字，但丁的冷淡表情消失无踪。他立刻急切地想继续赶路了。维吉尔告诉他事情并不如所盘算的那样。只要还有光亮，他们便可以继续前行。但在他们抵达山顶之前，他们还会再看到太阳。太阳如今被山坡遮住了，所以但丁现在已经没有影子了。这一灯光安排的敏捷变化正好让但丁不再成为注意力的焦点。

坐在一侧的是一位伟岸的人物。他让二人从身边通过，但面带不屑地盯着他们，犹如一头蹲伏的狮子。维吉尔却走上前去问他哪里上

① 《炼狱篇》，第五章，第130—136行。

去最容易。这个灵魂并不作答，却问他们是谁，打哪儿来。维吉尔便说："曼图亚……"这个灵魂立刻便跳了起来，口中喊道："噢，曼图亚，我就是曼图亚的索尔德罗。"他们便相互拥抱在一起。

写到这儿，但丁跳出了叙事，如同一个现代播音员离开自动提词机，开始用自己的身份——流放者但丁、公众人物但丁、皇权支持者但丁——来说话。在这一章剩下的部分，但丁犹如嘴前有个麦克风，朝着忽视意大利的皇帝们咆哮，朝着他的城市佛罗伦萨——如今已陷入混乱——咆哮（我的佛罗伦萨）。他说话的这一年是1300年，但实际上他写作的时候已是10多年后了，即亨利七世遭到佛罗伦萨抵抗、悲剧性地失败后不久。[①]

谩骂因出其不意而更显有力量。两个曼图亚人因兄弟情深，一提到他们城市的名字，情绪便抑制不住地发泄出来。人物但丁沉默地站着，隐藏于阴影中，而作者但丁则走到台前，大发雷霆，彰显了他这部作品的政治目的。正是这位但丁在亨利到来时给意大利诸君主写信，给佛罗伦萨人以及亨利本人写信：全都毫无用处。他的愤怒似乎带着天启的色彩，他斥责皇帝们的不负责任，预告了阿尔伯特将遭到暗杀，并称其为正义的审判。他悲愤地细数了将意大利四分五裂的封地；[②]还挖苦佛罗伦萨人无法无天，对法律朝令夕改。

但丁的辱骂因采用了首韵修辞而更显强而有力，他第一次大声读出来时，肯定让读者十分着迷。这显示了但丁的煽动力。语言中的比喻也让人无法抵挡：意大利是悲伤之地，是一条深处巨浪冲击却没有领航员的船只，已不再是君主，已然堕落成一个普通的雇佣兵，[③]是一

① 参照本书第二十九章。

② 包括蒙太古（Montagues）与凯普莱特（Capulets）家族的世仇。

③ 意大利语bordello，意指妓院，过去也有别的含义，现在过时了，表示雇工或马夫。但丁可能有意要对比donna di provincie（一个人）和一个卑微的家庭成员（另一个人）。

匹没有骑士的马。若马鞍已经空了，那么东罗马皇帝重修的法律之缰绳又有何用呢？或更糟糕的是，若马背上的是篡夺了恺撒权力的牧师呢？要解决问题需要一个漫长的过程，在写作《神曲》时，但丁几乎已放弃了希望：上帝是否挪开了眼睛？还是在他的密室中筹划更好的计策？这段言辞表露出的怨恨之情让人动容，但丁一想到亨利的失败，想到本可以有更好的结局，便情难自控。7个世纪后，我们还能感受到他的怨恨和复仇之欲。

这里为何用索尔德罗作为引子，来激发这一段言辞呢？索尔德罗是一位诗人，约1200年出生于曼图亚附近的戈依托，但大半辈子是在普罗旺斯度过的。他有近40首诗歌现存于世，全部用普罗旺斯语写成。但丁在《论俗语》中十分仰慕地提及此人，[①]认为他在诗歌及其他文体中均展示了过人的才能。从这一点来看，但丁很明显读过索尔德罗的部分作品。其中有一首诗尤需提及，即《为布拉卡兹哀悼》（*Lament for Blacatz*）。这首诗歌旨在谴责欧洲诸显赫王公。但丁可能正是读了这本书才觉得索尔德罗与他要表达的谴责紧密相关。

在下一个章节，但丁又重新回到作品中的叙事者身份。两位曼图亚人之间问候的手势重复了三到四次，索尔德罗才收回手，问道："但你又是何人？"[②]维吉尔答道："在有资格面见上帝的灵魂来到这座山前时，我的骨灰便早已被皇帝屋大维（Octavian）安葬。我是维吉尔，我未能上天堂，只是因为没有信上帝。"

索尔德罗惊叹面前之人竟然就是维吉尔，便恭敬地鞠躬，紧紧抱住了他，抱在卑下者拥抱尊长者的部位：[③]

① 《论俗语》，第一卷，第十五章。也参照本书第一章。

② 索尔德罗（Sordello）在这里使用了复数代词voi，同指他们两人。

③ 即双脚周围。

“拉丁民族的光荣啊，”他说，“有了你，
我们的语言才显出所有的力量，
我生身之乡永远的骄傲啊，
我有何功绩能荣幸地看到你呢？
若是我配听你说话，请告诉我
你是否来自地狱，来自哪一层。”①

维吉尔告诉索尔德罗他在灵泊的处所，并讲述了自己如何在圣谕指引下，踏上这段旅程。但他只字未提但丁仍是活人。这又是一个精妙的舞台经营之案例。这一秘密直到后面才揭示出来，因为那时再提，效果便会更佳，也不会让听众的注意力从维吉尔身上转移开去。

如今夜幕降临。索尔德罗俯身地上，用手指划下一条线，说：“当太阳下山后，便不能再往上攀登，连这条线都不能越过，只能下山，或者绕着山走。”他说着便带着两位行人去向一处山谷，准备在这里休息，等待新一天的到来。接下来，但丁描写了一幕十分瑰丽的景象，色彩纷呈、芬芳满溢、歌声袅袅。

① 《炼狱篇》，第七章，第16—21行。

第三十三章
夜幕降下、黎明来临

炼狱山上的第一天开始于歌声中、也结束于歌声中。在索尔德罗带领维吉尔和但丁前往山谷的山坡上坐着众多王公君主的灵魂。他们因生前责任与牵挂繁多而未能及时忏悔。这些灵魂也必须等待与生前寿命同等的时日才得进入山门，攀登炼狱山。索尔德罗从一处浅滩认出这些灵魂，从这个有利位置，诗人们可以很好地观察他们。这与灵泊中的一个场景相应。[①]在那里，但丁与另五位诗人曾从一处亮绿色草坪往下看，那草坪上全是杰出者的灵魂。此处，但丁与另两位诗人从绿色草皮上往下看，这里也同样布满了杰出者的灵魂，到处鲜花点点，鲜艳之色泽胜过任何画师笔下之所能，散发一种闻所未闻的混合之香甜。灵魂们唱着晚祷歌《又圣母经》歌颂圣母。

其中一位是皇帝鲁道夫，正坐在生前敌人波西米亚王奥托卡（King Ottocar）身旁。但丁在上一章怨气十足地批过此人。亚拉贡的皮特与其前敌昂儒的查尔斯也冰释前嫌。坐在稍远处的是英格兰亨利三世（Henry III），据说一生平淡，他的儿子爱德华一世（Edward I）比他出色。这些昔日君临天下之人，其价值不在于其祖上的荣光，而在于其自身之尊贵，这一道德寓意在《飨宴》中便有说明。[②]

① 《地狱篇》，第四章，参照本书第十三章。

② 参照本书第八章和第四十六章的内容。

下一章节开篇便唤起人们对一个忧郁夜晚的想象，这段美妙至极的描写十分著名。

此时此刻，海上的旅人
想起向亲友告别的那日，
万分怅惘，柔肠寸断；
刚踏上征途的游子，
若听到远处钟声似在哀悼，
不由生出无限情思。[①]

一个灵魂站起来，举起手掌，开始唱晚颂歌，“在白昼消逝之前”，祈祷神灵佑护人们在睡眠时不受恶鬼侵扰。歌声如此美妙，但丁如同在听卡塞拉唱歌时那样，听得出神。他唤起读者注意面纱后面的含义——他在《地狱篇》也有过类似做法：[②]等在炼狱山前的灵魂，因为忏悔得晚，如同生前那些皈依者一样，仍有可能难抗诱惑。他们因此必须要祈求上帝在夜间赐予佑护。

接下来便是一个五彩缤纷的场景，如同一个充满飞行仪器的舞台。从高处降落两个天使，背负断剑，[③]身着如嫩叶之绿衣。他们的服装拖在身后，被绿翼扇动着。他们分落在两岸，守护着中间的灵魂。但丁抬头看，只见其满头金发，面庞如此闪耀，竟至看不清楚。“他们来自玛丽的怀中，来此守护灵魂不受即将到来的蛇妖之诱惑。”索尔德罗解释道。听闻此言，但丁十分惊恐，紧贴着维吉尔的肩膀。索尔德罗没有注意到但丁的恐惧，建议三人再往下走一段，走到山谷中

---

① 《炼狱篇》，第八章，第1—6行。

② 《地狱篇》，第九章。两次，他都以复数形式指称听众。

③ 断剑通常被阐释为表示怜悯而非审判。

去和这些君王之灵魂一谈。他们才行三步，但丁就看见一个灵魂在暮色中凝视自己，如同认出自己是谁。

此人乃尼诺·维斯孔蒂（Nino Visconti），是萨丁岛加卢拉（Gallura）的法官。但丁与其结识于佛罗伦萨。[①]他们欣喜地互相点头问候，但丁因在通往福佑的途中遇见故人十分喜悦。尼诺没有意识到但丁仍是活人，便问他远涉大洋来到山脚已有多久。但丁答道：

“哦，”我对他说，“我今天早上来自
那悲惨之境，我还在第一个生命中，
我虽以这次旅行争取另一个生命。”[②]

惊闻此言，索尔德罗和尼诺急忙转身，一位转向维吉尔，另一位朝着相反的方向，正对着一位坐于一旁的灵魂，叫道：“库拉多，起来，看看上帝的恩典之作。”这一优雅的双重动作又一次展示了但丁对书中人物编舞式的安排。他发挥想象在舞台上调遣人物。尼诺称无法理解这一奇迹，不过恳请但丁转告他的女儿为他祷告。他说到妻子贝特丽采时，语带怨恨，称妻子再嫁了，[③]但她会后悔的：

“只要看她就能极容易知道，
爱情之火在女人身上能燃烧多久，
假如眼光和抚摸不时常使它复燃。”[④]

① 他是乌戈利诺（Ugolino della Gherardescade）的孙子。参照《地狱篇》第三十三章和本书第二十七章。

② 《炼狱篇》，第八章，第58—60行。

③ 她的第二任丈夫是米兰加莱亚佐·维斯康蒂（Galeazzo Visconti）。维斯康蒂家族从1302年开始遭遇不幸。

④ 《炼狱篇》，第八章，第76—78行。

但丁很少提及婚姻这一主题，所以即便是轻描淡写的提及也很引人注意。尼诺一番梦言幻语的意思是，女性心中之爱仅限于感官之享受。但丁是否也有此想法？他是否也怀疑过妻子在自己不在时没有信守忠贞之道？这里对女性的描写与《新生》（La Vita Nuova）中完美女性的形象相距甚远。

但丁将目光投向天空。他惊异地望着天上照亮南极的三颗星星。维吉尔告诉他，这三颗如今替代了他们早上看到的四颗星星。维吉尔对这三颗星星没有评论之语，因为其代表着神的三种恩典，即信仰、希望与爱，而其在基督教中意味为何，他并不了解。早晨看见的照亮卡托面庞的四颗星星象征着正义、审慎、节制与刚毅，这四种美德均存于古代世界。

此刻，索尔德罗提醒维吉尔蛇妖来了，"可能正是那条诱惑夏娃的蛇"：

> 这不祥的爬虫穿过丰草和花丛
> 爬行而来，不时回头舔着背部，
> 像一头舔顺自己的毛的畜牲。[①]

天使们迅速出动，但丁都没来得及看清楚，只听见他们绿色的翅膀煽动空气的声音。蛇妖便撤回去，而天使又飞回远处，继续执勤。

在这整个过程中，库拉多一直都在细心观察但丁。库拉多是但丁的朋友，他是弗朗西斯奇诺·马拉斯皮纳的表兄弟——后者在但丁逗留卢尼贾纳的萨尔扎纳时收留了他并为他提供了保护——也是勇士

① 《炼狱篇》，第八章，第100—103行。

莫罗雷的表兄弟。[1]库拉多问弗拉基马格拉地区（Valdimagra）有何新闻，[2]但丁说从未去过此地，但十分敬仰地提及了以骁勇善战和慷慨大方著称的马拉斯皮纳家族。库拉多的回答有些神秘："不需七年，你的这般好感便会深深钉牢在你的脑海中。"[3]这是对但丁流放的又一个预言，也是对但丁未来的庇护者隐秘地表达了感激。本章于此处结束。

下一章开篇便是但丁自创的一段神秘的装饰奏。因为黎明女神奥罗拉（Aurora）是提托诺斯（Tithonus）之妻，[4]但丁便称月光女神为他的妾：

> 如今提托诺斯老人的美妾，
> 刚从她亲爱情郎的怀里起身，
> 一身雪白走到东方高台之上；
> 她的额上闪烁着宝石的光芒，
> 宝石镶成了冷血动物的图形，
> 就是那用尾巴击打人的动物。[5]

在这银色月光下，五人躺在草地上休息。但丁——如他所言——因承受着凡人肉身的负担，睡着了。

就在黎明前，但丁做了一个梦。梦中，他似乎身处艾达山（Mount Ida），甘尼米（Ganymede）被带上奥林匹斯山，作诸神的斟酒

① 参照本书第十章。

② 卢尼贾纳镇（Lunigiana）马克拉河的河谷。

③ 但丁曾于1306年做客马拉斯皮纳家族。

④ 提托诺斯（Tithonus），特洛伊国王普里阿摩斯的哥哥。曙光女神奥罗拉的配偶。曙光女神从主神那里为他求得永生之馈赠，却忘了请求青春永驻，因此提托诺斯越来越老。

⑤ 《炼狱篇》，第九章，第1—6行。"冷血动物"是天蝎座。

人。一只金鹰盘旋片刻，朝他俯冲而来，惊悚如闪电，将他抓起，升入火球中，一起燃烧。但丁便惊醒了。

这会儿身边只有维吉尔，太阳升起已两小时，他的面前是大海。维吉尔安慰了他。他面前正对着炼狱山入口。在他睡觉时，圣露西前来带他越过离山口余下的路途，将他放在入口处。

一般认为圣露西是锡拉库扎的烈士，死于303年，被奉为视力贫弱者之守护神。但通常不会提及她在但丁的梦中化身金鹰一事。鹰在《神曲》中是十分重要的形象，还将再次出现在《天堂篇》的两处关键地方，一次是作为皇帝权威的象征，一次是作为神圣正义的象征。[①]但丁在学习哲学的过程中开始相信罗马帝国是上天注定的，这是他寻求真理之旅中的重要一步。圣露西可能是"温柔女郎"的形象，象征着但丁的哲学思考及哲学本身。扮演这一角色的圣露西，这位视力的庇护神，可以说是开启了但丁的眼睛。[②]在艺术中，圣露西代表一种神圣的智慧，手中拿着智慧之灯，很适合代表但丁誓为信徒的哲学形象。[③]

靠近山壁上的裂口时，但丁发现一道门，门前有3个台阶，颜色各不同。在最高的台阶上，有一位守护天使，手握未作装饰的宝剑，端坐于石座上。他的面庞和宝剑一样熠熠生辉，让但丁无法久视。守护天使质问两位来者："你们的向导呢？"他问道。这表明灵魂们通常都在一位天使的带领下前来登山。维吉尔按照卡托的嘱咐，出语简短、直接，只张口说道："天上一位熟谙此道的圣女吩咐我们前来。"[④]守护天使对这个回答表示满意，便叫他们去攀爬阶梯。

---

① 《天堂篇》，第六章和第十八至二十章。参照本书第四十七章。

② 同样参照本书第八章。

③ 《地狱篇》，第二章，第97—108行。

④ 维吉尔将圣露西描述为accorta（"机敏的"之意），加强了她与知识的联系。

如前所述，在1300年，但丁前往罗马朝拜，为庆祝五十年节，前往圣彼得和圣保罗大教堂诚心忏悔的人便能得到赦免。[①]如今12年已过去了，但那庄严的时刻仍然历历于但丁之目。他如今匍匐在守护天使的脚下，在胸前敲打三下以示告解、忏悔与弥补，重演了他早期的精神洗涤。故事到现在为止，作者但丁展示了自己在道德上已树立明确方向。如今他是一个单独的罪人，需要指引和教诲。守卫天使用剑在但丁的脑门上写下了7个P（peccatum,“罪孽”之意），让他每登上7个檐口中的一个时，看看是否会消失一个。但丁如此便将自己和全人类的罪孽本性联系了起来。

守护天使从灰色衣服下拿出两把钥匙，一把金色，一把银色。天使用十分朴实的语言解释两把钥匙的功用，似乎他仅是某个城堡门口平凡的守门人。

“每逢这两把钥匙中的一把
失效，在钥匙孔内无法转动，”
他对我们说道，“这条路便不通了。
其中一把很宝贵，但那另一把
要有极大技能和智慧才能开锁，
因为解开那结的就是这一把。”[②]

这一人物刻画十分引人，可能是基于但丁认识的忏悔牧师的形象而构建的。

两把钥匙分别代表通往救赎的两个步骤：忏悔和和解。金色的钥

① 参见本书第三章。

② 《炼狱篇》，第九章，第121—129行。

匙代表授予教堂宽恕罪孽的神圣威权。这把钥匙更为宝贵，因为它是用耶稣之死换来的。银色的钥匙让人们心中罪孽之纠缠变得松动，这需要忏悔者具有特别的技艺。传授此信息之后，守卫天使便推开了门，但警告二人不要往回看，否则他们会发现自己又身处门外了。活人但丁和虚幻的灵魂维吉尔在这里似乎没有受到不同的对待。守卫天使对二人说话的态度不偏不倚，对他们的身份没有丝毫兴趣。

门在铰链上转动发出刺耳的刮擦声。门内有歌声在唱感恩赞美歌，但声音并不能分辨得十分清楚，如同有风琴伴奏时，歌词有时清晰，有时模糊。《炼狱篇》的这一转折点发生在第九章，而《地狱篇》的转折点也恰发生在第九章，即进入下层地狱。诗作的架构完全处于诗人但丁的掌控之下。随着作品的延伸，这一特征将变得越来越明显。

第三十四章
骄傲与谦卑

一段费力的攀爬后，但丁和维吉尔来到第一个檐口，发现此处十分空旷，便乘机仔细看看悬崖的崖壁。崖壁是白色纯大理石，上面是代表谦卑的高突浮雕雕像。这是任何人类艺术无法比拟的。第一个雕像是天使报喜。主天使加百列（Gabriel）和圣母玛利亚的形象栩栩如生，这些石像简直如同在说“福哉”和“我是上帝的使女”。接下来是大卫在约柜前谦卑地跳舞的雕像，他的妻子米甲（Michal）通过一个窗户鄙视地观望。[①]一群人围列在载着约柜的牛车和拉车的牛四周，分成7个合唱团。但丁似乎能听见他们的歌唱，但又似乎听不见。就好像他不清楚是否能闻到他看见的冉冉升起的香。第三幅雕像代表图拉真（Trajan）皇帝生前的一个传奇片段：图拉真谦逊地准许一位寡妇为自己的儿子复仇。[②]场景被刻画得如同是一幅活人画。恳求的寡妇站在皇帝高头大马的缰绳边，面露哀伤。四边拥满骑着马的骑士，金旗上的罗马雄鹰在风中飘扬。[③]但丁描写了图拉真和寡妇的对话，仿佛大理石真能说话似的。

在13世纪下半叶，写实主义的雕像已经替代了拜占庭艺术中静态

---

① 《撒母耳记》下，第六章。

② 参照本书第四十七章。

③ 因受绘画和雕塑的误导，但丁以为罗马帝国军旗应是金旗上有一只黑鹰，实际图案是青铜人物攀爬柱子。

的形式主义。在皮萨、锡耶纳、皮斯托亚及其他地方，尼古拉·皮萨尼（Nicola Pisani）和他的儿子乔万尼[①]因把《圣经》和各种传奇中的故事片段雕刻得栩栩如生而声名远播，他们的雕刻装饰着鼓室、楣梁、门廊和墙壁。他们作品中最著名的是讲道坛。其上布满各色雕刻，十分鲜活，如同用于布道和读经的视觉教具。但丁参加弥撒时肯定经常思索语言和雕刻合用时对听者感官的作用。皮萨尼父子精于制作旋转的帐幔、飘扬的旗帜等视觉效果，更擅长通过各种美感形式制造动感效果，如有力的手势和人们丰富的姿态。但丁在描述圣灵于炼狱山山壁上创作的雕像时，在人物动作上加入了声音的想象，即——用他自己的话说——能看见的声音。这简直是奇异地预测了现代技术手段：先将摄影与声道结合，然后再用三维电脑绘图制作。

在远处有一支奇怪的队列在前进。维吉尔和但丁都看不出来那些灵魂是谁。那队列让但丁想起了畸形人物的雕刻，其中的人物膝盖和胸脯相连，承受着沉重的天花板或屋顶，形象非常逼真，能让观众感受到痛苦。这些是骄傲者的灵魂，背负着巨石，一边哭泣，一边捶打胸口。在乔万尼·皮萨尼讲道台上的雕刻作品中，有一位是阿特拉斯，是骄傲者的代表，被压在圆柱之下。

队伍慢慢走近，口中吟唱主祷文，将其拓展为一个讲人类依赖上帝恩典的训诫。维吉尔问其中一个灵魂哪里可以找到活人也可以攀登的入口。作答的灵魂是奥姆博托·阿尔多布兰德斯科（Omberto Aldobrandesco），他来自锡耶纳附近桑塔菲奥拉（Santafiora）的一个强大皇帝党家族。1259年，他们遭到锡耶纳居民攻击，奥姆博托在家族城堡中被害。奥姆博托是恃祖而傲的典型，但丁认为自己也有此罪

---

① 尼古拉·皮萨尼（Nicola Pisani），约生于1220年，死于1284年之前。其子乔瓦尼约生于1245年，死于1319年之前。参照1938年剑桥出版社出版、G.H与E.R.克莱顿（E.R.Crichton）著《尼古拉·皮萨诺与意大利雕塑的复兴》（Nicola Pisano and the Revival of Sculpture）。

过。值得注意的是，但丁和奥姆博托说话时，自己也得要弯下腰来，似乎他身上也背负着一块石头。《天堂篇》中，当但丁拜见显赫的十字军战士祖先卡却亚奎达时，我们才第一次得知卡却亚奎达的儿子，即但丁的曾祖父阿利吉耶里——也是但丁之姓——已经绕着炼狱山第一个檐口转了100年了。卡却亚奎达叫但丁为曾祖祈祷，这样他的净罪过程便可缩短。[①]不知但丁有什么证据认为其曾祖父犯下骄傲之罪，也不知道为何在《炼狱篇》中没有提及他这位先人。但丁在《天堂篇》中再回头提及此事，是在旁敲侧击地说明不光他自己，就连他的祖先也在出身问题上自我虚饰过。对一个因不公正对待而遭受贫苦、屈辱的人来说，这个念头或能帮他找回些自尊，尽管他内心也对骄傲之罪有所忧虑。

接下来与二人交谈的是古比奥的欧德里希，此人乃恃艺术成而傲的典型。欧德里希以彩饰书稿为业。但丁在博洛尼亚时应该见过欧德里希以及他的继承者弗朗科·博洛涅的作品。[②]欧德里希在重压下，面部扭曲，认出了但丁，于是喊他的名字。但丁也认出了他：

> "哦，你不就是欧德里希，
> 古比奥的光荣，即巴黎
> 称为'装饰绘画'艺术之光荣的那个人么？"[③]

在说此话的同时，诗人但丁的手似乎在书本上停留了片刻。但丁为欧德里希的名字安排了押韵？是的：巴黎（Parasi）。这也让他有机

① 《天堂篇》，第十五章，第91—96行。参照本书第四十六章。

② 古比奥的欧德里希（Oderisi），生年不详，据说卒于1299年。据说但丁早在1287年访问博洛尼亚时就曾见过他。去博洛尼亚的弗朗科（Franco）的具体生卒日期不详，但显然当时但丁比欧德里希年轻。他被认为生活于14世纪头10年。

③ 《炼狱篇》，第十一章，第79—81行。

会展示自己懂得装饰绘画（alluminare，源于法语）一词。在14世纪，巴黎已成为装饰绘画艺术的中心。

这是两个手艺人之间的会面，二人互相熟悉对方的作品。但丁也作画，这一点从《新生》中可以看出。[①]如今身处精灵之界、逐渐摆脱骄傲之缚的欧德里希大度地承认他的对手博洛尼亚的弗朗科胜自己一筹。他承认，这是他生前无法做到的。接下来他发表了一通名望无常之见解：

> "人类才力之光荣多么虚空啊！
> 它的绿色在那高枝的驻足多么短促啊！
> 除非随后出现蛮荒时代！
> 契马布埃自以为在绘画上立于不败之地，
> 可是如今声明显赫的却是乔托，
> 那一位便因此黯淡无闻。
> 一位圭多就同样如此从另一位圭多处
> 夺取了文坛的光荣；说不定
> 已生下一人，要把两人都从巢里赶走。"[②]

欧德里希说得有些露骨。乔托是二人共同的朋友。两位圭多分别是魁尼柴里和卡瓦尔坎蒂，后者是但丁在佛罗伦萨时期的挚友，一直活到1300年复活节。欧德里希提到的或许已经出生、将取代两位的人，明显是但丁自己。奇怪的是，评论家们一直不太愿意承认这一点。不然，便有假定但丁假意谦虚之嫌。但丁深知自己的文学功力。

---

① 《新生》，第三十四章。

② 《炼狱篇》，第十一章，第91—99行。

1300年，即作品中虚构的时间，他已经被奉为佛罗伦萨最杰出的诗人。在写作《神曲》时——很可能是在1315年左右，虽然仅完成作品的一半，但丁已经十分清楚地认识到他已经超越了所有迄今用意大利方言写作的人。他需要警惕的是自命不凡之心态。他的天分是上帝通过缪斯诸神的赐予。但丁在请求她们相助的时候也十分慎重。欧德里希接下来所发表的评论则是针对但丁而言。名声只是一阵风，不停地变换风向：若但丁年老时死去，就会比乳臭未干时死去在1 000年后名声更大么？然而1 000年对永恒而言，又算得了什么呢？

如今离但丁去世已近700年了。不管他身后的时代是更荒蛮还是更开化，再过3个世纪，若非所有的文化价值观均被颠覆，那么但丁将很可能仍会被视为欧洲文学史上最伟大的诗人之一。T.S.艾略特说："但丁和莎士比亚是现代世界二雄，此外没有第三人。"[①]但丁自己，即使在他最骄傲的时候，可能也无法预料到这一天。

在接下来的例子中，有一个灵魂在他们前面缓步而行，欧德里希认出是普罗文萨诺·萨尔望尼（Provenzano Salvani），曾是锡耶纳一位强大的皇帝党人。他是蒙塔贝蒂之战后力主踏平佛罗伦萨的人中的一位：

……"压倒了
佛罗伦萨的蛮横气势，佛罗伦萨
那时的骄傲一如如今的腐败与卑贱。"[②]

其大名于生前响彻托斯坎，如今在锡耶纳却几乎无人提及。但丁

① 《但丁》(Dante)，第46页，费伯-费伯出版社（Faber&Faber）(平装版)，1965年版。
② 《炼狱篇》，第十一章，第112—114行。

知道普罗文萨诺直到死前都狂妄自大，便问他如何没有滞留在炼狱山的山脚下呢。欧德里希便说，他曾在锡耶纳当众乞讨钱财去救赎一位被监禁的朋友，这一英雄之举让他得以释罪。但他自己却因此自贬之举饱受屈辱而全身颤抖。欧德里希又道，但丁很快就会亲自体会到祈求钱财的屈辱。

对依靠他人施舍的怨恨之情充斥了但丁的身心灵魂。在他流放早年，他曾在颂歌和《飨宴》中抱怨过不公与贫穷之耻。如今，10年过去了，但丁虽然从马拉斯皮诺及其他家族获得了款待与慷慨的援助，他仍需抒发苦恼。他可是名门之后，著名诗人，曾在佛罗伦萨身居显位，却不得不放下身段，如普罗文萨诺般全身颤抖，祈求他人的帮助。他永远也不会忘怀此事。

维吉尔指示但丁离开那由身负重物的灵魂组成的队伍，直起身来走路。下面这句诗中一连3个单词以m结尾，暗示欢快的跳跃感，抒发了但丁如释重负后的兴高采烈之情。

我们敏捷地前行、感觉四肢无比轻快。①

(gia monstravam com’eravam leggier)

但丁接下来描写的是没落的骄傲，在此处的描写更是彰显但丁乐于言语修辞的设计。如同教堂地上铺设的纪念杰出逝者的石板，第一檐口的行道上也镶嵌了13块场景，非世间之物所能比拟。这些杰出者的事迹，以四组、每组12节诗行记载，最后以三句诗行为结尾的高潮，全取自于《旧约》以及古典传奇。每个诗节的第一行均以V, O, M开头，形成UOM（意大利语，意为“人”，V和U在古代和中世纪文本

① 《炼狱篇》，第十二章，第12行。

中可互换使用）的离合体。在第13个诗节中，所有3个首字母被排在一起，形成一个调。在当时，通过遣词造句进行诗体建设的能力通常是诗人必备技能之一。

第一组记录的是路西法，上帝所造的最高贵生灵之一，犹如闪电从天堂坠下；曾试图推翻众神的布里亚柔斯（Briareus）；欲攀登奥林匹斯山的巨人；以及想通过建造通天塔通达天堂的宁禄。第二组代表的是自认优越之过，罪孽者遭受灾害作为惩罚：尼俄伯（Niobe），扫罗（Saul），阿拉克尼（Arachne）以及罗波安（Rehoboam）。[①]第三组描写的是过于自信或傲慢之罪，罪孽者遭到被推翻的惩罚：厄里费勒（Eriphyle），西拿基立（Sennacherib），居鲁士（Cyrus）和荷罗孚尼（Holofernes）。[②]最后一个意象代表特洛伊的陷落，其首字母在意大利语中指“人类”之意。

> 我看到了特洛伊成为废墟和荒丘：
>
> 哦，骄傲的伊利阿姆，今镶嵌于石板中的你
>
> 显得多么卑贱可怜！[③]
>
> （*Vedea Troia in cenere e in caverne*
>
> *O Ilion, come te basso e vile*

① 尼俄伯（Niobe）有14个孩子，并在勒托女神（Latona）面前自吹自擂，因为勒托只为朱庇特生了阿波罗和狄安娜两个孩子，后来这两个孩子亲手杀死了尼俄伯和她的孩子们。扫罗（Saul），以色列第一任国王，曾在基利波山被菲利士人打败并倒在自己的剑下。阿拉克尼向密涅瓦发起挑战，进行一场编织比赛，最后因为她的傲慢被变成一只蜘蛛。罗波安（Rehoboam），以色列国王，吹嘘说自己会成为比他父亲所罗门更甚的暴君，最后众叛亲离而逃。

② 阿尔克迈翁（Alcmaeon）亲手杀死了母亲厄里费勒（Eriphyle），因为厄里费勒背叛丈夫，接受了别人行贿的项链。亚述王西拿基立（Sennacherib），耶路撒冷的压迫者，被希西家（Hezekiah）打败，死于自己儿子们的手中。居鲁士，波斯的暴君，杀害了西塞亚托米丽司（Tomyris）女王的儿子，后来托米丽司女王又杀了居鲁士并把他的首级割下来扔进一个盛满血的革囊里。荷罗孚尼（Holofernes），尼布甲尼撒（Nebuchadnezzar）军队的首领，被朱迪斯迷惑后被其割下首级。

③ 《炼狱篇》，第十二章，第61—63行。

Mostrava il segno che li si discerne！）

但丁十分惊讶于这些图像的逼真程度：死的就像是死的，活的就像是活的。[①]没有任何人间的画师能画得如此逼真，即便是他敬仰的朋友乔托也不能，据说但丁于1304年到1305年间曾见过乔托在帕多瓦的斯科罗维格尼教堂作壁画。但丁当时还没有开始写《神曲》，[②]但他对乔托作品的记忆在其后的创作中发挥了作用。壁画的各种新颖、引人的特征，如自然主义色彩的叙事场景、极为个性化的人物互动、如同舞台场景的安排，但丁汲取其精华，不仅运用在他对其神圣艺术的描写方面，也运用在他自己作品的人物和事件安排上。

但丁对遭推翻的骄傲之场景进行了思考，在结尾处，他以第一人称、讥讽的语气对全人类（夏娃的子嗣）发出挑战，[③]嘱咐他们高抬头颅，不要低头看他们脚下的邪恶之路。书中人物但丁将经历一场升华的体验。一位一袭白衣的美丽天使来到他面前，天使的面庞闪烁如晨曦之星星。他伸展着胳膊和翅膀，带领登山者来到岩石的一处裂缝，从这里登山更加容易些。天使随后用翅膀扫过但丁的额头，允诺他一路平安。这位便是谦卑天使。

人物但丁承认欧德里希的一席高论将自己心中的骄傲抹去大半：

你一番真诚之辞，
让我感到谦卑，刺破了我膨胀的骄傲。[④]

---

① 《炼狱篇》，第十二章，第67行。

② 乔托，生于1267至1275年间的某个年份，卒于1337年。

③ 《炼狱篇》第十二章，第71行。

④ 出处同上，第十一章，第118—119行。

但丁在贝特丽采面前已然学会了谦卑，贝特丽采听人夸耀自己时也表现得十分谦卑。[①]但丁在历经数年的精神磨炼后，重回谦卑之态，这是十分感人，也是十分可信的。当他朝着第二个檐口攀爬时，他感受到一种从未有过的轻松感，这让他无法理解，便问维吉尔。维吉尔告诉他他额头上刺的7个P中，有一个如今已经愈合了。但丁似乎没有意识到额头上还有东西，在众人手势的指点下，摊开手指在额头上摸来摸去：现在只有6个字母了。他慈爱的旅伴见到此情景不禁笑了。

这一段描写是令人愉悦的，但丁的形象在这里也十分讨喜。作者但丁却是另一个形象。《神曲》中贯穿了但丁的私人报复计划。但丁的主要目标是佛罗伦萨人，对他们射出一箭又一箭。但丁已经安排欧德里希就佛罗伦萨人的傲慢发表了一番挖苦怨恨的话，如今，在描写攀登第二个檐口时，他又将其比作攀登俯瞰佛罗伦萨的圣米尼亚托教堂。他在这里将佛罗伦萨称为“治理得当的城市”，语气中满含讥讽。他说建造通往教堂的阶梯时，度量与记录还未被人为篡改过。[②]这里但丁在暗讽两桩细小的欺诈把戏。一个指的是某负责食盐进口部门的官员将蒲式耳度量单位人为缩减，另一个指的是两位公职人员从账簿上撕下一页，以掩藏他们的偷窃行为。

谦卑是一种福祉。为了获取谦卑之品德，但丁净罪心切。但羞辱却是另一回事。但丁的血管中所积压的怨恨犹如熔岩，一遇到断层线便会喷发而出。即便在《天堂篇》的某些庄严时刻，也不例外。

---

① 参照《新生》第十一章，第二十二章，第二十六章和第二十八章。

② 《炼狱篇》，第十二章，第100—105行。

第三十五章
邪恶与自由意志

但丁心中郁积的怨恨在炼狱山第二檐口终于开始猛烈持续地爆发。第二檐口的灵魂需要净化的罪恶是invidia（拉丁语，嫉妒之意）之罪，世间的贪婪皆始于嫉妒。[①]在英语中通常会翻译为envy一词。其不仅包含妄羡之情、也包括对他人财富和幸福的仇恨。犯此罪过者在净化过程中要被蒙蔽双眼。他们像教堂外的乞丐一样，拥坐在一起，讲述着记忆中慷慨或恶毒的往事。在1249年佛罗伦萨击败锡耶纳时，萨皮亚（Sapia）便住在锡耶纳。[②]他讲述了他因他人——甚至是他的同胞——不幸而暗中窃喜，甚至祈祷他们失利。她忏悔过晚，若不是因为人们熟知的卖梳者皮特（Peter）这位圣洁之人为她祈祷，她如今可能还不得不在炼狱山外围等待。皮特为人极为诚信，据说他把所有有瑕疵的梳子扔到阿诺河，而不是减价贱卖。这段对当地沿街贩卖的描写十分生动，但下面进行的对话更加重要。

两个灵魂互相依靠着，好奇地想知道路过者是谁？他们听见他告诉萨皮亚自己仍是肉身，将回到人世间，而当他死后，他的双眼也将被蒙蔽，但只是短暂的蒙蔽，因为他只在极少数情况下才对他人的财

---

① 正如维吉尔在《地狱篇》第一章和第三章对但丁所说：la onde invidia prima dipartilla（“嫉妒先将它派遣”，即贪婪）。试比较“因魔鬼的嫉妒，世间有了灭亡”。（《所罗门智训》（*Book of Wisdom*），第二章，第24行）。

② 锡耶纳人由普罗文扎诺·萨尔瓦尼（Provenzano Salvani）领导，参照第三十四章。

富仇视过。他更惧怕的是自己将在骄傲者檐口上滞留更久一事。当被问自己是谁时，但丁说：

“一条河流经托斯坎：
河流发源于法尔特罗纳（Falterona），
流经了百里它仍不满足。
我这肉身便生于那河岸，
对你说我是什么人等于白说，
因为我的名声还不够响亮。”[①]

这个灵魂答曰：“我认为，如果我没想错的话，你说的那条河就是阿诺河。”他的邻居便问道：“他为何对自己的名字讳莫如深，似乎是什么骇人的事情。”另一个答曰：“我不知道，但这个河谷的名字应该灭亡。”

接下来便是一通针对整个托斯坎的强烈谴责，谴责者不是但丁本人，而是和他对话的灵魂。阿诺河整个沿岸，从山上的源头到大海的出海口，所有人都如同躲避毒蛇那样躲避美德，或因这个地区所遭受的厄运，或为邪恶之举。这一邪恶河谷里的居民已性情大变，仿佛被女巫瑟西（Circe）饲养过一样。卡森蒂诺的脏猪，更配吃橡子，而非人食；阿雷佐狂吠的恶狗，连河流见了都会不屑地将其口鼻挪开；[②]河流越往下流，便愈将那些可憎和星运不佳的沟壑填得更满；流经佛罗伦萨时，河流发现狗变成了狼；再流经诸多陡峭的峡谷，便来到皮萨，那连陷阱都不惧怕的狡猾狐狸之家。

① 《炼狱篇》，第十四章，第16—21行。位于罗马涅边界的法尔特罗纳山脉是亚诺河的发源地。但丁已经注意到欧德里希关于傲慢的说法，但"ancor"（仍未）这个词的使用表明他知道自己将赢得声誉。

② 亚诺河于阿雷佐向东转，流经好几英里到城市的北部。

在对托斯坎区作了骇人描绘之后，便是预测佛罗伦萨将要承受的厄运。预测者随后揭示了自己的身份，此人乃圭多·德尔·杜卡（Guido del Duca），是拉文那奥内斯蒂（Onesti）家族成员。与他挤在一起的是里尼埃尔·达·卡尔波利（Rinieri da Calboli），来自福尔利显赫的教皇派家族，是臭名昭著之福尔西埃里·达·卡尔波利（Fulcieri da Calboli）的祖父。后者于1302年与1312年间担任佛罗伦萨执法官。圭多预告了福尔西埃里将会对佛罗伦萨白党和皇帝党实施暴行，在他们活着时便卖他们的肉，将他们像牛那样屠杀。他浑身血迹地走出那片“凄惨的森林”（trista selva），森林被破坏殆尽，今后1 000年内都无法恢复原状。

“凄惨的森林”一词是故意应和《地狱篇》开篇诗句中的“幽暗的森林”（selva oscura）一说，但丁说自己迷失于幽暗的森林。这通谩骂表明但丁拒绝承认自己是托斯坎人，言语间是无尽的伤悲。故事中，但丁因自己的口音，多次被认出是托斯坎人。从他对托斯坎风景的描写可以看出他热爱这方故土，虽然他哀叹佛罗伦萨诸多凄惨往事，他还是渴望回归故乡。他写下这篇鞭笞之词时，可能已然没有回去的可能了。这一全景式的描写似乎表明他站在远处对故土做最后的审视，语气哀伤，暗示着痛苦的、遗憾的诀别。他当时可能正在维罗纳坎·格兰德·德拉·斯卡拉家做客。

但是离开故土并不能保证他逃离了邪恶。正如圭多·德尔·杜卡所哀叹的那般，罗马涅也堕落了。以前的高尚人士如今已然不在了，横行世间的却是贪腐者，土壤里到处是有毒的嫩枝，需要长期的耕作才能将其铲除：

“噢，罗马涅人，已经变成了劣种！”[①]

① 《炼狱篇》，第十四章，第99行。

圭多对罗马涅的怀乡之言，对邪恶阿诺河谷的谴责之辞（两段诗行数量相同），却都孕育着希望的种子。托斯坎已经今非昔比，曾经的罗马涅居民多么高贵、英勇啊。圭多哭泣着回想：

“回想起那里的贵妇、骑士们，
以及那爱与义勇促我们乐意追求的辛劳与悠闲；
如今人心却只是剩下邪恶。”[①]

圭多承认自己也受嫉妒之恶的蛊惑，若在以前，他一看到开心的人便心生愤懑。如今他却意味深长地反问道：

“人类啊，你为何总觊觎
那些不能与人分享之物？”[②]

这句话十分难懂，也是说话人故意为之。但丁攀向下一个檐口时，请维吉尔解释。维吉尔便说：

“他知道他最大缺点的害处，因此不要奇怪，
如果他痛责我们，以减少它引起的悲哀。
因为只要你的欲望全部集中在
由于同享就要分量减少的财货上，
忌妒就会拉动风箱扇起你的叹息。”[③]

① 《炼狱篇》，第十四章，第109—111行。
② 出处同上，第86—87行。
③ 出处同上，第十五章，第46—51行。

如果人们将目光投向最高处，他们会发现，越是有更多的人说“我们的”，便会有更多的善可以同享。对于人物但丁来说，他的思绪仍然纠结于对世俗事物的拥有，这似乎是一个矛盾。维吉尔的解释给了读者一个预窥天堂的机会。精神财产的分享和爱的相互馈赠增加了永恒的善，正如镜子会将光互相反射一样。作者但丁将维吉尔的精神阐释进一步延伸，超出维吉尔在灵泊的友人们所能理解的高度。但丁如同刚刚想起来似的，便安排维吉尔说出下面的话，以恢复其前基督的身份：“如果我的话不能让你满意，你应该去询问贝特丽采。她会满足你所有的求知愿望。”

维吉尔的话只是一个精心设计言辞结构的第一部分，这一结构是《炼狱篇》，也是整个《神曲》的精华所在。但丁在《飨宴》中准备的思想大餐有以下作料：替代物质的精神财产；人类所犯下的错误选择；回归正途的方法；自由的意志；以及这一切的根基，即爱。从第十四章开始到二十章，这些互相关联的主题层层推进，其中第十七章为中心，或巅峰。这些主题既往后指向《地狱篇》，又往前指向《天堂篇》，结果便构成一个由三座大厦构成的建筑结构，其中心便是《炼狱篇》，其上跨着一个精心构建的拱形。

愤怒者净罪的方式便是淹没于浓烟之中。但丁和维吉尔能听见他们的声音。其中一个说他们行进的方向是正确的。当他得知但丁仍是肉身时，便请他为自己祷告。他表明身份的一番话又引发一段论述，乃整部作品的根基。

“我是隆巴尔多人，我名字叫马可，
我洞明世事，热爱美德。
而如今所有世人都放弃了追寻。”①

① 《炼狱篇》，第十六章，第46—48行。我们对马可·隆巴尔多知之甚少。早期评论家认为他住在威尼斯，是一个高尚的人，尽管他显然脾气易怒。

圭多·德尔·杜卡在谴责托斯坎时已经说明人们像躲避毒蛇一样躲避美德，“或因该地遭受了厄运，或为邪恶之举。”马可·隆巴尔多（Marco Lambardo）的话让他们不禁要问一个人物但丁也一直想要寻求答案的问题：世间的邪恶到底因何而起？

“人世的确完全抛弃了一切美德，
而且遍地都充满着沉重的罪孽；
但是我求你向我指出那原因来，
好让我看到，而且指给人家看；
因有的归之于天，有的归之于地。”①

马可深深地叹了口气，哀叹那些将一切都归咎于星星的人是多么盲目。如果情况确实如此，那么对美德的褒奖以及对罪恶的惩罚将毫无公正可言。一个历经数世纪辩论、至今仍在讨论的话题是：到底是先天还是后天？是遗传决定还是环境使然？个人决定在我们的行动中扮演何种角色？但丁和他的同代人通过诸天星星理解了我们出生和成长所处的固定条件。马可说，这样的条件“引发你的最初的冲动”：“我不能说所有的冲动，但即便确实如此，也还存有辨别善恶的能力，若运用得当，则可有效控制冲动。”（正如占星家们所说，“诸天星星只能驱使，但不能强迫。”）

“一个更大的力量和更善的法则，
塑造你们的心灵，由你们自由地遵循
使你们具有不受天体约束的心灵。

① 《炼狱篇》，第十六章，第58—63行。

因此，若在今世走入迷途，
那原因在你们自身寻找，
我会真诚地引导你的探索。”[①]

但丁此番话是否定了决定论，也为他道德自治的观点发出了强有力的宣言。不管我们出生时的外部环境如何，我们的灵魂直接源于上帝的创造，因此，我们要为自己的行为负责。

在《飨宴》中，但丁曾写道，灵魂进入生命的轨道后，眼光凝视着至善的目标，但刚开始被琐碎之事吸引目光。

我们看到小孩子一心想要一个苹果；稍长大后，想要一只小鸟；稍大后想要好衣裳；然后想要一匹马；然后想要情妇；再往后想要财富，然后是越来越多的财富。[②]

多年前，但丁曾见证自己的孩子慢慢长大。但丁温柔地说出这番言辞，同样温柔地对马可·隆巴尔多说出下面一番话。从这些话中，我们或许可以窥出但丁在回忆自己为人父时的情景。若是如此，这样的机会可真是难得：

“上帝用双手造出了单纯、柔嫩的灵魂，
从一开始便对其宠爱有加；
她就像个孩子，时而哭、时而笑；
她只知道自己既由快活的造物主造出，
就欣然向往那使它欢喜的事物。
她先尝到一种小小的幸福的滋味；

① 《炼狱篇》，第十六章，第79—84行。
② 《飨宴》，第四部分，第十二章。

若是没有向导或缰绳扭转她的爱好，
她就会沉迷在那里，不断地追逐。”[①]

因此，需要律法来加以限制；需要能至少辨明那真正城市之高塔的国王。律法并不缺，但谁来执行？没有人。因为领头的牧羊人无法区分精神世界与现实世界。因此，马可在回答但丁的问题时，直截了当地将罪责归咎于教皇的世俗野心：

“你们无法明白看出，
错误的引导才是世界邪恶的根源
并非因为你们本性即腐化不治。”[②]

这一谴责的核心对象是教皇在俗世的贪婪，这让但丁对世界疾恶的诊断更加有力。罪恶不是先天便有的，也不是不可避免的，罪恶是可以治愈的。正是出于治愈世界疾恶的动机，但丁才动笔撰写《飨宴》。但这部著作并未唤醒公众，他便将同样的思想又写入《神曲》，并换用更加引入注意的形式。他手中握着锤子，正在用力挥舞敲打。马可·隆巴尔多充分地予以证明：

“自此以后要说，罗马的教会，
由于把两种权力担于一身，
跌入泥坑，玷污了自己和所负的人。”[③]

《神曲》的核心思想便在于此，隐藏于作品的最中心章节。

---

① 《炼狱篇》，第十六章，第85—93行。
② 出处同上，第103—105行。
③ 出处同上，第127—129行。

第三十六章
自然之爱与理性之爱

但丁在流放期间，开始撰写《飨宴》这部大作，对爱的本质进行了深入思考，并认定爱是所有上帝造物所共有的本性。他是在对自己的一首合组歌的评论中开始生发这一想法的，这首合组歌开头一句是“爱于我心中诉说”：

若经过认真细致思考，则可以得出结论，爱不过是灵魂与其所爱物体之间的一种精神融合。受本性之驱使，灵魂或快或慢、或自由或克服阻碍追寻这一融合……比如，受自然本性的促引，简单的物质向往适当的位置，因此，土地向下往中心倾斜，火焰自然向往毗邻月宫的外空，因此总向其跳跃。

而基本的复合物，如矿物，则向往适宜其产生之处，于其中生长，并从那里获得力量与效能。

植物则根据个体的需求各有所爱，因此我们看到，一些植物于水边生长，一些植物盛开于山脊上，还有些植物扎根于岸边或山脚，假若将其移走，则或死亡或生活凄惨，如同与所爱之地分离的事物一样。

人类也热爱完美或高贵的事物。人类和所有事物一样，共有一些如受制于重力、热爱出生的地点与时代等特征。在自己的出生地和时代，每个人则自然而然拥有更强健的身体，这不是因为其作用于人们的感官，而是因为其提供了养分…… 因此，我们看见一些事物让人们更加形体健美、肢体粗大、面色红润，而另一些食物却会起到相反的作用……如同动物，人类的爱也会依从外观而变，这样的爱需要控制，防止过度，尤其在味觉、触觉等的享乐方面。最后，理性的人热爱真理和美德；这种热爱生发真正的、完美的友谊，这种友谊源于高贵的事物。①

《飨宴》中的这一段让我们更加接近但丁其人。其行文风格较为随意、亲和，似乎他在和观众交谈。若亲读这一段，尤其是原文，便能感觉到，即便过了7个世纪，我们仍然会感觉自己就是那个观众，能看见那个穿着破旧、因不公而遭受贫穷的流放者，能听见他那佛罗伦萨的乡音，听见他回忆自己在出生地感觉更有活力，回忆那些有营养和没有营养的食物。如同被从生长地移除的植物一样，他因离开热爱的故土而生活凄惨。

如在《地狱篇》一样，《炼狱篇》也到了需要解释各种罪恶安置的时候了。但丁和维吉尔从愤怒者的檐口往上爬，来到通向懒惰者檐口阶梯的最高一个台阶。夜晚来临了，按照炼狱山的法则，他们不能再往上攀登了。维吉尔利用这段时间来谈论懒惰及其与上下檐口罪孽之间的关系。他先将懒惰定义为对美好事物缺乏热爱。然后，为了让但丁充分理解，他解释了爱和其他七种不可饶恕罪孽之间的关系：

“我的儿啊，造物主
和造物是永远不会没有爱心的，
不是天性的就是理性的；这你知道。

① 《飨宴》，第三部分，第二、三章。

那天性的爱永远没有错误；

但是那另一种爱，由于目的不良，

或者由于精力过少或过多，可以致误。[①]

维吉尔继续说，从这里可以推断出，爱是各种美德与邪恶的种子，具体为何种则视其附着之物以及附着之程度而定。那些热爱荣耀的人渴望高高在上，因此便犯下骄傲之罪；那些热爱自己财运、害怕比不上别人的人则犯了嫉妒罪；那些受了冤屈、渴望报复的人则犯下愤怒罪。这一以三种形式存在的爱在底下三层檐口得到净化。那些热爱美好之物，却程度不足，则犯下懒惰罪。那些热爱美好之物——虽非至善——但过度热爱，则犯下贪婪、暴饮暴食及欲望过强罪，这些罪恶在上面三处檐口得到净化，这在后面将一一讲述。

但丁清楚地理解了维吉尔所说的话，但他需要理解爱的本质以及其于人的灵魂中起何种作用。他请求维吉尔做出更详细的解释：

“我请求您，我温柔、亲爱的父亲，

向我展示你口称是

所有行动之源的爱吧。”[②]

维吉尔叫他聚焦智慧之眼，便会清楚地看清那些称爱是无辜的人其实是错误的。从这里开始，维吉尔的话便像是老师和学生之间的学术争论，但丁可以参与其中。维吉尔话中的那些细微的定义和区分显示了他那个时代的思维特征。维吉尔解释说，上帝创造的头脑生来具

① 《炼狱篇》，第十七章，第91—96行。

② 出处同上，第十八章，第13—15行。

有爱的天性，对任何使其快乐的事物都容易欢喜。快乐本身不是爱，但它会唤醒头脑，演化成爱。但丁问道："但如果爱是一种强迫，从外部强加于我们，那我们如何能为自己的行为负责呢？"维吉尔答道："他只能用理性来解释；除此之外，便是信仰的问题了，这只有贝特丽采才能解释得更清楚。"每个独立的存在物（用中世纪的话说，是一个实在，substance），都有一个根本的特性（一个形式），赋予该物一个独立的存在。人类实在的形式是具备智慧的灵魂，这和与之相融合的事物不同。其具体功能是本能，包含先天的知识和爱的性情。这一功能只在实践中表露，只以结果显示，如同植物的生命体现于其绿叶。我们不知道我们对基本公理、爱、欲望原初对象的理解从何而来，其乃先天固有之本性，如同采蜜乃蜂蜜之本能。这样的基要欲望（prima voglia）是"自然之爱"的另一个说法。所有的其他欲望应关乎对美好事物之清白的渴望，为此，

"你的身体内有一股智慧的力量，
为欲望设下应允之门槛。"[①]

这是天生的自由，允许伦理学说存在的哲学家们将其洞悉：

"假定一切在你内心
燃烧的爱是从必然性中产生的，
但取舍的权力还在于你自己。"[②]

---

① 《炼狱篇》，第十八章，第62—63行。
② 出处同上，第70—72行。

贝特丽采称这种高贵的能力为自由意志，维吉尔嘱咐但丁，当贝特丽采对他说起此事时，一定要将其记在心中。

到这里，维吉尔的角色到达最深入、复杂之地步。他向但丁解释了自然之爱与理性之爱之间的区别。他与但丁的关系也到了十分感人的程度。在这里，维吉尔扮演了一个慈父的角色，他迫切地观察但丁的表情，想知道他到底明白了没有；而但丁也是一位孝顺的孩子和尊敬师长的学生，急于从老师那里学习、汲取知识。但丁为了营造这一场景，回忆着失去父亲时的感受。他在孩童时期，在精神导师布伦内托·拉蒂尼身上已然发现父亲的影子，而后来成为青年诗人时，又将此情感寄托在他的朋友兼顾问圭多·卡瓦尔坎蒂身上。他在博洛尼亚时与奇诺·达·皮斯托亚的友谊以及他们在法律、正义等话题上的讨论与交流，可能被他视为自己通过与智者交谈而学习的智力成长史中另一个重要事件。

但丁不仅从同辈人，也从以往的大师身上学习，他也希望能将自己的领悟传授给他人。此种智力的传播在他看来是一种爱的形式。正是出于这种爱，他才有动力为那些没有机会亲尝“天使之面包”的人设下知识之盛宴。当这一盛宴失去魅力时，他又用故事和对话的形式重新奉上大餐：暴力、情节跌宕起伏的《地狱篇》、迷人的《炼狱篇》以及让人欢喜的、飘渺的《天堂篇》。

这种形式的不断变化引领但丁创造了一种新的文化艺术形式，具有普遍、永恒的意义，但又具有当下的紧迫性和人文关怀。同时，也引领但丁看清了真理，明白了人们可以在善恶之间自主抉择，通过人类的“实在的形式”——上帝将其创造为身体、理性的思想与灵魂——对其进行了思考。思想与其他存在之间的交流便是一种神圣的信任。在写《神曲》时，但丁希望能体现出这种信任来，同时也可让他人效法。在完成这一任务时，他尽最大的才能展现出了自然之爱和理性之爱。

第三十七章
炼狱山的颤抖

此时二人已经登完炼狱山三分之二的路途了。但丁·阿利吉耶里意识到他的听众已经听厌了抽象的议论，这位表演者决定来一个惊喜。在第二十章末尾处，山峦开始颤抖，似乎随时要坍塌。人物但丁惊恐万分，浑身发冷。这时四周传出一声巨吼：荣耀归于主。[①]维吉尔便将惊恐的旅伴拉到身边。二人一动不动地站着，不知所措。这一段的第一批听众们也同样满心疑问：他们得等到下一章才能解开这个悬案。但丁与维吉尔立着，凝视着贪婪檐口上的灵魂。他们趴在地上，两眼只能看见地面，正如他们的头脑，一心想着财富能够买到的世俗之物。一个灵魂从他们身后走来，问候二人："愿上帝赐予你安宁，我的兄弟。"维吉尔也以来自灵泊的灵魂所应有的礼节，回答这位正在通往圣福路上的灵魂。维吉尔解释了但丁仍然是肉身以及他自己又身负何种任务，说自己"被从地狱的血盆大口中带出来为他引路"。他然后问这个灵魂山为何震动？为何似乎所有的灵魂们都在呼喊，声音来源一直延伸至远处的海边？

这个灵魂便做了解释：当一个忏悔者脱离净罪时，山峦便会摇晃，所有的其他灵魂都会为他欢呼。我们仍不知道这个脱离净罪者是

① 荣耀归于主。(《路加福音》，第二章，第9行)。

谁。但丁这位技巧纯熟的叙事者不会直接告诉我们，而有损悬念之效果。他继续回答维吉尔的询问，说他已经在贪婪者檐口上趴了500多年，直到如今才得以自由移动，前往更幸福的门槛。

维吉尔接下来便直言问他是谁。灵魂回答说，他生活于提图斯（Titus）时代，提图斯曾替那些因犹大出卖而流血的伤口复了仇。[①]他享有人世间最持久、最光荣的名号（诗人），于罗马获得烈士之桂冠。最后他透露了自己的姓名：

> 在人间他们还在叫我斯塔提乌斯，
> 我歌唱底比斯，又歌唱伟大的阿喀琉斯；
> 但我在那第二个重负下中途倒下了。[②]

斯塔提乌斯生于公元45年到96年，是《底比斯》的作者。《底比斯》是一部史诗，共12卷，讲的是对底比斯发起战争的历史。他还写过一部阿喀琉斯和特洛伊战争的史诗，可惜未完成。继卡托之后，但丁又自作主张将一位古罗马人置于炼狱山，而非灵泊。他从《底比斯》中得知斯塔提乌斯无比敬仰《埃涅阿斯纪》，因为在结尾处，其对自己的史诗说："不要企图超过神圣的《埃涅阿斯纪》，只可望其后尘，远远地敬仰。"[③]因此，他便顺理成章地让斯塔提乌斯承认《埃涅阿斯纪》是他在诗歌上的母亲和保姆。

> "那使千余火焰熊熊发光的灵焰

① 提图斯，古罗马皇帝，公元79—81年在位。公元70年，在父亲维斯帕先（Vespasian）旗下服役时，他包围并攻破耶路撒冷，从而报了犹太人杀害耶稣之仇。

② 《炼狱篇》，第二十一章，第91—93行。

③ 《底比斯战纪》（Thebaid），第12卷,816—817:...nec divinam Aeneidam tenta/sed longes equere,et vestigia adorn。

所迸射出来的火花，使我温暖，

而成为我诗情之烈火的种子：

我说的就是《埃涅阿斯纪》，它对于我

就像一位母亲，给予我诗歌之抚育；

没有它我一文都不值。”①

他又说道：“唉，要是维吉尔在世的时候，我也能活在人间，我甘愿在这炼狱山上多待上一年。”

这是绝好的戏剧性讽刺。我们的注意力集中于灯光下舞台上的3个演员。维吉尔突然转向但丁，脸上一副让但丁不要说话的表情。但对于性情实在的人而言，笑与泪水，但丁说，是意志最难掌控的。他脸上堆着笑，如同传递一种暗示。斯塔提乌斯紧盯着他的眼睛，问他为何笑。每个第一次读到这一场景的读者都会感觉犹如与但丁同处现场，惊喜不已。我们看见他立于二者之间，犹豫不决。他便叹了口气。维吉尔听了，不免同情，允许他开口。但丁便对斯塔提乌斯说道：

“古代的英魂啊，

也许你对于我发出的笑感到讶异，

但是我愿意你听到更惊奇的事。

指导我的眼睛仰望天国的他，

正是你从他汲取力量

来歌唱人类和神明的维吉尔。”②

① 《炼狱篇》，第二十一章，第94—99行。

② 出处同上，第121—126行。

听了此番话后，斯塔提乌斯当即跪下去拥抱维吉尔的脚，但维吉尔慌忙劝阻：“兄弟，不必如此，你是个阴魂，你看到的也是个阴魂。”斯塔提乌斯答曰：“如今你能够理解到，我心中对你怀着的爱是多么炙热，我甚至忘了我们是幽灵，把阴魂当作实体的东西看待了。”

我们前面看到，炼狱山上的玄理机制各处不尽相同。在海边，但丁和卡塞拉无法彼此拥抱；在过晚忏悔者的平台上，索尔德罗和维吉尔却能互相拥抱；而在第五檐口上，斯塔提乌斯无法拥抱维吉尔的脚。但丁并不觉得有必要去解释这种前后不一致的情况，这让炼狱山显得更加神秘。而实际上，读者们在精神与肉体的实质方面存有的好奇将会得到解答。[①]

这三位角色一起登上了第6个檐口。贪食者在这里接受净罪。一位天使用翅膀将但丁额头上的第5个伤疤拂去，他如今更是轻快许多。与此同时，维吉尔与斯塔提乌斯轻松地谈论一些实际的问题。维吉尔说：“自从朱维纳尔（Juvenal）[②]下至冥国的灵泊与我们住在一起，我从他处听说你的热爱之时起，便对你油然生出一种爱意。但请告诉我吧，就当和朋友聊天，你的胸中如何能容下贪婪呢？”斯塔提乌斯微微一笑，然后说，表面现象常是具有欺骗性。他之所以被囚禁于贪婪者的檐口，并非是因为吝啬贪婪，而是因为挥霍。在《地狱篇》中也一样，这两种对财富的极端态度乃同一罪孽的一体两面。[③]维吉尔的《埃涅阿斯纪》[④]中有几句话让他看清自己行事方式的错误，否则他便会被打入地狱，与囤积者与挥霍者为伍。

---

① 参照第三十八章。又参照第十五章。

② 一位罗马讽刺诗人，在其第七首讽刺诗里提到斯塔提乌斯（Statius），这位诗人于公元61年前的某个时间去世，享年80岁。

③《地狱篇》，第四章。

④《埃涅阿斯纪》，第三章，第56—57行：quid non mortalia pectora cogis，/auri sacra fames!（“为什么你不能驾驭男人的心，哦，该死的对黄金的渴望！”）

维吉尔似乎在灵泊中便从朱维那尔处对《底比斯》得知一二，便说那部作品并未表明斯塔提乌斯已有信仰，而没有信仰，只有善行是不够的：

“如果是这样，那么是什么太阳或烛炬
为你驱除了黑暗，使你以后
扬起篷帆追随那‘渔人’而去？”①

但丁明显认为，第一世纪下放灵泊与维吉尔同处一隅的人能够将基督教思想传授给维吉尔：据但丁所知，其中便有渔夫圣彼得。斯塔提乌斯的回答是这一章的高潮。维吉尔不仅是他诗歌上的导师，还引领了他皈依信仰。

“是你嘱咐我
前往巴那萨斯山（Parnassus）吸饮灵泉，
是你用明灯照引我走向上帝。
你好像是一个夜间行路的人，
把灯提在背后，不使自己受益，
却使追随你的人们变得聪明。
因为你曾经说过：‘世界将更新，
正义和人类的纯朴时代返归，
一个新的民族从天上降到人间。’
亏得你我成为一个诗人，亏得你
我成为一个基督徒。”②

① 《炼狱篇》，第二十二章，第56—57行。
② 出处同上，第64—67行。这里斯塔提乌斯是从维吉尔的第四牧歌引用的话。

斯塔提乌斯坦白，他未敢公开自己的皈依，因为害怕图密善皇帝（Emperor Domitian）的迫害，但他为那些受害者哭泣，并尽自己的最大努力施以救助。因为他信仰的热情不够，便在懒惰者的檐口上多滞留了400多年，若加上在贪婪者檐口上待的500年，共有950年，而斯塔提乌斯去世迄今有1 200年。文中没有交代之前的250年是在何处度过的：可能是在炼狱山外的平台上度过的。

如今，他们仍有时间，斯塔提乌斯便向维吉尔打听其他诗人的下落：特伦斯（Terence）、凯基利乌斯（Caecilius）、普劳图斯（Plautus）和瓦列乌斯（Varius）。他们下了地狱么？若如此，在哪一层？"他们全都下了地狱，"维吉尔答曰，"佩尔西乌斯（Persius）也是，还有很多，都在第一层，[①]与荷马同在一处，我们还经常谈到那些哺育我们的众缪斯[②]永驻其上的那座圣山。欧里庇得斯（Euripides）在那里与我们在一起，还有许多戴过桂冠的希腊人。"维吉尔接着一连提了几个斯塔提乌斯史诗中的人物，说他们都在灵泊。但丁在设计这段对话时，心中必有喜悦之情。

他们来到贪食者的檐口，自信地转身，将身体右侧对着炼狱山边缘。他们一直是这么做的，这次斯塔提乌斯也确认这一做法。两位古代诗人在前面走，但丁跟在后面，聆听二人谈论诗歌艺术。这一场景非常有意义，不亚于灵泊中但丁被接纳与荷马、奥维德、卢坎、贺拉斯和维吉尔齐名、成为第六位圣贤一事。[③]如今，两位伟大的史诗作者——其中一位还是另一位的导师——在平等地交流，而但丁跟在身后学习。这一细节显然是在又一次证明，但丁如今置身于伟大诗人之列了。

① 即灵泊。
② 即缪斯。
③ 《地狱篇》，第四章。

第三十八章
但丁与弗莱塞·多纳蒂

两位古代诗人被一棵枝繁叶茂的树挡住去路，二人之间的愉快谈话（内容并未透露给读者）就此打断。附近，一条清澈的小溪从一块高高的岩石上流下来，浇灌着树叶。几人已经来到贪食者的檐口。

维吉尔和斯塔提乌斯走上前去，这时树枝间传出一个声音，道："你等不可食用此果实。"这个声音然后诵读了一些以高尚节制为主题的例子，讲述了迦南（Cana）婚礼上的圣母玛丽亚，讲述了古罗马妇女们如何自我节制不饮酒以及鄙视食物、一心获取智慧的丹尼尔。接下来，这个声音又歌颂了黄金时代，在当时，饥饿使得橡子都成了可口的食物，口渴使得每条溪流都成了甘露；然后又讲述了施洗者圣约翰如何以蝗虫与野蜂蜜为食。

但丁也走近了这颗树，探视其枝叶，如一个将时间荒废于猎鸟的闲人一样。他因此受到了维吉尔的责怪：

"儿啊，现在往前走吧，我们必须
把派定给我们的时间用得更得当。"①

但丁便赶紧跟上两位圣人，现在二人又重新开始交谈，但丁更是

① 《炼狱篇》，第二十三章，第4—6行。

愿意紧随其后，因为能偷听到让他受益的谈话内容，这让他十分愉悦。三人正在前行，却听到有人悲痛地歌唱“主啊，让我开口将你赞美”。[①]一群灵魂从他们身后赶上来，路过时，惊异地回头看他们。这些灵魂面色苍白，身形如此憔悴，从皮囊能看出骨头的形状。他们的面庞也十分消瘦，脸上似乎写着OMO。[②]

图8 炼狱山上贪食者的脸

我们此处又重温了地狱中骇人的扭曲外形。其中一位灵魂用深陷的眼窝观察但丁，便惊呼道：“我这是受了多大的恩惠啊？”这次相遇让人想起但丁与布伦内托·拉蒂尼的相遇。布伦内托见到但丁时也惊呼“多让人惊异啊！”一边还用手抓住但丁衣服的下摆。[③]但丁先是认出了声音，然后慢慢从布伦内托被烧伤的面庞认出了他挚爱的师长。此处也同样如此，但丁从他面前那消瘦的面庞认出了他在佛罗伦萨时的友人弗莱赛·多纳蒂。[④]

二人在年轻时的关系并非互相熏陶学识的性质，但丁也予以坦诚并表示悔恨。当年，二人嬉戏地互相交换了不少辱骂性质的十四行诗，[⑤]其中便有但丁对弗莱赛妻子的嘲弄，嘲弄弗莱赛作为丈夫的无能，嘲笑他沉迷于饮食。但丁见到这张他曾经为之哀哭的面庞如今变成此种模样，不禁悲痛欲绝，哀求弗莱赛告诉自己究竟为何。弗莱赛

① 《赞美诗》，第51首，第15行：“哦，主啊，求你开启我的嘴唇，让我说出对你的赞美。”这句话提醒人们嘴除了吃喝之外，还能做别的事情。

② 即眼睛代表了两个O，脸颊、眉毛和鼻子形成了“M”。参照图8。

③ 《地狱篇》，第十五章，第24行。参照本书第十七章。

④ 参照本书第一章。据说弗莱赛是但丁妻子的堂兄。

⑤ 出处同上。

便解释说，是水果的香味以及喷流的泉水让这些忏悔贪食者们心生吃喝的渴望，也因此使其消瘦下来。

但丁随即问另一个问题："弗莱赛，从你离开人世到那更幸福世界去的那天起，迄今不过五年。[①]你如何就到了这里？我本来还以为会在下面几层看见你，在那里虚掷的时间要以苦行的时间补偿。"这让弗莱赛有机会向自己的妻子致敬，是妻子的祷告让他在前往天堂的旅途上越走越远。但丁正是通过这种方式对他曾经抹黑的弗莱赛妻子予以补偿。

"我的奈拉（Nella）很早
就用她泉涌似的眼泪引我到这里，
来痛饮这甘美的苦水；
她用她虔诚的祷告，用她的悲叹，
把我从那些阴魂在那里等待的边境
带走，使我无须耽搁在其他檐口。
我生前所热爱的亲爱的寡妻，
她在贞洁的行为上显得越是孤单，
得到上帝的珍惜和爱护也就越多。"[②]

弗莱赛开始怨恨地谴责佛罗伦萨的妇女，控诉她们比那些居于巴巴利荒山上的妇女[③]更加大胆、不知羞耻，袒胸露乳。他预言称，不久她们就将会遭到上苍的谴责与惩罚。若她们知道等待她们的是什么，

---

① 弗莱赛·多纳蒂卒于1296年7月。

② 《炼狱篇》，第二十三章，第85—93行。

③ 萨丁岛中部丘陵地区巴尔巴贾山（Barbagia）居民，传闻如野兽般生活。但丁不止一次表达对萨丁岛的蔑视。

“她们早已要张口嚎啕大哭了。”[1]

这次对佛罗伦萨的谴责比前几次更让人不安，因为其直接针对妇女。弗莱赛口吐的粗鲁字眼实乃但丁的言辞。但丁写此章时已年近50岁，他应该已经到了人生中对肉体的诱惑感到厌恶的阶段了。在弗莱赛的追问下，但丁为二人早年之事表示了后悔，其言语间——前面已有评论[2]——暗示了一种同性关系。

“若是你回想到
在人世时你我如何相处在一起，
那么目前的回忆将更为沉痛。”[3]

但丁同布伦内托的相遇和他现在同弗莱赛相遇之间的相似性，让这几句话里性的意味十分确凿。另一个解释说是巧合。不过，但丁对材料的选择十分严格，因此不太可能是巧合，尤其考虑到他同布伦内托的离别与他同弗莱赛的离别另有相似之处。[4]

接下来，但丁解释了他如今的处境。他告诉弗莱赛他被引领穿过那死亡的黑夜，如今正攀登着净化那些在世间变坏的灵魂山峰。他的向导将一直伴其左右，直到他来到贝特丽采所在之地，然后他的向导便必须离开。但丁只提了维吉尔的名字，未提斯塔提乌斯，说刚才悬崖颤抖正是为庆祝斯塔提乌斯的释放。这里我们再次见证了作者但丁对材料的熟练控制。

---

① 《炼狱篇》，第二十三章，第108行。

② 参照本书第一章。

③ 《炼狱篇》，第二十三章，第115—117行。

④ 见下文。

但丁与弗莱赛之间的对话较为亲密，是两个旧友之间交流新闻的风格。他甚至提了贝特丽采的名字，口吻十分随意，如同提到一个两位在佛罗伦萨共同认识的人，事实也确实如此。他接下来询问弗莱赛的妹妹皮卡尔达（Piccarda）如今在何处。“噢，她如今在天堂。”弗莱赛答曰，继而对妹妹的美貌和美德大加溢美之词，然后便提了一些同为贪食者的名字，其中最知名的便是卢加的诗人菩那琴太。随后，二人又聊起了但丁的爱情诗，并将他诗的风格定位为“新温柔体”，这在以前已经讨论过。[①]

这些消瘦的灵魂迅疾地从他们身边越过，如同一群鸟沿着尼罗河疾飞。弗莱赛却仍缓步与但丁同行，继续和他说话。“我还要多久才可以见到你？”他问。但丁的回答充满了深深的悲伤，这其实是他写作此章时的心理写照，而非是1300年的心理写照。

“我不知道我能活多久，
可是无论我归来得怎样早，
我的心总会在我之前到达此岸：
因为我被放在那里生活的地方，
是一天一天更加寡廉鲜耻了。
似乎命定要遭受悲痛灭亡的劫运。”[②]

弗莱赛同意此话不错，并预言了他自己的兄弟科尔索不久后便会死亡。在故事的框架里，科尔索不久将谋划白党的倒台。

弗莱赛然后便告别但丁，说不能再慢腾腾地和但丁并肩行走了，

① 参照本书第二章。

② 《炼狱篇》，第二十四章，第76—80行。但丁似乎在暗示，他将回到贪食者檐口。他所说的“海岸”可能指炼狱山脚下的海岸，或奥斯蒂亚港口—那些忏悔的灵魂等待被摆渡前往南半球的地方。

因为时间宝贵，他必须得赶上他忏悔的同伴们了。在地狱中，布伦内托曾在燃烧的沙地上返身与但丁聊天，后又不得不匆忙离开重返同伴之列，看上去——照但丁的话说——就像维罗纳绿布锦标赛赛跑中的得胜者。如今弗莱赛也一样，加大步伐往前赶路，但丁将他比作一个骑兵，甩开大部队往前冲，为的是做第一个遇敌的战士。但丁用目光一路跟随，一边想着他说的话，直到弗莱赛从视线中消失。

但丁将同弗莱赛的相遇和离别和他同布伦内托的相遇和离别相提并论，无疑乃刻意之举。虽然对但丁与弗莱赛的同性关系所具有的意味深长的暗示一直被忽视，但一旦被指出，便无法不引起注意。问题是：但丁为何自愿曝光自己？答案可能是，他与弗莱赛的这层关系无论在佛罗伦萨还是其他城市已然众人皆知。

又有一棵树挡在路上。这棵树也是绿茵茵的，挂满果实。一群灵魂举着手去够树的叶子，如同孩童伸手去拿自己想要的玩具，但却有人故意将玩具荡来荡去，偏让他们够不着。这一有趣的比喻似乎勾起了但丁和他孩子们一起玩耍的回忆。但这可不是什么游戏。树里的一个声音严厉地命令他们继续前行。那声音说，这棵树是从夏娃从中摘苹果的那棵树上长出来的。三位诗人听闻此言，便紧靠彼此，沿着山边前行。声音接着给人们讲述各种贪食的例子：在皮里托奥斯（Pirithous）与希波达弥亚（Hippodamia）婚礼上喝醉并因此被击败的半人马——但丁曾在奥维德诗中读过该故事；[①]犹太勇士吉迪恩（Gideon）拒绝了他军中那些面朝下从溪流中用手掬水饮用而不是保持士兵应有的警惕的将士。[②]

① 《变形记》，第十二章，第210—535行。

② 《士师记》（Judges），第七章，第1—7行。

在但丁与弗莱赛亲密交谈之际，那两位古代伟大诗人，维吉尔和斯塔提乌斯便淡出了观众的视线。现在是二人重新登场的时候了。但丁便开始描述三人如何排成一字若有所思地前行，一边听着那些古代贪食者的故事。这时一个声音开始喊道：

“你们孤零零的三位，在思量何事？”[①]

这段场景描写十分简略。他们脚下的那段路早已在身后。但丁听到这个声音猛地一跳，如同一只受惊的动物，抬头望去。他看见一个炫目的东西，比任何玻璃或炉子里的金属都要红亮。诗人但丁可能记起了丹尼尔斋戒三周后在他面前对显灵的天使的描述：他的身体如同贵橄榄石，他的脸如同闪电，他的眼睛如同灯火，他的胳膊与脚颜色如同抛了光的铜器。[②]他抑或是想到了他可能在威尼斯见过吹玻璃的人或铁匠将火热的锻件从火上取下的场景。

这个神奇的人物便是节欲天使，前来引导他们前往通向下一个檐口的阶梯。他的翅膀扫过但丁的额头，拂起一阵芳香，如同5月清晨的一缕轻风，散发着花草的芬芳，但丁额头的伤疤随之又消失了一道。同时，天使宣布了赐福：“愿那些渴求正义者得到福佑。”[③]

时间已经过了正午，经不起耽搁，三人便沿着阶梯紧走慢赶。阶梯十分狭窄，三人只得鱼贯而行。尽管着急赶路爬坡，但丁还是忍不住问了个问题。这个问题无法再延误，且需要维吉尔和斯塔提乌斯二人共同的智慧才能予以解答。

---

① 《炼狱篇》，第二十四章，第133行。

② 《丹以理书》，第十章，第6行。

③ 《马太福音》，第五章，第6行。

第三十九章
身体与灵魂

但丁如今要问的问题也是从一开始便在读者脑海中盘旋的一个问题：没有实在身体的灵魂如何能感受到实在的痛苦？[①]这些贪食者灵魂外形的消瘦触发了但丁的问题：但丁渴望知道，本不需要营养的灵魂如何会变得消瘦？

维吉尔用了两个类比作答。卡吕冬国王之子梅利埃格（Meleager）被命运女神判决死亡，而同时一个木头随之被火燃烧：当木头变成灰烬时，他的灵魂也逃到空中。[②]但这个例子讲的是两个有形物体之间的关联，一根燃烧的木头和一具有生命的躯体。它不能解释非实在的物体会因果实与枝叶的生长而衰败。维吉尔的第二个类比是躯体与其在镜子中的影像之间的关系。他认为这相当于灵魂与其所代表的躯体之间的关系。这是前基督时代的维吉尔能给出的最好回答了。为了让但丁完全满意，维吉尔将问题又转抛给斯塔提乌斯。斯塔提乌斯出于对大师的敬重，便只好从命：

"如果在你面前，

我向他解释他看到的永恒事物，

① 参照本书第十五章。

② 但丁在奥维德的《变形记》中读过这个故事，第八卷，第451行起。

则只能以不敢违命来原谅自己。”[1]

这将斯塔提乌斯置于舞台中央，担任但丁的导师，不仅向他解释人死后灵魂如何与躯体之间相似一事，还解释了人类的繁衍以及灵魂的神圣来源的问题。但丁将这一重要的角色交由斯塔提乌斯扮演的同时，解释了异教徒与基督徒之间的思维差异。斯塔提乌斯在基督时代的第一世纪皈依上帝，这让他有机会了解一些连智慧的维吉尔也无法了解的情况。奇怪的是，他甚至还了解一些他死后数世纪还在争论的事情。到了但丁时代，一些教义被认定为基督教信仰不可或缺的部分：上帝直接创造个人的灵魂；理性之人具有完整性，其既有动植物的感官，又有智慧的能力；人类灵魂在人生前或死后都有独立的记忆、智力和意志。但丁一直留着斯塔提乌斯便是想让他来解释这些真理事实。否则，斯塔提乌斯的灵魂早就可以离开，去那极乐的至高天了。

斯塔提乌斯的长篇大论的意义在于它为但丁对胚胎学的理解提供了证据，这一证据来源于亚里士多德的学说，也是属于灵魂形态的。这又是一个类似父子关系的情景。和维吉尔一样，斯塔提乌斯称但丁为儿，其说话的语气也是慈爱的。

生殖与死后灵魂的形成之间的联系即斯塔提乌斯所称的“完美血液”的“形成性力量（*virtute informativa*）”，即指精液和女性之血相融，形成胎儿，再迅速形成生命。然后又经历4个发展阶段：生魂，如同草木之魂，其和草木灵魂的区别在于后者已然是完全成熟了。胎儿随后发展至植物与动物灵魂的中间状态，如海绵那般。随后发展至动物之灵魂，最后才是理性之灵魂：

① 《炼狱篇》，第二十五章，第31—33行。

"儿啊，从生养者的心脏中流出的
那个力量，时而扩大，时而伸长，
人的身体各部都由自然之力在那里形成，
但如何从一种动物变成一个人，
你还没有看出；就在这要点上，
一个比你聪明的人也走入了迷途。"①

斯塔提乌斯如今肩负着宣告基督教信仰中最重要的一个信条的责任。就连在《天堂篇》中但丁从贝特丽采那里所学到的也不会比这个更重要：

"袒开你的胸怀迎受真理吧，
现在我要告诉你，只要等到
大脑的组织在胚胎中完成后，
那'至高的原动者'
喜悦于大自然的鬼斧神工，
就赋予它一种充满力量的新精灵，
这精灵把活跃之物
吸纳入自身，变成单一的灵魂，
且活生生，感觉敏锐，有自我之意识。"②

斯塔提乌斯为了让但丁理解他所说的，便请他考虑太阳的热量是

① 《炼狱篇》，第二十五章，第58—63行。"比你更明智的"是阿威罗伊，亚里士多德的穆斯林评论家。他认为不存在什么智力器官将人和动物区分开来，声称人的理性的灵魂不是个人的，而是普遍的。亚里士多德对这一观点持有异议。

② 出处同上，第67—75行。

如何将葡萄汁变成酒的。

当灵魂脱离身体时，带走的是纯粹血液（精液）所含的“形成性力量”。也就是说，灵魂既有人的能力，也可能拥有神圣之能力。如今，虽然身体之官能不再活跃，但记忆、智力和意志力却要较以前更敏锐。“形成性力量”使得灵魂将身体之形状印刻在其周围身体曾占据的大气上，如同空气被雨水湿润之后，会形成彩虹的颜色。然后，如同随火而动的火焰，这个意象形状紧随着精灵，而“形成性力量”赋予其各种感官：

“有了它，我们说话，我们露出笑容，
我们流泪哀哭和长声叹息，
你也许已在这座山的四周听到。
看种种欲望和其他的感情怎样
刺激我们，那幽灵就显出怎样的形态，
这就是使你惊异的事情的原因。”①

在第7个檐口上，好色者之灵魂被置于一面火墙上净罪。这些灵魂被按照自然与非自然色欲分成两队，彼此相会并贞洁地互相亲吻，如同蚂蚁互相紧贴鼻子以交换信息。但丁的影子投在墙上，灵魂们见了十分惊异，其中一位便请他解释。这位自称是圭多·奎尼柴理。②

但丁十分高兴又遇故人，其表达喜悦之辞再次暗示一种犹如父子之情的关系，这表明但丁对自己在诗歌艺术学习道路上师从过的人都心存感激。对奎尼柴理尤为如此。他不仅如同但丁的父亲，还是所有

① 《炼狱篇》，第二十五章，第103—108行。

② 参照本书第二章。

甜蜜宜人的爱情诗诗人之父。

“他对于我以及对于所有写过

甜美爱情诗句的我的前辈们，都是诗祖。”①

奎尼柴理听到的赞颂，便问他为何对自己如此敬重。但丁用尊敬之语“您”（voi）答道：

“您那些优美的诗句，

只要我们的语言流传下去，

会使写下它们的墨迹也觉可贵。”②

奎尼柴理当下指出了一位可谓他们所有诗人的先辈，即普罗旺斯的行吟诗人阿诺特·丹尼尔，他在技艺上超越所有爱情诗诗人。③为了展示自己不辱传承，但丁向这位先辈表示敬意，让他用普罗旺斯语来加以问候。

我们不知道但丁因何证据将奎尼柴理和阿诺特·丹尼尔放在淫欲者的檐口之上。不过，但丁从弗朗西斯卡·达·里米尼那章开始④便表达了，爱，即便是出于温柔之心，也可以走入迷途，需要在炼狱之火中加以净化。但丁对阿诺特·丹尼尔的诗歌十分敬重，他也因此写下过四首十分复杂的诗歌，其中有一首写得十分暴露，灵感来自他对

① 《炼狱篇》，第二十六章，第97—99行。

② 出处同上，第112—114行。

③ 源于拉丁语。

④ 《地狱篇》，第五章，参照本书第十四章。

一位名为彼得拉的女人心怀色欲之激情却得不到回应的经历。[1]这位彼得拉是谁我们不知道：这个名字很可能意指该女子对但丁铁石心肠般的冷漠。但丁曾可能想在《飨宴》中评论这些诗歌，因为此书所阐释的正是需用理性来束缚过度之色欲。但他在《神曲》中没有一处对此做过直接的讨论。接下来，他可能要用自己的方式将他灵魂中的这一段加以净化。

此处之火有两重用意。它不仅净化那些在情爱中走了极端之人，而且因为爱，无论正邪，乃所有行为之引子——如维吉尔所言，因此所有被从炼狱山释放出去的灵魂都要经历这一面火障才能到达顶峰，最终才能通往天堂。

但丁乃凡人躯体，十分惊惧。他双手紧扣，凝视着火焰，头脑中回想着他曾见过的肉体被火烧的情形。维吉尔宽慰他，让他想想二人骑在吉里昂背上时自己是如何保护他的。这里只会有折磨，不会有死亡，火焰不会烧伤他，并且让他用衣服的边角试试：

> "如今把一切畏惧抛掉吧，抛掉吧；
> 向这里转过身来，安心向前来吧。
> 我还是像扎了根似的，心中自责着。"[2]

维吉尔有一些为难，说道："我儿啊，要知道，贝特丽采和你之间还隔着这道墙呢。"但丁的顽固立即消失得无影无踪，向贤明的引导转过身去。维吉尔看了只摇了摇头，说道："那我们难道要一直待在这一边么？"那语气似乎是在用苹果引诱一个孩子。维吉尔说完投

---

① 参照福斯特（Foster）和博伊得（Boyde），《但丁的抒情诗》（Dante's Lyric Poetry），第一卷，第158—175页。

② 《炼狱篇》，第二十七章，第31—33行。

身走入烈火，叫斯塔提乌斯赶快随后跟上，斯塔提乌斯刚才一直夹在他们俩中间。

燃烧之苦痛如此强烈，以至于但丁说自己想投身于熔化的玻璃中去凉快下。维吉尔不停地提贝特丽采的名字来为但丁打气：

我仁爱的父亲一直在谈论
贝特丽采，以鼓起我的勇气，说道：
“我仿佛已经看到她的眼睛了。”[①]

但丁亲身经历好色者的净罪，似乎可看作是他在忏悔，忏悔自己在追求最高理想的过程中时有松懈。在这里，年近五旬的但丁一边回顾、审判年轻时的自己，一边承受着悔恨之煎熬。只有对贝特丽采的惦记才能给予他力量去承受他如今正在承受的痛苦。同时在火焰之外还有一个歌声在引导他前行。他走出火焰后便得知这个歌声是在祝福：“来吧，你们这蒙我父赐福的，来继承为着你们准备的王国吧。”[②]

太阳下山了，三位诗人便卧在台阶上过夜，但丁夹在中间，如同羔羊一般被两位牧羊人保护起来。但丁做了一个预示之梦。梦中，他看见一位美丽的年轻女子在一边采花一边歌唱。她自称利亚（Leah），她的妹妹瑞秋（Rachel）喜欢端坐镜前欣赏镜中的自己。妹妹喜静，而利亚爱动。[③]黎明到来时，三位诗人起身，开始爬向最后一段阶梯的顶端，最后来到伊甸园前。

① 《炼狱篇》，第二十七章，第52—54行。

② 《马太福音》，第二十五章，第34行。

③ 在神秘主义的著述中，雅各布的两个妻子被阐释为分别寓指活跃生活和沉思生活。但丁的梦预示他将与玛蒂尔达和贝特丽采见面。

这是一个令人满足的时刻，也是一种过渡。但丁穿越了地狱，爬上了炼狱山。如今他额头上的七道伤疤全都消失了。维吉尔如今已经无法再继续帮他了，而但丁却没有意识到。维吉尔与但丁道别：

“儿啊，现在你已看过了
现世的火和永恒的火，也走到了
一个我无法再施展眼力的地方。
我已用智力和天恩把你带到这里；
此后让你自己的欢乐来引导你；
你已走出了险峻和狭隘的路。
看那照耀在你眉额上的阳光，
看这里的土地自己长出的
柔嫩的草，美丽的花，丛密的灌木。
在那双喜悦美丽的眼睛降临以前，
（那双眼睛曾含泪求我来救助你），
你可以坐下来，也可以随意走动。
你再不用期望我的言语或手势；
你的意志已经自由、正直和健全，
不照它的指示行动是一种错误；
我现在给你加上冠冕来自作主宰。”[1]

① 《炼狱篇》，第二十七章，第127—142行。

第四十章
信仰基督的女预言家

在但丁时代，户外戏剧表演、寓言式的盛会、假面舞会、游行在佛罗伦萨和其他意大利城市随处可见。人们用五彩的颜色、服装、歌舞来庆祝圣人的诞辰以及其他公共事件，庆祝活动不仅在街上，而且还在河上举行。因此，但丁决定在《神曲》中组织他自己的盛会，便不足为奇了。他选择的地方便是伊甸园。

但丁抵达伊甸园一章是《炼狱篇》的最终高潮。维吉尔和斯塔提乌斯跟随在但丁身后，而但丁急切地步入一片翠绿阴凉的林子。林中的鸟儿在高枝上歌唱。他们来到一条清澈的小溪边。在对岸，明亮的草地上点缀着红黄掩映的花朵，草地上一位美丽的女子婀娜而行，一边歌唱，一边采摘一束花。此时听众们的好奇心被点燃了。这会是贝特丽采么？她并非贝特丽采，那她究竟是谁，但丁自始至终未加说明，只说了她的名字叫玛蒂尔达（Matilda）。[①]但丁看见这名女子便想起了冥界女神普罗塞耳皮娜（Proserpina）在草地上被冥王普鲁托（Pluto）抓走的情节。她中丘比特之箭时和维纳斯一样美丽，也不输给利安得（Leander）为其勇闯赫勒斯滂海峡（Hellespont）的海洛（Hero）。玛蒂尔达像舞者一样优雅地行进着，来到水边，站直了身

① 为学界接受的手稿中拼作"Matelda"。对她身份的讨论参照第四十一章，同章注释14有对其姓名的解释。

子，手中满满一把鲜花。她抬起眼睛来，微微一笑。

玛蒂尔达觉得新来的人可能会惊奇自己为何微笑，便对他们说道："这本是上帝为人类制造的永恒和平之地，但因人类自己犯下的错误，遭到了驱逐。"她解释了此地植物神奇的生长方式，溪水来自一个神圣不竭的源头。她又说，古代诗人们歌唱黄金时代时心中的想象或许就是如此。但丁回头看看"他的"诗人们听闻此言有何感想，看见两人也在微笑。

从这一田园牧歌式的前奏，我们并不能看出下面将会是什么。他们行走在两边溪岸上，沿着弯弯的溪流，来到面对东方的一处地方。玛蒂尔达说："兄弟，仔细看，仔细听吧。"突然，一阵如闪电般的明亮扫过森林，一曲甜美的旋律穿过闪亮的空气，此时，光亮更亮，如同一道火焰，旋律也逐渐化为清晰的歌曲。但丁看见远处他刚开始以为是七株金树之物，近前来一看，却是烛台。那声音在歌唱"和撒那"。但丁十分惊奇，转身求助于维吉尔。但维吉尔却头一遭不知如何作答，只能回之以同等惊异的表情。一列白衣人慢慢走近前来。他们头顶上，那烛台的火焰如同三角旗般飘舞，呈着七彩的颜色，如同彩虹，彼此相隔10步之遥，消失在远处。

在这光辉之下，是24位老者，头戴百合，两两并行。他们口中齐声颂唱："你在亚当的女儿们中是有福的，愿你的美受到祝福，直到世世代代。"[①]在他们身后是4个活物，头披绿叶，每个身长六只翅膀，羽毛中生有六只眼睛。[②]这4个活物之间，半狮半鹰的狮鹫拖着一辆两轮战车，其翅膀伸展于五彩三角旗之间。它像鸟的那一半是金色的，像

---

① 改编自天使对玛丽的问候："蒙大恩的女子，我问你安，主和你同在了！"（《路加福音》，第一章，第28行）

② 改编自《启示录》的四只野兽：《启示录》，第四章，第6—8行。以及《以西结书》中4个活物：《以西结书》，第一章，第4—14行及第五章，第8—14行。

狮子的那一半是红白色的。就连大西庇阿（Scipio Africanus）和奥古斯丁也没有如此壮观的凯旋战车，即便是太阳战车和它相比也难免逊色。右侧车轮边，有三位女子在跳舞，吟唱一首回旋曲；三位如火一般红，一位似乎通体翡翠，另一位像初雪一样洁白。三位女子一边跳舞，一边随着轮番领唱的那位，或快或慢地齐声歌唱。在左侧的车轮边，有四位女子在跳舞，周身紫衣，舞步随着有三只眼的那位跳动。[①]车后是两位老者，一位看上去像个医生，另一位手持宝剑，宝剑异常“闪亮锋利”，甚至让站在河对岸的但丁都觉得害怕。后有四人跟随，神情谦卑，另有一位老者独行，犹如睡着一般，但又面色警醒。这七人和前面的24人一样，全都头顶花环，但不是百合，而是玫瑰或其它红花，因而远远看去，似乎头上顶着火焰。当战车来到与但丁隔河相对的位置，便停了下来。此时响起一阵雷声，游行队伍便停下步伐。

其中一位老者口中发出三声呼唤：“离开黎巴嫩，跟我一起来吧，我的伴侣。”[②]所有其他人也跟着呼唤。听到呼唤，100多位天使从战车升起，口中呼喊：“奉主名来的将受到福佑。”[③]天使们一边撒着鲜花，一边歌唱：“哦，给我满手的百合花吧。”[④]此刻，在花团锦簇之中，但丁看见一个身影，面戴白纱，头顶橄榄花环，身穿火焰一样的衣袍，外罩绿色斗篷。从未有过，将来也不会有任何一位女主角有如此华美的出场。

艺术家但丁此时接管了盛会司仪之职。接下来的场景是这部相当富有戏剧性的作品中最精妙的部分。人物但丁立刻隐隐觉得，来者正是贝特丽采。

---

① 第三只眼是一个佛教概念，表示智慧，同样也出现于西方图像学传统。

② 《雅歌》（*The Song of Solomon*），第四章，第8行。黎巴嫩的配偶是信奉上帝之灵魂的意象。

③ 改编自《马太福音》，第二十一章，第9行：“以神之名来的有福了。”

④ 《埃涅阿斯纪》，第六卷，第883行。

“我的心已经许久未在她面前

敬畏得发抖，如今，

无需看清她的容颜，

仅通过她的神秘力量

便叫我重新感受到旧爱之炽烈。”①

和以前一样，但丁又一次转向维吉尔，如同孩子求助于母亲。他说：“我身体里的每一滴血都在颤抖。我知道这是旧时火焰的象征。”最后一段话但丁引自于迪多对妹妹安娜（Anna）倾诉自己对埃涅阿斯的爱时所说的话，这是在向他敬爱的诗人致敬，甚是感人。②

维吉尔已不在身边。他一句话也没说就这样消失了。但丁极为震惊、悲伤，甚至忘了贝特丽采。即便是被夏娃放弃的所有伊甸园美景也不能弥补他失去维吉尔的伤痛。他流下了伤心的眼泪。

贝特丽采并未宽慰他，相反，却严辞以对。贝特丽采直呼其名（这是《神曲》中唯一一处但丁被直呼其名的场合）：

“但丁，现在不要为维吉尔的离去

而流泪，现在还不要流泪，

因为你得要为另外的剑伤流泪。”③

贝特丽采在此扮演的角色如同一位传统故事中的女子，她在谴责恋人的不忠。但这一场景并非仅为一场文学比喻。贝特丽采直呼但丁的名字，此举带有一定的个人意味：贝特丽采代表着但丁的良心。他

① 《炼狱篇》，第三十章，第34—39行。

② 我再度感到我曾经拥有的火焰。《埃涅阿斯纪》，第四卷，第23行。

③ 《炼狱篇》，第三十章，第55—57行，塞耶斯译。

将她描绘成一位严厉的、权威的人物，如同检查舰队的将军，从船首行至船尾，一边巡视，一边督促船员。贝特丽采举止高贵又威严，她对但丁说："你向这里看！我们就是，我们就是贝特丽采！"

这里用的是复数，让人惊讶，但藏着深意。[①]"我是贝特丽采，"她似乎是在说，"你现在看到的正是我。"好像王后的儿子看见头戴王冠的母亲，一会儿视其为母亲，一会儿视其为君王，但她却总是那同一个人。实际上，但丁也以母子关系相比。

> "她以声色俱厉的态度对待我，
> 像母亲对待她的孩子；严厉的怜惜，
> 若是细加辨别，不免含有辛辣的滋味。"[②]

贝特丽采的责骂既说给但丁听也说给众天使听。但天使们如今已具备了上帝永恒的眼力，不需要被告知这些。因此，这些话是为了让但丁得益。这种间接的责骂有些合唱戏剧的效果，或若以现代某个场景来比，犹如一场法庭庭审。她历数但丁的天赋，这些天赋为他的"新生"许诺诸多神奇的收获。[③]但大地的土壤越是肥沃，若种下了坏种子，那荒草则越茂盛。有那么一会儿，她的面庞和那如灯塔般的双眸让他精神振奋，心思回到正途。但当她开始第二次生命，[④]开始新的生活后，他却背叛了她，投向了别人。虽然她的容貌更美、德行更高，他却不再钟爱自己，偏离真理的道路去追随善的虚假之幻影。她所有通过梦和

① 尽管不是所有的手写稿都有此复数形式，但这种形式如今通常被认可。

② 《炼狱篇》，第三十章，第99—101行，塞耶斯译，经改编。

③ 或许暗指他的作品《新生》。可参照本书第二章。

④ 贝特丽采24岁就去世了。

其他途径唤回但丁的努力全都白费。他是如此消沉，所有拯救他灵魂的努力全部失败，只能将他带去地狱看看那些万劫不复的灵魂。

“我为此到地狱之门走了一遭，
向引导他到这里来的那位，
流着泪哀哀说出了我的恳求。
若是不让作恶者先流下一些忏悔的眼泪，
就许其渡过遗忘河，吃这样的玉食，
那么就要违犯上帝的最高的谕命。”①

但丁让贝特丽采对天使们的演说就此打住，也让本章就此结束，恰到好处地掌握了时间节奏。在下一章一开篇，贝特丽采便开门见山地将斥责之剑直指但丁（光看朝向我的边沿便知十分锋利）。贝特丽采让但丁说自己的指控是否属实。可但丁精神惨淡，无法言语。他能做的便只是用嘴唇做出说是的形状，却无法出声。但贝特丽采却毅然继续无情地控诉着。她问到底是什么将但丁引入了迷途，他一边流泪一边嗫嚅着说：

“你的容颜
一被藏匿起来不让我看到以后，
现世的事物便以虚妄的欢乐使我迷误。”②

① 《炼狱篇》，第三十章，第139—145行，塞耶斯译，经改编。
② 出处同上，第三十一章，第34—36行。

他的坦白值得称颂，但她却继续斥责。人世间没有什么能超越她那已委于尘土的身体之美，他又如何能被他物诱入歧途呢？在第一支诱惑之箭射来时，他就应超然物外，追随她的记忆而去，而非等待下一轮射击，或昙花一现的幻象。

但丁如同一个孩子，立在那里，眼睛盯着地，羞愧难当，沉默不语。他还是无法作答。而贝特丽采却说出让他更加羞愧的言语。

"既然你
用耳听就如此悲伤，抬起你的胡子来。
你用眼看时将感到更多的悲伤哩。"①

贝特丽采如此评说他的胡子，让但丁十分难过。他可不是小孩子了，而是个成年人。他使出很大力气才抬起下巴，隔着河流看着对面的她：她仍带着面纱，凝视着狮鹫。在尘世时，她的美丽光环就远盖过身边的其他女子，如今她比生前还要美丽，这让但丁觉得过去热爱过的一切在他眼中都变得可恶起来。悔恨和自责轮番咬噬着他的心，但丁难堪其负，厥倒于地。等他醒来时，玛蒂尔达正在将他往水里浸。我们后来知道，这正是遗忘河，其河水能让人忘却所有的罪孽。

这场责骂与坦白持续良久，处于《神曲》的中心位置。从性质上来看，似乎既有实际的意义又包含一些寓意。如今但丁仍活于尘世间，年近50，回顾自己的一生。他一想到自己在贝特丽采死后未能坚守高贵之爱，便悔恨不已。他似乎承认自己在这方面有所失足，与"温柔女郎"有所瓜葛。当贝特丽采说自己死后他背身离去，投向别人时，毫无疑问指的是但丁在《新生》中所说的矛盾。但丁曾试图在

① 《炼狱篇》，第三十一章，第67—69行。

《飨宴》中化解这一矛盾，但并未完全成功。他对“温柔女郎”的爱似乎是伴随他对哲学的倾心研究而生，但在此之前，有一段时间，他对身体的思慕要高过对头脑的热爱。他如今向贝特丽采坦白的正是这一点，同时也承认了一些琐碎的情感纠缠，这在他零星的诗中有所反映。在书中，贝特丽采是一位严苛的检察官；而实际上，却是但丁在进行深刻的自我反省。

但在这一场景中的某一处，即当但丁将她描绘为自己心中一直向往的女子时，贝特丽采也扮演了本来的角色。在这场盛大游行以及直到《炼狱篇》结束之前的诸多场景中，但丁赋予贝特丽采的角色都超越了她自身，似乎贝特丽采是一个带着面具出演某寓言故事的人物。但丁在佛罗伦萨及其他地方肯定经常看到这样的表演。

至此以前，游行的主题是天启。但丁并未解释其中各色人物的象征意义，因为与他同时代的读者（或就但丁这部作品而言，实乃“观众”）对此应该不会陌生。散发七彩光的烛台象征着圣灵的七样礼物：智慧、理解、忠告、力量、知识、同情、敬畏上帝。24位老者是《旧约》的24卷（按照罗姆的说法）。他们歌颂《旧约》中对其作了诸多预言的圣母。4个带着翅膀的活物分别是人、狮子、牛和鹰，象征福音传道者。战车即教堂。二形合体的狮鹫代表着基督之神学概念，即神秘之圣灵与凡俗人性之合二为一。靠战车右侧轮子的三位舞者指三种神学美德，即信仰、希望与慈善，分别呈现于各自象征的颜色。左侧轮子边的四位舞者象征四种基本道德，即审慎、勇气、正义与节制，舞者身着的紫色乃帝国的颜色。两位老者分别代表受人爱戴的医生卢克所著的《使徒行传》（Acts of the Apostles）以及身负圣灵之剑——圣谕——的圣保罗的著述。后面跟着的四位代表《大公书信》（General Epistles），那位如同在梦游的人代表《启示录》

（Revelations）。

天使们口中叫喊的“奉主名来的将受到福佑”一语改编自圣马可的话，是圣别式前唱的《赞美诗》中的一句。这里，“奉主名来的”指的是贝特丽采。但丁并未改动象征男性气概的后缀“-us”,意为在这样的至高时刻，贝特丽采代表的不仅是一名女子，还代表着超越她性别的东西。

在但丁的时代，最重要的宗教仪仗之一便是庆祝基督圣体节，当时这一节日刚刚开始复兴。如同但丁所描写的盛事，这个节日有歌唱、灯火，还有鲜花。曾有教皇诏书下令：“让信仰高唱颂歌、让希望翩翩起舞、让慈善兴高采烈吧！”[①]描写这些类似的场面实有深意，即意在超越“所有赞美女子的诗篇”：将贝特丽采作为圣体赞颂。[②]基督圣体节的游行中，队伍的核心即圣体，上覆华盖，而在但丁的游行中，贝特丽采也是中心，驾乘着象征教堂的战车。

但丁从遗忘河（Lethe）的对岸浮出水面，由象征4个基本美德的舞者带到贝特丽采面前。但丁凝视着她面纱背后如翡翠般的眼睛，眼眸中映着狮鹫的影子，其全身时而变成鹰，时而变成狮子，但狮鹫本身却未有变化。但丁的灵魂“充满了惊奇与喜悦”，品尝着既满足食欲却又使食欲更强烈的事物（圣餐）。应象征神学美德的三位舞者的央求，贝特丽采揭开面纱，露出微笑的嘴巴。本章便在此处结束，但丁说没有哪个诗人有能力描写出她当时的美丽来。

在下一章节中，但丁继续发挥他游行司仪的技巧，简直犹如一位宫廷典礼大臣。作为军人，他知道该如何保持军人风范。“荣耀之军”向右侧回旋过来，让七支火焰和太阳在前，如今是正午，太阳已登至

① 出自1264年由教皇乌尔班（Urban）在圣体节颁布的训令。

② 这点最初由约翰·辛克莱（JohnSinclair）提出：《但丁的〈神曲〉》（*The Divine Comedy of Dante Alighieri*）,II《炼狱篇》，第414—416页，约翰·莱恩出版社，1948年版。

顶峰。犹如一支盾牌掩护下的分遣队，在全军还没有变换阵形之前先随军旗掉头撤退，这支天国之军全部从我们面前走过后，那辆凯旋车才掉转车辕。七位象征美德的仙女再次归位车轮两侧。狮鹫拉着受了福佑的战车，身上连一根羽毛都没有凌乱。玛蒂尔达、斯塔提乌斯和但丁一道跟在右侧车轮旁，右侧车轮划出的弧度更小。这确实是行军之道。

队列附和着天使之乐，行进于神圣的空地上。当大部队前行到三箭之遥处，贝特丽采走下战车，结束了她代表圣体的仪式。这时，队伍中有人低声念着“亚当”的名字，语气似乎在谴责他违背圣意之罪。队伍停了下来，绕着一棵花叶全无、光秃秃的树围成一圈。这棵树硕大无比，树顶的枝桠四处延伸、覆盖极广。众人对狮鹫说：“狮鹫啊，你是有福了，你不必用你的嘴喙从这棵树上撕下甘美的东西，因为吃了上面的东西肚子会绞痛。”

此时发生了一件让人奇异无比之事。象征着二性合一的基督的狮鹫竟然开口说话了，只说了一句话，个中含义却神秘难解。

“一切正义的种子是这样保存的。”①

如此神圣之物口中所言自然意义非常，事实也确实如此。首先，这句话是耶稣在受洗时对施洗者圣约翰所说的话。

“因此，我们应实现所有正义。”②

---

① 《炼狱篇》，第三十二章，第48行。

② 《马太福音》，第三章，第15行。

或者，如但丁在拉丁文《圣经》中所读的那样：

Sic enim decet nos implore omnem iustitiam

无论是意大利文还是拉丁文，这句话都是在指正义。圣保罗也说过类似的话：

“一人违背圣意，会让众人成为罪人，同样，一人遵从圣意，则众人皆正直。”[①]

亚当曾违背上帝植于人性中的正义之感。基督匡复正义的方式便是化为凡人肉身，因帝国的司法而殉难，并“拒绝世界王国和他们的光荣”。

狮鹫作此神秘的宣言后，便拉着战车来到秃树下，用树枝将车绑在树上。秃树顷刻便开出鲜花，花朵颜色不似玫瑰深红，但较紫罗兰更紫。车与树（知识之树）的结合，象征着因教堂和帝国之联姻而形成完美的人类秩序。众人开始齐声吟唱，而但丁却并不明白歌词之意，也未能将歌声听完。

原因是他睡着了：他无法描述自己是如何睡着的，只管讲述醒后之事。一道缤纷耀眼的光亮将他从睡梦中唤醒，一个声音喊道：“起来，你这是在做什么？”看见变容后晕厥的彼得、詹姆斯（James）和约翰也是这么被耶稣的触摸和呼喊唤醒的。但丁发现玛蒂尔达立于身旁，突然大惊，问道：“贝特丽采在哪里？”玛蒂尔达答道：“你看她端坐于那树的新枝叶下；你看那环绕着她的一对天使（七位美德天使如今正在手持烛台）；随着歌声越加甜美、深奥，狮鹫和其他众灵正升向天穹。”

① 《罗马书》（*Epistle to the Romans*），第五章，第19行。

贝特丽采现在已经转入下一个身份角色。她现在是战车与知识树合一的护卫，仿若一位女司仪，掌控着这场化装舞会，向但丁展示着教堂与帝国从迫害年代直至现今的历史。她的职责便是预言但丁的最后救赎。

“你要在这森林里暂栖片刻，

以后就同我一起永远做那真正的

罗马城中的公民，基督也住在那里。”①

但在他暂居森林期间，要完成一个使命。这个世界已有太多罪恶，因此，他将被示以一些事物，他如今需要记在心间，留待返回尘世时录于笔下。贝特丽采命但丁双目注视战车，他便照做。在整个游记中，除了自身救赎之外，他第一次收到表达明确的使命，这是一个旨在匡复正义的使命。

这时发生了一连串迅猛的场景变化。首先，朱庇特的神鸟闪电般冲下来落在树上，撕去新生的枝叶：这象征着早期基督徒所受到的迫害。接下来，一只瘦削饥饿的狐狸跳上凯旋车，被贝特丽采赶走了（代表着早期的异教徒）。再接下来，神鹰又回来了，用羽毛覆盖于战车上（此举用意良好，然而但丁将其视为康斯坦丁的捐赠，帕潘王（Pepin）与查理曼大帝对教堂的财富支持）。②天堂传来圣彼得哀叹的声音：“嗳，我的小舟呀，你装载着多邪恶的货物！”然后，车轮之间的大地崩裂，从中飞出一条龙，尾巴刺入车辆，带走了一部分车底。战车因此而变形，并生出7个头来。3个头生在车辕上，每只角落

① 《炼狱篇》，第三十二章，第100—102行。圣伯纳德认为圣母玛利亚是“奥古斯丁”（本书第五十三章）。

② 《地狱篇》，第十九章，第115—117行及本书第十九章。

各一个。那3个头上生着像牛一样的角，另4个的额头上却只生一只角（这一形象取自有7个头10只角的天启之兽）。[①]这代表着教堂的堕落。一个娼妓坐在车上，衣衫不整，身旁立着一个巨人，二人苟合。娼妓偷眼看了一眼但丁，巨人大怒，将她暴打一顿后拖入森林中去。[②]

《炼狱篇》的最后一个章节一开篇，那七位象征美德的天使便在哀叹。贝特丽采听着天使的哀叹，心中充满哀怨，如同十字架上的圣母。她起身，用拉丁文开口说道：

"等不多时，你们就不得见我，
再等不多时，你们还要见到我。"[③]

这是耶稣对门徒们讲到自己的死与复活时所说的话。贝特丽采借此预言了教皇将转移至阿维尼翁，并最后众心所望回归罗马，不过但丁生前是无缘得见了。[④]

七位美德天使在前面领路，玛蒂尔达、但丁和斯塔提乌斯跟随其后，贝特丽采走在中间，他们离开知识树。她行了10步，便命但丁上前与她并肩而行，她有话要嘱咐他。但丁照做，敬畏有加、呼吸急促。她开口说话，口出庄严、神秘之语。毁损的战车如今已不复存，[⑤]但那犯事之人将难逃惩罚。那将羽毛覆盖于车上的鹰不会永无子嗣。

贝特丽采然后又口出一个神秘难解的预言，并命但丁传达。她预言，上帝遣来的一位使者（一个510和5）不久将杀死娼妓和巨人。若是如今他不能明白她的话，那么即将发生的事情会明析其意。她嘱咐

① 《启示录》，第十七章，第3行。
② 这代表1305年教宗迁往阿维尼翁。
③ 试比较《约翰福音》，第十六章，第16行。
④ 直到1377年，即但丁去世56年后，才得以回归。
⑤ 原句是"你所看见的兽，先前有、如今没有"（《启示录》，第十七章，第8行）。

他要记录于心，并将原话一字不变地传达给世人。最重要的是，他要描写发生在树身上的一切，因为不管掠夺者为谁，都犯下了亵渎神明之罪。她知道他的智力已经变得如石头一样顽固不化，她的话难免让他感到迷惑。但他还是要记住，即便无法记住语言，也要记住场景。

但丁说自己的脑子如同蜡一样，上面印着他的所见所闻。他问贝特丽采为什么她说的话自己如此不解，她答道，他会见识到自己所做的研究与上帝的真理距离多么遥远。①但丁将此话理解为自己对贝特丽采的疏远，便说自己想不起来曾经疏远过她。贝特丽采微笑着说："你今日饮了遗忘河的水。一如见了烟就可以断定有火，你忘记曾和我疏远，就清楚地证明你有把心转向他处的过错。"但今后，她说，她的话将足够简明，使他迟钝的智力能够理解。

贝特丽采如今已不再是表演或舞会中的人物了，开始充当了但丁的向导，她的这一角色将贯穿《天堂篇》。她玄妙的话，深奥的预言，都表明她扮演的是一个女预言家西比亚式的角色。

她口中的神秘话语——"一个510和5"——究竟何意，从未有过让人满意的解释，虽然不乏有过巧妙、迷人的说法。其中一个长久以来被接受、合理但却不够全面的说法称这些数字是罗马数字DXV，经过排列组合后可读成DVX，即指拉丁单词dux，意指领袖。但这个说法并不能为我们释太多的疑。另一个可接受的解释是将DXV读成Dominus Christus Victor（得胜的基督）的首字母。但这一说法仍然留有未解之疑。

我在此提一个前人未提过的说法。数字cinquecento，通常印为一个字，意为500。但也可以读成3个单词：cinqu'e cento（5和100），即105。下面的数字 diece e cinque，即10和5，也可以通过某特定加法得到

① 但丁似乎在承认他曾经将哲学研究与神学研究分离。

105。因此，两组数字："1、5和100"与"10和5"可用来指《地狱篇》中的某一行，该行是维吉尔关于神犬预言的最后一行，即第一章第105行：

"他的国度在费尔特罗（*feltro*）与费尔特罗之间。"①

数字105在下半句有重复，我们因此也可将数字读成罗马数字DXV；在这里，数字已变作不定冠词。

这一简单的解释符合但丁钟爱将意义表述为数字的做法。数字1、5和100通过神秘加法也可变为数字7，即3和4之和，代表着神学美德与基本美德，这是整个世界完美架构的象征。这一说法也将维吉尔和贝特丽采两位预言者联系起来，二人都预言了将有人治愈世界之恶。但丁在《飨宴》中将其想象为一位至高无上的帝王。但丁笔下的这两次预言分别在《神曲》第一部的开篇和第二部的结尾处，意义非凡。第一处，异教圣人维吉尔正要领但丁游历地狱，第二处，基督教预言家正欲引领但丁前往天堂。最后，这句玄妙的话或还可被理解为对维吉尔的告别。贝特丽采已经取代了维吉尔，接过他的差使，如同接过接力棒。正因我们赋予其过于深奥的阐释——正如此前"毡纸"的例子，以为但丁在指某一位具体的人，让7个世纪以来无数读者陷入各种扑朔迷离的说法。

① 参照本书第十二章。

第四十一章
玛蒂尔达是谁?

在伊甸园中众多奇异事件中，但丁集众多角色于一身：剧作家、游行司仪、假面具创造者，再加上诗人。但丁在《炼狱篇》开篇先是对地狱中的惩罚作了骇人的描述，然后又祈求众缪斯女神将诗歌从死亡中唤醒：

> “但让诗歌从死亡中升起吧，
> 神圣的缪斯……”[①]

在整个第二节中，有很多温柔抒情的时刻，色彩绚烂、意象丰富，但丁将高贵的方言发挥至极致。这里是伊甸园，亚当最初开口说话的地方，[②]但丁自然要一展他最精妙的诗艺。

但丁用极细腻的笔触描述花园之美，让人想起他最优美的诗章。但丁缓步前行，将美景收入眼底：浓密、翠绿的森林，挡住了初日的光芒，花草树木散发着芬芳，微风轻柔地吹过，鸟儿在树上歌唱，树叶也随之摇动，一切都让读者入迷。那位突然出现的美丽女子，一边歌唱一边采摘花朵，那花朵遍布小径，[③]这幅图景的原型可能是但丁当

---

① 《炼狱篇》，第一章，第7—8行。

② 《天堂篇》，第二十六章，第124—138行。

③ 《炼狱篇》，第二十八章，第40—42行。

年在画板上画天使时所作的画。[①]

这位女子的身份一直都是争议的话题。为了分析问题，作出可能的结论，我们需要仔细琢磨上一章中每一处描写她的细节。

应但丁的恳请，女子来到将他们隔开的河岸边，一边走，一边唱歌，脚步轻盈得像个舞者：

好像一个女人在跳舞的时候，
把双足紧贴在地上，并在一起，
没有向前面跨一步，便转过身来，
她就像那样在黄的和红的小花上，
向我旋过身来，她表露的神色
正如一个少女含羞地低垂着眼睛。[②]

或许但丁在回忆当年表演他某首诗歌——比如他送给贝特丽采的那首诗——的舞者，目的是用歌舞将诗歌表演给贝特丽采看，希望得到她的谅解。[③]

这位美丽、神秘的女子轻抬双眸、面露微笑。为了解释自己为何这般喜悦，她告诉三位新来者这是上帝为人类创作的栖居地；《赞美诗·愉悦》(Delectasti)(主啊，你的杰作使我心愉悦)或许会打消他们心中的所有惊讶。[④]她随后又告诉但丁，他想知道什么，她都可以告知，因为她来时便作好了准备。[⑤]从这里我们不难推断：她是被遣来为但丁提供帮助或指导的引导者之一；她不同于炼狱山山脚的卡托，也

① 《新生》，第三十四章。
② 《炼狱篇》，第二十八章，第52—57行。
③ 《新生》，第十二章。
④ 《赞美诗》，第92首，第4行。
⑤ 《炼狱篇》，第二十八章，第83—84行。

不同于将他送至众檐口大门的天使，她不会一直守候在某处；如贝特丽采重返天堂玫瑰中的宝座时出现在但丁身边的圣伯纳德一样，她来此是带着特殊的使命，完成后便会回到天堂。[①]

但丁想先知道伊甸园中流水和微风来自何处，因为他听（斯塔提乌斯）说，[②]自山门往上没有大气流动。女子便用教诲的口气告诉他，炼狱山与天穹诸层之运动相连，天堂之运转则生出和风，风夹着自发生长的植物种子飘至北半球，落地自生自长。水凭着上帝的旨意流自源源不断、亘古不变的泉水，分成两条溪流：近的一条叫遗忘河（Lethe），让灵魂忘却所有的罪孽；另一条叫尤诺河（Eunoë），[③]让灵魂们记起生平所有善事，河水之甜胜过一切。

女子还另加了一句话，称之为“必然之结论”：书写黄金年代幸福年景的诗人们或许梦见过伊甸园圣地：

“在这里，人类的祖先是天真无邪的；
这里有永不消逝的春天和一切美果；
这就是人人称道的天上琼浆。”[④]

如同陷入恋爱的女子，她继续歌唱，[⑤]沿岸溯流上行，但丁在对岸跟着前行，一直来到游行队伍到来之处。维吉尔消失后，正是这个女子教导但丁该把目光投往何处。她见证了但丁的羞辱和坦白，当他晕厥倒地时，是她将但丁浸入遗忘河。她伴着游行来到知识之树，在

---

① 《天堂篇》，第三十一至三十三章。

② 《炼狱篇》，第二十一章。

③ 这个由两个希腊文组成的名字好像是但丁自创的，意思是“善的知识”。

④ 《炼狱篇》，第二十八章，第142—144行。

⑤ 她现在唱的是《赞美诗》第32首，第1句（在拉丁文版《圣经》中为第31首第1句）：“他们有福了，因他们的（过失被宽恕，）罪孽被掩盖。”

一系列假面舞会中，她始终都在场。当但丁睡着时，也正是她将他唤醒，在他睁开眼环顾四周寻找贝特丽采时给予他安慰。当但丁被贝特丽采召唤至身边时，她便和斯塔提乌斯同在其身后尾随。他们来到泉水的第二条溪流时，但丁便问这水为何。这名神秘女子的名字终于揭晓。贝特丽采答道："叫玛蒂尔达告诉你吧。"[①]女子便说已经告知但丁此事及诸多其他事情，她确信遗忘河的水没有将但丁的记忆洗去。"或许他的心思被更大的顾虑遮蔽了，"贝特丽采答道，"不过还有尤诺河。带他去那里吧，正像你惯常的那样，恢复他被削弱的力量。"女子便牵着但丁的手前往尤诺河，并吩咐斯塔提乌斯一同前往。但丁再次走出圣洁的河水，"如同再生，像换了新叶的树木"。

"一身洁净，准备飞往诸星。"[②]

《炼狱篇》在此结束，并重复了《地狱篇》最后一句的韵。

谁是玛蒂尔达呢？为何在她角色结束时才揭露其姓名，且并不加解释呢？"像你惯常的那样"这句是何意呢？难道是说女子永久的职务便是将忏悔的灵魂浸入两条河流清洗？若是如此，斯塔提乌斯是否也接受了清洗呢？（书中只字未提史泰西斯清洗的事）。或者，这句话的意思只是女子要把但丁像带入遗忘河清洗一样带入尤诺河清洗呢？女子是一具体人物还是只是象征？若是一个象征，那她象征何物？

早期的评论者，包括但丁之子彼得罗，认为该女子是托斯坎女伯爵玛蒂尔达。诸多世纪以来，没有人对这一说法提出异议。近代以来

① 《炼狱篇》，第三十三章，第118—119行。她的意大利名玛蒂尔达（Matelda）被阐释为拉丁文adletam的异位构词，意思是"去遗忘河"，她在但丁神志不清的时候将他沉入遗忘河。即便如此，她的作用也远不止于此。

② 出处同上，第145行。

有人提出不同看法，且为数众多，叫人惊奇为何此前人们长期沉默。

历史上托斯坎的玛蒂尔达（1046—1115年）是教皇格雷戈里七世（Pope Gregory VII）的盟友和支持者，也是教堂的大恩主，将名下大量地产捐赠给教堂。1077年，在教皇与国王亨利四世起冲突时，她扮演了重要的角色。这一著名事件便发生在玛蒂尔达的卡诺萨城堡（Canossa）。[①]教皇下令禁止世俗机构任命神职人员，由此引发了矛盾。此令妨碍了有利可图的生意，遭到了亨利四世强烈反对。

米兰大主教的职位任命一事让双方矛盾激化，关系紧张。亨利罔顾教皇的选择，已经任命自己的人选。格雷戈里无法对此种公然反抗之行为视而不见，便命令撤销亨利提名。亨利拒不从命，并于1076年在沃姆斯（Worms）举行会议，24名主教以及梅因斯（Mainz）与特里尔（Trier）的大主教参会。这次会议宣布罢黜格雷戈里。随后于皮亚琴察（Piacenza）又召开一次会议，会上伦巴第主教发布了一个类似的宣布。消息传至正在参加四旬斋会议的格雷戈里耳中。与会人员听了勃然大怒，立刻扑向那位不幸的使者，若不是格雷戈里阻拦，使者早被杀掉。他的下一步棋便是要将亨利驱逐出教，并宣布罢黜其王位。

会上决定在奥格斯堡（Augsburg）召开会议，格雷戈里届时将参会，而亨利将直面他的控诉者们。为了规避这一危险，亨利带着几个随从，在寒冬翻越阿尔卑斯山，来到卡诺萨城堡门外。前往奥格斯堡的教皇正在玛蒂尔达女伯爵家中做客。亨利连续三天，赤脚跪在雪地里，以示忏悔。据说玛蒂尔达为他求情，教皇终于赦免其过，不再坚持逐其出教。

数个世纪以来，这一著名事件一直都被视为象征着教权与皇权之冲突，在“伟大的女伯爵”的调解下达成和解。但丁一直希望教权与

① 一座位于雷焦艾米利亚西南部的一座山上的城堡，于1255年被毁。

皇权之间达成某种平衡，然而，不管是《神曲》，还是他的论著《帝制论》，竟然对此事只字未提，实在让人惊讶。[①]问题是：在他自己与贝特丽采在伊甸园的和解场景中，是否已经通过玛蒂尔达的人物形象作了间接的指涉？

若是如此，一个问题便暂时有了答案，即但丁为何到此场景末尾处才提及玛蒂尔达的身份。若过早揭示其身份便会干扰读者对贝特丽采以及中心场景的关注。但丁戏剧结构感极强，不会过早透露剧情，否则有损效果。

但还有其他问题。但丁学者弗朗西斯科·德·奥威迪欧（Francesco D'Ovidio）[②]对这一说法表达过强烈反对，他无法接受玛蒂尔达代表着“一位暴躁、专横、结过两次婚的70岁老女人”。他坚信玛蒂尔达绝非托斯坎女伯爵。另一个反对的依据是女伯爵曾向教堂馈赠财富与土地。这一说法似乎是一些评论者无法反驳的。但与此相对照，即便但丁谴责传言中康斯坦丁对教皇西尔威斯特（Pope Sylvester）的捐赠，也不妨碍他将康斯坦丁的灵魂安置于天堂中那些热爱、维护正义的君主之列。[③]

还有诸多其他说法：两个尼姑，哈克伯恩（Hackeborn）的玛蒂尔达和马格德堡（Magdeburg）的玛蒂尔达，两人都是神秘文书的作者；亨利之妻玛蒂尔达皇后；亨利一世之女玛蒂尔达。还有一类说法认为此女是在指涉《新生》中提及的一系列女子：但丁用作“幌子爱人”的女子、贝特丽采的女伴、卡瓦尔坎蒂所爱、名叫乔瓦娜或普里马维拉（Primavera）的女子，还有那位“温柔女子”。还有较为极端的说法称这名女子只是虚构的象征；若确实如此，她则应是《神曲》人物中唯一虚构的人物了。

---

① 参照本书第四十二章。

② 1845—1925年。

③ 《天堂篇》，第二十章，第55—57行。亦可参照本书第四十七章。

女伯爵一事还可从另一个角度解读。暂且不管我们对这位历史人物所了解的信息，我们首先应考虑的是，但丁自己对她是何种印象。他从何处得来的信息？

在1111—1112年，玛蒂尔达的牧师，名为多姆尼佐（Domnizo），用拉丁韵文写过一部编年史，记述了玛蒂尔达的高尚行为。书中将她称为“彼得的高尚女儿”，描写如下：“她个头高挑，有她母亲的美丽外表和她父亲的南方肤色”；“她如同守护神戴安娜那样闪烁”；“她全心充满高贵的希望”；“她无比热爱创造万物的上帝”；“她总是面带愉悦的微笑，心绪宁静”；“她怜爱并表扬她的谦卑的仆人，他们也敬仰她、遵从她”；“她做任何事都态度审慎”；“富贵不能叫她改变、厄运也无法使她不安”。

关于她美貌的说法在她死后仍流传于世。里可波尔多（Riccobaldo），13世纪费拉拉一名历史学家，将她描述成外貌绝美，称她的美貌即便在她生命的最后时光也未见凋零。据说，她是艺术界的重要庇护人，且参与重建了摩德纳大教堂（Modena Cathedral）。她推动克吕尼修会（Cluniac Order）改革，并资助重建了数个修道院。她的墓[①]先是安置于曼图亚附近的桑·贝内德托·波利罗恩修道院（San Benedetto Polirone）的圣母堂。圣母堂是这座由玛蒂尔达祖父托达尔多所创建的古教堂的组成部分。墙上装饰着壁画，环绕石棺的小道上镶嵌着象征玛蒂尔达及其品性的人物画。四位端庄的女性代表了四大基本美德：审慎、勇气、正义与节制。在左侧画着一个男人手持长矛、瞄准恶龙，右侧是一个独角兽和一只脚上有蹼、长着动物脑袋的鸟。

这些传记和肖像描写可能在但丁心目中形成了玛蒂尔达田园诗般的形象。另外还有碑文。贝特丽采命玛蒂尔达将但丁带到尤诺河

① 现在在梵蒂冈。可参照图9。

（Eunoe）浸洗以使他复苏时说那句神秘的话——“正像你惯常的那样”，可能便来自碑文。在比萨附近的阿夸有一些浴室，旁边的一面墙上篆刻着一些文字，纪念女伯爵对翻新浴室的资助：

“为促进、维护人体健康，声誉卓著的女伯爵玛蒂尔达于公元1112年5月1日慷慨热诚地捐资修建了这些愉人、清爽的浴室，供各族人使用。”

图9 装饰女伯爵玛蒂尔达之墓的镶嵌画

“供各族人使用”一语似乎与贝特丽采口中所言“像你惯常的那样”有所呼应，因为让人类清爽、予人健康的河水和玛蒂尔达的捐赠有所关联。

这些细节或许能有助于澄清但丁笔下的玛蒂尔达便是托斯坎的女伯爵，她在书中被描绘成一个细腻、田园诗风情的寓言人物，象征积极的生活，而先前但丁梦中出现的利亚便是预告。若是如此，但丁同一梦中的瑞秋便是贝特丽采的预告，她象征着思考的生活。但这个寓言有多个层次。中心景象是但丁与贝特丽采，主要寓意是自降身份及矛盾的化解，化解者便是其女仆玛蒂尔达。若细查其微妙含义，这或许便是但丁的卡诺萨城堡。

第四十二章
但丁和他的庇护者们

在但丁所有的赞助人当中，最有权、最具影响力的人是坎·格兰德·德拉·斯卡拉。[①]斯卡拉是阿尔伯托·德拉·斯卡拉（Alberto dell Scala）的第3个儿子。阿尔伯托国王党人，是维罗纳领主。1308年，在其长兄巴尔托洛梅奥死后，斯卡拉和阿尔伯伊诺成为共同领主。阿尔伯伊诺于1311年死后，坎·格兰德成为维罗纳的唯一领主，时年20岁。

斯卡拉是亨利七世的拥护者，1311年1月6日，亨利接受第二次加冕时，他也在米兰，但丁或许在那里见到了他。[②]当他准备于热那亚登船，前往罗马，去支持亨利的第三次加冕时，阿尔伯伊诺（Alboino）的死讯传来，他立刻赶回了维罗纳。他在维罗纳继续为亨利呐喊助威，并被任命为维罗纳和维琴察的皇家代理。斯卡拉是一位卓越、成功的将军。没过多久，他便将维琴察、帕多瓦、克雷莫纳、曼图亚和特雷维索纳入自己的领地。

坎·格兰德在维罗纳的王宫之辉煌众人皆知，他也一贯乐意为负有盛名的流放者提供庇护。一位名叫萨迦奇奥·穆奇奥·加扎塔（Sagacio Mucio Gazata）的年代史编者也曾是他的座上客，他这样描述斯卡拉的好客之道：

---

① 康·弗朗西斯科·黛拉·斯卡拉，又名康·格兰德，1291—1329年。

② 参照本书第二十九章。

“斯卡拉在王宫中为流放者们提供居住条件不等的房间，每位都配有仆人，有一张设备齐全的桌子，用于私下用餐。各房间都标以不同的图案，如士兵则为凯旋，流放者则为希望，诗人则为缪斯，艺术家则为墨丘利，祈祷者便为天堂。共同用餐时，则会有乐师、小丑、变戏法的进行表演…… 各厅装饰着代表命运兴衰变迁的图案。坎·格兰德会邀请某些宾客和自己同桌用餐，其中最有名的便是圭多·达·卡斯特罗（Guido da Castello）……还有诗人但丁·阿利吉耶里。”①

我们不确定但丁何时入坎·格兰德府邸的，或许在1315—1316年之间，但他在《炼狱篇》中安排马可·伦巴多提及圭多·达·卡斯特罗为“三老”之一，②在他身上仍有高尚之品格。圭多出生于1233年与1238年之间，至1300年，圭多已60岁出头了。据说他一直活到1315年，因此，他和但丁有可能在维罗纳王宫相遇，并一道在坎·格兰德的餐桌用餐。但丁在《飨宴》中曾说他是高贵品德的典范，③然而但丁是否见过他，还是只是听闻过他的名声，无法得知。

坊间流传若干个调侃但丁的粗俗段子，但从加扎塔对各人住房的描述来看，这里的宾客还是过着有尊严的、舒适的生活，因此，但丁有可能在此写作并大声朗读过部分《炼狱篇》。坎·格兰德可能在好客方面不吝奢华，但同时也讲求实际。但丁当时正在写一部拥护帝制、谴责反对者尤其是教皇的大作。坎·格兰德正在构筑自己的权力，虽相当成功，但也不乏对手，尤其是帕多瓦人，因为帕多瓦人近来遭受了暴君艾泽里诺·达·罗马诺（Ezzelino da Romano）的暴行，④所

① 《但丁辞典》，佩吉特·托因比（Paget Toynbee），条目：康·格兰德·黛拉·斯卡拉，牛津，克拉伦登出版社，1908年。

② 《炼狱篇》，第十六章，第125—126行。

③ 《飨宴》，第四部分，第16章。

④ 一个无情的暴君（1194—1259年），犯下诸多暴行，统治特雷维索（Treviso）的玛驰（March）（位于古代意大利东北部地区维尼西亚地区）30多年。但丁将他置于第七层地狱中第一区的暴徒中（《地狱篇》，第七章，第109—110行）。

以害怕坎·格兰德会变成另一个暴君。但丁认为帝国乃天意，而坎·格兰德志在成为意大利一片广袤区域的主要国王党君主，但丁的说法无疑对他的野心有利。

但丁的诗章究竟如何公之于众，我们不得而知，但坎·格兰德可能为他提供了抄写员，并组织了公共朗诵，且安排分发作品，至少就后期而言，这一做法对他是有利的。他知道但丁作为宣传者具有多大的说服力，他在某场合还充分利用了但丁的这一技能，本章随后会具体说及。据说，二人的关系在一段时间过后变得有些紧张（可能维罗纳王宫的调侃让但丁有些无法忍受），不过，但丁对这位维罗纳英勇的年轻君主一直心怀崇敬与感激。但丁在诗中直言不讳地批判了许多公众人物，树敌不少，[①]因此，强大如坎·格兰德者的保护与赞助是值得他好好珍惜的。他们对彼此都有用处。

君主们依赖诗人为自己生前身后树名乃自古以来的传统了。这样的庇护关系使双方都受益。搭上大人物的车对诗人自己有利，而诗人越有名头，则庇护人的声名也更大、更具不朽之希望。这一体系让作家们得以与有影响力的社会、政治精英交往，并迫使他们去面对政治与社会问题。在这样的关系中，诗人们的作用如同公关发言人（如今称之为“大话精”），并得到经济上的回报、保护与宾客之礼遇，另外，他们的作品也能得到传播，获得更有名望者的赞许。在随后的诸世纪，这一体系堕落成一种一味谄媚统治者的宫廷文学。

坎·格兰德不仅庇护诗人，还庇护画家。据说他曾邀请乔托前来维罗纳，还赞助过建筑师。他摆过宴会、组织过游行，来庆祝他的胜利。这些盛事装饰辉煌、衣裳绚烂、语言华丽。但丁对他寄予了莫大的期许，

① 据说布兰卡·德·奥里亚（Branca d'Oria）的亲戚在热那亚威胁要找但丁麻烦。参照本书第二十七章。

希望他能拥护亨利七世，亨利七世失败后，又希望他能继续支持下一位继承其位的国王，不管是谁，或何时出现。很多评论家认为坎·格兰德便是那只“神犬”，[①]因为他名字的双关谐音，但自《飨宴》以来，但丁一直寻觅一位帝王，一位拥有超越神圣罗马帝国至上权力的帝王，统领所有其他世俗君主，并通过他们推行、维护教会法与民法，以此预防贪婪盛行。但丁期望能最终——但并非在立刻的将来——得见此宏伟愿望的实现。但巴伐利亚的路易斯王和奥地利的腓特烈之间未解的恩怨，让人无法怀抱多大希望，结果便是，在但丁有生之年，国王的位子一直空缺着。[②]然而，他从未放弃过希望，他将自己视为诗人和预言家，而他的使命便是用写作来在他的读者——平头百姓抑或学者文人——心中构建一个信念，让他们时时准备着迎接未来。[③]

《神曲》中故事的虚构时间只能让但丁描画坎·格兰德不久的未来，因为1300年时，他仅是个男孩。但是但丁安排给他的出场却有十足的英雄气概。在《天堂篇》的中心一章中，即在《火星天》，但丁的十字军高祖卡却亚奎达预言但丁在“第一次避难”[④]时（在维罗纳）将会看见一个人，此人的高贵行为注定要闻名天下。

“世界还未注意到他，
因他年纪尚幼，这些天轮
仅环绕他运转了九年；
但在加斯科尼人欺骗崇高的亨利之前，
他的美德神威将受到世人瞩目，

① 《地狱篇》，第一章。参照本书第十二章。
② 在但丁死后七年，也就是1328年，路易斯才加冕为罗马国王。
③ 参照本书第四十九章。
④ 指但丁在1303年第一次受巴尔托洛梅奥之邀访问维罗纳。

他将轻财重义、不顾劳苦。

他的慷慨之行将为世人皆知，

对这些善行，即使他的仇人们

也不能使自己的舌头保持缄默。

指望他，也指望他的赐予吧；

许许多多的人要被他改变，

富人和乞丐要互换地位。”①

1317年左右，但丁收到拉文那王的热情邀请。当时，拉文那名义上是共和国，但实际上处于波伦塔尼家族首领的控制下，他号称长官，具有绝对统治权。1316年6月，小圭多·达·波伦塔（圭多·诺维罗）继位。他是臭名昭著的弗朗西斯卡·达·里米尼的侄子，他因但丁在《地狱篇》第五章中对其姑姑的通奸与死亡表达了同情，对但丁大加赞赏。②小圭多自己也作诗，因而对大诗人但丁十分敬仰，视其为府上的光荣。

他为但丁专备一处房屋，这是但丁自从1302年遭驱逐后，第一次拥有自己单独的房屋。但丁的儿子彼得罗和雅各波，年满14岁时即遭受流放，也前来与父亲相聚。两个儿子的生日不详。父亲在坎·格兰德府上做客时，他们或许也前往维罗纳避难。1315年11月6日，佛罗伦萨对但丁宣判新一轮流放惩罚，同时也宣布，他的两个儿子若再

① 《天堂篇》，第十七章，第79—90行。这个“加斯科尼人”是教皇克莱门特五世（波特兰·德·高斯（Bertrand de Goth），加斯科尼土著居民）。他一开始支持亨利七世，但是迫于法国菲利普四世的压迫，后来暗中反对亨利七世。这是最先提到亨利七世的两个地方。在这两处但丁都使用了跟他名字很相近的名字阿里戈（Arrigo）来表示亨利，相当于我们的哈利（Harry）。亦可参照本书第二十九和四十六章。

② 参照本书第十四章。在圭多的一首诗中，他从《地狱篇》第五章中引用了这句话，在这里弗朗西斯卡指的是保罗永恒的爱：我与他永不分离（who never from me will be parted）。

次踏入佛罗伦萨将被斩首示众。但丁的女儿安东尼娅也来到拉文那，在父亲死后，便遁入桑托·史泰凡诺·德利·乌利维（Santo Stefano degli Ulivi）女修道院，名称贝特丽采修女，[①]这也表明了但丁毕生爱人的姓名在其家族中多么受尊敬。但丁的妻子盖玛或许也前来加入了家庭团聚，但此事无法确证，但同时，也无证据表明她没来。有些评论家认为她来了。

不管但丁在拉文那做了何种家庭安排，他在此处有条件写完《炼狱篇》最后若干章节以及整部《天堂篇》。有人说，附近名曰松树园的一片美丽松林，为但丁写作伊甸园一段时提供了想象的灵感。西奥多里克（Theodoric）和查士丁尼城的拜占庭和早期基督教艺术以及教堂里那些以僧侣式的辉煌再现古代君王风采的耀眼镶嵌画，都反映在《天堂篇》里的诸多景象中。

拉文那课堂或大学为但丁提供机会通过教学与讲座增加收入。在他的同事中，有两位同为佛罗伦萨人，一位叫迪诺·佩里尼（Dino Perini），还有一位叫费杜奇奥·德·米罗蒂（Fiduccio de'Milotti），是位医生。因此但丁的家中常常回响起佛罗伦萨的方言乡音，佛罗伦萨的事情也无疑是时常谈论的主题。据说，常有学生私下向但丁请教用方言写诗的技艺，其中便有圭多·诺维罗本人。有传言说乔托在1317—1320年间也到拉文那探访但丁，而桑·乔万尼·埃万杰利斯塔（San Giovanni Evangelista）教堂中的壁画便是出自他之手，此说是真是假，不得而知。

但丁在拉文那的最后几年似乎十分惬意，也十分高产。在此期间，他不仅完成了《神曲》，还用拉丁文创作了不少精短的作品。最

---

① 人们以前认为但丁有两个女儿，安东尼娅（Antonia）和贝特丽采，但是有学者认为现在只能确定其中一个：安东尼娅，据说她在成为修女后改名为苏·贝特丽采（Suor Beatrice）。

重要的作品便是他声援帝制权威的专著《帝制论》。1314年4月20日，教皇克莱门特五世离世。由24人组成的红衣主教团在卡尔庞特拉（Carpentras）召开密会推选继任教皇。其中，只有六人是意大利人，其他全是法国人，主要是加斯科涅人，后者迫切希望维护已故教皇的既定政策。意大利主教们希望帕莱斯特里那（Palestrina）主教当选教皇，因他曾宣誓将教宗迁回罗马，摆脱加斯科涅人一派独大的局面。1314年5月或6月，但丁，或是出于自发，或是出于庇护者们的委托，给意大利主教们写了一封严辞责备的书信体诗文，[①]敦促他们顶住加斯科涅人的压力，务必将教宗带回罗马。加斯科涅派害怕帕莱斯特里那主教当选，便组织了一批武装分子闯入密会，并大喊"杀死所有意大利主教"，逼迫他们逃难。教皇之位空缺了两年，直到阿维尼翁主教卡奥尔的雅克·德·尤西（Jacques d' Euse of Cahors）于1316年8月当选为教皇约翰二十二世。

新教皇立刻着手挑战皇家代理一职的合法性，矛头直指亨利七世任命的坎·格兰德等诸多意大利君主：米兰的维斯孔蒂、曼图亚的博纳寇西（Bonaccolsi）、费拉拉的艾斯坦西（Estensi）等。教皇决意铲除这个国王党支持者的强力联盟，于1317年3月31号在阿维尼翁下诏书，告示天下，在国王之位空缺期间，所有帝权均由教宗代理，皇家代理一职不再有效，而坚守皇家代理权者将被驱逐出教，并对其实施禁令。1318年4月6日，坎·格兰德、马特奥·维斯孔蒂（Matteo Visconti）以及帕萨利诺·博纳寇西（Passarino Bonaccolsi）均单独成为目标：他们须于两个月内向某教皇法官当面表示服从该教皇法令。几人拒绝照做，而在接下来的20年，争执不断。[②]

① 《书信集》，第八章，第121—147页，佩吉特·托因比编，牛津，克拉伦登出版社，第二版，1966年版。

② 最终康·格兰德的继任者于1339年妥协，接受教皇代理人的职务，以取代国王代理人的职务。

这一事件对坎·格兰德的地位形成巨大的威胁。他必须要说服维罗纳的神职人员该法令无效，让他们可以正大光明地无视被驱逐出教的威胁与禁令。这无疑是个危机时刻。他需要一个权威的声明来证明教皇对国王不享有政治权威。他自然要转向但丁求助。

但丁对此事的观点是众所周知的，不光从他于1310年支持亨利七世的信件中，[①]而且从他早期作品《飨宴》中均可以看出。[②]在更近期的作品《炼狱篇》中，他也认为教皇插手世俗事务是世界变恶的缘由。[③]因此坎·格兰德可能早在1317年便寻求过但丁的帮助。但丁也并未让他失望。

数世纪以来的一个观点是，专著《帝制论》是但丁在1310年写信支持亨利七世时同时创作的。但最近学界证明，这个一直不具有说服力的观点是不成立的。[④]在《帝制论》三部分中的第一部分中，[⑤]但丁提及《天堂篇》中的其中一章。其中，他已经写到了他如今在《帝制论》中讨论的自由意志，称自由意志为“上帝赐予人性的最伟大的礼物”（“正如我已在《神曲》的《天堂篇》中所言”）。这里指的是第五章中贝特丽采口中说的话：

“上帝在当初创造万物的时候，
他那最大、最与他自己的美德相似、
而且最为他自己珍爱的恩赐，
乃是意志的自由，他过去和现在

① 参照本书第二十九章。

② 参照本书第七章。

③ 参照本书第三十五章。

④ 参照理查德·凯（Richard Kay），《但丁的〈帝制论〉》（*Dante's Monarchia*）和《有注释的译文》的简介部分，多伦多，1998年，中世纪罗马宗教研究机构。亦可参照由普鲁·肖（Prue Shaw）编译的版本，剑桥大学出版社，1995年版，以及查尔斯·蒂尔·戴维斯（Charles TillDavis）《但丁与罗马理想》（*Dante and teh Idea of Rome*），第263—269页，附录二，牛津，克拉伦登出版社，1957年版。

⑤ 《帝制论》，第一卷，第十二章。

都把意志的自由赋予一切有灵的造物，

也唯独他们才有自由的意志。”[①]

坚持前一个说法的学者拒绝承认上文那句话指的是《天堂篇》，认为那是他人的添加，或是但丁自己后来添加的。近期对笔迹的研究表明，这句话确为当时所写。[②]

但丁写《帝制论》是为了服务于一个迫切的目的：捍卫坎·格兰德·德拉·斯卡拉的地位，证明教皇约翰二十二世的法令不具权威性。同时，也是更重要的一点，即这项任务让但丁有机会用适合高级神职人员和其他博学之士阅读的形式阐明自己为广大普通读者在《飨宴》中已经阐明，并继续在《神曲》中以寓言故事的形式继续讲述的观点。将这一权宜之目的伪装成哲学、历史与神学论点是一个十分巧妙的策略。如果能用抽象的论证有说服力地证明皇帝的权威直接源自上帝，那便不需要去驳斥某具体的教皇法令了：因为其无效性涵盖于普遍真理之中。这一论著也为《神曲》，尤其是《天堂篇》——但丁已完成若干章节——中的政治观念提供了坚实的支撑。

《帝制论》比任何其他作品都更能让我们直观地感受到但丁作为知识分子与宣传者的形象。我们看到他如何接受训练，如何酝酿思路，如何反驳对手。他从自己对亚里士多德的研究中学会了如何从第一原理开始论辩。他的论辩技巧纯熟，对三段论式的逻辑谬误十分敏锐。他可能在学生时代便学会了这些技巧，或许是受教于布伦内托·拉蒂尼，他在博洛尼亚及其他地方，或是坎格兰德的王宫或是拉文那，都可能和同行知识分子举行过论辩。论辩之能力不经过训练和

① 《天堂篇》，第五章，第19—24行。

② 参照理查德·凯，《但丁〈帝制论〉》，第23—25页。

练习是无法获得和维持的。

但他的思维方式和我们的思维方式却有着诸多不同之处。他对例子的使用是挑选性的，他的证据来自历史、《圣经》、古代文学和传说，并无偏向某个来源；他虽然提供他对古代事件的阐释，但却并不作为证据。但丁将古罗马人的胜利幻化为当代的胜利，虽有世纪变迁，但他以古鉴今。为了捍卫坎·格兰德的地位，他必须展示这位国王党首领所代表的国王权威直接源自上帝的恩赐。这项任务是双重的：他必须得证明教皇对世俗事务拥有无上权威这一说法所赖以支撑的论据是有缺陷的，他必须得有说服力地阐明国王权力的独立性。他用精致的架构，从三个观点，用三卷书，来阐明这一主题。

在第一卷中，人类被视为一个整体。为了让人类的潜能得以充分发挥，需要唯一的领袖，此唯一性便是上帝唯一性的写照。这个统领其他君主的领袖是解决争斗、杜绝贪婪的必然途径；他的绝对权威便能保障正义得以实施；他是和平的维护者和法律的制定者，也是法律概念的化身，是自由意志——上帝赐予人类的最伟大的礼物——得以实现的唯一途径。第一卷在结尾处提请读者注意，在人类享有普遍和平的历史时期，普天之下即由唯一君主统领，而基督正是在奥古斯丁的统治下降生。这一论点在第二卷中得到更显要的阐述。

这一点关乎罗马历史。如果能够证明罗马帝国建立的合理性，便可认为其符合上帝的旨意。但丁在此处再次采用了《飨宴》中已用的素材。在《飨宴》中，他的写作富有激情，大赞圣意之手笔。在《帝制论》中，他的论述则更收敛、表达更正式，但言语中仍然闪烁着热切。但丁认为，无论基于哲学与历史之辩论也好，还是基于热诚的信仰也罢，均可说明罗马历史是上帝意志之显现。他征用了（有选择性地）一些历史学家以及一些古代诗人尤其是亲眼目睹真相的维吉尔的话来证实自己的观点。

但丁最强有力、也最令其对手[1]难以接受的论断，在第一卷末尾已经提及，此说乃针对基督信徒而言，或就此书的目的而言，是说给神职人员听的：如果罗马人对世界的统治不合法，那么基督对整个人类的救赎便是无效的。这一观点最先是由奥罗修斯提出来的。但丁在写给亨利七世的信中也简短提及过。[2]而在此书中，他则予以全力阐释，并认为无人能予以反驳：

“如果基督承受的惩罚不是判决自一位合格的法官，那么他所受的则只是苦难，不是惩罚。如果这位法官不具备对整个人类的司法权，那么他也不是一位能够审判基督的法官；因为，基督肉身是代替整个人类接受惩罚、承受我们悲痛的。提比略·恺撒的——其代理乃彼拉多——也不会拥有这样的司法权，除非罗马帝国本身便具有合法性。”[3]

在第三卷中，但丁继续驳斥对手们的言论。他旨在证明，若国王臣服于教皇的权威，乃违反自然的本意，也因而违反上帝的旨意。他鉴别了三类反对真理的人：第一类人乃教皇及高级教士，他们反对接下来他要论证的真理，更多是出于热情而非傲慢；第二类人是这样一些人：

“顽固的贪婪捻灭了他们的理性之光，他们声称自己虔诚，但却是撒旦的子孙，散播不合，厌恶君王，无礼地否认第一原理……”

① 圭多·弗纳尼（Guido Vernani）是该作品最早的批评家，曾经抨击该论断是低劣荒唐的（vile et derisible）。

② 参照本书第二十九章。

③《帝制论》，第二卷，第十三章。

第三类人是教会的法学家，他们将教令中对教堂权威性的说法[①]奉为唯一真理。

但丁如此处理第三类人：

“教会法学家们对神学与哲学一窍不通，却对帝国吹毛求疵，完全依赖教令集（我本人也敬重教令集），奉其为至高无上的权威。我听说其中一位宣称……教堂的传统是信仰的基石。希望这个不虔诚的念头根除于人心……因为教堂传统即源自上帝之子基督，他或许即将到来，或许已莅临人世，为人类受苦。”[②]

愤怒、好斗的但丁，即便在写作文辞正式的著述里也难掩其反击对手的怒火。正是因为这个但丁在10年前的《俗语论》中声称若有谁不同己见，便不值得一答，[③]在《飨宴》中说对待某对手的唯一方式便是以匕首相待，[④]正是因为这个但丁诅咒那些“最愚蠢、堕落的野兽们”的傲慢，因为他们不承认上帝有智慧将罗马之生与戴维之死在时间上合一，[⑤]他称那些拒绝信仰不朽生命的人“最野蛮、卑劣、愚蠢、有害”。[⑥]

在《帝制论》第二卷开端，但丁提及自己曾相信罗马帝国的建国是借助了外力。当他发现真理时，心中便充满了嘲讽，一来藐视自己曾经的愚蠢，二来藐视那些冥顽不化、固守错误信念、“反对他们的上帝和他任命的帝王”的人。[⑦]如今他要放下嘲讽，“倾泻教诲之光，

① 即教皇法令，这是教会法的基础。

② 《帝制论》，第三卷，第三章。

③ 参照本书第五章。

④ 《飨宴》，第四部分，第十二章。参照本书第八章。

⑤ 出处同上，第五章。参照本书第七章。

⑥ 参照本书第六章。

⑦ 《帝制论》，第二卷，第一章。

打破君王无知之枷锁……他们攫取治理天下之职，谎称罗马人也是这么做的”。[①]他的宗旨可歌可颂，但他对异见者一贯的不耐烦态度，使他很容易陷入愤怒。我们不知道但丁到底听哪位教会法学家宣称这种“不虔诚的思想”，称教令集乃信仰的基石，这可能是但丁在自己参与的一次公共辩论中的所见所闻。若是如此，争执很可能相当激烈。

在第三卷中，但丁抑制住自己的怒火，撇去讥讽和藐视，逐个批驳对手们赖以支撑其信仰教权高于皇权的说法。他的最后一段稍作妥协：他承认，国王在某种程度上需要臣服于教皇，正如世俗的快乐低于超俗的快乐。为了达成人类的两个目标，即实现精神与智力的美德以及实现神学的美德，需要两个向导。如果国王与教皇能够达成完美的合作，那么人类在俗世则可获得短暂的宁静，而在死后则可获得永恒的宁静。这便是但丁永恒的愿望，他创作《神曲》的目的也正在于此。

《帝制论》并未为坎·格兰德赢得争斗，却被教堂视为一本危险的书。但丁于1321年去世，而约在1327年，即但丁死后六年，一位名为圭多·弗纳尼（Guido Vernani）的多米尼加（Dominican）牧师撰文斥责《帝制论》，文章名为《驳帝制论》。1329年，《帝制论》被按仪式焚烧。1554年，此书被正式列入梵蒂冈禁书，直至1881年才得以解禁，之所以得以解禁很可能是因为教堂已然无所谓。

但丁是在拉文那撰写这部著名作品的，当时他寄居于圭多·达·坡伦塔府中，受到他的庇护。但丁在这里和他的两个儿子雅各波和彼得罗以及女儿安东尼娅住在一起。但丁毕生希冀的教权与皇权均衡，竟在他子嗣的职业选择上得到了惊人的映射：雅各波成了牧师，彼得罗成了法官，而安东尼娅成了修女。

---

① 《帝制论》，第二卷，第一章。

第四十三章
《天堂篇》前奏

在《神曲》的三部中，被读的最少的便是《天堂篇》。很多人读到但丁的忠告后便回头去寻找那安全的海滨了。[①]《天堂篇》最难懂，但却最使人获益。在这里，但丁已经成长为一个成熟的人，他矛盾的思想已经得到调合，与上帝的旨意——或如他在最后一行所说的“推动太阳和其它星辰的爱”——达成和谐。[②]他知道自己正在写作从未有人写过的诗行，他需要新的读者：只有那些伸出手去主动索取天使手中面包（哲学与神学）的人才能够理解他。但他仍是个表演者，能够继续攫住那些一直对故事入迷的读者们。他甚至在一处戏谑他们，“如果我现在停下来，你们该多么失望啊！”

“读者们，想一想，
如果我已开始的故事
到此打住，你们该多么焦虑，
迫切想知道接下来会发生什么啊。”[③]

虽然他在天堂中的见闻体验超越很多人的理解范畴，甚至，如他

① 《炼狱篇》，第二章，第1—6行。
② 《天堂篇》，第三十三章，第145行。
③ 出处同上，第五章，第109—111行。

所言，超越他自己的语言表达能力，但是但丁这位能工巧匠仍然知道如何用各种描述、画像和对话抓住读者的心，用自己的诗句来让其着迷，用与《地狱篇》和《炼狱篇》同等愤怒的语言痛斥邪恶者以令其振奋。故事的构造也十分巧妙。但丁飞升时，无始无终地居住于最高天的灵魂们降下，问候正在故事框架内的具体时空中飞越诸天的但丁，这一景象十分动感，也同时驳斥了柏拉图关于灵魂永远回归其来自的星球的说法。

写完《帝制论》后不久，但丁便用拉丁文给坎·格兰德[①]致了一封信，表示将《神曲》的最后一部分献给他。为表达坎·格兰德施与自己的诸多恩惠，他现在将他最崇高的作品作为礼物献上，作为回报。这是一个极为正式、公开的表达，但丁其实是在请求坎·格兰德为自己的作品作官方宣传，他极为珍视这位恩主的友谊。他提及自己第一次到访坎·格兰德的王宫，为其辉煌所倾倒，正如示巴女王为所罗门庙宇所倾倒一样，并且也和她发出一样的感叹：传闻比不上实物。在开篇辞中，但丁向坎·格兰德致敬，称他为崇高者、胜利的王者，也以维罗纳和维琴察皇家代理相称，因此也等于否认了教皇约翰七世颁布的法令。但丁近期已在《帝制论》中证明该法令无理。[②]但丁做出这一公然藐视行为，自然也冒着被逐出教会的风险。

开篇问候之后，便开始进入对《天堂篇》以及《神曲》整部作品寓意的第一段评论。评论并未延续下去，但现存的证据表明，但丁希望继续写下去。此信措辞正式，如同公共演说。事实上，若换一个角度来看，这封信简直一点也不像是信，而是一篇在维罗纳王宫发表的

① 《献辞》，第160—211页，5，佩吉特·托因比编，牛津，克拉伦登出版社，1920年版。关于其中书信的可靠性一直颇有争议，但是大多数研究但丁的学者都相信书信的内容是真实的。至于我赞同他们的理由可以参照《天堂篇》的介绍，企鹅经典，“写给康·格兰德的信”，修订版，2004年版。

② 参照本书第四十二章。

公共演说。文中甚至有证据表明，但丁是亲手递交信件的。[①]这其实并不奇怪。1320年1月20日，但丁到访维罗纳，就地球上的水土相对水平这一话题发表演讲。他在曼图亚听过一次就同一话题发表的演讲，他并不同意其观点。[②]

若是将这封信作为演说来读，读者便可以把自己想象成维罗纳的一名听众，感受身高五尺五寸、身形消瘦的但丁·阿利吉耶里操着佛罗伦萨口音说话的样子。但丁如今已年逾50，有些驼背、须发皆白。正如他在《新生》和《飨宴》中，从字面和寓言两个角度分析自己的诗歌一样，在这里，他也用这一惯用的方法，定义、划分、解释他的作品。但丁一开始便解释整部作品的意义，他用了“多义”一词，即有多重意义：有字面意义以及神秘意义——如他自己在这里所说。他通过阐释一首赞美诗来说明两种意义之间的区别：“当以色列出走埃及，雅各的房间，离开那群说异族语言的人；犹大是他的庇难所，以色列是他的领地。”从字面意义上来看，[③]这句话指的是摩西时代以色列人逃出埃及之事；从寓意上来看，这句话指我们通过基督得到拯救；从精神道德层面来看，讲的是灵魂脱离悲伤和罪孽之悲惨受到福佑；从神秘的意义来看，[④]被神接受的灵魂从俗世的腐败中挣脱，走向永恒光荣的自由。三种非字面的意义，他说，都可以被统称为“寓言”意义，因为其有别于字面意义。同时（有些让人迷惑），他又用“寓言”的具体含义来指四种阐释中的第一种，用于区分道德和精神层面的意义。

---

① 他提到他自己是发言人，称他的演说为“当下的情形”。

② 这场讲座是在维罗纳圣艾琳娜大教堂举办的，题目是“水与土地的问题”（Quaestio de Acua et Terra）。

③ 《赞美诗》，第114首（在拉丁文版《圣经》中为第113首）。亦可参照本书第六章和第三十一章。

④ 即“精神上的”。

但丁在《飨宴》中用了同一首赞美诗，但在这部早期作品中，他没有像现在这样认为单一的作品可以用四种方法来阐释。在《炼狱篇》中，他又一次用了这首赞美诗：数百个灵魂们在天使引领下靠近炼狱山时口中吟唱的赞美诗。但丁认为他的《神曲》有两种意义，一为字面意义，一为寓意：

“整部作品的主题，若只从字面意义来看，即描述的是灵魂们死后的状态…… 整部作品便围绕着这一主题。但若从寓意的角度来解读，主题便是人类根据其在行使自由意志中所呈现的美德或恶行接受奖赏或遭到正义的惩罚。”①

整部作品及第三部分的目标便是“让人们摆脱此生之痛苦，抵达幸福”：自此可看出作品隶属于哲学中的道德与伦理范畴，但其促发的确是实际的而非理论的思考。

但丁的阐述是有序、系统的。他一开篇便解释整部作品的题目。作品标题的拟定借助了当时的词源学词典，②题目中的comoedia取自comus和oda的结合，前者指村庄，后者指一首歌：“和以前一样，喜剧之出处，是一首乡村之歌。”但丁说，单词tragoedia源自tragos和oda，前者指山羊，后者仍指一首歌，因此像山羊一样臭，“一如塞内卡的悲剧”。悲剧开篇宁静，但结局却是污秽、糟糕的；喜剧的开篇是逆境，但结局是快乐的。为了阐释这一点，他引用了一个问候谚语：“我希望你有个悲剧的开局和喜剧的结尾。”③

但丁随后开始说明文体上的不同：悲剧的语言是夸张、崇高

① 由佩吉特·托因比翻译。

② 《词源》（*Derivationes*）由来自比萨的乌古奇奥尼Uguccione著。

③ 依旧用于祝福同行演员好运：“断条腿！”用德语说就是“Hal sund Beinbrech!”

的，喜剧的语言是自然、低俗的。《神曲》的语言不是拉丁文，却是即便卑下的妇女交谈都在使用的方言（locutio vulgaris, in quae et mulierculae communicant）。在这句轻蔑妇女的话中，但丁使用了mulier,“妇女”之意，而非意指女子或家庭主妇的domina。但丁用这个词还有“贬低”之意，表达了对未受过教育的下层妇女的贬损。虽然但丁在爱情诗歌中那般美化女人，他自己脑子里却有沙文主义的情节。

阐明了《天堂篇》的主题思想之后，但丁开始将文本划分为开场白和叙事。开场白又划分为两个部分：一是预测接下来的事件，二是向阿波罗所作的祈祷。他从西塞罗的书中学到绪论应该符合三种要求：让听者喜欢、专注并愿意学习；若是不平常的主题，则更应如此。为了表明他得了西塞罗的真传，他以《天堂篇》中的前12行来说明，还用拉丁文引用了第一句。①

“万物行动之源——上帝，
将荣耀之光照耀整个宇宙，
一些地方被照耀得比其他地方更亮。
我曾去过那受光最多的天体，
看到了回到人间的人
无法也无力重述的事物。
因为我们越接近向往的东西，
我们的智力越是深沉，
记忆再也无法追溯它的痕迹。
虽然如此，我要把在神圣的境界

① 演说中所有来自《天堂篇》的引用皆为拉丁文。

我有力量珍藏在我心中的一切
组成我吟咏的题材。”①

他接下来开始解释开场白的第二部分，即祈祷。演说家们都会对自己要做的演讲预先做个总结，为了让读者更加关注。诗人们也如此，另外，他们还会向神灵请求人力之外的事物。在《地狱篇》中，他曾恳求过缪斯女神们，在《炼狱篇》中对她们再作恳求，尤其是史诗女神卡利俄佩；在作品的高潮部分，他向阿波罗神发出了请求。

但丁以评论者的语气说话，并用第三人称指称诗歌的作者和人物。他提及上帝之光普照全宇宙、但有些地方受照的光芒更加辉煌这个说法，并解释了其背后的玄理。和《帝制论》一样，但丁的解释让我们更加清楚地认识了他的思维过程。他说，“推理是这样的”：任何存在的事物要么源于自身，要么源于其他存在；唯一自我存在之物便是上帝，他是原始动力；所有其他事物都源于上帝；渐次从他物获得存在的这种因果力量就像光芒最终源自上帝，犹如反射于镜子一般；既然生存之万物完美程度不同，那么这说明，上帝之光被接受的程度自然也是不同的。

天堂是接受上帝之光最多的处所，也是最高处所。天堂本身永远宁静，但所有运动最终皆发源于此。这里被称作最高天，在但丁的描述中，这里放着的光和热，不是物质，而是精神意义上的光和热，即神圣的爱。这里是上帝的居所。作为这些概念的权威来源，但丁列举了亚里士多德和所谓的狄俄尼索斯——据说是《论天堂的等级》（On Celestial Hierarchy）的作者，还有《圣经》——他从中引用了《耶利米书》（Jeremiah）、《赞美诗》（Psalms）、《便西拉智训》（Ecclesiasticus）

① 《天堂篇》，第一章，第1—12行。

以及圣保罗的《以弗所书》（St Paul's Letter to Ephesians）。但丁用更为紧凑的方式重复了他在《飨宴》中已经详细说明的观点。[①]

评论者但丁确认人物但丁抵达了最高天，看见了他无力描述的事物。他解释原因如下：当思想的欣喜达到一定程度时，记忆便会褪色，因为这已经超越了人类能力之范畴。他还引用了圣保罗的《哥林多前书》（St Paul's Letter to the Corinthians）来支持自己的说法：

“我认识一个人（不知道是肉体还是魂灵；只有上帝知道），他被带往第三层天，听闻了无法形容的语言，那是人类不得言说的语言。”[②]

他还引用了圣马修斯（St Matthew）对圣灵变容的描述，说3个门徒摔倒于地，然后便什么也不记得了，犹如失去记忆一般。[③]为了进一步佐证自己的说法，他提到了圣维克多的理查德的《论冥思》（*On Contemplation*），圣伯纳德的《论思索》（*On Consideration*），圣奥古斯丁的《论灵魂的能力》（*On the Capacity of the Soul*）。评论者但丁处处设防。他两次语气怨恨地谈及那些怀疑他的人。其中一次，他称他们“心怀嫉妒”〔“如果这还不能让那些心怀嫉妒的人满意（Et ubi ista invidis non sufficient）〕还有一次，他提及那些因认为演说者有罪孽而对其咆哮、斥责的人（Si vero…… propter peccatum loquentis oblatrarent）。这些激烈的表达（拉丁单词oblatrare字面上意为“冲……咆哮”）表明但丁曾被怀疑者质疑过，而他在这里借助这个公开斥责的机会宣泄愤怒。

---

① 参照本书第六章。

② 《格林多后书》（2 Corinthians），第十二章，第2—4行。

③ 《马太福音》，第十七章，第1—8行。

至于他自己的卑下（此处他与书中人物合二为一），他以尼布甲尼撒一世（Nebuchadneszzar）为例说明。尼布甲尼撒一世通过梦境接受神圣的真理，事后却无法忆起——这个例子稍让人迷惑，因为尼布甲尼撒一世时有精神失常，吃草，相信自己是一只动物等症状。《天堂篇》的第一章还有一个奇怪的例子，他把自己比作通过吃草药变成一个海神的格劳库斯（Glaucus）。①但丁自己在登入天堂时也超越了人类之限。他看着贝特丽采时，内里却在发生变化。他说：

“正好像格劳库斯吃了仙草，
变成了海神们的同僚。
超凡入圣的事情无法用言语述说，
蒙受天恩有此经历的人们均如此，
就以上例为参考吧。”②

但丁所提的尼布甲尼撒一世和格劳库斯两个例子，可以大概解释但丁声称自己所经历的兴奋感受。但丁熟悉一世纪希腊医生迪奥斯科里季斯（Dioscorides）作品的拉丁文版，他在灵泊见到他时称他为简单事物的收集者。③关于草药和药液的知识是由乡下人传播给药剂师的，而草药园是修道院常见的一道风景。从14世纪早期的文稿《论草药》④中就能看出，大麻已经被人们认识、使用了。芦荟胶亦然，从中可以取得一种叫芦荟的物质，可药用。另一种植物叫“天堂谷”。如

① 格劳库斯（Glaucus）是维奥蒂亚（古希腊一城邦）的一个渔民，他看见鱼接触了一种草药后复活，自己也吃了一些这种草药，然后跳入海中成了一个海神。但丁是在奥维德的《变形记》第十三章第920—968行中知道格劳库斯的。

② 《天堂篇》，第一章，第68—72行。

③ 《地狱篇》，第四章，第139—140行。

④ 伦敦，弗里欧书社（Folio Society），2002年版。

果但丁服用了此种迷幻药剂——或许是在与“真爱”诗社成员一起讨论诗歌时服用的，便能解释他（还有其他人）为何感受到一种更敏锐的感官体验，如他在《新生》中所描述的那样。举个20世纪的例子。阿道斯·赫胥黎（Aldous Huxley）通过服用墨斯卡灵（mescalin）（取自芦荟）实验意识的不同状态。他似乎看到了“亚当在被创造的那天早晨所看到的，一幕幕赤裸存在的奇迹”。

“（柏拉图）绝对不会看见（我所见证的）一束花朵由内而外地闪着光芒，花朵因丰富重大之蕴含而不由得颤抖；他绝对不会看见玫瑰、鸢尾和康乃馨只指射其自身，绝非他物——这是一种短暂，却又是永恒，是一种永久的消亡，却又是纯粹之存在；是一连串细微、独一无二之物，却又是所有存在的神圣源泉，此乃一个无法言说而又不言而喻的矛盾体…… 我的脑中显现了恩惠、变容等语词，这自然也隶属其所代表的其他事物。”①

在这场演说末尾，他再次提到恳求。但丁说他眼下不再深入解释其中含义，也不会明说接下来的故事，只说会一层一层飞升诸天，并说会描写每层天里见到的神灵，会问他们利益重大、让人愉悦的事情。他在演说末尾给出了不再继续的理由：

“我目前因十分忧虑我的家庭状况，身负重压，不得不延缓此举及其他惠及众人之任务。”

① 《知觉之门》（*The Doors of Perce ption*），第12页，查托（Chatto）和温达斯（Windus），1945年版。亦可参照本书第五十四章。

但他希望有人能在将来施与机会继续这一有用的阐述。

但丁明显是在请求经济资助，可算是中世纪版的大学项目资助申请。据说，但丁习惯将进展中的诗篇一批一批送给坎·格兰德。若确实如此，这便不是简单的礼节行为了，而是指望坎·格兰德将其作品公之于众并给予资助。这可能让但丁多了一些收入，但不足以将他从其他有偿活动中解放出来，比如在拉文那讲学、授课，或为圭多·诺维罗做些差事。我们不知道但丁此时有何家庭焦虑，但很明显，他已经无法一边写作《天堂篇》，一边加以阐释了。事实上，他的时间比他想象的还要有限。

第四十四章
天堂里的贝特丽采

在但丁创作《天堂篇》时，贝特丽采·波尔蒂纳里已经去世超过25年了。但丁相信她的灵魂栖于最高天，即上帝之居所，她在此处和其他受到神福佑的灵魂一道，享受着永恒和幸福美景。他也相信她了解自己在人世间的一举一动，也会关注自己灵魂的福祉。在精神生活里，但丁认为贝特丽采便是指引自己走向忏悔、接受救赎的一切事物。在《天堂篇》中，贝特丽采扮演的角色便是将但丁领向忏悔、净罪的最后阶段。作为一个基督预言家，贝特丽采主持了象征教会盛衰的游行盛典，与维吉尔在《地狱篇》第一章节作出的预言一样，她也预言将有一人会为世间带来和平和秩序。①

在《天堂篇》中，贝特丽采的角色更是逐渐升华。她在解释教令时，代表的是但丁的智慧，因他的思考或加之身体之体验——不管是否借助了刺激物而得以提升——而清晰、明朗。既然但丁说自己刻苦钻研是为了理解贝特丽采，那么她便是那个引领他去理解真理——即《天堂篇》主题思想——的人。因此，在故事中，便自然应当由她来向飞升诸天的人物但丁解释众真理。

在《地狱篇》和《天堂篇》中，但丁身体的重量是个现实的因素。在《天堂篇》开篇处，但丁仍是肉身，但他发现自己在飞离地

① 参照本书第四十章。

球。贝特丽采知道他对此不解，便解释精神重力的原理：所有造物均受制于规则，其中蕴含着宇宙与上帝的相似性；自然法则中，燃烧的火往上，重的物体向下，野兽受制于本性，而同样，被赐予爱与理解的生物（如天使和人）会被引向他们指定之所，即上帝之居所：因为但丁如今已经净化了罪孽，他的意志力已得到纠正，那么他飞升诸天便与溪流冲下山涧一样自然了。①

但丁借贝特丽采之口所给出的解释实乃重述了圣奥古斯丁诗句：

“我们依赖您的礼赠；我们将乐享您的福佑、乐享我们的安宁和我们的居所。是爱让我们飞升至此，您的圣灵将我们的卑下从死亡之门救起。善意是我们宁静的皈依。②身体由重力奔向自己所属之所。重力并非仅仅向下，而是朝向自己所属之地……我的重量即我的爱；爱承载着我前往各处。是您的礼赠让我们燃烧，让我们上升；我们被点燃，便启程飞升。我们通过心灵之飞升而飞升，咏唱着度诗。”③

《天堂篇》的成就不仅仅是作诗吟唱教义：它也是诗意想象的至高成就。但丁对进入月轮天的描写，便是让读者痴迷的一种超然体验：

就像透明洁亮，光滑无比的镜子，
或是清澈明莹，水波不兴，
并非深不见底的湖水，
映照出我们面孔的轮廓和光泽，

① 《天堂篇》第一章，第136—138行。
② 对照皮卡尔达的话，出处同上，第三章，第85行。
③ 《忏悔录》(*Confessions*)，第十三卷，第九章。

但那么朦胧，犹如白皙额头上的珍珠
映入我们的眼帘一样难以辨别。[①]

和纳西斯相反，但丁十分迷惑，以为是身后人们的倒影。他一转身便发现自己错了，而贝特丽采正对着他笑。

贝特丽采的笑，她那明亮的双眸，越发迷人的美丽，都是促使但丁不停飞升之精神重力的一部分。她的笑，她的神奇之美，已经在《新生》的数首诗中[②]反复颂扬，诗人但丁在《天堂篇》中又回归这些诗篇，进一步颂扬贝特丽采之美。在《天堂篇》中，贝特丽采澄清了但丁的疑惑，“照亮了真理那美丽的面庞”，[③]诗人的喜悦越发浓烈。

但丁的第一个疑惑关乎灵魂在天堂的位置：他们和那些居于天堂更高层的灵魂相比会否不满意？他把这个问题抛向那个似乎最急切与他谈话的灵魂。此灵魂名为皮卡尔达·德·多纳蒂，弗莱赛·多纳蒂和科尔索·多纳蒂的妹妹，弗莱赛在炼狱山贪食者檐口上曾提及过她。[④]皮卡尔达还是年轻女子时便入了圣克莱尔修道院修行，但科尔索为了达成政治联盟，逼迫她违背誓约，嫁给罗塞利诺·德拉·托撒（Rossellino della Tosa）。但婚后不久，她便得病死去。

但丁选择她作为违背誓约的灵魂例子。他们在月轮天向但丁显灵，便说明了他们的境地。月轮天离地球最近，象征着未从一而终。皮卡尔达的言语动人地传达了她温柔、甜美之性格，也让她适合代表生前屈服于他人压力、未能坚守意志力的人。如今身处天堂，她和其他灵魂一样，作了忏悔、受了净化，喜悦于上帝的旨意。因此，他们

① 《天堂篇》，第三章，第10—16行。
② 《新生》，第二十一章。
③ 《天堂篇》，第三章，第2行。
④ 《地狱篇》，第二十四章。亦可参照本书第三十八章。

各自的意志已不可能再违反上帝之意志了。这是爱的本质属性：

> “兄弟，我们的爱已经让我放下意志，
> 我们只期待属于自己的，
> 不再渴求他物。”[1]

“要记得，”皮卡尔达似乎是在对但丁说，“你所经历、学习到的关于爱的一切，要知道在天堂里，要在上帝之爱中去爱，是上帝之爱让我们的意志合众为一。”她接着说了一段著名的话，因其简练、完整，屡被引用：

> “他的意志便是我们的安宁：
> 这是他所创的、装点自然的万物
> 畅游其上的海洋。”[2]

阐释完天堂的本质后，皮卡尔达一边唱“万福玛利亚”，一边消失而去，如同重物沉入深水。但丁的目光尽可能努力地跟随她的身影，然后回头看着贝特丽采。她浑身闪烁着光芒，但丁几乎无法直视，只得等候一段时间，才得以向她提问。

但丁如今在两个疑惑间游离不定：灵魂们真的如柏拉图曾传授的那样回到那些在他们生前对他们影响最大的星球上去么？若在月轮天向他显现的皮卡尔达及其他灵魂们迫于外力无法履行誓言，是否就意味着，他们应该少受福佑？贝特丽采读懂了他心中的两个疑惑，并予

---

① 《天堂篇》，第三章，第70—72行（塞耶斯译）。

② 出处同上，第85—87行。

以回答，认为灵魂之居所这一问题更为重要。

她说，所有的灵魂都在最高天，即上帝之居所，各自享用着适应其承受能力的恩惠。因为但丁的理智只能理解其所能接受的，所以，随着他飞升至更高的天，自然会有更多的灵魂显现于他。

> “这些灵魂在这里显现出来，
> 并不是说这层天使是给了她们，
> 她们只是这最低天的标记而已。
> 对你们凡人说话只能用这种语言，
> 你们仅凭感官来感知所传来的事物
> 然后将它作理智的材料。
> 因此《圣经》，按你们的理解力
> 降低一层，使上帝具有手足，
> 实际上，却另外含有深义；
> 神圣的教会也使加布里埃尔和迈克尔
> 还有那位使托比特双眼复明的大天使，
> 都具有人的形象在你们面前出现。”①

这些话揭示了对但丁而言十分重要的内涵：但丁不相信地狱、炼狱或者天堂可以直接被人类所理解。因此，《圣经》将上帝以及大天使加布里埃尔、迈克和拉斐尔（Raphael）以我们理解的形象加以呈现。这些标记不能加以字面的理解，他们将感知印在想象上，通过想象达到智力的理解，于是产生爱。但丁也采用了与《圣经》相似的手法，将死后的世界用感官、想象与智力能够理解的方法呈现给了读

① 《天堂篇》，第四章，第37—48行，塞耶斯译。

者。为了能够使读者完全理解，则需要另一个领域的想象。

贝特丽采接下来解答第二个疑惑，解释了绝对意志与受条件所限的意志之间有何区别。她赞美灵魂之自由，让但丁的心灵充满喜悦，激励他更迫切地去学习和理解：

我说道："哦，仁爱上帝的宠儿，
哦神灵，你的言语给了我温暖、滋润，
我愈加生气郁勃，但我的深情厚谊
还不够深、不够厚，还不足以使我
以恩报恩；但愿见到我这心意的
万能的神代替我向你报恩。"①

但丁如今明白，智力在抵达上帝无所不包的真理之前绝不会得到满足，因为在追求真理的过程中，不断有新的疑惑如树上的新枝一样冒出来。但丁又问了一个问题，而贝特丽采的眼睛闪烁着爱的光芒，变得如此神圣，以至于他不得不低下眉眼，才能得以继续。

他用情色之言辞表达他那不时因领悟而跳跃的思维。他痴迷的思绪无法抑制地恋着他那心爱的女子。

"我陷入爱恋的思绪，
永恒地恋着我心中的女子。"②

另有一回，表达二人共同喜悦的言语中含有十分明显的性爱意

① 《天堂篇》，第四章，第118—123行，塞耶斯译。

② 出处同上，第二十七章，第88—89行。古文单词donneare意思是"调情，献殷勤，求爱"。

象。贝特丽采说：

> “你那深刻的欲望使你燃烧，
> 迫使你更多地了解你看到的事物，
> 这个欲望愈是强烈，愈使我喜欢。”[①]

从此处可看出，在追求真理、摆脱谬误的过程中，但丁的创造性智力不时地被一种精神高潮攫住，神秘主义者或学者们在发现真理的过程中对此感受并不陌生。证明他这种精神欢愉的另一个线索是他先前用来描写求知欲望时使用的狂喜之词。在《飨宴》中，他长篇累牍地谈论求知欲望如何不停增强：“恰当地说，这并不是一种增强，而是一种事物的由小变大……”,终极目标是上帝。[②]在《炼狱篇》中，他提及“任何事物都无法压制的天性渴望”（即对知识的渴求），[③]这个意象在《天堂篇》中描写飞升时得到拓展：

> “对上帝天国天生的永恒渴望
> 让我们飞升，如同天体翻转那样迅捷。[④]

但就贝特丽采这位神学真理的传达者而言，有个悬案。在贝特丽采的眼中，但丁看见了光，即上帝。这位天堂之灵的美丽迫使但丁不停飞升诸天寻求其贝特丽采式的愿景。作者但丁在《天堂篇》中至少有三处[⑤]赋予贝特丽采别的角色——和她理想化的、超越人类的形象

① 《天堂篇》，第三十章，第70—72行。
② 《飨宴》，第四部分，第十三章。
③ 《炼狱篇》，第二十一章，第1行。
④ 《天堂篇》，第二章，第19—21行。
⑤ 出处同上，第二十七、二十九、三十章。

格格不入。她尖锐地批评人类的恶行，此举脱离其固有角色；用市井言语批评无能牧师们的布道，而她最后几句话也是对教皇克莱门特五世与波尼法爵八世最终命运恶毒的讥讽。这样的言语和《新生》《炼狱篇》或《天堂篇》其余部分毫无关系，和贝特丽采·波尔蒂纳里，这位性情温顺的佛罗伦萨年轻女子更是毫无关系。但丁为何安排她，而非其他角色口出如此恶言，如同在谴责禁欲主义的败坏时那样安排。这些场合根本不是天堂中精神的升华，而是世俗世界的突然坠落。但丁这位制造者如何能写出这些与贝特丽采那崇高愿景不相容的言辞？这难道是艺术上的败笔？若是如此，但丁为何能够纯熟地刻画其他角色，安排他们的对话，单单此处犯下错误？

贝特丽采在这些场合的言语并非她本人也非任何神秘主义者之言语，而是这位佛罗伦萨人但丁·阿利吉耶里因怒不可遏喷发而出之言语，已经挣脱了故事的框架，顾不上作品艺术上的完整性了。实际上，这些言语属于另一个范畴：《天堂篇》的个人与公共事项议程。

这一主题将在下一章讨论。

第四十五章
《天堂篇》中的宣传

但丁写《神曲》乃出于十分强烈的政治动机。这在《地狱篇》中十分明显，在《炼狱篇》中仍很分明，而进入《天堂篇》后更是显得惊人。应记住一点，《天堂篇》是献给坎·格兰德的，每完成几个诗章便分批送给他过目。如果他有时间阅读，他一定会看出，这本书是符合他利益的。查斯丁尼那一章便十分明显。[①]

但丁住在拉文那，常拜访圣维大理（San Vitale）教堂。教堂的墙上，查斯丁尼国王和他的随从人员的镶嵌画像闪烁着光辉。但丁必然会思索查斯丁尼其人及其象征之意。查斯丁尼于527—565为康斯坦丁堡的国王，他英勇地欲将帝国东西两部合二为一。在其麾下将军贝利撒留（Belisarius）和纳尔西兹（Narses）的支持下，他瓦解了非洲的汪达尔人（Vandals）与意大利的东哥特人（Ostrogoths）。查斯丁尼的目标是重建奥古斯丁帝国，匡复古代君权，但基于不同的信念。他最受人推崇的举动是委任一批法官起草了一部罗马法，用吉本的话来说，结果便是“罗马人的公共理性被辛勤而无声地转化为欧洲的内在机制，而时至今日，查士丁尼法仍受欧洲诸国遵从”。[②]在拉文那的查斯丁尼政府，但丁看到了西欧按照神圣意志恢复的帝国统治，看到自

① 《天堂篇》，第六章。

② 《罗马帝国衰亡史》，“查士丁尼和罗马法”，第五卷，第四十四章。当吉本写这本书时，欧洲已有许多直接基于罗马法的法律制度。法典编纂早就有所变化（安道尔共和国和圣马力诺除外）。

己愿望得以实现的希望：曾经发生过，便有再次发生的可能。

进入水星天后，但丁发现自己身处一片辉煌的光芒之中，而他只能分辨出一个灵魂的眼睛和微笑。[①]但丁询问他是谁，灵魂便道：

“我曾经是恺撒，如今是查斯丁尼。”[②]

图10　查斯丁尼国王和他的随从

他的发言几乎占了一整个章节，从查理曼大帝开始，一路讲述了罗马的历史。他一边列举那些辉煌的、犹如史诗的英雄人物和其壮举，一边语带贬损地提及如今国王党和教皇派之间的恩怨。他和天堂里所有灵魂一样，对此事都有掌握。

在《天堂篇》中，但丁赢得他人赞同其政治信仰的方式，便是将

① 月轮天之外，灵魂呈现为光。除了但丁和贝特丽采之外，只有当灵魂到达最高天时才会显现出人形。

② 《天堂篇》，第六章，第10行。

这些政治信仰置于整个宇宙的框架之中。因诸天之事物乃真理，他在诸天所学便也是真理；与其相违背，便是与自然和上帝意志相违背。查斯丁尼将康斯坦丁前往东罗马帝国称为“神鹰（罗马权威之象征）逆天之行”：

“在古代，神鹰曾随拉文尼亚（Lavinia）的夫君
顺着天体的行程向西飞翔；
自从康斯坦丁将神鹰逆天而飞，
已有200多年，这只上帝的鸟，
栖宿于欧罗巴洲的边境之上，
靠近它最初从那里飞出的群山；
它使世界处于它神圣翅膀的
阴影之下，一代一代统治下去，
后来因朝代的改换停在我手上。”①

因为天体每日自东向西旋转，而康斯坦丁将帝国之基座从西移向东，所以他的行动便违背了宇宙之法则。也违背了天命的罗马帝国创建者埃涅阿斯自东向西的征程方向。但丁拿这一天启之例来支持自己的论点，实在无懈可击，无人可反对。天体是按照上帝的旨意自东往西转，埃涅阿斯从东往西的征程也是按照上帝的旨意，因此，康斯坦丁将帝国之权力从西挪向东，则违背了上帝之意志。200年后，查斯丁尼正是遵照圣意让帝国重回西方，重建罗马法律条文以合基督帝国国情。查斯丁尼一度心怀异端之说，认为基督之体只存有神灵之性，没有人类之性，如今他已认识了真理，明白了在两个矛盾说法中只有一

① 《天堂篇》，第六章，第1—9行，塞耶斯译。

个为真，另一个则为假。没有比这更能权威地证明如下公理：罗马帝国乃上天注定之国度。

但丁在《飨宴》、给亨利七世的信以及《帝制论》中，谈及罗马英雄们的名字和他们英雄事迹时表现出来的炽热激情，如今重现于查斯丁尼之口，而这一次则更具英雄史诗般的力量。其言辞洪亮有力，容不得丝毫质疑。那信使神鹰成为罗马帝国力量与正义的象征，翱翔于以奥古斯丁建立世界和平为巅峰之诸多历史变迁之上。而神鹰最伟大之功勋便是立于提比略之手上，基督正是其统治下被钉死在十字架上。但丁在《帝制论》中也将罗马帝国之正义与人类救赎相提并论。[①]他在此处将这一说法延展至最后一步，此外便无甚可说：

“而这面我口中所提之大旗，
以往的勋业以及在它统治的人间
将完成的种种丰功伟绩，
若用明亮的眼睛和纯洁的心灵
去看和它在第三位恺撒手中的作为相比，
就将显得微不足道，黯然失色；
因为赋予我灵气的真实之正义，
把替他愤怒复仇的荣耀，
交给了我所说的那一个人手中。
有一件事将使你们大为惊异，
因为对此事既有抗辩，又有反驳：
在提图斯的统治下，它奔驰而去，

① 参照本书第四十二章。

在那古代罪孽的复仇上复了仇。”[①]

在最后三行，查斯丁尼指的是提图斯大帝在公元70年摧毁耶路撒冷一事。但丁解释历史学家奥罗修斯（Orosius）的观点，认为提图斯此举是为基督之死复仇。查斯丁尼用了法律术语：对此事既有抗辩，也有反驳。在罗马法律中辩称有特殊情形的被告需要提出一个“抗辩”（exceptio）。如果原告反对，则其应答之辞便被称为“反驳”（replicatio）。这里辩论的问题是犹太人钉死耶稣之罪孽。在这件事情上，可被提出的抗辩便是钉十字架之刑罚是为人类堕落而赎罪。而可能的反驳是无论如何也不能为此而处死一个无辜之人。因此，查斯丁尼认为，提图斯手中的神鹰，即真实的正义，公平地为那古代罪孽复了仇。

这一意义神秘之说辞在下一章得到了澄清。贝特丽采看穿但丁迷惑于为何“正义之复仇”（为人类之罪孽赎罪）还能被正义地复仇。为了解释清楚，她先是谈及拯救。针对查斯丁尼话中明显的矛盾，她解释说，如果考虑到自然乃上帝之化身，那么没有任何惩罚如十字架那样正义；但若考虑到那受难之人，则所有惩罚均非正义：

“现在，你应不会觉得难懂，
若是我向你说，一个公正的法庭
往后对那公正的复仇施行了复仇。”[②]

但丁已经将救赎和罗马帝国乃神意所授这两个信仰紧密地捆绑在

① 《天堂篇》，第六章，第82—93行，塞耶斯译。
② 出处同上，第七章，第49—51行。

一起。他相信，若有谁要将二者拆分，便是异端。因为两者都是上帝正义的显现。

这是但丁就世界事务所发出的所有宣言中最强有力、最具决定性的。若抛却世界历史中无情之变迁不说，在但丁严密的逻辑中，这一说法是无法反驳的。毫无疑问，他坚信这一说法，但其绝非仅仅是但丁的默想沉思。他提出这一说法是为了一个目的：引领世界建立秩序与和平。换句话说，这是一种高尚的宣传，但仍只是宣传。但丁先前那些针对国王党和教皇派漫画式的讥讽也出现在查斯丁尼的言语中，这显然和这位辉煌的帝王偶像身份格格不入，让人更多想起圣维大理教堂墙上的查斯丁尼，而非水星天里的查斯丁尼，虽然他的那番话可谓历史上最让人印象深刻的公关演说了。

第四十六章
城墙

住在四面有围墙的城市有一种被环抱的感觉。这种身体上的感受是大多数现代人无法感知的，参观一下卡尔卡索纳城市，便会理解，流放便是一种深刻的、身体意义上的剥夺，如同被排除在父母怀抱之外。在但丁的时代，很多遭受流放的人士最终会坦然接受现状。其中一个例子便是诗人彼特拉克之父。他和但丁在同时期被流放出佛罗伦萨。但他充分利用现状，在普罗旺斯当起了公证人。其子弗朗西斯科成年后回忆说曾见过但丁。他可能是于1311—1312年间在比萨见到的。我们想象一下几个人见面的情况，8岁的男孩，仰望着两位流放者，父亲和一个陌生人，陌生人可能看上去比他父亲苍老，虽然实际年龄不一定如此。[①]但丁因为处境艰难，老得很快。实际上，他余生再未好转。

但丁不仅在精神上遭受了剥夺，贫穷以及失去公众之尊严让他饱尝屈辱。[②]处于如此境地的人通常会以祖先的荣耀来安慰自己，不管是真还是假。他最大的骄傲和安慰便是自己那曾是十字军战士的高祖卡却亚奎达。[③]卡却亚奎达灵魂出现的3个章节居于《天堂篇》的核心位

① 这是彼特拉克唯一一次见到但丁。但丁和彼特拉克的父亲相差10岁。

② 参照《飨宴》，第一部分。亦可参照本书第六章。

③ 参照本书第一章。

置。[1]处于最核心的17章中，含有整部作品中最亲密、私人的诗句。

在火星天，但丁盯着组成十字架形状的许多光亮看。白色的十字架上，火一般绚烂的灵魂如同一束阳光中的粒子那样舞动。但丁的脑海中闪出基督的形象。但丁曾当兵打过仗，为保卫佛罗伦萨抗击过国王党，但这里是上帝的勇士们，都是为了信仰而死的圣人。其中一位，如同流星，从十字架的右臂脱离出来，旋转着落到十字架脚下，如同雪花石膏屏幕后面的火焰一样闪着光。但丁回忆说，安喀塞斯的灵魂和他同在极乐世界的儿子同样迫切地问候彼此。

这一问题比较值得关注。因为埃涅阿斯遵照神的旨意建造了后来的罗马，而但丁则相信自己受了神的旨意在他同代世人的心目中将罗马重建为基督世界的中心。他便是当代埃涅阿斯，也是当代圣保罗：如今，但丁已完全收回了《地狱篇》开始时对维吉尔信心不足的说辞。[2]但丁惊讶地听见光芒中传出问候他的拉丁语：

“哦我的骨肉啊！哦你所沐受的
上帝的恩典啊！天国的门曾经
向谁，如向你那样，开过两次呢？”[3]

卡却亚奎达之反问的答案当然是圣保罗。但丁回头看贝特丽采，看见她眼中无限喜悦，自己也觉得身陷极乐。灵魂接着开口，刚开始是让凡人无法理解的语言，最后才清晰起来。

但丁和他声名显赫的祖父之间的相遇是全诗中最辛酸的部分之一。在但丁一路遇到的所有灵魂中，只有这位是他继承了血脉的，正

① 《天堂篇》，第十五至十七章。
② 《地狱篇》，第二章，第32行。
③ 《天堂篇》，第十五章，第28—30行。

是这位祖先将但丁与佛罗伦萨的历史紧密相连。卡却亚奎达称呼但丁为他的“骨肉”、他的“种子”、他的“儿子”、他的“支族”，无比强调二人的传承关系。

“我的支族，我早就喜悦地
等待你的到来，我是你的根。”[①]

出人意料的是，他叫但丁为他的曾祖祈祷。但丁的曾祖即卡却亚奎达之子，已经在炼狱山骄傲者檐口滞留了100多年。之所以出人意料，是因为书中此前压根没有提及其曾祖。这一请求让但丁得以历数自己的家族，让他和祖先的记忆联系更加紧密了。

卡却亚奎达开始给但丁讲述曾经的佛罗伦萨。这座四面城墙的城市，曾经和平、冷静、贞洁，如同庄严的主妇，没有手镯、王冠、绣花长袍或昂贵的腰带加身。[②]父亲们不会因嫁妆而贫穷，屋舍不会奢华而超越家庭所需，卧室里没有情欲之放纵。男人们穿着普通的水牛皮外套，系着骨扣。女人们不浓脂艳抹，安坐于纺车边，照看摇篮，安慰子女，用慈父爱母们爱用的言辞跟孩子们讲述特洛伊、费埃索和罗马的故事，丈夫们也不会为了生意远行法国，一去不回，丢下她们独守空房。

在这幅田园图画中，但丁表达了对平静生活的向往，他想象这便是曾经的光景，如今已一去不返。他的高祖便是出生于这样的城市：

“玛利亚应我母亲分娩时的祈召，

① 《天堂篇》，第十五章，第88—89行。
② 出处同上，第99—102行。

使我诞生在爱国的公民中间，
过着那么安静，那么美好的生活，
居于那样可亲的城中，那么温暖的家里；
于是在你们古老的洗礼堂里，
我同时成为基督徒和卡却亚奎达家的人。”[①]

佛罗伦萨的洗礼堂，即但丁口中所称之“美丽的圣乔瓦尼”，便是他祖先接受洗礼的神圣之所，他自己也在这里被接纳入教，还希望将来有朝一日在此接受诗人桂冠。[②]

但丁称他祖先为“父亲”，还用了尊称“您”以示对高祖之尊敬（贝特丽采对但丁的这点虚荣心微微一笑），请他告诉自己佛罗伦萨早年的光景。卡却亚奎达照做，口中说着早年的方言，语气慈爱、温和。[③]他回忆了早年那些高尚的佛罗伦萨人，又谈及近期那些堕落腐化之人。这些名字对我们而言意味甚淡，但这一章刚被公之于众时，肯定很多人都迫切地关注这个名单。他将佛罗伦萨的堕落归咎于城市的膨胀，早年的越出了城墙以及来邻邦的外人涌入城内，污染了原居民：

“这个城市遭受的一切灾祸，
都起源于人口的混杂不清，
就如身体的疾病起源于暴饮暴食。”[④]

① 《天堂篇》，第十五章，第130—135行。
② 出处同上，第二十五章，第1—9行。
③ 这自然将发生在《论俗语》的作者身上。参照本书第五章。
④ 《天堂篇》，第十六章，第67—69行。

从这些话可以看出，但丁显然相信保护血脉纯正的重要性。这一观点在7个世纪后的今天看来，即便不算种族歧视，也是政治观念的错误。所有降临于佛罗伦萨的不幸都被归咎于来自低贱血统者的贪婪和腐化。

最后，人物但丁鼓起勇气请高祖预卜自己的未来。在维吉尔陪伴下，一路以来，他听见的那么多次严肃警告有何意义呢？卡却亚奎达用朴实、精确的语句，不带任何玄奥的迂回，慈祥地揭示了真理：正如希波吕托斯（Hippolytus）被他残酷、撒谎成性的后母赶出雅典一样，但丁也将被驱逐出佛罗伦萨。此事已然谋划好，很快将会有一位在基督整日被买卖的地方密谋此事的人将付之于行。这明显指的是波尼法爵八世：

“你必将抛弃一切最可宝贵，
最可珍惜的事物；这是‘放逐的弓弩’
必将向你射来的第一支毒箭。
然后你必将体味到吃人家的面包
心里是如何辛酸，在人家的楼梯上
上去下来，走的时候是多么艰难。”①

但丁在写这些话时已经被流放15个年头了。他叹惋的不仅是自己的痛楚，也是全世界有史以来所有避难者的悲苦。特别是，卡却亚奎达还谈及但丁将对同被流放的人心怀愤恨，因为他们将背叛他，污蔑他。但丁从未原谅“那些忘恩负义、疯狂、不虔诚的邪恶、愚蠢之徒。”他们，而非但丁，不久便会蒙受羞辱，他们的行为也将证明他们的愚蠢：我们已经有一段时间未见如此怨言了。但丁那慈爱的祖先

① 《天堂篇》，第十七章，第55—60行，塞耶斯译。

祝贺他决定独自为政。他继续预测道，他这位令人敬爱的后裔将在维罗纳王宫受到款待和庇护，并说但丁在那里遇见的一位高尚年轻人长大后便是坎·格兰德·德拉·斯卡拉。这在上文已经提到。[①]奇怪的是，但丁在《神曲》整部作品中都没有提到拉文那的领主圭多·诺维罗·达波伦塔，正是他为但丁提供了单独的住所，让其子女，可能还有他的妻子，得以与父亲团聚，在这里至少面包更加可口、脚下的楼梯也更加熟悉。但丁可能怨恨圭多给自己派遣的差事，最后一次是致命的。

人物但丁刚毅地接受了自己将遭受流放的预言，但他还是向高祖请教：如果他必须要离开自己心爱的地方，那自己该如何做，才不会因为自己的吟咏而再失去其他地方？如果他讲述了自己在地狱、炼狱和天堂中之所见所闻，他的话对很多人会味如苦药；如果他不如实讲述，他又将会失去未来读者之敬重。

卡却亚奎达给出了率直的建议，实际上也是一道命令。那些有罪之人确实会被他的话冒犯，但他不会考虑这些反应。

> “但虽然那样，还是拂开一切谰言，
> 把你看到的全部天启叙说出来，
> 身上痒的人自己会搔。”[②]

最后一句话已经冒犯了挑剔的读者。但丁为何安排他的祖先说出如此粗俗的话，若是在人们身上会生虱子和跳蚤的年代，这话一定会惹人厌烦，如今亦如此。贝特丽采的语言也有类似的问题，如前文所言。看起来，但丁有时会对自己笔下的人物失去把握，将自己的话塞

---

① 参照本书第四十二章。

② 《天堂篇》第十七章，第127—129行，塞耶斯译。

在人物的口中，十分刺耳，尤其是当人物满含激情、力量迸发时，更显得如此。另一方面，也可辩称在这种情况下直率的老兵语出粗俗也不稀奇。

但丁知道《神曲》会让自己四面树敌（怎么可能不呢），他甚至会遭遇危险。然而，他决心直言。他让自己的祖先预言：

> “你的这个呼号将如烈风一般，
> 愈是吹向高山峻岭，风势愈猛，
> 这对你将是一个不小的荣誉。
> 因此，在这些天体，在那座圣山，
> 在那个阴惨悲痛的深谷，显给你看的
> 只是那些闻名于世的阴灵。”①

但丁并未退缩，决心勇于实现这个（自封的）使命。他干得有滋有味。

① 《天堂篇》，第十七章，第133—138行。

第四十七章
未决之正义

但丁在政敌手中饱受冤屈，一直耿耿于怀。他从未原谅他们。随着时间的推移，他逐渐心生一种理想的正义观，赋予了他些许哲学与宗教意义上的宁静。

这一理想的正义观在木星天得到辉煌的展示。一系列灯火变幻着呈现出字母，拼出一个拉丁文的命令：

“爱正义吧！你这大地的审判者！”

这一辉煌的天堂景象可能是烟花的启发。在古代，烟花用于战争，到了但丁的时代，则主要用于庆祝胜利或用于其他节庆。

当最后一个M——Monarchy（君主制，对但丁而言即等于帝国）的首字母——出现时，其哥特式形状经历了一连串变形。下半部分呈以法国鸢尾花形状——教皇派的纹章上也有这一图形，一步一步与上半部相融合，直到整个字母幻化出象征罗马帝国权威的鹰的形状，查斯丁尼在前文已经加以歌颂。[1]这些形象变幻明显代表着法国和教皇派投身融为至高君主帝国的一部分。（见下图）最终合成的图案代表着公正的君主们和谐一致，赋予各自领地子民以自由，同时接受一个象征

① 《天堂篇》，第六章。参照本书第四十五章。其命令是叫人热爱正义，而不仅仅是行使正义。

总正义原则的至高君主的统领。但丁在《帝制论》中表达过这个理念，他认为意大利诸共和国和领地的法律系统中便体现了这一点。这些体系虽然不完善，但都源自罗马法律，即他在《飨宴》中所定义的“书面的理性”，且称这是上帝给人类的礼物。他在此书中再次以令人炫目的纹章学方式予以呈现。

当他如今凝视着星球银色背景上的金色光芒时，惊异地发现这神鹰在发出声音。这是以前从未被描写或想象过的：

图11　M字母的变形

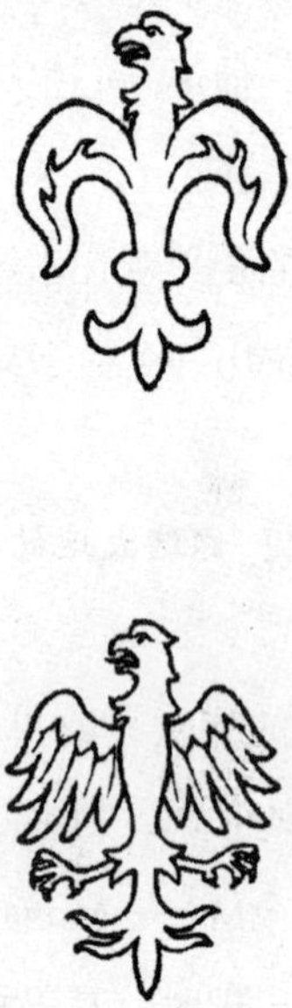

图12　M字母的变形

如今我一定要讲述的事情，
是声音从没有说过，笔墨从没有写过，
人类的想象从没有理解过的；
因为我看到也听到那鹰喙在说话，
用它的声音说出“我”和“我的”，

> 虽其真正所指乃“我们”和“我们的”。[1]

这是但丁最为崇高的概念之一。群集的灵魂每个都如同红宝石，反射着太阳的光线，异口同声地说话。单个来说，他们象征着历史上众多建立世界正义的努力之举，合在一起，便是神圣和完美意象。但丁对这一道德奇迹深感奇异。

但丁迫切请求这个象征符号满足“他忍受已久的巨大饥饿（*il gran digiuno/che lungamente m'ha tenuto in fame*）”，即理解正义的欲望，[2]其中单词lungamente（长期）意味深长。故事发生于1300年的复活节周。5年前，30岁的但丁获得了公民权，进入公共生活。自此以后，他便一直思考佛罗伦萨政府正义的问题，贾诺·德拉·贝拉（Giano）于1293年提出的“正义法规”让这一话题成为公众迫切关注的焦点。[3]而“大饥饿”的所指则超越了1300年，一直延展至但丁流放以及《神曲》写作的时期。

在博洛尼亚与奇诺·达·皮斯托亚以及其他法律学者共处的时期，[4]但丁或已熟悉了罗马法中iustitia（正义）之含义：“赋予每个人各自应得之永恒不变的意愿”[5]“法律的格言是：诚实、不伤害他人、赋予各人各自应得”[6]以及“法律/权力便是善与平等之艺术”。[7]这对但丁而言是一个基本美德，“公正之人”即相当于《埃涅阿斯纪》中虔诚的埃涅阿斯。[8]

---

① 《天堂篇》，第十九章，第6—12行。

② 出处同上，第25—26行。

③ 参照本书第三章。

④ 参照本书第五、六章。

⑤ 《查士丁尼法典汇编》，1.1.10pr。

⑥ 出处同上，1.1.1o.1。

⑦ 出处同上，1.1.1pr。

⑧ 又参照帕特里克·博伊德（PatricBoyde），《但丁<神曲>中人性的善与恶》（*HumanVicesandHumanWorthinDante'sComedy*），第198—224页，剑桥大学出版社，“正义”，2002年版。

在早期的两首寓言诗中，但丁曾感叹正义的流亡以及财富分配之不均。[①]在《地狱篇》中，他几乎总是使用giustizia（正义）一词来广义地指罪孽应承担的公正后果。无论惩罚多么骇人，都是正当的。这个单词被拓展以指神圣的权力对罪孽者正义的探访，而形容词“神圣”和“绝对无误”又起到了强化的效果。这便是这个单词最先被用时的意思，地狱之门上便刻着这个单词：

“正义推动着我那崇高的造物主。”[②]

（Giustizia mosse il mio alto fattore.）

如《地狱篇》一样，在《炼狱篇》中，这个词的意思通常指忏悔，有时候指忏悔的正当性，或笼统地指何为公正、正确。有一处，该词用来指末日审判之意。在《天堂篇》中，该词在一处指正当的所有，另一处指渴求正当之物，还有一处指末日审判。在所有其他九处，指上帝之正义，描述为“神圣的”“永恒的”和“真实的”。

这一意义延伸表明但丁这些年来对正义概念的认识逐步加深。他开始明白，在神圣的意义层面上，正义之内涵深不可测。这便是神鹰如今要告诉他的：上帝的智慧是所有可能造物的原型，也超越所有造物之限度。因此，人类的智慧无法洞悉神圣的意志，一如人类的眼睛无法洞穿大海之深邃。即便是天堂中的灵魂也无法洞悉。

但丁求知心切，也因为他对天堂中的正义长久以来存有一个疑问。神鹰看穿了他的心思，便予以解释。问题便是，若一个人生于印度河岸，从未听闻过基督，尽管一生行善，也从未接受洗礼，死后也

① 参照本书第九章。

② 《地狱篇》，第三章，第4行。

不得福佑：这里有何正义可言？神鹰批评了但丁的傲慢：

“且问你是何等样的人呢，竟然
高高坐在审判者的位子上，
从千里之外，用短浅的目光判断？”[1]

凡夫俗子智力粗鄙，无法理解神圣之善是正义唯一的来源和评判标准，其评判之标准也只能为其自身：只有上帝的旨意是正义的，正义的便是上帝之意志。

行善之人却不得洗礼这个问题困扰了许多神学家，包括圣托马斯·阿奎那，一直以来辩论不断。但丁也对这一问题作了思考。他说，当他进入灵泊时，心中充满了悲苦，因为他看见古代圣贤之灵魂皆被安置于此。[2]维吉尔最终要回归灵泊一事也是故事中的一个辛酸话题，他在炼狱山山顶突然离去，空余但丁无比伤悲。[3]

但此事并未就此了结。在前一个章节中，但丁再次提及维吉尔之名，他问神鹰，自已和维吉尔同行时见闻，该讲述多少。[4]对于但丁未明说之问题，神鹰答曰：“自古以来，从未有过不信仰基督之灵魂得以进天堂的，以后也不会有。”但是，很多宣称信仰上帝之人，在最后审判时，比那些从未听闻过基督之人，还要远离上帝。随后，神鹰列出一串不公正之君主，这些人的恶名将镌刻在审判书上，他们也将被排除于天堂之外。

在列名单时，但丁听从了高祖卡却亚奎达之命，直击那些地位最

① 《天堂篇》，第十九章，第79—81行。
② 参照本书第十三章。
③ 参照本书第三十九和第四十章。
④ 参照本书第四十六章。

崇高者。[①]神鹰从奥地利的阿尔伯特国王开始一路细数下来，其中法兰西的菲利普四世、争执不断的英格兰和苏格兰国王、波西米亚国王、那普勒斯国王、西西里国王、巴利阿里群岛国王（King of Baleraic Islands）、阿拉贡国王（King of Aragon）、葡萄牙国王、挪威国王、达尔马提亚国王（King of Dalmatia）甚至还有影响力有限的塞浦路斯的法国领主，这些人都将因恶行而受惩罚。这一指控实乃激烈。在描写骄傲者檐口的章节里，离合词VOM（等于UOM，意指“人”）将13节诗相连，[②]这里LUE（意指“瘟疫”）将9节诗相连，再次赋予这些诗句某种雕刻式的显著，如同被刻在一个纪念碑上一般。

说完这些违背正义的统治者（欧洲的“瘟疫”），神鹰接下来让但丁注意看六道闪光的灯火，一道光在神鹰的瞳孔中，另外五道在眼睛上方形成一个拱形。[③]六道光中，除了一道，其他五道均为热爱正义的君主。它瞳孔里的是大卫，上帝选民的第一位真正国王。在拱形上的第一道，也是离鹰喙最近的一道，是图拉真皇帝，据说教皇格雷戈里曾用祈祷让他重生，并皈依基督。紧邻的一道光是希西家，犹大国王，因为祈祷和忏悔，寿命得以延长。[④]旁边是皇帝康斯坦丁，尽管（据闻）他将

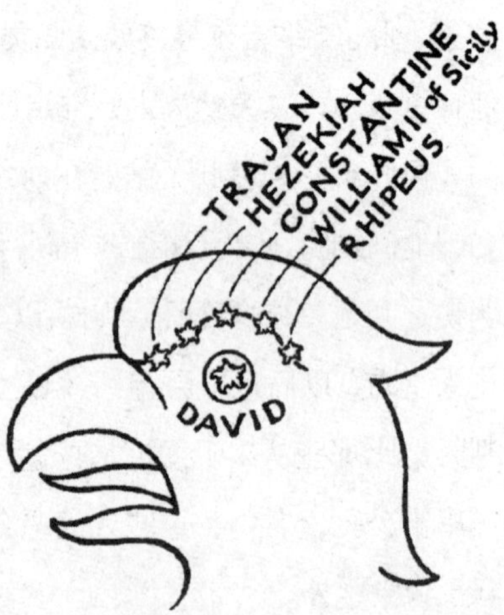

图13　神鹰之眼

① 参照本书第四十六章。
② 《炼狱篇》第十二章，第25—63行。又参照本书第三十三章。
③ 参照图13。
④ 《列王记下》（2 Kings），第二十章，第1—6行及《历代志下》（2 Chron）第三十二章，第26行。

帝国的西半部分都捐给了教皇治理，好心办了件坏事，但这并不影响他身受福佑。接下来是威廉二世，西西里最后一位诺曼底国王，人称“好国王威廉”。

六道光中最后一位是特洛伊的瑞佩乌斯（Rhipeus）。这便完整解答了但丁的疑惑。瑞佩乌斯是一位并不知名的特洛伊勇士，在特洛伊之战中被杀，维吉尔在《埃涅阿斯纪》说他是所有特洛伊人中最公正的，也是最最坚守正当原则的人，[①]他如今也身处天堂。这如何可能？

图拉真的传奇广为传播，但瑞佩乌斯一事却是但丁自己的创造。圣彼得曾说：“在每个国度，敬畏上帝、行事正直之人便可为上帝接纳。”[②]此话为这一可能提供了《圣经》意义上的权威。但丁也记得圣托马斯·阿奎那关于行善的异教徒得以救赎的教导：上帝会通过指令或内心领悟给出必要的启示。

虽然不懂，不过但丁相信此说。他因图拉真和瑞佩乌斯能进入天堂感到十分喜悦，忍不住说道：“我听到的这些如何可能啊？”[③]听闻此言，组成神鹰形状的所有灵魂们开始发出皆大欢喜的光芒，异口同声地解释道，两个灵魂临死时都不是异教徒，而是基督徒，都是信仰上帝之人，一个相信将要受难的基督，一个相信已经受难的基督：

> “他们脱离肉体时并非如你想象的
> 异教徒，而是有坚定信仰的基督徒，
> 一个相信已受难的基督，
> 一个相信即将受难的基督。”[④]

---

① 《埃涅阿斯纪》，第二卷，第426—427行。

② 《使徒行传》，第十章，第35行。

③ 《天堂篇》，第二十章，第82行。

④ 出处同上，第103—105行，塞耶斯译。

神鹰继续说，上帝打开了瑞佩乌斯的眼睛，让他看清楚将要来临的救赎，将其从恶臭的异教中拯救出来，令他责备那些固守异教之人（这是但丁对维吉尔的话所作的创造性延展）。虽然他已拥有基本美德，但凭借上帝福佑被赋予信仰、希望和爱这3个神学美德。但丁曾在伊甸园中见过象征此3个美德的天使在战车右轮侧跳舞。[①]此事如何得以发生，乃上天注定之神秘现象，如同神圣正义之概念，远非凡人所能看透，甚至连天堂中的灵魂也不能知晓：

"你们凡人啊，你们要严格克制自己，
不要妄作判断；因看到上帝的我们，
也还没有知道上帝所有的选民。"[②]

当说话之际，图拉真与瑞佩乌斯灵魂所形成的两道光，如同一个头颅上同时闪烁的两只眼睛，伴着神鹰的话语轻轻地闪烁，这又是神圣烟火的展示。

维吉尔一事便没了下文。在最后审判时，他或许会被上帝纳为选民。至于但丁，或者我们均无法得知。受了福佑的灵魂们也不知道，他们视此种无知为福，因为上帝之意愿也是他们的意愿，这是对皮卡尔达的话的应和：

"上帝的意愿便是我们的宁静。"[③]

我们也可以预见，在《神曲》结束时，但丁自己也将融入神圣之爱。

---

① 参照本书第四十章。
② 《天堂篇》，第二十章，第133—135行，塞耶斯译。
③ 出处同上，第三章，第85行。亦可参照本书第四十四章。

第四十八章
但丁与隐修

在《飨宴》中，但丁写到老年生活，说那些退出积极世俗生活而隐于宗教生活的人是明智之人：“即便那些已婚者也可如此，因为上帝只需心灵之归属。”这或许表明但丁在考虑待自己暮年之时也可能这么做。有传言称，但丁年轻时便加入过方济会，之后退出。不管事实究竟为何，隐修的话题在《天堂篇》时有提起。第一位与但丁交谈的皮卡尔达便违反了出家的誓言，贝特丽采教导他的第一个道德问题便关乎为违反誓言而赎罪。

但丁相信，根据天主教信仰，天堂上的所有灵魂都已处于无时间概念的永恒之中。但在最后审判之前，他们仍将感受到过去与将来的凡人之喜悦和痛苦、罪恶与美德。和贝特丽采从木星天升入火星天后，但丁看见一个金色的梯子，一直延伸至他的视线之外。梯子上爬满了冥思者们的灵魂。雅各的梯子被牧师们引为隐修生活的象征，灵魂们“在梯子上攀登、下降”，被阐释为象征和尚们以冥思为梯接近上帝以及因怜悯之心下降而接近凡人者。因为他们仍然知晓人间生活，所以不但没有隐修不理，反而因自己也属于其中一员的宗教法令之腐化而深感愤怒。

这一主题最先在日轮天被提起。[1]在日轮天，有12道光围成一圈以

---

① 《天堂篇》，第十章。

及第二圈和第三圈，围着但丁和贝特丽采环绕三圈，口中吟唱着甜蜜的歌声，其美其妙难以言表。这些是神学家、牧师、学者和作家们的灵魂。很多灵魂生前互持异见，因为各人只看清部分真理，而如今得以见识全部之真理，也因和谐地共享真理而欢愉。圣托马斯·阿奎那，但丁最重要的基督教义导师，表明了身份，讲述阿西西（Assisi）的圣弗朗西斯的故事以及他英雄般地信奉贫穷的事迹。由此，他严肃地斥责了方济会和多米尼克派违背祖先教义。之后，圣波拿文都又发出类似的批评，他感叹方济会会员们的腐败和相互倾轧。

在隐修戒律中，第一条是沉默。他如今就是否要违反犹豫不决。一个灵魂靠上前来，但丁问他为何于众多灵魂中被选中来接近自己，灵魂说是因为神秘不可测的命运，并警醒但丁，嘱咐他也去警醒他人，不要刺探上苍的神秘。他称自己是彼得·达米安（Peter Damian）。此人于11世纪初生于拉文那，后进入丰特·阿维拉那（Fonte Avellana）的本尼迪克特修道院，位于翁布里亚（Umbria）的卡特里亚山（Mount Catria）山坡上。1041年，他成为该修道院主持，并热衷改革教堂戒律。据说他曾致信一些主教，斥责其醉心于穿昂贵服饰、骑精良马匹、身边带着武装护卫。有说法称但丁在卡特里亚山上的修道院里住过一段时间。若是如此，他可能听说过这封信，且彼得·达米安口中所说可能正是源自这封信。无论如何，他应该会发现，拉文那人一定还铭记着彼得。但丁正是在此处写的此章。如果他在这里公开朗读这一章，那么听众一定会尤为感兴趣。

彼得·达米安忆述着基督第一批信徒们的贫穷，并将其与如今高级教士们的贪婪相比：

“矶法（Cephas）来了，那‘圣灵’的伟大器皿也来了。

他们都瘦削而赤足，
沿途在每家宿店里乞讨食物。
而今日的牧师，他们的左右两边
都必有人扶住，前面要有一人拖，
由于笨重得厉害，后面还要人抬。
他们的僧袍披覆在他们的坐骑上，
因此两头畜生蒙着一张皮赶路；
哦耐心啊，你也容忍得太甚了！”[①]

说完之后，火光闪耀，因为越来越多的灵魂围上前来。他们发出愤怒的吼声，但丁几乎晕厥，不得不转向贝特丽采，如同孩童奔向母亲寻求安慰。但丁幼年时或许经历过如此情景，或见过其他的孩子如此行状。贝特丽采温柔地安慰但丁，并预言，在他死前，将会见到惩罚之剑落下。

当但丁写下这些话时，波尼法爵八世已因遭受法国菲利普四世暴行而死，元老院也因迁至阿维尼翁而遭到羞辱。毫无疑问，他笔下所写的与此有关，但在书中他并未对预言加以明说。让人惊奇的是，冥思者们的灵魂听闻彼得·达米安的话后，竟发出愤怒的吼声，这表明，除了沉默之外，对正义的热情也是真正精神冥思的标志。

但丁接下来安排出场的是圣本笃（St Benedict）——“这些珍珠中最硕大、最灿烂的一颗”，他是罗马教会修道院的创始者。和他一起靠上前来的还有他的和尚同行，有罗穆亚尔杜斯（Romualdus），也来自拉文那，在11世纪于卡马尔杜利（Camaldoli）创建了本笃会修士改革会；还有马卡里乌斯（Maccarius），据说是东部修道院创始人。圣

① 《天堂篇》，第二十一章，第127—135行。

本笃自报家门，讲述自己如何于卡西诺（Cassino）创建修道院，并且更加严厉地谴责了自己教会的腐败，他所说的也应和了彼得·达米安的话：

“最违公正的是，
端坐于我的教堂里的人们
用腐朽的墨汁玷污了我的教规。
那向来是一座圣殿的四壁内，
如今却变成了盗贼充塞的兽窝，
所有僧衣都是装满烂肉的麻袋。
甚至以高利贷勒索得来的利息，
也不比僧侣们的灵魂为之发疯的
果实，更与上帝的旨意相悖逆。
因为教会所掌管的一切钱财，
都属于以上帝名义祈求的人；
并不属于亲族，或其他更脏的东西。
人类的肉体是那么易受诱惑，
人间良好的开端不能持续到
像橡树从种下到结果那样长久。
彼得传道时从不觊觎财富，
我以祷告和斋戒为财富，
而方济会以谦卑为怀。
若是你细察每个团体的开端，
再细察一下后继者往哪里走入歧途，

你必将看到白的已被染黑。”[①]

和贝特丽采一样，圣本笃预见上帝将惩罚那些犯错者：与惩罚这些贪婪者相比，约旦河倒流和红海奔逃乃更不可思议之奇迹。

但丁称呼圣本笃为“父亲”，请求他让自己看看他的真面目。这是但丁在《天堂篇》中唯一提此要求之处。圣本笃称但丁为“兄弟”，说他的愿望将在最后一层天得以实现，所有受福佑之人的愿望皆如此：

“在那里，每个愿望都是圆满的，
成熟的，而且是完整的；仅仅在那里，
一切的部分才永远存在，
那座天体并不存在于空间之内，
也没有两极；我们的梯子
也直达到那里，因此你无法看尽。”[②]

如此，圣本笃在此向但丁预示了最高天的终极福佑。在那里，时空界无限。圣本笃称呼但丁为“兄弟”，也即将他纳入了自己的团体，这预示了在故事中但丁自己也将会变成一个冥思者。至于但丁本人，这可能暗示了，他希望在理想世界中，有一天自己也会被纳入本笃会，过着冥思的生活。在但丁对未来的数年展望中，这是一种可能，但他不知晓将来数年会是何种光景。

① 《天堂篇》，第二十二章，第73—93行。
② 出处同上，第64—69行，塞耶斯译。

第四十九章
沉重的主题

《天堂篇》结尾诸章代表着但丁文学技巧最高水平的发挥：多样的叙事，引人入胜的对话，惊奇、空灵如画的比喻，丰富多彩的意象，对宇宙的想象以及风格从崇高到谩骂的鲜明反差。他越往上爬，头脑与灵魂便越得升华，但是但丁这位艺术工匠，时刻留心着他的新听众们，他们虽然更加热心地应和，却依旧期待多样的叙事与精彩的人物描写。

但丁迅敏地飞升至恒星天，进入他自己的星座，双子星：

“光荣的星辰啊，哦孕育着
巨大力量的光啊，从你们那里我获得
我所有的天才，不论是怎样的天才；
当初，我刚生下，第一次呼吸
托斯坎空气的时候，一切生命之父
正和你们一起上升，一起降落；
后来，等到我蒙受了天上的恩惠，
登上那使你们转动的崇高天轮，
我被派定要经过你们的境界。
如今我虔敬地把我的灵魂

奉献给你们，为了要得到力量

走完那吸引我灵魂的艰难路程。”①

但丁如今征用所有的天赋，不仅源自他的星座，还源自他做出第一次呼吸的托斯坎区。他这是在提醒读者自己不是一个抽象的象征，而是一个鲜活的个体生命，由命运和具体环境造就。同时，他也是在为此行任务最艰难的部分作铺垫。为了完成此项任务，他不仅需要诗歌之技艺，还需要光明来理解精神和物质双重意义上的真理。

贝特丽采第一次命他双眼下望地球。但丁便顺从地用目光（受了超自然力量之神佑）追溯他一路飞升而来的七层星天，最后看到我们这微不足道的星球上，这个让我们如此凶恶的打谷场，它看上去如此低贱，我不禁微笑。②

如同一只鸟妈妈，警觉地展着翅，等着黎明，天一放光，便飞出去为鸟宝宝觅食，贝特丽采也笔直地立着，专心致志地凝视着越来越明亮的东方。突然，她的脸闪烁起爱的光芒，双眼充满了喜悦，叫道：

“且看那基督凯旋的军队，

及这诸天运转收获的全部果实吧。”③

在伊甸园中，但丁已经见证了基督教徒战士们之盛大表演了，显现为人类堕落景象中的诸多象征。④如今，在地球上可见的最高恒星天

① 《天堂篇》，第二十二章，第112—123行。

② 出处同上，第135、151行。

③ 出处同上，第二十三章，第19—21行。

④ 出处同上，第十四章。亦可参照本书第四十六章。

上，他看见了基督的凯旋大军，以无数之灯火向其显现。但丁用丰富迷人的意象加以描写，喻之为运转诸天的果实。他们都被同一颗太阳点燃，如同明朗的夜空中，月光微笑地洒向点缀星空的永恒仙女。这便是救世主，在他的辉煌下，但丁看见了一个闪光之物，如此明亮，无法直视。

这便是但丁第三次见到基督之显现。第一次在伊甸园，即狮鹫；第二次在火星天，显现为基督的勇士，包括其高祖卡却亚奎达。[①]贝特丽采告诉他，让他无法睁眼直视的是“智慧与力量”，正是智慧与力量在天堂与地球之间开辟了被渴望已久的通道。听了这番话，但丁便描述了觉识得到提升时的美妙感受，他之前有过暗示，在这部作品中也数次提及：

“就像云层里的火，不断扩大，
以致云层无法容纳，于是
就违反自己的本性向大地射下，
我的心灵在这些欢宴之中，
逐渐扩大，从其本身内冲出，
以后变成什么如今已无法忆起……”[②]

贝特丽采叫但丁回头看她，看她真实的面貌。如今他已见到了基督，便能够承受贝特丽采的微笑，但她的美貌无法形容。但丁如同从梦中醒来，努力回忆梦的内容，却无法记起。同样，在对天堂的描写中，他也不得不跳过诸多细节，如同在前进道路上遇到障碍的人一样：

---

① 参照本书第四十章。

② 《天堂篇》，第二十三章，第40—45行，塞耶斯译。

“但是，只要想一想这有分量的主题，

想一想承受此负担的是一个凡人的双肩，

就不会责备这双肩在这担子下发抖。

我这毫无顾忌的船在大海上破浪前进，

那航行不是一条小舟所能担当的，

也不是一个懒惰的舟子所能胜任的。”①

在贝特丽采的命令下，但丁转身凝望在基督之光芒中鲜花盛开的一座花园，如同穿透云层的阳光下的草地，看那圣子于其中显为肉身的玫瑰，看那引导人们走向真理之途的芬芳百合。但丁用这些意象说明，他已经被赋予神力，不仅能看见基督之光、他日夜向其祷告的圣母玛利亚之光辉，还能看见《新旧约》中的圣徒和得到救赎的人。但丁凝视着圣母的光辉，上方降下一束耀眼的火把，围绕圣母，犹如皇冠。一阵绝妙的旋律响起，与之相比，世间最悦耳的音乐均如同闷雷。在神乐的伴奏下，火把围绕着那蓝宝石之光，整个天空都变成了一片蓝。火把（后来得知是主天使加布利埃尔）开始吟唱喜悦的问候之辞：

“我便是那天使之爱，

围绕那从子宫中发出的‘至乐’旋转，

那子宫就是我们‘欲望’的归宿；

天国的夫人啊，我要绕着你旋转，

直到你跟从你的儿子，进入

那最高的天体而使它更为神圣。

那不断旋转的曲调这样终了；

① 《天堂篇》，第二十三章，第64—69行。

在结束以后，所有其他的光明
都高声吟唱出玛利亚的名字。”[①]

圣母上升，其他的光芒随之升起，如同婴儿吃完母乳后还向母亲伸出臂膀。他们在但丁的视线中徘徊，继续吟唱“哦，天国之后”，歌声如此甜美，但丁久久沐浴在喜悦之中。

但丁用于描述这些天堂精灵的温柔意象十分奇妙。他没有使用静态纹章学上的意象或盛会，只是自然世界中的爱与美，在人类经验范围之内：鸟妈妈、收获之果实、花园、玫瑰、百合、明朗星空之月亮、透过云彩照在草地上的阳光、婴儿向母亲伸出臂膀。但这些意象均超越但丁个人之人生体验。迄今，灵魂们从最高天降临至诸星天与但丁攀谈，但在此处，在他自己的星座上，基督、圣母玛利亚、信徒与主天使加布利埃尔以及成千上万得到救赎的灵魂们都前来问候他这位凡人。

贝特丽采身上也发生了变化，但这一变化超越了但丁之言语能力，也超越古往今来任何神圣的诗句。这一定意味着，此处的贝特丽采代表着但丁对神圣真理的理解。[②]或许，他对神学的研究让他超越了教义，让他更强烈地感受到超越智力理解范围的神圣真理。但丁或许在祈祷中时常进入某种非常态意识状态。如前文所示，与身体之喜悦相关的智力延伸，在神秘主义者们常用的手段刺激下，会得到进一步提升。

且不管如何获得这一认知，但丁将这种想象被呈现以实际的体验、一种存在状态、他双肩于其重量下颤抖的主题。这并不令人惊讶。和神圣正义一样，神圣理性也是深不可测的。

---

① 《天堂篇》，第二十三章，第103—111行。

② 在《新生》第二十四章中，但丁将贝特丽采阐释为基督的象征。

第五十章
信仰、希望与爱

但丁这位基督信徒成了万众瞩目的焦点。诗人与诗中人物在此处合二为一。他为虚构世界中的自己与基督的三位信徒——圣彼得、圣詹姆斯和圣约翰之间设计了崇高的交谈。这三位是但丁可以想象到的、最崇高的忏悔者了。贝特丽采将她的门徒但丁奉上，请求几位圣人考一考他对信仰、希望和爱的理解。据圣托马斯·阿奎那说，灵魂在至福直观之前，必须在圣洁之光下，培育此三种美德。

接下来的三重拷问或许还有个人的考量。根据早期传说，但丁曾因被疑为异教徒而遭受审问。若真是如此，或这一传言只关乎他心怀不正统信仰之谣言，但丁在这里给自己创造了澄清真相、驱散疑云的机会。还据说，他在神学研究过程中，或在博洛尼亚居住时的早期，或据有些评论家所言，在巴黎，经历过正式的考试。无论如何，但丁在此章所创造的天堂考试，超过世间任何大学的考试，更何况有三位如此崇高的考官。

在《飨宴》中，但丁曾用宴会之意象来代表知识的获取，表明他期望将自己所学所知与不如他幸运的人分享：

“我原不能坐于福佑之餐桌用餐，而是牧食于芸芸众生之牧场。但在围坐那餐桌的用餐者脚下，我拾起掉落的零食残粮，在点点滴滴的品尝中，我感受到了无比的甜美，才知道留在我身后的人是多么可怜。”①

自但丁写下这些文字时，已经过去很多年了。如今他又将其用更加崇高的形式奉送给贝特丽采，后者便对仍聚集于第八层天的圣人们说：

“被选参加有福的羔羊举行盛宴的
圣徒们啊，你们所获的粮食
将永远使你们的欲望得到满足；
假使这个人凭上帝的宏恩，
在死亡结束他在人世的寿命以前，
预尝到从你们桌上落下的食物，
请照顾他不可度量的渴慕，
稍微滋润他一下；他一心一意
向往的东西流自你们所汲饮的泉源。”②

《飨宴》中的盛宴在这里变成了天堂之宴席，但丁既是设宴者又是赴宴者。他一改《天堂篇》一直以来不断提问的做法：他开始回答问题了，清晰而精确。他已经忘却先前所声称的没有能力描写天堂中所见所闻之说法了。

灵魂们喜悦地响应着贝特丽采的要求，如同彗星一般发着光，快慢不一地旋转着。为了让读者能够想见场景，但丁用了一个源自机械科学领域最新进展的比喻：旋转速度不一的时钟齿轮。这是一项新发

① 《飨宴》，第一部分，第一章。
② 《天堂篇》，第二十四章，第1—9行。

明，肯定引起了他的注意。这个比喻不仅形象——让读者的思绪一下子从天堂回到以时间衡量的人间，还是个神学意义上的信仰，一种智慧之信念，符合理性，也能被凡人所理解。

圣彼得的灵魂走上前来，与但丁简短地问答一番。但丁十分令人信服地声称基督之奇迹即真理，所有转着圈的圣人都开始吟唱感恩《赞美诗》，此歌乃圣安布罗斯（St Ambrose）为圣奥古斯丁皈依基督所写。但丁刚迈入炼狱山第7个檐口时模糊听见的便是此歌。天堂中的灵魂们如今再次唱起，庆祝但丁真正理解了信仰之基石，圣彼得的灵魂之光也一边为福佑但丁的灵魂歌唱，一边围着他绕行三圈。

圣詹姆斯也加入圣彼得，两个灯火融为一体，共同祝福。但丁如今要就他对基督希望的理解接受考核。贝特丽采称他已具备了这第二种美德，正因此，才得以踏上这一旅程：

> “战斗教会中没有哪个孩子比他怀着更大的希望；
> 这已写在那照耀全军的‘太阳’里；
> 因此上帝恩准他，在他结束
> 他战斗的一生以前，从埃及
> 到耶路撒冷来瞻仰这座圣城。”[①]

正是希望为但丁赢得虽为肉身却得以飞升天堂的荣耀：源自信念的基督之希望、对人类的希望、对帝国的希望、对意大利的希望、对教堂再生的希望以及尽管饱经失望仍然怀抱的对重回佛罗伦萨的希望。在圣彼得考核结束之际，但丁用富有感染力的话语表达了自己的个人愿望，这表明在他写作《神曲》之际，仍然期待着有一天，佛罗

① 《天堂篇》，第二十五章，第52—57行。

伦萨将邀请他重返故里，在他当年的洗礼教堂接受诗人桂冠：

若是这首使天地都参与其事、
我也因之而消瘦了好多年的
神圣的诗篇，竟然战胜了
那摈我于那美丽羊栏之外的
残酷行为（我曾睡在那里，像只羔羊，
为对之作战的狼群所仇恨）；
我将带着另一种声音，披着
另一种羊毛，作为一个诗人归去，
在我受洗的泉边戴上我的桂冠。[①]

曾经有一位名为乔万尼·德尔·维吉里奥（Giovanni del Virgilio）的博洛尼亚诗人用拉丁文写了一首诗给他，敦促他不要把天赋浪费在用方言为知识低下者写作上，而应用拉丁文创作一部史诗，为自己赢得博洛尼亚大学的桂冠诗人称号。但丁回信时也表达了如上愿望。他的回复也是拉丁文，用仿田园牧歌的体裁，称会将作品样本寄给乔万尼，并表示希望能在佛罗伦萨获得诗人桂冠：

"如今金丝已成白发，
若得重回故里，
头顶阿诺河岸的枝叶，
岂非更大的荣誉？"[②]

① 《天堂篇》，第二十五章，第1—9行。

② 《但丁与乔瓦尼·德尔·维吉利奥》（*Dante and Giovanni del Virgilio*），维克斯蒂德（Wicksteed）和加德纳（Gardner）著，第154页，康斯特布尔出版社，1902年版。

但丁提到自己年轻时头发为浅色，如今已经是白发，这和《天堂篇》中提及的“变化的羊毛”形成有趣呼应。他想象自己多年以后，在年老发白、因多年劳累而身体瘦削之际，重回佛罗伦萨的光景。这些诗行证明他仍然期待着被故乡召回，直到后来发生之事让他永远放弃了希望。后面将会看到。

1315年5月，佛罗伦萨政府发布大赦，赦免符合一定条件的流放犯人，允许其回归故土。其中有一个条件叫做献仪，即一种仪式，规定罪犯身穿麻布，头戴牧冠，手执蜡烛，由一位保证人带往洗礼堂，交予圣坛，接受正式的恕罪。政治流放犯所经受的仪式稍微不同，更辱人格，并且需要交纳一笔钱。据说但丁的一位侄子和一些朋友将大赦的消息带给了他。但丁妻子的兄弟特鲁奇奥·迪·马内托·多纳蒂（Teruccio di Manetto Donati），一名修会成员，也写信促他照做，但谨慎地隐瞒一些宽恕的条件。但丁的回信口吻谦卑，却十分愤怒：

难道历经近15年的悲苦流放之后，这便是我但丁·阿利吉耶里回归故里的方式？这便是展示给世人的对无辜者、对不懈研究的汗水与劳作的回报？我毕生追随哲学，如何却要受此屈辱……我倡导正义、饱受冤枉，如何却要为自己的冤屈交纳钱财，难道他们是我的恩主？

不，父啊，我绝不会如此回归故里。如果您或者他人能够为我找到其他的路途，不让但丁的荣誉与尊严受损，那么我将毫不犹豫。但若要我如此回归佛罗伦萨，我宁愿永不踏入佛罗伦萨。难道我在别处便不能目睹太阳与星辰之光辉？难道不在我的同乡人眼中屈辱地回归佛罗伦萨，便不能思考那甜美的真理了么？我绝不会缺乏面包！[①]

① 改编自佩吉特·托因比编《献辞》9中《但丁的信》，托因比译。

但丁后来设想自己在聚集于他出生的星座上众灵魂面前，由保证人贝特丽采领向基督的信徒们时，可不是想象着自己身穿麻布、头戴牧冠的。不过，即便在那里，他仍承认没有看清真理。

圣约翰的灵魂走近，如同一道灿烂的光。但丁犯了错，努力凝视那光芒的深处。圣约翰便斥责他：

“你为何
看这里不存在的东西看得眼花？
我的肉体已是尘土里的尘土，
它同其余的肉体留在那里，
直到我们的数目符合永恒的天意。
我们有福的寺院里，
只有两个身穿衣袍，直登天堂，
你就把这消息带到你们人间去吧。”[①]

但丁再次回头看贝特丽采，发现自己已经眼盲了。

关于圣约翰肉体升天之说源自东派教会，在西派教会信者不多。圣托马斯·阿奎那称之为“虔诚的信仰”。圣十字教堂那幅乔托的圣约翰升天画可能便是佛罗伦萨委托他所作，旨在反驳但丁对这一传奇的排斥。看起来，但丁自己也曾经相信过这一说法，而且他如今目盲，正因为此。

圣约翰安慰但丁，说贝特丽采会让他恢复视力，正如圣保罗的视力经由亚拿尼亚得以恢复一样。同时，圣约翰命他解释他的爱本质为何、来源为何。在接下来的一问一答中，但丁称上帝是他一切所爱之

① 《天堂篇》，第二十五章，第122—129行。唯一肉身升天的“两人”指基督和圣母玛丽亚。

物的肇始和归宿，并解释他如何得出上帝乃至善这一结论的。圣约翰承认但丁之爱既基于天启和也源于理性，接着又问还有何种爱将他与神相联。但丁便细数了上帝显现其至善的诸多福佑：

“诸如世界的生命和我自己的生命，
那为了使我活而忍受的死亡，
以及每个信仰者像我一样希冀的天国，
连同上面说到的那鲜活的真理，
这一切都把我从歪曲之爱的大海里救出，
放于正直之爱的海岸上。
那永恒‘园丁’的花园里的绿叶，
我全都爱好，而爱的多寡
取决于这些树叶从上帝受到多少善。”①

这番话末了，贝特丽采和天堂合唱队唱起甜美的歌，他们口中吟唱“圣哉、圣哉、圣哉”，随即但丁便恢复了视觉。而后第四道光开始闪烁耀眼光芒。这是亚当的灵魂。

这比基督的信徒在场时还要让但丁心生敬畏。但丁知道这位人类始祖会看穿自己心中所想，便求教诸多问题。灵魂因喜悦而颤抖着，迫切地开口说话。但丁心中想知道上帝是多久之前将亚当置于伊甸园的，他在那里滞留了多久，是什么让上帝不悦（什么导致了人类的堕落）以及亚当说的是何种语言。亚当先是解释了堕落的本质。并非是因为尝禁果导致了他的流放，而是僭越正途，过于急切了解善恶之别使然。但丁采用《创世纪》对亚当寿命的记载：“他共活了930年。”

① 《天堂篇》，第二十六章，第58—66行。

他也采用了优西比乌编年史中所记载的基督生死日期：“创世后5198年生，5232年被钉死。”公元34年，基督将亚当从灵泊——“你夫人派遣去拯救你的维吉尔所来自的地方”——救出。

但丁在《论俗语》中已经对亚当所说的语言做过思考。他说亚当口中所说的是希伯来语，亚当所有的后裔都说希伯来语，直到巴别塔建造之际。自那以后，只有希伯的子孙说希伯来语，其名称也由此而来。但丁相信这也是基督口中所说的语言。但丁后来改变了想法，得出结论说亚当的语言不是神创的，而是人类理性之结晶，因此也会变化、衰退。

亚当最后回答自己在伊甸园生活多长时间的问题。很多神学家都思考过这一问题，但丁选择了柏图思·考麦斯特（Petrus Comestor）的说法，即6个小时，从一时到七时，太阳走过了圆周的四分之一或90度，进入第二个象限。亚当的发言到此结束。

四道光继续闪耀着，天堂合唱队也为但丁的领悟而歌唱，颂扬圣父、圣子、圣灵合一。但丁也喜悦无比，犹如看见了全宇宙所有的笑，耳目皆无比沉醉。

正是在这个崇高的时刻，但丁开始了对波尼法爵八世最极致的攻击。

第五十一章
天堂中的仇恨

但丁对波尼法爵八世的恨达到极致，若按现代医学术语，可谓偏执狂。而这种仇恨却在最喜悦的时刻达到最高点。亚当说完话之后，灵魂们开始歌唱胜利之歌，歌声如此甜美，但丁的五官都沉醉了。

快活啊！不能言传的欢喜啊！
由爱情与和平织成的生命啊！
使人不再有所渴望的稳当财富啊！[①]

此刻，作者但丁认为是时候打开他的愤怒药瓶了。喜悦的合唱沉寂了下来，圣彼得灵魂之光变了颜色，他开始换了口气说道：

"我若变色，
你不用惊讶：因为，在我说话时，
你将看到他们都要变色。"[②]

圣彼得突然开始指责自己当世的继承者：

---

① 《天堂篇》，第二十七章，第1—3行，塞耶斯译。
② 出处同上，第19—21行，塞耶斯译。

“人间那个胆敢篡夺
我的座位，我的座位，我的座位的人
——那座位如今空立于上帝之子面前——，
已使我葬身之地成为一条
容纳鲜血和污水的阴沟，从天上
坠落的那个背教者正以此自慰。”①

圣彼得在此处宣泄了但丁对波尼法爵八世所有的蔑视，斥他通过诡计夺取了教皇之位，而在上帝之视野中此位仍属空缺，斥他受贪婪和世俗野心驱使，把圣彼得的墓地变成了一道鲜血与污秽的阴沟，让那从天堂坠入地狱的路西法引以为慰。原诗中刺耳的用韵，加上开口元音，如vaca, cloaca, placa, 和一连重复三遍的狂热尖叫，il loco mio，il loco mio，il loco mio以及阴沟、污秽和恶臭等粗野的意象，都不应出自基督信徒之口，其语言风格应属于《地狱篇》。更让人触目惊心的一片暗红色，弥漫于天空以及感到羞愧的贝特丽采的身影，如日出日暮时分的云彩，暗黑如基督死于十字架上时的日食时分。这一段话近乎对神灵的亵渎。

但圣彼得还没结束。他回溯早期继承者中的那些烈士们，并预言教宗将被迁往阿维尼翁这一不光彩之事，怒斥此神圣职位后来继任者之贪婪，并预言他们将遭到神的惩罚。

“基督的新娘用我的血，
用莱纳斯（Linus）或克莱特斯（Cletus）的血育养长大，
并不是为了用她来获得金钱；

① 《天堂篇》，第二十七章，第22—27行，塞耶斯译。

西克斯塔斯（Sixtus）和皮亚斯（Pius），克利克斯塔斯（Calixtus）
和乌尔班（Urban），在饱经折磨，流了许多眼泪后
流血牺牲，都是为了获得这福佑的生命。
我们的目的并不是把基督教的人民分开，
一部分坐在我们继承者的右手，
一部分坐在他们的左手；
那些由上帝交托给我的钥匙，
也不应该成为大旗上的标记，
去向受洗者进行战争；
我也不应该成为印章上的戳记，
去盖在被出卖的和虚伪的特权上，
我为这事时常脸红并怒火中烧。
从这高高的天堂，看到所有的牧场上
都有穿着牧羊人衣袍的贪心豺狼。
上帝的援助啊！你为何伏而不起？
加斯科尼人和卡奥尔人（Cahorsines）都在准备
喝我们的鲜血！哦美好的开端啊，
你一定要陷于什么邪恶的结局呢！
但我确信，那曾通过西庇阿（Scipio）
为罗马保卫了世界荣誉的
至高天命，不久就会带来援助。”①

在但丁时代即中世纪后期，甚至宗教改革之后很长时间之内，谴

① 《天堂篇》，第二十七章，第40—63行。“加斯科尼人和卡奥尔人”指的是教皇克莱门特五世（加斯科涅人）和教皇约翰二十二世（来自卡奥尔）。

责教会并不是什么新鲜话题。正如但丁曾立志在对蛇的描写以及其他方面超越古代诗人们一样，如今他极尽方言之能事，志在超越前人对教会的批判。他并非将话交给圣彼得来说：在故事中，是圣彼得命令但丁在他结束天堂之旅回到地球时把“他的”话带给世人：

“而你，我的儿啊，为了你肉躯的重负，
你被命定要重回人间；你要畅所欲言，
不要隐去我未隐去的言语。”①

在伊甸园和火星天中，但丁还分别受到贝特丽采和他的高祖卡却亚奎达类似的嘱咐。他如今又受圣彼得此番嘱咐。但丁便是如此拔高自己的地位，赋予自己阐释天堂之重任。

但丁是在拉文那写下这些话的，此时这部皇皇大作的创作已接近尾声了。他还有更多喜悦的理念需要传递，有些超越他的描写能力。天堂中的那番暴力言语表明了作者心境不稳，折射了理想与现实的差距，也因他心中的希望一再受挫。但同时，但丁仍相信教堂和帝国之事业仍掌握在上帝的手中。当他和贝特丽采一起飞升入原动天或水晶天时，安排贝特丽采口中所述之信仰：这里是时空的边界，是变化不定的神创宇宙的最边缘所在。这里是所有天体中第一个运转的，它迅速地旋转，带动所有部件使之契合于最高天。这样，其动力便分布给其他天体，而其他天体之运转便是衡量时间之轴。贝特丽采说，整个结构井然有序，如2和5是10的被除数一样不可置疑。

在构造神圣的完美宇宙中，贝特丽采暂时脱离神之角色，用更适合但丁而非其自己的言语风格，斥责人类的贪婪和堕落：

① 《天堂篇》，第二十七章，第64—66行。

“贪欲啊，你使凡人沉沦得那么深，
没有一个人有力量抬起头来
不再耽迷于你的浊浪！
人们的意志固然还有生气；
但是连绵不断的雨水之浸淫，
会使得良果膨胀、变软，
信心和无辜只能在孩童身上觅得；
但是不等他们脸上长出髭须，
两种美德就已消失无遗。
许多还在牙牙学语的孩子
能够遵守斋期，但一待发音清晰，
就要贪食暴饮，不论节气；
许多牙牙学语的孩子又爱戴又听从
他们的母亲，但一待话能说全，
就想望看她被埋掉。
那早上来临和晚上离开的太阳，
他的美丽女儿初看时显得
雪白的皮肤也像这样变得黝黑。
为了你不致于感到惊讶，你要想一下，
如今人间无人治理，
因此人类走入了歧途。”①

但仍有希望。正如贝特丽采在伊甸园中所预言的那样，一位领袖将来临，让教堂与帝国重回秩序。此时，贝特丽采话语结尾处又作安

① 《天堂篇》，第二十七章，第121—141行。

慰致辞：

由于人间忽略的那一天的
百分之一，使得正月摆脱冬季，
诸天将要高声吼叫，
促那期待已久的风暴来临，
将船尾掉到原是船首的地方，
让那船队能够重新顺流而行；
美丽的花朵必将结出真正的果实。[①]

或许，但丁此时虽然仍抱希望，已然不指望他梦想中的正义或和平能在短期内实现了。

① 《天堂篇》，第二十七章，第142—148行。文中“百分之一天”是罗马儒略历中的错误。根据儒略历一年有365又四分之一天。这样一年就多了11分14秒，大约是一百分之一天。到了但丁时代，1月份的到来已经距离冬季结束近了超过八天的时间了，最终将会使得1月份不再是冬季的月份而成了春季的月份。在这里，贝特丽采用修辞手法，以一个长的时间段替换一个短的时间段，好像要说，“直到世界末日”。

第五十二章
创世

但丁对上帝有两种想象，先是一个不可分的点，后是三个圈——正如恒星天里所见的——可能反映了他自己的真实经历。很多评论家都相信如此。无论真假（真假皆无法确认），但丁始终有意识地对笔下诗句加以控制。天堂的玄理，神创宇宙的故事，时间之河变形为永恒之圈，对天堂玫瑰中受福佑的灵魂们美妙的安排以及最后的圣三一幻象，但丁飞升时所见证的这一切，都是诗人精心策划、安排的，让读者跟随着人物但丁一次次感受惊奇。也正是这个表演者当初将听众们带入“神秘事物之中。”[①]

最后几个诗章也多为一些文本的诗化表现，有些甚至一字不差。但丁正是从这些文本中认识了天堂及入神之冥想等概念。或许，他因阅读亚里士多德、圣托马斯·阿奎那和一些神秘主义者如圣维克多（St Victor）的理查德、圣伯纳德以及圣奥古斯丁等人的著作而体验了一种智力痴醉的状态。但丁通过贝特丽采之口来说明自己对他们概念的理性理解，赋予自己的智力领悟某种极为个人化的想象之维。

当但丁进入第九层天——此天通过旋转与上帝之居所最高天合一，并将动力传给所有其他层天——他看见贝特丽采的眼中映射着一个不可分割、无法测量的光点。但丁转身直视之，看见九道火圈绕之

① 《地狱篇》，第三章，第21行。

转动。贝特丽采告诉他，这些是各级天使们。

这一意象是但丁阅读过诸多作者著作后所得。其一便是亚里士多德。亚氏在《形而上学》中提及上帝的不可分割性，且就原动力或上帝写下如下一段文字：

> 原动力是动力之源，但其本身静止；其必为永恒、本质，且必为事实。其为欲望之第一对象以及意志之第一对象…… 没有原动力，便没有善或完美；原动力乃绝对之纯粹，绝非其他…… 天堂与一切自然造物均赖于此一原则。①

但丁将最后一句话原封不动地借贝特丽采之口说出：

> “天堂与一切自然造物均赖于此一原则。”②

很明显，但丁将自己阅读的抽象概念转换为可以想见的方式，他由此描画了一个宇宙之图解，方便自己理解。但丁说他先是看见一个原点（即上帝）映射于象征神学的贝特丽采的眼睛。因神学家的著作中曾对上帝作过此解，但丁此说也无不妥之处。9个天使之等次，呈现以火圈，绕行于原点，此视觉意象代表着巨大的、囊括所有的精神等次以及一个永恒、变动地主宰人类生活的神圣天命。让他（故事中）迷惑的是各圈绕行中心点的相对速度，最里边的那圈运行最快。这和绕行地球的天体所运转的速度相反，宗动天最快，而月轮天最慢。

贝特丽采告诉他，如果考虑到每个天使等次的力量，而不是每个

① 《形而上学》，第七章，1075a，第5—7行。

② 《天堂篇》，第二十八章，第41—42行。

天体的外在圆周，他将会看见每个天体都受控于最适合于其自身的天使等次：炽天使推动着宗动天；小天使推动第八层天，直到月轮天，均由不同等次的天使推动。因此，速度与灿烂程度便是衡量各天使等次卓越程度的尺度，而尺寸大小则是各天体卓越程度之体现，这两种空间表征之间呈完美的对应关系。看起来，真实生活中的但丁对神学中上帝为宇宙中心——即拥抱者这一概念有所迷惑。贝特丽采对这一矛盾问题的解答或许便是但丁自己的理解。他喜悦与胜利的笑容表明他精神上已领悟，这或暗示了：

> “当那大气之天穹越发可爱，
> 当北风之神那温和的面颊中吹出的气
> 使其更显晶莹而澄净，
> 驱散那先前使它昏冥晦暗的云翳，
> 天空从各个角落露出美丽的笑容；
> 当我的夫人把她清晰明亮的回答
> 向我说出的时候，我的领悟变得通透，
> 真理犹如恒星闪耀于天空。”①

贝特丽采说到这里便稍作停顿，但丁看见每个光圈中有火花闪烁，代表着天使数量在增加，总数目巨大，比棋盘格递进加倍后的总和还要多上成千上万。为了表达数量之不可穷数，但丁此处借助了一个古印度传说。据说，一个婆罗门（Brahmin）将象棋呈给一个国王，国王大喜，便说可应允婆罗门任何要求。婆罗门便说，他只要一粒麦

① 《天堂篇》，第二十八章，第79—87行。玻瑞阿斯（希腊神话中的北风之神）的“温暖的脸颊”指东北风，这风将意大利的天空吹得很明朗。

子，但按棋盘上的格子总数翻倍，几何递进关系（即1+2+4+8等），总数则可达数百万。同时，众天使开始轮番唱起“和撒那”，歌颂那将他们维系于一起的原点，并永远将其固定在原来的地方。但丁的图示此处开始变得鲜活了；他以光和歌声的形式体验了真理；故事内外的但丁都喜悦不已。

在很多年前创作的《飨宴》中，扮演教育者角色的但丁曾借助柏拉图的“理念”说讨论过天使的数量：

> 有些人，比如柏拉图…… 认为天体做了多少运转，便有多少天使，且认为，正如天堂中的天使是这些运转的制造者，各天使负责各自之天体，其他天使负责制造其他一切之物，且各为各类事物之典范；柏拉图便称之为“理念”。[①]

但丁随后论证“仅凭冥思生活”的天使在数量上远胜那些制造人类可以理解的现象的天使。因此，当但丁于《天堂篇》中描写天使之圈时，可能他想说的是，他最先见到的天使是天体的推动者，而那些后来出现的无数火花所代表的天使则是各等次的冥思天使。无论如何，但丁可能早就将这些抽象概念设想为上述情景了。

当每个天使等次的两类天使都已显现时，贝特丽采便逐个指出其姓名。自从写完《飨宴》后，但丁已然改变了主意，开始接受古希腊大法官狄俄尼索斯被赋予的等次。但丁通过贝特丽采之口说，狄俄尼索斯是从身处第三层天的圣保罗那里获知真理的。圣托马斯·阿奎那在《神学大全》里的《反异教大会》中详细讨论过天使等次的话题。[②]

① 《飨宴》，第二部分，第五章。

② 《神学大全》（Summa Theologiae），第一部分，第108个问题。

但丁在另一件更重要的事情上也继承了圣托马斯的看法：对上帝之爱源自对上帝之认知，还是对上帝之认知源自对上帝之爱？这一问题也被广泛讨论过。但丁是通过智力以理解上帝的，他的理解源自对生活与现实理性、客观的思考。他从圣托马斯处得到确证，这一点对精神之生活至关重要。因此，他说贝特丽采是“将我的精神带入天堂的圣女”。①贝特丽采带入天堂的正是他的思考；他一边爱戴、一边学习神圣之物。最高天便是智慧之光：

纯粹的智慧之光，以爱实现，
对至善之爱，充实着喜悦，
超越一切甜蜜之喜悦。②

贝特丽采还需要教授他造物之真理。他头脑中的问题是：“上帝为何要造物？”贝特丽采答曰，上帝造物并非增加他的善——这不可能，而是为了让他发出的光反射回他那自在自知的本体。造物乃一蹴而就，没有先后阶段之分。在“神的灵运行于水上”之前，时间并不存在：天使、原始物质以及物质天堂全部同时生成：

“他以前并不躺在那里像睡着一样；
因为上帝在水面上运行，
这过程，不在‘以前’也不在‘以后’。
复合和单纯的形式和物质，
形式与物质结合，形成无瑕的生命。

① 《天堂篇》，第二十八章，第3行。
② 出处同上，第三十章，第40—42行，塞耶斯译。

如同一张三根弦的弓发出三支箭；
好像镜子上，琥珀上，或水晶上，
照到的光线，从它到达，
至它渗透一切，其中没有间歇；
万物之主的三重行动，
也像这样，同时生成，
它的开端并没有先后之分。”[①]

“单纯的形式”是纯粹的心智，即天使；“单纯的物质”指诸元素的原始素材；“形式与物质结合”便是物质天堂。这里，但丁接受了亚里士多德在《论灵魂》中的说法。[②]亚氏区分了三种存在等次：形式或行为，物质或效力，形式和物质结合。他也通过贝特丽采之口，重复了他曾让阿奎那在日轮天所说的话，即神圣的造物之光通过天使以及他们所控制的天体作用于原始素材并创造地球上诸物。[③]

但丁仍然借贝特丽采之口继续更正一些错误认识，有些可能就是他自己先前坚持的。其中一个是圣哲罗姆的观点，说宇宙其他物质存在之前早就有了天使。但丁采用圣托马斯的说法，并认为这一说法有《圣经》的支持；他另又从理性的角度辩道：无物可推时，推动者如何得以存在？贝特丽采告诉他叛逆天使刚被创造出来时便堕落了。但丁在《飨宴》中已经说过这番话，[④]还说每个等次都失去了一些天使。他在此处遗漏了后半句，丝毫未提及他在地府之城玄关见到的中立天

① 《天堂篇》，第二十九章，第19—30行。
② 《论灵魂》（De Anima），第二章，第2行。
③ 《天堂篇》，第十三章，第52—87行。
④ 《飨宴》，第二部分，第四章。

使。[①]此时他可能已经接受中立天使、也即异教徒的说法了。但丁还让贝特丽采否认圣托马斯等人关于天使具备记忆的说法。但丁采信了更早的说法，即天使与上帝居于永恒，身处永恒的现在，知晓过去和未来。受福佑的灵魂们也能同时看见所有的事物，不过在《地狱篇》中，他们有记忆、智力和意志。[②]天使和人类的美德便是愿意接受福佑，对此美德的奖赏便是更多的福佑；罪孽的根源与本质是骄傲，骄傲使人拒绝福佑之束缚、叛逆宇宙之秩序。[③]

但丁借着贝特丽采口中灿烂的语言，极具想象地呈现了他从古人那里继承来的信仰。但丁接下来仍然借着贝特丽采开始挖苦、谴责在日常布道中违背这些光辉真理的牧师们。虽然，作为神学之象征，贝特丽采谴责不当的布道无甚不妥，但正如前文所说，其谴责的言辞风格，完全不符合贝特丽采所扮演的任何角色，也与接下来但丁要为她所作的完美肖像描写完全背道而驰。最后几个词语更显突兀。无知的牧师依赖一些琐碎笑话，将赦免作商品贩卖，毫无权威可言，这些都让躲在斗篷里的魔鬼暗喜，也愚弄了广大会众：

“圣安东尼用伪造的货币支付信众，
喂养他的猪群，
以及其他比猪还不如的人们。”[④]

这一愤怒、藐视之辞若出自但丁之口，则无不合适之处。但若出自贝特丽采之口，则丑陋如滴水兽。

---

① 《地狱篇》，第三章，第37—40行。

② 《炼狱篇》，第二十五章，第79—84行。

③ 参照J.D.辛克莱，《天堂篇》，伦敦，鲍利海出版社（Bodley Head），第426页。

④ 《天堂篇》第二十九章，第124—126行。据说埃及隐士圣安东尼（215—356年）通过出售赎罪券所获的利润养肥了一群猪。

第五十三章
贝特丽采离去

贝特丽采发表完一通令人发笑的藐视之辞，犹如要为自己的离题道歉一般，又重回崇高的角色，继续解释天使数量之无穷以及上帝之统一。她借用了《但以理书》中的概念：

“但是我们闲话已说得太多，
还是回转眼光，再看那正路，
使我们的行程能缩短时间。
这些天使的数目是那样众多，
人类的思想不能把它们估量；
假使你看一看但以理的启示，
你将知道，他所说的千千万万的天使，
他们并没有一定之数。
那本原之光普照一切天使，
但他们接受的方式各个不同，
有多少被照耀的天使就有多少方式。
因此，既然对上帝的爱随着对他的关照
而产生，这种爱的幸福和喜悦，
其挚热的程度在他们当中也各不相同。

如今你且看一看那永恒的善
是多么崇高和广大，他使自己
形成这么多反射他光的明镜，
而他本身还是像先前那样浑然一体。①

上帝的一体化体现于多样化这一概念让书中人物但丁的思想得到提升，而书外诗人但丁也一样。两者在此混为一人。随着《天堂篇》接近尾声，这一趋势越发明显。

诸天使等次逐个从视线淡出。但丁再次转身看贝特丽采。此时的贝特丽采变了容，其美其妙再次让但丁无力描写。很多年前，但丁在受“温柔女郎”启发所创作的一首开头一句为“爱于我心中诉说”的合组歌中，表达过自己无力理解、也无力用言语来表达爱神向他传达之意。他认为个中原因是因为人的智力与言语之力过弱，无法记录爱神所言。后来，在《飨宴》中评论这首诗时，但丁再次表达这种无能无力：

我的舌头没有这样的雄才来表达我心中（对我的女郎）之感。②

不过，在上面的语境中，女郎（“温柔女郎”）代表哲学，而在《天堂篇》中，贝特丽采象征神学。在但丁的经验中，哲学真理和神学真理一样，远超他的智力与语言表达之力。

他们如今已经离开宗动天，飞升入最高天，上帝之居所。在这里，但丁将见证天堂的两群主人：传统身貌的天使以及仍是生前样貌

① 《天堂篇》，第二十九章，第127—145行。贝特丽采提到的《但以理书》中那段如下：“上头坐着亘古常在者……事奉他的有千千，在他面前侍立的有万万。”（第七章，第9—10行）
② 《飨宴》，第三部分，第四章。

的灵魂们。一开始四周倾泄而来的耀眼之光让但丁无法抵挡，他什么也看不清。贝特丽采告诉他，神圣之爱总是如此让灵魂做好见自己的准备，如同将蜡烛准备好以点燃火焰：

使那蜡烛发出恰当的火焰。①

如今但丁身体注入一股新的力量。他将其描述为一种超越自己平常力量之感受：

我感觉到
我超越了我平常之力量。②

这是但丁将意识提升的感受与读者分享最贴近的一次，这是他感受在理性之外的延伸，或是他正常的想象力与创造力的飞跃。

他先是看见光呈现出河的形状，夹在覆盖鲜花的两岸之间，其中泛起生动的火花。这一细节也来自《但以理书》："一条火焰般的小溪流出，来到他面前。"③贝特丽采叫他尽情欣赏那绚烂的景色，那花朵如同镶着金子的红宝石，花中迸发着灿烂的火花，跃入溪流。但这美景只是他接下来将要见证之物的影子和前奏。如同一个比惯常醒来迟得多的婴孩，嗷嗷待哺地投身于母亲的乳房，但丁躬身俯于河流之上，让那美景映入眼帘。河流又变幻成一个圈（象征永恒），那圈如此宽广，其周长超过那太阳，而火花与花朵，如同假面舞会上人们取下面具时的情景，变成了两个天堂之宫殿，一为天使，一为人类。

① 《天堂篇》，第三十章，第54行。
② 出处同上，第55—56行。
③ 《但以理书》，第七章，第20行。

但丁祈祷神赋予他力量来描述他眼前之景象，他为了强调vidi（我看见），一连在三行都用了此词为韵脚。他不再祈求缪斯或阿波罗了，而是直接祈求上帝。有说法称这三重的强调意在宣称他在现实中看见了他将要描写之物；或许只是在呼应圣约翰的话，“我们曾见的……我们曾见的……我们曾见的…… 我们向你宣明。”[①]

灿烂的光照耀在宗动天那凸面上，这正是宗动天的力量之源泉，才得以推动下界诸天体。但丁看见千千万个层级，中有宝座，上面坐着有福的灵魂。整个结构形如白瓣玫瑰，在他面前展开，如同一个圆形剧场。离他最近的环也是那么宽广，他无法相信远处的环该有多么广袤。贝特丽采领着他来到玫瑰的金色中心，说道：

“看那穿着白袍的会众是多么广大啊！
看我们的城市是多么辽阔无边啊！
看我们的宝座几乎已经坐满，
如今那里只等待不多的人了。”[②]

正是此时，贝特丽采道出了（此番话前文已引）那空着的上有皇冠的宝座是留给亨利七世的。亨利七世被意大利这个饥饿却任性的婴儿拒之门外[③]（相比之下，其他饥饿的婴儿如但丁却迫切地啜饮于溪流）。此处拒绝亨利的说法实乃纪念但丁落空的希望，但丁写下这段话时距皇帝死去已整整八年了。这一说法也表明，但丁仍然坚信这位英雄的君主将受到福佑，这次加冕之崇高远胜他在人世间三次加冕，而等待两位品性恶劣的教皇的——背叛亨利七世的克莱门特五世与背叛

① 《约翰一书》（*1 John*），第一章。
② 《天堂篇》，第三十章，第129—132行。
③ 参照本书第三十章。

佛罗伦萨的波尼法爵八世——将是惩罚。正如贝特丽采接下来所说的：

“然后在那神圣的朝廷里
将要有那样的一个人来主宰，
他公开和秘密地拒绝和他同行。
但上帝不容许他久留在那圣职上；
因为作为他的报应，他将被抛到
魔法师西门在那里受罚的阴间。
把阿纳尼压到更下一层。”[①]

这些便是贝特丽采最后的言语。人物但丁并不知道此为何意，读者也不知晓。贝特丽采的话和她那书中一直颂扬的理想化形象极不相符。

正如他在人间乐园时一样，但丁此时急于进入这神奇的新世界。他用目光四处打量眼前的光景。天使们飞下来至圣人处，如同蜜蜂之于花朵，而后又飞回上帝之处，如同蜜蜂回到蜂巢，一路传递着和平与炽热之爱。他们的面容如火焰，他们的翅膀是金色的，他们的服装如雪一样白。虽然成千上万的天使在到处飞翔，但丁仍将这美景一览无余。诗人但丁祈求圣三一之神，将圣光照耀于那被扔入世俗生活风暴中的人。但丁心中充满了敬畏，他将自己的惊讶比作北方来的蛮夷初见罗马各种壮观之景时目瞪口呆之情。当但丁的创作接近崇高之尾声时，这位悲苦的流放者对佛罗伦萨发起最后、也是最凶狠的一击，彻底断送了回乡之希望：

① 《天堂篇》，第三十章，第133—141行。

我从亵圣之地来到神圣之所，
从暂时来到永恒，
从佛罗伦萨来到公正和明智之境，
我心中必然充满着怎样的惊异啊！[①]

他惊诧的眼睛四处打量，“时而往上看，时而往下看，时而转着圈看。”然后他便回头看贝特丽采。与他在人间天堂回头看维吉尔时的情景一模一样，贝特丽采已然消失无踪。这一大师级的结构呼应再次展示了但丁对叙事的完美控制。尽管他常叹自己无力描写圣景，在这一点上，他始终都掌控得当。

① 《天堂篇》，第三十一章，第37—40行。

第五十四章
走近终极圣象

贝特丽采没有留下一句道别的话，便回到她位于众有福灵魂之中的宝座上去了。她作为神学之象征，一路为但丁预先展示上帝光辉之象。如今，这光辉先使得但丁眼盲，后又将其视力恢复，如此，便使得但丁做好见证圣三一幻象的准备了，如同让蜡烛在点燃前做好准备一样。贝特丽采已经履行完她寓言意义上的功能。但丁对神学已经超越了智力意义上的理解，正欲进入冥思模式。为此，他仍需要有人替他恳求圣母玛利亚，以便圣母代他祈求这终极福佑。诗人但丁也须使出浑身的解数来引领读者一起进入这最终高潮。

贝特丽采的角色被一位受尊敬的长者替代，其面容露着温柔的圣爱。这位长者便是克莱佛（Clairvaux）的圣伯纳德，当年一腔热诚地促成第二次十字军东征，但丁的高祖卡却亚奎达参与了这次东征并战死沙场。圣伯纳德乃是一位神秘的冥想者，据他的布道和著述，他是圣母玛利亚热诚的敬仰者。一些神学家认为他在世俗生活中便见过上帝。正是因为这些原因，但丁才选择他来作为自己最后的向导。如此，故事便圆满了：圣露西受圣母玛利亚之命派贝特丽采前往拯救但丁，如今贝特丽采又派来圣伯纳德，在但丁旅程最后的阶段给他启发引导。

如此，《神曲》中众多承担父辈角色的人物中，又增了一位圣伯纳德：

他的眼睛和脸颊都流露出

仁慈的喜悦，姿态也是那么和善、虔诚，

那神情和一位温存的父亲十分相称。[①]

圣伯纳德与他的前任一样，也称但丁为“figliuol”（儿）—“figlio”（儿子）的昵称。[②]但丁在《神曲》中诸多人物面前都自以儿子相称（维吉尔、布伦内托、拉蒂尼、卡却亚奎达、斯塔提乌斯和奎尼柴理），这暗示了但丁对自己生父的思念，因而一生都在长者中寻觅生父的替代者。若确实如此，他的父亲应是一位公正、慈爱的父亲，早年丧父以及丧母，在但丁心中留下一种永久的丧亲之痛。他后又遭佛罗伦萨流放——他将自己的流放比作希波吕托斯（Hippolytus）遭继母费德拉（Phaedra）的背叛——更是如同在伤口撒盐。[③]如此种种心理症状都让他渴望当一个受父母宠爱的孩子，这是《神曲》的一个显著特征。这甚至可能解释了但丁为何在潜意识中如此渴望一位权威的世界君主有一天能够为人类带来和平与幸福。

在《炼狱篇》中，当维吉尔不辞而别时，但丁流下了伤心的眼泪。而贝特丽采的离去却相反没使得但丁哭泣，他只是困惑。他在伊甸园中醒来时急切地问玛蒂尔达•贝特丽采在何处，这一细节已为他今日之惊诧埋下伏笔：

“她，她在何处？”我脱口说道。[④]

---

① 《天堂篇》，第三十一章，第61—63行。

② 出处同上，第112行。

③ 参照本书第四十六章。

④ 《天堂篇》，第三十一章，第64行。亦可参照本书第四十章。

这位还未透露身份的长者答曰，贝特丽采遣自己前来带领他完成最后的旅程。他让但丁望向远处的一环——最高环往下第三环，便会看见贝特丽采高高坐在那因她的美德而赐予她的宝座上。但丁便仰头去看，尽管隔着比那打雷之处到海底还要遥远的距离，他还是能看见她，头戴皇冠，身上发出辉煌的光。但丁对贝特丽采说了最后的话，表达了对她的爱戴以及对她一路引导的感恩，祈祷她在自己有生之年继续赐予恩典。[①]在说予贝特丽采最后的话中，但丁第一次使用了亲密的代词tu（“你”），十分感人，他已经许久未对她如此称呼了，即便在《新生》中写给她的诗中亦然。

圣伯纳德至此才表明身份。但丁心中满是敬畏、诧异，犹如一位来自信奉基督原始国度——如克罗地亚——的一名朝圣者，见到了罗马圣维罗妮卡的头巾一般。据说，圣维罗妮卡的头巾上印有耶稣的面容，因圣维罗妮卡用头巾为押往受难处途中的耶稣擦了脸上的汗和血所致。这条头巾广受信徒敬重，于1月及圣周期间展于圣彼得大教堂。但丁在《新生》[②]中评说朝圣者路过佛罗伦萨前往罗马的那首诗时，提过此头巾。他用两则比方形容自己的感受，先是比作北方蛮夷来访罗马，后比作圣徒在罗马看见基督圣物，都让这天定的世界政治与精神中心成为受关注的主题：

好像一个人从克罗地亚
远道而来瞻仰维罗妮卡的头巾，
因熟悉古代的传说而用心观看，
一边看一边心存敬畏地思忖；

① 参照本书第十一章。
② 《新生》，第四十章。

“我的主基督耶稣，真正的神啊，
难道这就是你以前的圣容么?”
我也像这样惊讶地凝视着那位圣徒
真切的爱，他在人间时，
便凭着默想尝到了神圣的宁静。[①]

贝特丽采多次让但丁将目光从自己的面庞转向前来和他攀谈的灵魂，圣伯纳德也嘱咐但丁不要只顾看他，而是去看那最高一排，去看圣母。

这是但丁第二次看见圣母玛利亚之象。他第一次见她，是在恒星天上得胜教会的庆典中，她呈现为一道蓝宝石的光。[②]如今和其他圣人一样，她呈现出身体之形，那景象遮蔽了她，却又展现了她神性之外的一切。她是天堂之母，所有圣人乃是她的子民，而她与他们一样，也是得到救赎的人类。

我举目仰望，目光仿佛从山谷
登上山顶，在最远的边缘，看到
一个景象，其光辉超过一切，
正如那黎明的东方远胜那落日的西天。[③]

这个光辉便是圣母玛利亚。但丁看见，在圣母的周围有成千上万个天使展翅飞翔，每个都色彩不一，职责不同，处处是欢乐和喜悦的歌声，如同节庆。圣母美丽的光辉照耀在他们身上，将喜悦撒播入所

① 《天堂篇》，第三十一章，第103—111行。
② 参照本书第五十章。
③ 《天堂篇》，第三十一章，第118—123行。

有圣人的眼眸。但丁再一次承认自己丝毫无力描写这种喜悦之情。圣伯纳德见但丁凝视着圣母的光辉，自己也转眼看她，眼中饱含热诚，这也让但丁的眼睛更增热诚。

接下来还没完。首先，圣伯纳德须帮助但丁理解他眼中所见到的圣象。圣伯纳德承担着师长的角色，如同神圣事业中的向导，他开始向但丁解说这天堂之景中的人物。

这是一个静止的景象，如同但丁在拉文那或别处常见的镶嵌或壁画一般，代表着《新旧约》中人物，那些相信基督将要来临的人以及那些相信基督化身的人。这与灵泊以及炼狱山前山谷中那些并非那么显赫的君主们形成一种象征性的平衡。最高天里有维吉尔眼见耶稣从灵泊带入天堂的灵魂。让人类受伤导致其堕落的夏娃以及愈合此伤的圣母——二者常一起出现在布道与说教中——在这里分别是原罪与神圣救赎的源头。全部灵魂聚集于一起，代表了上帝为人类安排的计划得以完成。圣伯纳德一一点出那些通过各种方式参与人类救赎的人们。先驱施洗者约翰坐在一行三位圣人之上，三位圣人继承了他的事业：最像基督的圣方济，创建西方修道院制度的圣本笃——正如他之前承诺，如今但丁终于得见他的肉身面容，以及奥古斯丁，基督教忏悔者中的卓越者。第一个被耶稣从灵泊中救出的亚当，教会的第一任首领彼得，上帝选民的首领摩西，圣母的母亲安娜以及所有其他被点名的，还有众多孩童，构成完美的平衡对称之状。共分成4个区，每个区形成一个完整的半圆。在审判日那天，所有的《新旧约》信徒总数将相等。圣伯纳德让但丁注意观察上帝这位设计者的无上技能：

“惊叹于上帝的设计吧，因为
信仰的两面，在完成那日，将以

相等的数量立于花园之中。”①

圣伯纳德介绍了这一庄重而精准的几何图案，但丁又让他就命定与有选择的恩赐——这一和神圣正义一样深奥莫测的话题——发表看法，似乎要证明，即便上帝的造物可示以图解，他的意志却是无法解释与衡量的。

但丁所见圣象中，最重要的阶段来临了。他第三次见到了圣母。在圣母前立着大天使加百列，凝视着圣母的眼睛，而天堂众灵魂齐声高唱："万福，玛利亚。"她不仅是凡人之至上者；正是她开启最终引领但丁领悟罪孽、忏悔以及救赎的过程的。不仅如此，圣伯纳德称她为"奥古斯丁"，即这个"最公正、神圣帝国"的皇后。②但丁将自己关于世界正确秩序的哲学信仰提升至最高天，似乎上帝、造物主、皇后之子，便是那命定的皇帝，veltro和DVX（指"领袖"）。但丁的痴迷将他带到这么一个近乎亵渎圣明的高潮。

圣伯纳德告诉但丁他的神游即将结束：

"但你神游的时间已在飞逝，

且让我们在这里停顿一下，

就像小心的裁缝按布裁衣；

你把眼睛仰望去看那'至尊的爱'。"③

就这样，圣伯纳德用简单质朴的语言，嘱咐但丁准备好去看那圣三一之象。

① 《天堂篇》，第三十二章，第37—39行。

② 出处同上，第117—119行。贝特丽采在《天堂篇》也说基督是罗马人。参照本书第四十章。

③ 出处同上，第139—144行。

第五十五章
圣三一之象

“圣母，您儿子之女儿”：圣伯纳德用这句名言开始他对上帝之母的祈祷。圣伯纳德可能生前便是如此祈祷，颂扬圣人。她曾为凡人，却是所有人类中最神圣者。她乃所有人类之中保，她集同情、怜悯、和人性之善于一身，让人性变得高贵，终让上帝也愿意降尊化成人身。圣伯纳德如今恳请圣母，请她为但丁求情，准他一睹上帝之象，然后在她的庇护下，但丁的情感与冲动可得矫正：

贝特丽采及众多圣徒
都在合掌助我恳请。①

这是贝特丽采最后一次露面时的形象。

圣母先是看看伯纳德，示意欢迎他虔诚的祈祷，然后又注目于那永恒之光。如今愿望即将得到满足的但丁视力也更加清晰了，他目光深入那永恒的真理之光。他此时所看见的超越所有人类语言表达之力、也非任何记忆可承载。如同做梦者醒来时的光景：

好像一个人在梦中看到异象，

① 《天堂篇》，第三十三章，第38—39行。

梦醒以后，激情仍留脑海，
而其他的事情却一概无法记起；
我正是这样；因为我见到的幻象
几乎完全消失，但从中诞生的芳香
依然一点一滴落在我心中。
雪就像这样在阳光下
一点一滴消融，写在树叶上的
西比尔的谶语也如此轻轻随风飘散。①

这里，但丁用了一般现在时（quasi tutta cessa/la mia visione...ed ancor mi distilla），人物但丁与诗人但丁再次融为一体。如今诗人但丁在请求上帝赐予自己力量，让自己能将自己所见所闻做些许的传达，以便让后来者更清晰地懂得上帝之胜利。

至高无上的光明啊，你那么远远
超乎人类思想之上，让我记起
你当时仿佛模样的一小部分吧，
请你给我的言语以这样的力量，
至少让我能够把你万丈光芒中的
一小颗火花传给将来的人们；
因为只要稍微恢复一下我的记忆，
只要在这些诗行里稍微加以吟咏，
你的神力就可以更多地被想象出来。②

① 《天堂篇》，第三十三章，第58—66行。
② 出处同上，第67—75行。

这部作品的最终目的在这里清楚无疑地表达了出来：让人类更好地理解上帝的荣耀，正如他在给坎·格兰德·德拉·斯卡拉的信中所说的，“解除人们此生之痛苦，将他们领入幸福。”①

在故事中，人物但丁为了最后得见上帝做了长期的准备。作者但丁甚至做了更长期的准备。多年来，他在思索着神秘主义者们的著述，可能也有过他们的一些经历。这不光在《飨宴》里显而易见，在早年写《新生》时他便经历过一些增强的意识状态，他的理智无法解释。在这方面他有很多前辈。

所谓的狄俄尼索斯在他的作品《神秘的神学》中如此写道：

我的思想从低处上升，至超越的状态，越往上攀升，语言越是无力表达，当攀升超越一定程度后，便彻底沉默，因为其将与那位不可名状的上帝同一。②

狄俄尼索斯并未说自己亲身经历过神圣的存在，但他援引了那些有此殊荣的人为例，如摩西和圣保罗。既然但丁和同代人一样相信狄俄尼索斯引领圣保罗皈依上帝，那么他的话对但丁而言自然毋庸置疑。

还有宾根的希尔德加德（Hildegard），12世纪的空想家与预言家，被誉为莱茵河（Rhine）的西比尔。她写信给教皇和高级教士们谴责其滥用权力，警告他们将来会遭到惩罚。她将她的一个空想描写如下：

① 参照本书第四十三章。

② 参照伯纳德和帕特丽夏·麦吉恩（Patricia McGinn），《早期的基督教神秘主义者》（*Early Christian Mystics*），第113页，纽约，十字路出版公司（Crossroad Publishing Company），2001年版。

天堂打开，最辉煌的愤怒之光倾泻而下，充盈我整个大脑，整个心灵，整个胸膛，如同火焰，温暖又炽热。[①]

圣伯纳德说她的天赋乃天命授予。她的幻想乃与上帝之接触，含有不可言喻的知识和深刻的融合感。圣奥古斯丁相信这些幻想可以是肉体的、精神的和智力的。他在《忏悔录》中说道：

我用灵魂之眼睛看见……一道永恒之光，照耀在我的灵魂之上，在我的心灵之上。用心灵的刀尖我们能够凝视那永恒的事物，虽然有些匆匆，且不得全貌。

他相信这样的经历永远无法用语言予以充分表达，而只能通过语言策略加以暗示，但却无法解开上帝之神秘。有些特殊的恩惠之举将灵魂从身体感官上抓走，此时，灵魂不会通过感官看见事物，而是全力调动想象的或者智力之眼——智力之眼高于想象之眼：

上帝之光辉可被看见，非通过象征或肉体之象，而是通过直接之视像……若人类之心灵在上帝的恩惠下可以接受的话。[②]

圣奥古斯丁关于狂喜之幻象的理论对于神秘主义者们，尤其是对圣维克多的理查德，有着深远的影响。他认为冥想应该始自心灵中形成的意象，理性会从物质升起，逐渐理解精神之物。若要深入，冥思

① 出自《认识上帝之道》（*Scivias*）的序言。有趣的是，跟其他神秘主义者一样，希尔德加德（Hildgard）也十分了解草药，她在她的书《自然奇妙百用之书》（*Liber subtilitatum diver sarum naturarum creaturarum*）中提到了大约140种草药。

② 《忏悔录》，第七卷，第10行。

者须勤加祈祷和思考。通过上帝的恩惠，人类理性便臣服于其所看见的神圣之光，被提升超越自身，进入狂喜之态。[①]他还写道：“在惊奇中盘旋的心灵自由渗入智慧。”[②]此种冥思的终极目的是提升人类对上帝以及对邻居之爱。

但丁肯定从这些著述中总结出了一个信仰，即生前也可能见到上帝之象，并认识到上帝之象可能的样态。但那个问题仍悬而未决：他自己有过经历么？若有过，是长时间祈祷和斋戒导致的病理状况引发幻觉还是迷幻剂使然？

但丁在《天堂篇》中通篇对幻象以及药物引起的经历的描述都有个显著的相似之处。[③]在化学变化引起的增强意识状态下，时间被感知为一种永恒的现在，现实也被赋予圣典般庄重的意义，宇宙万物都可被归为一种解释，即所有现象互关互联，约束于一个无所不包的大设计。艺术家或诗人天生即具有超凡的幻想能力，在人工方法刺激下更甚，因而很多人能够感知到超越任何笔触形容范围的荣耀与奇妙的存在感。为了延续这种经历，心脑必须关注于其所感知到的神圣之光，正是这种神圣之光启发人心去超越自我的局限，与上帝的无限达成融合。

神秘主义者们也会经历这样的幻象。他们或通过刺激物，或通过斋戒[④]、剥夺睡眠、鞭身或其他处罚以及长时间的祈祷与吟唱以改变意识状态。珍贵珠宝的意象、绚烂超凡的色泽以及耀眼的光芒都是他们脑海中常出现的画面。触发幻象的艺术，如焰火、盛典、俗世或宗教游行、舞台表演等这些幻化不断的景象以及变容、化妆舞会、音乐与

---

① 12世纪出生于苏格兰的理查德进入圣维克多修道院成为一名导师，后来成为副院长，最终成为院长。

② 圣维克多修道院的理查德，《十二族长遗训》（*Twelve Patrarchs*）。

③ 参照奥尔德斯·赫胥黎，《知觉之门》，《天堂和地狱篇》，合卷，查托（Chatto）和温达斯（Windus），1960年版。亦可参照本书第四十四章。

④ 但丁曾经写过因创作诗歌而消瘦（《天堂篇》第25章，第3行）。这或许暗指他在斋戒。

舞蹈，都会提升奇异之感，引发一种感知转化为另一种感知。

当然，偶尔在正常情况下，不通过刺激物亦可以生发幻象。经历过幻象的人都说他们感知到眼中所见之物皆具超自然之内在性。帕米拉·汉斯福特·约翰逊（Pamela Handsford Johnson）的自传中便有这么一个例子。她将这一经历描述如下：

当时……是春天，在一个灿烂的下午。我正在慵懒地望向火车窗外。突然那荣耀便洞开。

我只能无力地描述一二。树木突然蹿长出三倍于正常的高度并开花结果……万物都呈现金色的巨大，超越我以往一切见闻，也无法想象。那巨大的金色的，那漫天的金色，熟悉却又陌生，是一种几乎让人无法承受的美。[①]

但丁对神秘主义者的冥思予以智性的阐释，早前便有用几何图像代表圣三一的传统，弗洛拉的乔基姆（Joachim of Flora）[②]所作的《形象之书》（Liber Figurarum）中也用盘绕的3个子圈来象征圣三一，另有用于表达超越俗世意义的图画与雕刻作品等，这一切都为但丁的诗意想象提供了原料。以西结（Ezekiel）的幻想乃上述领悟之典型：

在那类似王座之物上有一个类似人的外貌……我看见琥珀一样的

① 帕梅拉·汉斯福特·约翰逊（Pamela Hansford Johnson），《重要人物传记资料》（*Important to Me:Personalia*），第27页，伦敦，麦克米伦出版社，1974年版。吉尔·佩顿·沃尔什（Jill Paton Walsh）在她的小说《流逝》（*Lapsing*）第83—85页中描述了一个更显著的经历，费尔德&尼科尔森出版社（Weidenfeld and Nicolson），1983年版。

② 参照玛杰里E. 里弗斯（Margery E. Reeves）。"费厄列的约亚基姆的《图象集》"（*The Liber Figurarum of Joachim of Fiore*），《中世纪和文艺复兴研究》（*Mediavel and Renaissance Studeis*），第2卷，第57—81页。

颜色，内里充盈火焰一样的东西……四周光亮熠熠。犹如雨天云中的虹，其周边的明亮亦如此状。这便是上帝荣耀所似之态。[①]

最后一章也有可能是但丁切身的神秘体验与他寓言式方法及有意识诗意创新的结合。最简单的解释或许都是所有其他解释的来源：如他自己所称，他对神圣的神秘主义意识源自早年所见过的一位美丽的佛罗伦萨女孩。

作为《神曲》的皇冠与高潮，但丁对圣三一的幻想有两层启示。第一，他在神圣之光中看见了所有造物的形状。所有自存之物，生命的所有方面，所有相互关联之物均联为一体。宇宙处于上帝之中。但丁相信他看见了，因为他在下笔描述时感受到无比喜悦，虽然记忆恍如25个世纪前阿尔戈舟（Argo）寻求金羊毛之旅那么遥远。他接下来看见的，超越他的言语表达之力，犹如他仍处于受乳汁滋润的婴孩时期。

看见了全部造物之后，他看见了造物主。他看见呈现三种颜色的三个环，但却尺寸相同。其中一个环反射于另两个环，如同火焰，互相源自彼此：因此他看见三位一体，圣父、圣子以及圣灵。他在凝视的时候，被反射的环内部显出人形，呈现出环自身的颜色。但丁无法理解其中人像如何与作为圣子的环融为一体：

如同一个几何学家用了全力，
要把圆形画成面积相当的正方形，
绞尽脑汁，也找不到他缺少的原理；
我对于那奇妙之景象也似那般无奈；

① 《以西结书》，第一章，第26—28行。

我愿意知道那形象如何同那环
相符合，它如何居于其中。[①]

此时，一道光涌入他的脑海，他理解了人与圣灵可以于化身中相连。此时，他最强大的想象力也无济于事，他只能说他的意志与愿望犹如环一般被神圣之爱推动：

要达到那崇高的幻想，我力不胜任；
但是我的欲望和意志已像
均匀转动的轮子般被爱推动——
爱也推动那太阳和其它的星辰。[②]

如今，但丁融入了宇宙。他自己以及世界的未来与上帝在一起，他对此心满意足。与《地狱篇》和《炼狱篇》一样，《天堂篇》亦以韵词-stelle结尾，犹如命定，画上了圆满的句号。

① 《天堂篇》，第三十三章，第133—138行，塞耶斯译。
② 出处同上，第142—145行。

后记

但丁写完《神曲》最后的诗句之后不久，和平便被击碎。威尼斯和拉文那之间龃龉顿生。一些威尼斯船被拉文那人捕获，船上的威尼斯士兵也被杀。威尼斯总督和里米尼与弗利结盟，准备向拉文那开战。但丁的庇护人拉文那领主圭多·达·坡伦塔无力应战，因此派出一队使者前往协商。但丁因擅长演说与谈判经验老道亦位列其中。此事告诉读者圭多会在何事上征用但丁，但这次却是致命的。

出发之前，但丁将最后13章手稿——他还未来得及制作副本——放在他工作房间的壁橱里。他因完成了多年的任务，因此在出发以助他保护人一臂之力时，他的身心一定是满足的。

代表团走海路，沿着亚得里亚海海岸一路来到威尼斯，并成功避免了战争的爆发。他们（或但丁自己，具体不详）通过陆路回到拉文那，沿途经过卡马乔的礁湖，穿过松树园最北端。据说是松树园启发了但丁在《炼狱篇》对伊甸园的描写。旅途中，但丁染上了疟疾，回到家中便病倒。但丁于1321年9月14日凌晨死去，享年56岁。

葬礼仪式后，但丁的儿子彼得罗和雅各波便着手整理父亲的遗稿。但让他们灰心的是，他们无法找到《天堂篇》的最后13章。他们很清楚父亲完成了这部作品，但遗稿却只到20章。剩下的在哪里呢？他们晓得父亲常会将作品寄给坎·格兰德·德拉·斯卡拉，但一番问讯后却是毫无收获。绝望中，二人听从了友人的劝告决定尝试自己来完成《天堂篇》。他们熟谙父亲的作品，后来也会就作品写相关评论，且也写过诗歌。但是，这项任务却远非二人能力之所及。

8个月后的一天晚上，雅各波做了个梦。梦中，他的父亲来到面前。雅各波问他是否写完了作品，但丁答曰："是的，我写完了。"他然后便拉着儿子的手，领他来到一栋房子的一间屋子中，摸了摸墙的一块地方，说："你要找的东西在这里。"雅各波醒来后便和朋友一道来到那栋房子，果然发现，在一面墙的壁龛中，有一沓手稿掩于一块物体下，已经发了霉。他们取出手稿，掸扫干净：果然就是那失踪的13章。

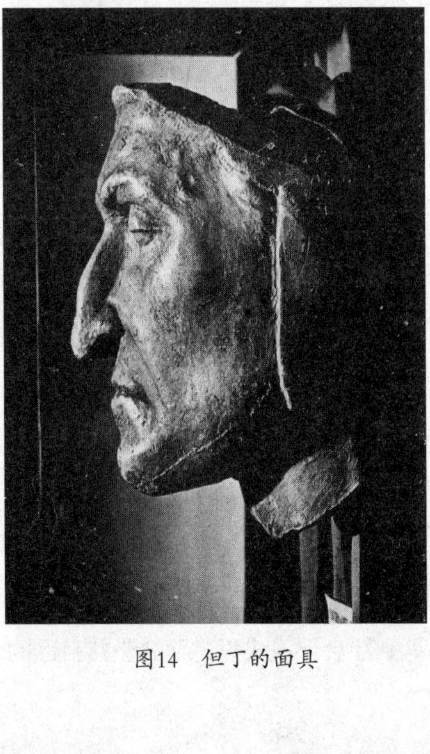

图14　但丁的面具

最早讲述这则轶事的是乔万尼·薄伽丘，但丁的第一位传记作者。但丁死时，薄伽丘才8岁，从未见过但丁本人。但他一开始读《神曲》便痴迷其中。他所作传记的第一个版本于1351年出版，时年38岁。他在创作传记的准备过程中，收集了大量如今被称为"口述历史"的材料。他采访了但丁的邻居、编年史作家乔万尼·维拉尼，但丁的挚友和诗友奇诺·达·皮斯托亚，但丁的侄子安德鲁·波吉奥，还有很多其他人。薄伽丘还到访了但丁提及过的诸多地方。他去了拉文那和但丁的儿子以及最后几年与但丁有过交往的一些人交谈。

乍一看，我们可能认为薄伽丘对但丁的敬仰理所当然。有什么好惊奇的呢？这个问题的答案涉及几个因素。其一是人文主义者们的态度。两个例子足以说明：博洛尼亚大学修辞学教授乔万尼·德尔·维吉利奥以及诗人彼特拉克。维吉利奥是一位学术思维比较传统的学者，他在拉文那时写信给但丁，批评他将天赋浪费在一部庸俗化的作品上。他为何不用拉丁文写一部可能赢得学术圈认可的史诗呢？若这么做，他还有可能赢得博洛尼亚大学的荣誉学位。

彼特拉克则是一位博学诗人，他对和自己的秉承有所不同的艺术形式心存不满。薄伽丘敬仰彼特拉克的诗作，也成为了他的挚友，但却不满他不愿意承认一位托斯坎同乡的优点。薄伽丘手抄了整部《神曲》寄给彼特拉克，并附上一封信，请求他读完全诗，并发表自己的看法。彼特拉克最终回了一封信，表扬了但丁，但却不是薄伽丘所希望的热情洋溢的回复。

另一个阻碍公众认识但丁之伟大的因素是佛罗伦萨人的态度。他们不公地将但丁流放，而当一个团体对其中一个成员犯下不公时，弥补通常都不会迅速及时的。还有若干但丁曾冒犯的家族以及反对但丁拥护皇权的教皇派；此外还有神职人员。1335年，多米尼克派佛罗伦萨分会禁止修士们阅读但丁的作品。圭多·弗纳尼，任教于博洛尼亚的一位博学的神学家，斥责但丁是魔鬼，并批评《帝制论》。这本书也被当众焚毁。

还有很多原因致使爱好声誉的文人避谈但丁。薄伽丘并不避讳。他热衷且大胆地发表看法，并不等到社会形成成见，他会坚持自己的主张。他因对佛罗伦萨同胞们无心弥补过失——没有雕像、也没有纪念碑——强烈不满，决心写一部传记。他谦卑地着手弥补这一过失，纪念这位“最卓绝的男人”，他的美德、学识和善行值得颂扬，却反而遭受不公、流放，被剥夺了财产，也横遭诽谤。他劝说佛罗伦萨人给予但丁女儿贝特丽采修女一些弥补。但丁之女在拉文那一处修道院修行，薄伽丘特意前往奉上10个金弗罗林。其时，她已然是一位老妇人了。

薄伽丘的传记起到了效果。1373年，佛罗伦萨公民向行政官们请愿，要求开设公开课，每日讲授《神曲》，为期一年。请愿被批准，薄伽丘被官方任命为第一位教授但丁的讲师。他当时也已然60岁了，没完成任务便去世了。

薄伽丘并未把《神曲》当作一部预言书，他也不认同但丁关于世界秩序应该一统于一名欧洲皇帝的至上权威的顽固看法。薄伽丘传记以及他的《详论》(Esposizioni)——他的系列但丁讲演的标题——的重要之处在于他对但丁的写作能力以及其对托斯坎语言的创造性使用——尤其是他风格的广度和多样性：叙事、戏剧、抒情、演说以及责骂——的及时认可。下面这个观点延续了700年：但丁是一名艺术家以及现代文学创始人。正是因为他的诗歌天赋以及他对神圣之爱的想象，我们迄今仍在阅读他的作品。正如19世纪诗人焦苏埃·卡尔杜奇(Giosue Carducci)所写的：

朱庇特逝去了，但诗人赞美却留传下来了。

我们要感谢薄伽丘的慷慨与勇气、热诚的奉献：不仅感谢他制作了《神曲》手稿，收集了诸多信息，更应该感谢他用独立之思维作出了自己的判断，并勇敢地公诸于世。我们还感谢谢薄伽丘使用了“神圣的”(divina)这一形容词，正是他第一次称之《神曲》。

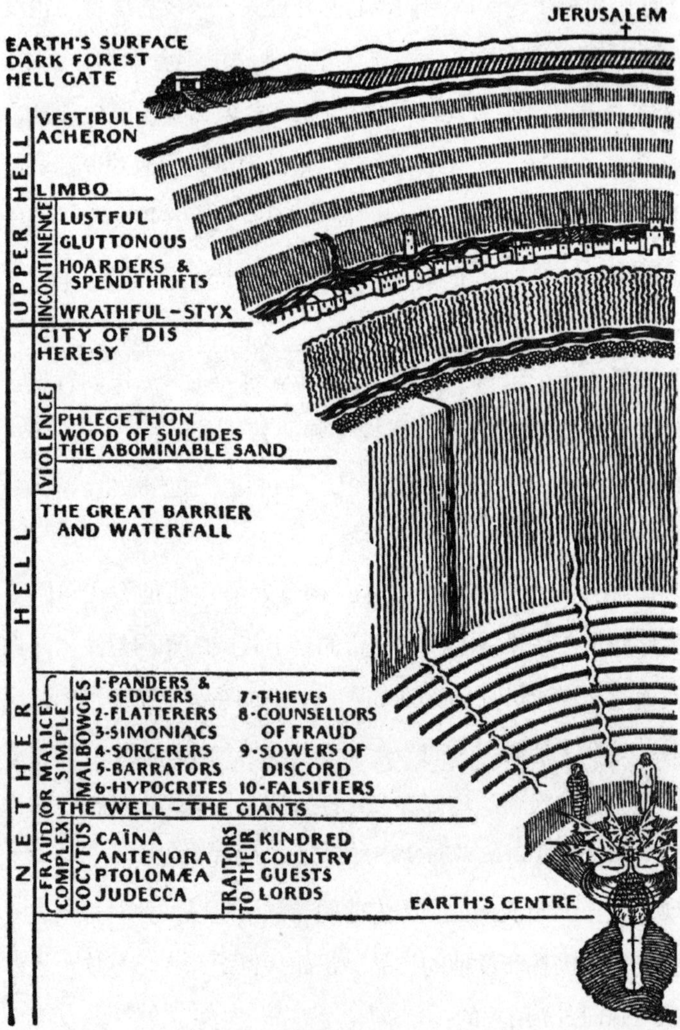

图15 地狱图

JERUSALEM 耶路撒冷

EARTH'S SURFACE 地表

DARK FOREST 黑暗森林

HELL GATE 地狱之门

UPPER HELL 上层地狱

VESTIBULE 地狱前厅

ACHERON 冥河

LIMBO 灵泊

INCONTINENCE 无节制罪

LUSTFUL 好色者

GLUTTONOUS 贪食者

HORDERS AND SPENDTHRIFTS 囤积居奇者和挥霍无度者

WRATHFUL - STYX 愤怒—守誓河

NETHER HELL 下层地狱

CITY OF DIS 冥府之城

HERESY 异教徒

VIOLENCE 暴力

PHLEGETHON 火河

WOOD OF SUICIDES 自杀者之林

THE ABOMINABLE SAND 恶沙地

THE GREAT BARRIER AND WATERFALL 大屏障与瀑布

FRAUD（OR MALICE） 欺诈（或恶意）

SIMPLE 简单之罪虐

MALBOWGES 马尔博格斯

1. PANDERS&SEDUCERS 皮条客或勾引者

2. FLATTERERS 奉承者

3. SIMONIACS 买卖神职者

4. SORCERERS 巫师

4. BARRATORS 教唆者

5. HYPOCRITES 虚伪者

6. THIEVES 盗贼

7. COUNSELLORS OF FRAUD 为欺诈作谋略者

8. SOWERS OF DISCORD 散播不和者

9. FALSIFIERS 伪造者

10. THE WELL-THE GIANTS 深井—巨人

COMPLEX 复杂之罪孽

COCYTUS 悲叹河

CAINA 该隐环

ANTENORA 安特诺尔环

PTOLOMEA 托勒密环

JUDECCA 犹大环

TRAITORS TO THEIR 叛徒

KINDRED 背叛亲属者

COUNTRY 背叛国家者

GUESTS 背叛宾客者

LORDS 背叛主公者

EARTH'S CENTER 地狱中心

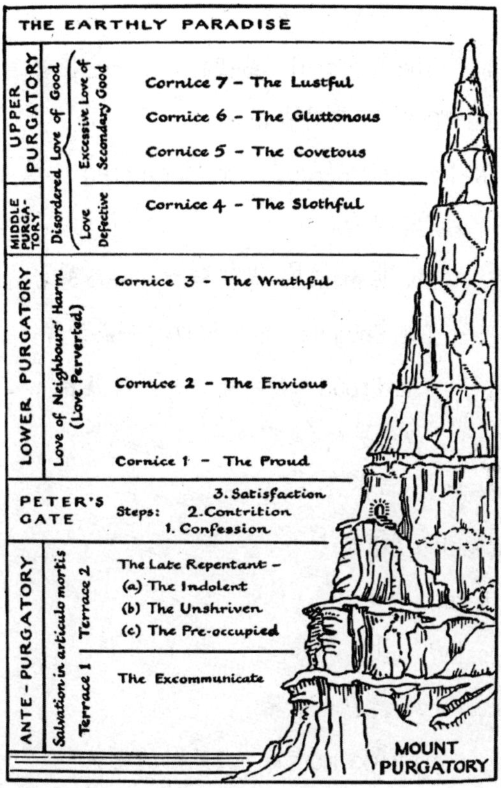

图16　炼狱图

THE EARTHLY PARADISE　人间天堂

UPPER PURGOTARY　上层炼狱山

MIDDLE PURTATORY　中层炼狱山

Disordered Love of God　对上帝之爱杂乱不纯

Excessive Love of Secondary Good　过度喜爱次要之善

Cornice 7 - The Lustful　第七檐口——好色者

Cornice 6 - The Gluttonous　第六檐口——贪食者

Cornice 5 - The Covetous　第五檐口——贪求者

Love Defective　有缺陷之爱

Cornice 4 - The Slothful　第四檐口——怠惰者

LOWER PURGATORY　下层炼狱山

Love of Neighbours'Harm（Love Perverted）喜见邻居受伤害（变态之爱）

Cornice 3 - The Wrathful　第三檐口——愤怒者

Cornice 2 - The Envious　第二檐口——嫉妒者

Cornice 1 - The Proud　第一檐口——骄傲者

Peter's Gate　彼得之门

Steps：步骤

3. Satisfaction　满足

2. Contrition　忏悔

1. Confession　坦白

Ante-Purtatory　炼狱山前界

Salvation in articulo mortis　濒死时的救赎

Terrace 2　第二平台

The Late Repentant-　忏悔过晚者

(a) The Indolent　懒惰者

(b) The Unshriven　未忏悔者

(c) The Preoccupied　未顾及者

Terrace 1　第一平台

The Excommunicate　被逐出教会者

MOUNT PURGATORY　炼狱山

Adam　亚当

Angustine　奥古斯都

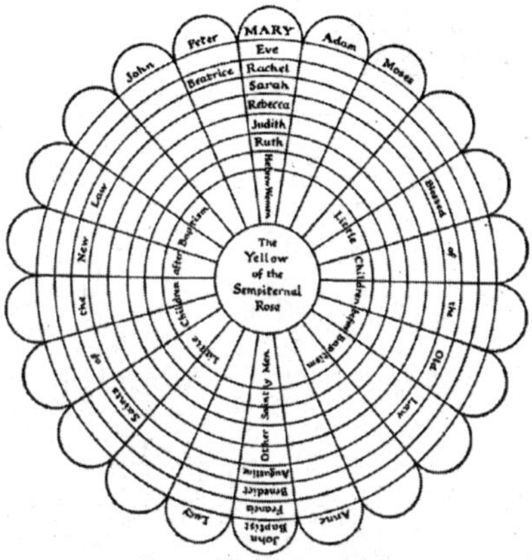

The Celestial Rose.

图17　天堂图

Beatrice　贝特丽采

Benedict　本内迪克特

Blessed of the Old Law　新法中受福佑者

Eve　夏娃

Francis　弗朗西斯

Hebrew Women　希伯来女人

John　约翰

John Baptist　施洗者约翰

Judith　朱迪思

Little Children after Baptism　施洗后的幼童

Little Children before Baptism　施洗前的幼童

MARY　圣母玛丽

Moses　摩西

Other Saintly Men　其他圣人

Peter　彼得

Rachel　瑞秋儿

Rebecca　丽贝卡

Ruth　露丝

Sarah　萨拉

Saints of the New Law　新法之圣人

The Celestial Rose　天堂玫瑰

The Yellow of the Sempiternal Rose　黄色的永恒的玫瑰

附录

1. 但丁生平大事年表

1265年5月至6月	但丁出生于佛罗伦萨。
1266年1月	贝特丽采·波尔蒂纳出生。
1273年?	但丁母亲去世。
1274年，据传为5月1日	但丁与贝特丽采第一次见面。
1277年	但丁与盖玛·多纳蒂订婚。
1278年?	但丁父亲去世。
1280—1282年	但丁创作并传阅早期的十四行诗。
1282年?	开始与圭多·卡瓦尔坎蒂以及其他爱神诗社成员交往。
1285年	但丁加入佛罗伦萨民兵组织，助托斯坎教皇派远征攻打受皇帝党鼓动造反的波吉奥·迪·桑塔·塞西莉亚城堡。
1289年6月11日	参加坎帕尔迪诺之战，抗击阿雷佐皇帝党。但丁参加第一骑兵队作战。

12月31日	贝特丽采父亲去世。
1290年6月8日	贝特丽采去世。
1292年?	但丁初次见到窗内的“温柔女郎”充满同情地望着他。 但丁对她着了迷，并且以她为题写诗。
1293年?	看见贝特丽采在天堂的幻象。但丁决定不再写与贝特丽采相关的爱情诗，转而研究哲学。
1294年 春	匈牙利国王查尔斯·马特尔到访佛罗伦萨。
1294年?	但丁创作《新生》。
1295年	但丁进入政治生活。继续创作诗歌，但仅涉哲学或道德方面。
1300年 5月	佛罗伦萨教皇派分化为白党和黑党两个对立的派别，互相杀戮。
6月15日—8月15日	但丁担任执行官职务。
8月15日	圭多·卡瓦尔坎蒂去世。
1301年 秋	但丁及其他人前往与教皇波尼法爵八世谈判瓦卢瓦查尔斯干涉威胁佛罗伦萨一事。在教皇共谋及黑党领袖科尔索·多纳蒂支持下，佛罗伦萨被瓦卢瓦查尔斯控制，包括但丁在内的白党成员遭到流放。随即发生烧杀抢掠。
11月	但丁从罗马返回，闻悉遭到背叛，便前往锡纳耶附近的格尔贡撒，加入众流放者队伍。

1302年2月	白党成员和同被流放的教皇派成员见面。
1302年6月—1303年3月	流放者试图依靠武力返回佛罗伦斯，以失败告终。
1303年？5月，6月	但丁到维罗纳的巴尔托洛梅奥·德拉·斯卡拉宫殿做客。
1303年9月	阿纳尼暴行。
10月12 日	教皇波尼法爵去世。
1304年　1月	红衣教主尼科洛·达·普拉托在佛罗伦萨任命和平使者；流放者有望返乡。
3月	巴尔托洛梅奥·德拉·斯卡拉去世。
	但丁于白党总部阿雷佐。
	但丁代表流放同胞写信给红衣教主。
	红衣教主的维和计划失败。
1304年	7月20日　　流放者最后一次试图武力回归佛罗伦萨。
	惨败。
	但丁与流放者同伴失和。
1304—1306年	但丁在博洛尼亚，再次联系上了奇诺·达·皮斯托亚。
	但丁创作《论俗语》与《飨宴》，二者皆未完成。
1306年 秋？	但丁开始创作《神曲》。
1306—1307年？	但丁在萨尔扎纳，在马拉斯皮纳家做客。
1307年	但丁在卡森蒂诺区，于圭迪家族做客。
1308年11月	卢森堡的亨利七世当选为德意志国王。

1311年1月6日	亨利在米兰加冕查理曼大帝的王冠。 但丁参加了庆典。 佛罗伦萨与盟军反对亨利的掌权诉求。
1311—1313年	但丁三次写信支持亨利，该时期可能暂停《地狱篇》写作。
1312年6月29日	亨利在罗马加冕。
1313年8月24日	亨利七世去世。
1314年5月或6月	但丁写信给红衣教主表示希望意大利人继位。
1315—16年？	但丁应坎·格兰德·德拉·斯卡拉之邀前往维罗纳，并在那里创作了《炼狱篇》的一部分。
1317年？	但丁创作《帝制论》，挑战教皇约翰二十二世权威，支持坎·格兰德作为皇权代理。
1319年？	但丁在拉文那获圭多·罗威纳·达·波伦塔赠予房屋。 但丁在那里继续《炼狱篇》的创作，同时开始创作《天堂篇》。 但丁就《天堂篇》致信坎·格兰德，或为一篇私下演说。
1320年1月20日	但丁在维罗纳发表题为《水与土》（De Aqua et Terra）的演讲，并用拉丁文创作诗歌与乔万尼·德尔·维吉利奥互赠。 彼时但丁至少完成了十章《天堂篇》。

1321年夏至秋?	但丁完成《天堂篇》。威尼斯与拉文那陷入开战的危险。但丁作为代表团成员之一代表圭多·达·波伦塔与威尼斯总督谈判。他与众代表一起，前往威尼斯。
秋	代表团返回拉文那，但丁在返程途中感染疟疾。
9月14日	但丁于拉文那逝世。

2. 教皇派与皇帝党

教皇派（Guelf，音译为归尔甫派）和皇帝党（Ghibeline，音译为吉柏林派）两个词语分别源自德语“Welf ”和“ Weiblingen ”，13世纪初在意大利瓜分伦巴第城的两个派别首次使用。教皇和皇帝最重要的争论点是意大利半岛各区的控制权，支持教皇政策的人被称为教皇派，支持皇帝的人则为皇帝党。

但丁生平大部分时间内，佛罗伦萨均处于教皇派控制之下。1260年，即但丁出生五年前，一场可怕的战斗在教皇派和皇帝党之间打响，史称蒙塔贝蒂之战。教皇派惨败。据但丁称，惨烈之极，连阿尔比亚河都被鲜血染红。皇帝党领袖是法利纳塔·德利·乌贝蒂，他凭一已之力阻止了胜利者将佛罗伦萨夷为平地。这个英雄人物出现在《地狱篇》。

在佛罗伦萨，教皇派也分裂为两个互不相容的两派，称为黑党和白党。但丁属白党—据说白党是属相对不好战的一方。1300年5月1日，双方产生暴力冲突，结果白党在两年内覆灭，但丁亦被迫流亡。

3. 但丁生平所经历的教皇

克莱门特四世（1265年至1268年）

格雷戈里十世（1271年至1276年）

因诺森特五世（1276年2月至6月）

哈德良五世（1276年7月）

约翰二十一世（1276年至1277年）

尼古拉斯三世（1277年至1280年）

马丁四世（1281年至1285年）

霍诺里乌斯四世（1285年至1287年）

尼古拉四世（1288年至1292年）

塞莱斯蒂纳五世（1294年7月至12月）

波尼法爵八世（1294年至1303年）

本笃十一世（1303年至1304年）

克莱门特五世（1305年至1314年）

约翰二十二世（1316年至1334年）

4. 但丁提及的神圣的罗马皇帝

查理曼大帝（800年至814年）

奥托一世（962年至973年）

亨利二世（1002年至1024年）

康拉德三世（1138年至1152年）

腓特烈一世（1152年至1190年）

亨利六世（1190至1197年）

腓特烈二世（1211年至1250年）

鲁道夫一世（1273年至1291年）

阿道夫（1292年至1298年）

阿尔贝一世（1298年至1308年）

亨利七世（1308年至1313年）

5. 合组歌

合组歌是用来谱曲、由乐器伴奏演唱的诗。曲式由所选择的曲调决定。曲式分两种：（1）曲调为连续的，贯穿每一个诗节，没有停顿或者是重复；（2）曲调分为两个旋律组，称为odi（乐节），其中一组须重复，或两组皆可重复。从第一个乐节到第二个乐节之间的过渡称diesis或volta（回），若重复出现于diesis之前，则称该诗节有两个piedi（音步），后随一个sirma或coda（尾声）；若重复出现于diesis之后，则称该诗节有一个fronte（头），后随两段versi（诗）。

整首诗的格律必须保持一致，每行音节数不超11个，但应以endecasillabo（十一音节行）为主。合组歌可以tornata（意指歌曲最后一节）结尾，相当于诗歌中的envoi（跋，即指诗歌尾节）相对应。在envoi中，诗人将诗歌人格化，并写给特定的人。但丁在《论俗语》中阐明了他认为诗歌应采用何种语辞（见本书的第五章）。

但丁认为合组歌是方言诗的最高形式，敬之为体面、复杂之艺术，并认为其抑制了随意创作诗歌之风。

后记

1. 参照《但丁的一生》，薄伽丘著，J.G.尼科尔斯译，金星出版社（Hesperus Press），2002.

2. 据说他出生于一个靠近佛罗伦萨的切塔尔多村（Certaldo）。

3. 直到1803年佛罗伦萨才为但丁立了纪念碑。诗人贾科莫·莱奥帕尔迪（Giacomo Leopardi）在纪念碑上创作了一首批判的合组歌。

4. 卡尔杜齐（Carducci）（1835—1907年）著十四行诗《但丁》的最后一行。

致谢

感谢戴维·海厄姆公司（David Higham Associates）允许我使用企鹅经典出版的三部曲《地狱篇》（Hell）、《炼狱篇》（*Purgatory*）和《天堂篇》（*Paradise*）中由桃乐茜·L.塞耶斯（Dorothy L.Sayers）和我本人所作的译文。我对本人新版《新生》（La Vita Nuova）译本的介绍中一部分有所拓展，因上述出版社允许，得以再版，特此感谢。

封面插图中但丁在做研究之图复制于卢卡·西尼奥雷利（Luca Signorelli）在奥尔维耶托大教堂（Orvieto Cathedral）所作的壁画。卷首插画乃年轻时的但丁，是西摩·柯卡普（Seymour Kirkup）对乔托（Giotto）笔下一幅但丁肖像画的素描。佛罗伦萨洗礼堂的照片以及圆屋顶上的装饰照片取自G. C.桑松尼公司（G.C.Sansoni）于1968年出版的皮埃罗·巴尔杰尔里尼（Piero Bargellini）所著《这就是佛罗伦萨》（*Questa è Firenze*）一书。波尼法爵八世（Boniface VIII）雕像的图片由阿诺佛·迪·堪比奥（Arnolfo di Cambio）所作，复制于康斯特布尔出版社（Constable and Co.）于1933年出版的T.S.R.博斯（T.S.R.Boase）所著的书。亨利七世皇帝的画像取自科特·乌里奇·雅什克（Kurt-Ulrich

Jashke）1999年由W.Kohlhammer出版社出版的《1300年的欧洲与罗马-德意志帝国》（*Europa und das römisch-deutsche Reich um 1300*）一书，由贾诺思·巴克（Janos Bak）教授提供。圣保罗游记的插图取自于P. 梅耶（P. Meyer）发表于SD期刊Celtica的文章“La Descente de Saint Paul en Enfer.”（“圣保罗地狱游记”）玛蒂尔达先前的墓地相关镶嵌画的图片为独立制作。查士丁尼及随从的镶嵌画复制于拉文那圣维塔利教堂（San Vitale）的嵌板。但丁面罩复制于佛罗伦萨老皇宫。威尔弗里德·司各特·翟里斯（Wilfrid Scott-Giles）所作的示意图取自企鹅经典的三卷本，经其子翟里斯·司各特·翟里斯（Giles Scott-Giles）授权复制。

《神曲》文本取自伦敦约翰·雷恩出版社（John Lane）及鲍利海出版公司（The Bodley Head）1948年修订的约翰·D.辛克莱（John D. Sinclair）所著三卷本。但丁的诗歌，除另作说明之外，均取自科内姆·福斯特（Kenelm Foster）与帕特里克·博伊德（Patric Boyde）编、牛津大学出版部印刷所（Oxford, Clarendon Press）1967年出版的《但丁抒情诗》（*Dante's Lyric Poetry*）第一卷。

重要的不是证据（谁也不能说证明了什么），而是最理性、最有根据的思维判断。

露易斯·巴伦（Louise Baron）

如无必要，勿增实体。（Entia non sunt multiplicanda praeter necessitatem）

奥克姆的威廉（William of Ockham）